KB162471

신문 언어 어떻게 이해할 것인가?

이 저서는 2017년 정부(교육부)의 재원으로 한국연구재단의 지원을 받아 수행된
연구임(NRF-2017S1A6A4A01019631)

신문 언어
어떻게
이해할 것인가?

김병홍 지음

역락

머리말

신문은 어떤 의미인가

새로운 정보의 수집과 축적, 대중의 알권리를 충족하는 매체로써 신문이 기능할 때는 신문을 읽어야 사람이 사람답게 세상을 살아갈 수 있다고 생각했다. 그런데 지금의 대한민국에서 이러한 생각이 여전히 유효한지 의문을 갖는 사람들이 많아졌다. 이제 독자들은 더 이상 신문을 기다리지도 않고, 종이신문을 통해 뉴스를 읽지 않는다.

한국언론진흥재단이 실시한 2020년 제25회 〈언론수용자 조사〉 결과를 보면, 종이신문의 열독률은 지속적 하락하여, 우리나라 사람 10명 가운데 1명 정도만 종이신문을 이용(10.2%)한다고 답해, 2010년 열독률(52.6%)의 1/5 수준으로 줄어들었다. 아울러 언론의 가장 큰 문제점을 선택하는 문항에서 허위/조작정보(가짜뉴스) 24.6%와 편파적 기사(22.3%)를 꼽았다. 종이신문(3.37점)의 뉴스나 시사정보에 대한 신뢰도는 텔레비전(3.71점), 포털(3.46점)에 뒤져 3위에 그쳤다. 조사 결과에서 신문 기사에 대해 우호적인 내용이 잘 보이지 않는다. 그나마 어떤 경로를 통하든지 신문 기사를 이용하는 비율이 유지되고 있다는 것을 위안으로 삼을 수 있겠다. 하지만 이도 뉴스 소비가 글을 읽는 방식(31.5%)에서 영상을 보는 방식(59.5%)으로 전환되는 과정에서 발생하는 부수적인 이익일 수 있어서 신문 기사를 단순히 온라인으로 제공하는 것만으로는 언제까지나 생명력을 유지할 수 있을지 여전히 불확실하다.

신문 기사는 어떤 존재인가

새로운 정보를 전달하는 매체로 알려져 있는 신문은 지금 우리에게 어떤 존재인가. 사람들이 신문을 보는 시각은 대체로 두 가지로 나누어지는 것 같다. 먼저 여전히 긍정적으로 인식하는 관점이다. 『신문의 파워』(김택환·이상복 지음, 커뮤니케이션북스, 2006년)에서는 서장을 "신문 안 읽는 국민으론 일류 국가 없다"라며 시작한다. 미디어 환경이 달라져서 누구나 뉴스를 생산하고 공유하며 소비하지만, 여전히 신문 기사는 정보의 신뢰도나 언어적 완성도 측면에서 인터넷을 통하여 유포되는 다른 정보들보다 가치가 높은 것으로 여긴다. 따라서 우리에게 신문은 각 개인에게 필요한 정보를 다양한 언어 기제를 사용하여 제공하는 긍정적인 텍스트로써 존재한다고 보는 것이다.

다음으로, 비록 신문이 새로운 정보를 제공하지만, 그것은 의도적으로 진실성과 공정성을 해치고 있어서 그 가치를 인정하기 어렵다는 관점이다. 그러므로 독자가 기사에서 문제가 되는 부분을 알아채고 찾아내지 못한다면, 언제든지 신문 기사의 의도에 따라 현실을 인식할 수밖에 없는 부정적인 텍스트로 전락할 수밖에 없다는 것이다. 하지만 사람들이 새로운 정보에 관심이 없는 태도를 갖게 할 정도로 신문의 가치를 낮게 보지는 않는다.

대개 사람들은 책에서 눈을 떼지 않는 것을 긍정적인 태도로 평가하고, 스마트폰에서 눈을 떼지 못하는 것은 부정적으로 보는 경향이 있다. 그런데 만약 보고 있는 책이 이른바 불량서적이고, 스마트폰으로 가치 있는 정보를 습득하고 있다면 사람들의 시각은 달라질 것이다. 결국 수단으로서 매체의 문제가 아니라 어떤 정보를 받아들이고 있는가의 문제이다. 정말 큰 문제는 매체의 부정적 기능으로 인한 가치 있는 새로운 정보에 대한 관심을 포기하는 데 있다.

신문 기사를 어떻게 수용할 것인가

독자들은 신문 기사를 읽을 때, 이제 더 이상 기사 작성자가 바라는 대로 받아들이지 않으려 한다. 다양한 경로를 통해 자신의 관점에서 뉴스를 수용하려 애쓴다. 하지만 기사를 생산하는 사람들은 적어도 대중보다는 언어 텍스트를 만드는 능력이 앞선다. 따라서 스스로가 주체적으로 기사를 수용하려고 해도, 그들이 전략적으로 어휘를 구사하거나 문장에서 기교를 부려서 기사를 작성하면, 주체적인 해석이 어렵다. 비판적 기사 읽기를 위해서는 언어적 판단 기준이 필요한 것이다. 왜곡된 정보를 사실처럼 꾸며 전달하는 기사에서 문제점을 찾아 비판적으로 수용한다면, 저마다 삶을 올바로 반추하며, 그것을 소중히 여기면서 바람직한 삶을 누릴 수 있을 것이다.

이 책은 신문 기사의 구성 요소에 대한 이해를 바탕으로 신문사의 기사 작성 방식을 파악하여, 앞으로 독자가 접하게 될 신문 기사를 비판적으로 읽을 수 있는 방법을 제시하려는 목적으로 저술한 것이다. 곧, 독자가 신문 기사를 어떻게 읽을 것인가에 대한 구체적인 방법을 제시함으로써 독자들이 신문 기사의 정보에 대하여 사실성, 의도성, 왜곡의 정도, 가치성 등을 분석할 수 있는 능력을 키우도록 하려는 저술이다.

이 저술에서 분석 대상으로 삼은 신문 기사 자료는 2016년 1월 1일부터 2018년 12월 31일까지 3년간 경향신문, 조선일보, 중앙일보, 한겨레신문의 1면 톱기사 헤드라인과 기사 본문 등이다. 오피니언 기사인 사설은 3년간 4개 신문사 각각 하루 3개 자료, 칼럼은 하루 2개 자료를 수집한 것이다.

제1부에서는 신문 기사를 정확히 이해하기 위하여 먼저 생각하고 알아두어야 할 내용을 제시하고, 제2부에서는 기사의 언어 기호, 기사 작성자와 독자 사이에 존재하는 여러 가지 문제들을 파악하기 위해 필요한 내용을 제시하였다. 제3부에는 비판적 신문 읽기를 어떻게 적용하는지를 실제 기사 사례 분석을 통하여 살펴보았다.

우리가 뉴스에서 얻는 정보의 신뢰도는 불확실해서 사실일 수도 있고 아닐 수도 있다. 따라서 끝없이 스스로 정보를 확인하는 습관을 길러야 한다. 그런데 무엇인가를 꾸준히 반복하는 것은 그 힘이 매우 강해야만 가능하다. 누구나 반복하는 것에서 일상의 단조로움을 느끼기 때문이다. 독자들이 신문 기사를 단순하게 바라보는 시각에서 벗어나는 데 이 책이 조금이라도 기여할 수 있기를 바라는 마음이다.

차례

제1부

신문 텍스트의 이해

제1장
기사의 구조와 분석 방법

　우리가 살아가는 현실에서 사건과 사고는 다양하게 발생한다. 하지만 그것을 우리가 하나하나 모두 살펴볼 수 없다. 그래서 우리는 특정한 매체가 가공하여 전달하는 현실을 인식하게 된다. 곧, 우리가 경험하는 현실은 누군가의 시각으로 편집된 것이기 때문에 기사의 텍스트 특성을 이해하지 못하면 정확하게 사건이나 사고를 인식하기가 어렵다. 따라서 우리는 신문에서 기사를 어떻게 구성하는지를 알아야 할 이유가 있고, 그것을 분석할 수 있는 방법을 이해할 필요가 있다. 그것이 좀 더 정확히 현실의 실체를 알 수 있는 방법이기 때문이다.

　신문에서 보도 기사는 헤드라인과 리드, 본문으로 사건을 전달한다. 사설이나 칼럼으로 대표되는 오피니언 기사는 논증 구조를 중심으로 필자의 주장을 제시하며 기사를 전개한다. 여기서는 신문에서 제공하는 현실 세계와 새로운 정보를 정확하게 파악하기 위하여 신문 기사의 구조와 분석 방법을 살펴본다.

1. 보도 기사의 구조

신문 보도 기사의 구조는 대체로 그 형식이 헤드라인(title), 리드(lead, 전문), 본문(body) 등 3부분으로 구성돼 있다. 헤드라인은 일반적으로 독자가 기사를 읽을 때 가장 먼저 읽는 것으로, 대부분의 독자는 해당 기사의 헤드라인을 보고 리드 혹은 본문을 읽을 것인지 말 것인지를 결정하게 된다. 리드(전문)는 기자가 맨 처음 제시하는 문장으로 전체 기사의 내용을 요약해서 전달하는 역할을 한다. 본문은 리드를 제외한 기사의 나머지 부분을 말한다. 기사는 통상적으로 리드에 기사의 핵심을 집약해 제시한 뒤, 본문에서 구체적인 사실을 중요한 내용에 따라 순서대로 기술하는 형식을 취하게 된다. 따라서 리드에 이어지는 본문의 후속 문장들은 리드를 뒷받침해 주는 역할을 한다.

1.1. 헤드라인

헤드라인[1]의 의미

도대체 뉴스에서 '헤드라인'이 무엇이기에 이토록 우리의 관심을 끄는 것인가? 실제로 가판대에서 신문이 많이 팔리던 시절이나, 포털사이트에서 뉴스를 보는 요즘 사람들에게도 왜 기사의 선택에서 헤드라인이 중요한 요소로 작용하는가, 신문 기사에서 헤드라인은 무슨 의미인지, 어떤 역할을 하는지에 대해 생각해 볼 필요가 있다.

---

[1]   신문 언어 연구에서 미국, 영국의 경우, 신문의 제목은 '헤드라인'으로 통용되는데, 우리나라의 경우 국어학자들은 주로 '표제어', 언론학자들은 '제목'이라는 용어를 쓰는 경향이 있었다. 이 글에서는 '표제어'나 '제목'보다는 '헤드라인'이라는 용어가 '신문 1면 머리기사'라는 낱말과 잘 어울리므로 '헤드라인'이라는 용어를 사용한다.

한국언론연구원이 1990년에 발간한 『신문 기사의 문체』에서는 헤드라인(Headline)이 '表題(표제)' 또는 '標題(표제)'로 일러진다며, '表題(표제)'는 신문 기사의 머리에 위치하여 독자들에게 이어지는 기사에 주요한 정보를 주려고 요약 표현한 것인데 비해, '標題(표제)'는 '제목(title)'과 같은 것으로, 해설하고 기술하며 그것에 명칭을 주기 위해 붙여진 것을 뜻한다고 하였다. 또한 '表題(표제)'는 '제목'과 달리 구체적인 것이 되어야 하고, '表題(표제)'는 기사 속의 핵을 짧은 글로 간추려 표현하는 것이라고 설명한다.[2]

또한 한국편집기자협회에서는 헤드라인(headline)을 '신문이나 신문 기사의 앞에 내용을 가리키거나 요약하기 위해 굵은 활자로 붙인 낱말이나 낱말군(群)'으로 정의하며, '기사의 내용을 요약하고 대표하되 독립적인 의미와 기능을 갖춘 독특한 표현 양식'[3]이라고 한 바 있다. 독자들 역시 기사의 헤드라인만으로도 충분히 그 내용과 보도 방향에 대해 알려 주고 있다고 이해한다.

따라서 헤드라인은 하나의 기사를 대표하는 것이어야 하고, 독자의 주목을 끌어 기사를 읽도록 해야 하며, 무엇보다 독자를 설득할 수 있는 기사 내용의 요약된 문자언어 표현으로 볼 수밖에 없다. 우리가 헤드라인에 대해 관심을 갖고 신문의 언어를 살펴보아야 하는 이유이다.

나아가 우리가 신문의 헤드라인에 더 많은 관심을 가져야 하는 이유는 이른바 '낚시성' 제목의 확산 때문이기도 하다. '낚시성' 제목이란, '뉴스 내용에 상관없이 독자의 호기심을 자극하여 오로지 해당 뉴스에 대한

---

2   한국언론연구원(1990), 『신문 기사의 문체』, 7쪽 참조.

3   한국편집기자협회편저(2001), 『신문 편집』, 56~57쪽 참조.

클릭을 유도할 목적으로 편집된 제목'[4]을 말하는 것으로, 주로 포털 사이트(portal site)에서 원 뉴스(original source)를 제공 받아 뉴스의 내용과 상관없이 제목을 임의로 편집한 것에서 출발하였다. 그런데 뉴스 수용자의 관점에서 보면, 포털 사이트의 낚시성 제목 못지않게 일간 신문의 헤드라인이 주는 폐해도 크기 때문에 헤드라인에 대한 좀 더 깊은 관심을 가질 필요가 있다.

우리나라 신문 독자들은 신문 기사의 제목과 기사 앞부분을 주로 읽는 구독 형태를 가지고 있고, 또 미국에서도 1940년대부터 제목 위주로 신문 읽는 사람들이 많다는 연구 결과가 나왔으며, 이들을 '신문제목 소비자(headline shopper)'로 부르고 있다. 이런 연구 결과[5]들은 현실적으로 신문 제목이 오히려 본문 기사보다 중요하고 독자들에게 영향을 더 끼칠 수 있다는 것을 시사한다.

그런데 신문의 경우 우리가 헤드라인을 주목하며 보아야 할 또 다른 이유가 있다. 그것은 기사를 작성한 사람과 헤드라인을 만든 사람이 다르다는 것이다. 곧, 대부분의 경우 기사의 헤드라인은 편집데스크가 담당하지만, 기사의 성격이 중요할수록 편집국의 책임자들이 신중히 상의해서 결정하는 경우도 있다. 이처럼 기사 내용의 작성과 헤드라인 만들기는 별개의 작업으로 진행되는 경우가 많기 때문에 헤드라인을 결정할 때 기사를 작성한 사람의 역할은 매우 제한적일 수밖에 없다.

더욱이 이제까지 헤드라인에 관한 미국에서의 연구 결과를 보면, 헤드라인은 본문을 적절히 대표하지 못하고 있으며, 헤드라인을 주로 읽는

---

4   김선진, 「낚시성 기사 제목의 활용 실태 연구」, 2010년, 『디지털디자인학연구28』 289쪽 참조.

5   정태철, 「제목소비자의 증가와 신문제목의 이해도」, 1995년, 『한국언론학보』33, 208쪽 참조. 정여훈, 「신문 제목의 유형 및 그 실현 양상」, 2006년, 『사회언어학』14-1, 2쪽 참조.

신문 언어 어떻게 이해할 것인가?

독자들은 사건을 잘못 이해하거나 뉴스에 대한 그릇된 의견을 가질 가능성이 높다고 한다. 우리나라 역시 기사 제목의 부적절성이나 편향성 때문에 독자들에게 잘못된 여론 형성에 영향을 미친 것으로 나타나기도 하였다. 또한 우리나라의 기자들은 신문 헤드라인에 주관적인 의견을 담아도 무방하다고 판단하는 경향마저 있기 때문에 우리가 헤드라인에 관심을 가져야 하는 이유는 차고 넘친다.

헤드라인의 기능

우리는 신문 기사의 헤드라인에서 어떤 정보를 얻는가. 일반적으로 독자들은 신문의 헤드라인이 기사의 내용을 요약하고 있다고 믿는다. 곧, 기사에서 가장 중요한 정보들을 바탕으로 헤드라인을 만들고 있다고 생각하는데, 이는 헤드라인의 기사 요약 기능 때문이다.

그래서 일부 독자들은 아예 1면부터 마지막 면까지 기사의 제목만 훑어보는 경우도 있다. 이처럼 신문 독자들의 구독 시간이 짧아지면서 기사 제목을 먼저 읽고, 그 다음에 기사를 골라 읽는 형태로 신문을 읽는 방법이 바뀌는 것은, 너무도 당연한 흐름이다.

신문 기사의 제목만 보는 독자가 늘어나게 되면, 신문사 역시 독자의 시선을 붙잡는 데 역점을 두게 된다. 아무리 좋은 기사라고 할지라도 독자가 읽지 않으면 존재 가치가 없기 때문에 헤드라인을 잘 만들어 독자의 시선을 끌어야 한다. 이러한 목적 때문에 낚시성 헤드라인이 양산되는 것이다.

헤드라인에는 대체로 정보 전달 기능, 뉴스 색인 기능, 뉴스가치 평가 기능, 관심 유발 기능, 암시적 기능, 지면 미화 기능 등의 6가지 기능이

있는 것으로 알려져 있다.[6]

첫째, 헤드라인의 가장 기본적인 기능이라 할 수 있는 정보 전달 기능이다. 곧, 헤드라인은 기사의 리드(lead)나 본문의 핵심 정보를 정확하게 요약하여 전달하는 것이 가장 중요하다. 따라서 기사의 내용을 압축하고 요약하여 굵고 큰 글자로 독자에게 전달하면 헤드라인만 읽어도 전체 기사의 내용을 이해할 수 있어야 한다.

둘째, 신문 발간 초창기에 주로 사용되었던 헤드라인의 뉴스 색인 기능이다. 초기의 헤드라인 기능은 주로 일상적인 의미의 제목에 가까워서, 어떠한 소식이 있었다고 알려주는 색인 기능(indexing function)을 하였다. 그런데 사회가 다원화되고 언론의 기능이나 신문 시장의 상황이 급변하면서 기사의 양이 증가하게 되었고, 빠른 시간 안에 정보를 얻고자하는 독자들의 욕구가 높아졌다. 따라서 많은 시간을 투자하면서 신문의 기사를 다 읽는 것이 어렵기 때문에 독자는 기사를 선택적으로 읽을 수밖에 없었다. 기사의 리드가 누가, 언제, 어디서, 무엇을, 왜, 어떻게 했는가와 같은 기본적인 사실의 정보들이 요약되어 있는 것이라면, 기사의 헤드라인은 기사의 내용 가운데에서 가장 중요하고 새로운 요소가 무엇인지 파악하여 기사의 내용을 분류하여 색인하는 역할을 수행하는 것이다.

셋째, 헤드라인은 배치하는 방법과 편집 형식에 따라 기사의 중요성과 뉴스 가치를 평가하는 기능이 있다. 곧, 기사의 중요성은 헤드라인 글자의 크기와 밀접한 관계가 있어서 기사의 크기에 맞추어 헤드라인의 크기를 결정하게 된다. 물론 가끔 기사의 양이 적더라도 헤드라인을 큰 활자로

---

6   이준호, 「저널리즘 측면에서 바라 본 '헤드라인 저널리즘'」, 2007년, 『언론중재』 봄호,
     7~8쪽. 김지용, 『제목 저널리즘』, 2008년, 미디어포럼, 21~32쪽 참조.

표현하는 경우도 있는데, 이럴 때 독자는 중요한 기사로 인식하게 된다.

또한 독자에게 신문 헤드라인을 비롯한 편집이 중요한 이유는 뉴스 가치 평가 때문이다. 신문은 하루하루 쏟아져 나오는 정보를 취사선택하여 가공하는 능력을 가진 언론사에서 정보의 의미를 파악해 그 가치를 결정하고 독자에게 전달한다. 따라서 정보에 대한 가치 평가를 제대로 이해하려면 헤드라인의 편집에 대한 이해가 있어야 한다.

그러므로 신문의 지면에서 헤드라인이 차지하는 크기나 위치 등이 독자에게 미치는 인지적, 심리적 영향력은 헤드라인의 내용과 더불어 중요하게 평가되어야 한다.

예컨대 헤드라인이 신문의 지면에서 차지하는 비율은 국내 신문 종합면 프론트 페이지의 경우 사진, 도표, 일러스트를 포함 약 51% 정도를 점하고 있다. 특히 스프츠 신문 1면 기사는 헤드라인이 차지하는 비중이 3분의 2 이상이어서 헤드라인의 역할이 더욱 중차대하게 되었으며, 증면이 이루어지면서 헤드라인만 읽는 독자가 늘어나 헤드라인의 역할은 그야말로 기사를 능가하고 있다.[7]

넷째, 헤드라인은 독자의 시선을 끌어 기사를 읽도록 하는 관심 유발 기능이 있다. 독자들은 먼저 헤드라인을 보고 기사 내용을 파악한 뒤에 그 기사를 읽을 것인지를 결정한다. 그러므로 헤드라인의 관심 유발 기능은 기사의 존재 이유를 설명해 주고 있는 셈이다. 낚시성 헤드라인이 많이 생산되는 것이 바로 이 관심 유발 기능 때문이기도 하다. 아무리 훌륭한 기사라고 할지라도 헤드라인으로 독자의 관심을 받지 못한다면 기사의 가독성이 떨어지게 된다. 따라서 신문 편집의 과정에서 관심 유발 기능을 고려하

---

7   김지용, 『제목 저널리즘』, 2008년, 22쪽 참조.

여 흥미롭고 창의적인 표현으로 독자의 관심을 유도할 수 있어야 한다.

다섯째, 신문의 헤드라인은 암시적 기능이 있다. 본문을 요약, 함축하여 대변하는 헤드라인이 기사의 내용을 함축, 요약하는 과정에서 깊은 암시를 주기도 한다. 곧, 암시적 기능은 헤드라인으로 적합하지 않은 직설적인 표현을 편집자가 고의로 비슷한 내용으로 순화시키기도 하고, 헤드라인으로 전체적인 분위기를 전하거나 특정한 내용을 표현한 다음 나머지 내용은 작은 제목 등으로 제시하기도 한다. 따라서 암시 기능은 특정 신문사가 정치적, 이념적 성향 등을 표현할 수 있는 편집의 권한이 작용하는 기능이다.

여섯째, 헤드라인의 지면 미화 기능은 신문에서 지면에 활력을 불어넣는다. 예컨대, 신문이 책처럼 작은 글자만으로 정보를 제공하고 있다고 생각해 보면, 독자에게 읽고 싶은 욕구를 갖지 못하게 할 것이다. 곧, 단순하게 되풀이되는 제목들의 나열은 독자들이 쉽게 지루함을 느끼게 될 것이다. 그러므로 다양한 형태의 제목이 필요하고, 그것은 지면 미화의 기능을 담당하게 된다.

결국 이렇게 보면, 신문 헤드라인의 기능은 크게 두 방향으로 나누어 생각해 볼 수 있다. 하나는 헤드라인이 가지는 본질적 기능인 기사를 요약하여 정확한 뉴스 정보를 전달하는 것이고, 다른 하나는 언론이 가지는 상업적 기능인 독자의 관심을 유발하고 언론사의 정치적, 이념적 성향을 반영하여 여론을 이끌어가려는 것으로 나눌 수 있겠다. 따라서 이러한 두 가지 관점에서 신문의 헤드라인을 자세히 살펴보는 것이 독자들이 신문을 볼 때 취해야 할 태도라고 할 수 있다.

헤드라인의 유형과 실제

지금까지 헤드라인의 유형에 관한 연구는 본문의 내용을 얼마나 충실하게 헤드라인에서 제시하는가를 중심으로 이루어졌다. 『신문 기사의 문체』(한국언론연구원, 1990년)에서 헤드라인은 객관적 헤드라인과 주관적 헤드라인, 그리고 육하원칙 가운데 핵심 내용으로 표출하는 요소에 따른 헤드라인으로 구분했다.

먼저 객관적 헤드라인은 뉴스 내용의 전체 또는 중요한 일부를 표제로 제시하는 요약적 헤드라인과 뉴스 메이커가 한 말이 기사의 주요 내용이 될 때, 그것을 표제로 인용하는 인용적 헤드라인으로 나누었다.

다음으로 주관적 헤드라인은 편집자의 주관적 판단을 가미하여 지향적, 교육적, 계몽적 구실을 하게 하는 것인데, 독자의 공감도를 높이기 위해 편집자의 주관적 느낌이나 기분을 삽입하는 기분형 헤드라인, 지향적, 사회·계몽적 성격을 띠는 호소형 헤드라인, 연상에 의해 관용적 표현을 활용하는 관용어형 헤드라인으로 나누었다.

또한 연구자에 따라서 헤드라인의 종류를 객관형(본문요약형, 각립형, 주요내용소개형, 결과제시형, 전언형) 헤드라인과 주관형(기분표출형, 호소요청형, 관심유도형, 문제제기형) 헤드라인으로 나누거나, 본문직역서술형 헤드라인, 본문해석서술형 헤드라인, 본문인용형 헤드라인 등으로 나누기도 했다.[8] 이밖에 정보전달형 헤드라인과 관심유도형 헤드라인으로 나눈 뒤, 관심유도형 헤드라인은 주제간접제시형 헤드라인과 주제은폐형 헤드라인으로 하위분류

---

8   김희진, 『신문 헤드라인 뽑는 법』, 2000년 참조. 박성희, 『신문 사회면 비교 분석』, 2004년 참조.

한 경우도 있다.[9]

그런데 언어의 형식적인 특성에서 헤드라인의 유형을 나누기 위해서는 헤드라인의 언어 형식 자체를 면밀히 살펴보아야 한다. 이른바 '제목 소비자'나 '낚시성 헤드라인'이란 용어가 활발하게 사용되는 지금의 대중매체 환경에서는 헤드라인의 언어 형식에 따라 기사를 추측하는 경향이 늘고 있기 때문이다.

> 정부 "대북 확성기 방송 오늘 재개" (경향신문 20160108)
> 군, 오늘 정오부터 대북 확성기 튼다 (중앙일보 20160108)
> 대북 확성기 방송 오늘 전격 재개…남북 긴장 고조 (한겨레신문 20160108)

위 헤드라인에서 독자들은 어떤 차이를 느낄까? 아주 쉽고 간단하게 파악할 수 있을 것으로 예측되는 것은, 인용 부호가 있는지, 헤드라인의 마지막 어휘가 단어(명사)형인지 문장형인지, 헤드라인이 한 줄로 끝나는 것인지, 말 이음표가 중간에 끼어든 것인지 등일 것이다. 그렇다면 헤드라인의 분류는 이와 같은 관점에서 이루어져야 하는 것이 맞다.

곧, 헤드라인을 언어 형식에 따라 단어형 헤드라인, 문장형 헤드라인, 생략형 헤드라인으로 나누고, 시각적으로 인지하는 말 이음표를 중심으로 하는 나열형 헤드라인, 헤드라인 줄의 수에 따라 한줄형 헤드라인, 두줄형 헤드라인, 인용부호 사용에 따라 인용형 헤드라인 등으로 나눌 수 있다. 언어 형식에 따른 헤드라인의 예시를 제시한다.

---

9   정여훈, 「신문 제목의 유형 및 그 실현 양상」, 2006년, 『사회언어학』14-1, 85~113쪽 참조. 김관규·김진원, 「인쇄신문과 인터넷신문의 기사 표제 차이에 관한 연구」, 2010년, 『언론과학연구』10-2, 39~72쪽 참조.

신문 언어 어떻게 이해할 것인가?

단어형 헤드라인

국회를 건너뛴 대통령 (조선일보 20160119)

청년을 잘 알지도 못하면서…"청년팔이는 이제 그만" (경향신문 20160116)

단어형 헤드라인은 명사 또는 다른 품사로 헤드라인이 끝나는 경우를 말한다. 위에서 조선일보의 헤드라인은 명사로, 경향신문의 헤드라인은 부사로 끝맺어서 단어형 헤드라인의 예시가 된다.

문장형 헤드라인

"북한 규탄은 쉽다, 그러나 답은 대화다" (중앙일보 20160527)

생략형 헤드라인

삼성이 놓친 GE家電, 중국 품으로 (조선일보 20160116)

사드 외교 파탄…"국정조사해야" (한겨레신문 20170502)

"애 살리려 가습기 더 틀었는데…" (말줄임표, 중앙일보 20160616)

문장형 헤드라인은 화자의 의도를 나타내는 문장종결어미로 끝나는 것을 말하며, 생략형 헤드라인은 문장이 완성되지 못한 채 조사의 도움을 받은 문장성분으로 끝나는 것, 다음 성분에 연결하는 연결어미로 끝나는 것, 말줄임표로 끝나는 것이 있다. 기본적으로는 생략형으로 끝맺는 헤드라인은 문장의 마지막을 생략하여 헤드라인의 효과를 최대한 살리기 위해 연결어미와 말줄임표 등을 사용하는 것으로 이해된다.

나열형 헤드라인

북한, 끝내 백악관 사정권 … 트럼프 "우리가 해결"

(말줄임표 1개, 중앙일보 20171130)

테러의 여름…찢긴 지구촌…일상이 된 불안

(말줄임표 2개, 경향신문 20160725)

　　나열형 헤드라인은 말줄임표를 중심으로 둘 또는 그 이상으로 헤드
라인이 표현된 경우를 말한다. 일반적으로 헤드라인의 중간에 말줄임표를
넣은 헤드라인은 중앙일보처럼 한 번의 말줄임표를 넣고 양쪽으로 헤드라
인을 작성하는 각립형 헤드라인이 많다. 그런데 특별한 경우 경향신문처
럼 두 개의 말줄임표를 넣어서 헤드라인을 만드는 경우도 있다. 실제로 여
기서 사용된 말줄임표는 말을 줄이는 의미가 아니라, 각 헤드라인에서 다
음 헤드라인으로 건너가기 위한 단위로 이해된다.

인용형 헤드라인

검찰 "피의자 박근혜 소환, 조율은 없다"

(화자 노출, 경향신문 20170315)

"미리 공부 안 시켜요" 엄마가 달라졌다

(화자 노출 없음, 중앙일보 20170314)

유승민 복당…"쿠데타" 반발한 親朴 (조선일보 20160617)

'유승민 복당' 쿠데타… 청와대는 몰랐다 (중앙일보 20160617)

　　인용형 헤드라인은 따옴표를 직접 헤드라인에 사용해서 취재원의 말을 헤드라인에 포함한 경우를 말한다. 그런데 경향신문처럼 헤드라인에 화자를 직접적으로 제시할 때도 있고, 중앙일보(20170314)처럼 직접적으로 제시하지 않고, 추측할 수 있도록 하는 경우도 있다. 그리고 조선일보처럼 따옴표를 헤드라인에 직접 제시하지만, 그 말을 한 사람이 누구인지 판단하기 애매한 경우도 있다. 곧, 조선일보 헤드라인에서 "쿠데타"는 친박을 화자로 해석하는 것이 일반적이지만, 다른 사람의 말로 해석할 가능성도 배제할 수 없다.

그리고 같은 날 조선일보와 중앙일보의 공통적인 두 헤드라인 〈유승민 복당 쿠데타〉을 비교해 보면, 조선일보에서는 〈쿠데타〉를 친박에서 말한 것으로 하여 직접 인용 표시를 넣어 만들었다. 반면, 중앙일보의 헤드라인에서는 〈쿠데타〉에는 아무런 표시 없이 헤드라인을 만들었다. 더 나아가 〈유승민 복당〉 부분도 중앙일보에서는 강조 표시를 넣어 헤드라인으로 만들었지만, 조선일보에서는 아무런 표시를 하지 않았다. 중간 들어간 말줄임표 역시 조선일보에서는 〈유승민 복당〉과 〈쿠데타 반발한 친박〉 사이에 넣어 처리하였지만, 중앙일보에서는 〈유승민 복당 쿠데타〉와 〈청와대는 몰랐다〉로 나누어 처리하였다. 이런 경우 독자가 인지하는 내용은 매우 다를 수 있다. 곧, 조선일보의 경우는 〈유승민 복당〉과 〈"쿠데타" 반발한 친박〉 등으로 각립시켜 정당 내부의 문제로 인식되지만, 중앙일보의 경우는 〈'유승민 복당' 쿠데타〉를 하나의 묶음으로 처리하여 '복당' 자체가 '쿠데타'로 인식하도록 헤드라인이 만들어졌다고 볼 수 있다.

1줄, 2줄, 3줄형 헤드라인

법원, 휴전선내 광범위한 고엽제 살포 첫 인정 (1줄, 한겨레신문 20160817)
골프장 용도변경 / "롯데, 군에 로비" (2줄, 경향신문 20160617)

김명수 대법원장 / 전국 법원장들에게 / "사법개혁 동참하라"

(3줄, 조선일보 20171120)

"국민의당 공보물 / 비용 5억 부풀려" / 선관위, 보전 거부

(3줄, 중앙일보 20160617)

법원, 휴전선내 광범위한 고엽제 살포 첫 인정

골프장 용도변경 "롯데, 군에 로비"	김명수 대법원장 전국 법원장들에게 "사법개혁 동참하라"	"국민의당 공보물 비용 5억 부풀려" 선관위, 보전 거부

　　그런데 헤드라인이 1줄이냐 2줄이냐 3줄이냐는 시각적인 면에서는 의미가 있지만, 사실 기사의 크기와 직접적인 관련이 있는 것 같지는 않아 보인다. 곧, 기사를 중앙이 아닌 측면에 배치하면서 2단 정도로 줄어들면 세로 줄을 여러 개로 만들게 되는 것으로 보인다.

주석형 헤드라인

'오월동주' 中國을 겨누다
〈오바마·월남〉

'오월동주' 中國을 겨누다
〈오바마·월남〉 (조선일보 20160524)

살처분 32.9% vs 1.1%
〈공장형 농장〉　〈친환경 농장〉
AI 참사 부른 밀집사육

살처분 32.9% vs 1.1%

AI 참사 부른 밀집사육

〈공장형 농장〉〈친환경 농장〉 (중앙일보 20170105)

일반적으로 헤드라인은 기사의 리드나 본문보다는 큰 글씨로 눈에 잘 띄도록 작성하는 것인데, 헤드라인 안에 작은 글씨로 헤드라인을 설명하는 경우를 주석형 헤드라인이라고 한다. 헤드라인 가운데 추가 설명이 필요한 부분에 작은 글씨로 그 의미를 풀이해 주는 방식을 취하고 있다. 이러한 주석형 헤드라인은 최근의 신문 기사에서 가끔 등장하는 것으로서, 기사를 모두 읽지 않는 헤드라인 독자의 증가에 따른 결과로 이해된다.

1.2. 리드

리드의 의미

'첫인상 5초의 법칙'이라는 말이 있다. 사람에 대한 첫인상이 결정되는 시간이 5초 안팎이라는 것이다. 그런데 이렇게 짧은 시간에 머릿속에 자리 잡은 첫인상을 바꾸려면 많은 시간이 필요하다. 첫인상의 인식이 바뀌기까지는 약 40번의 만남이 이루어져야 한다고도 한다. 그만큼 한 번 결정된 생각의 가치를 변화시키기가 쉽지 않다는 의미이다.

신문 기사에서 사람의 첫인상에 해당하는 것은 헤드라인일 것이다. 독자들은 헤드라인에 따라 기사를 읽을지를 결정하기 때문에 신문 기사의 첫인상은 정말로 중요하다. 그런데 신문 헤드라인은 기사 선택에서는 매우 중요하게 작용하지만, 열독 유무를 결정할 때는 중요한 역할을 하지 못할 수도 있다. 그것은 헤드라인 편집자들이 독자의 시선을 끌기 위하여 기사의 내용과 다소 동떨어진 헤드라인을 만들 경우도 가끔 있기 때문이다.

오히려 기사의 열독 여부를 결정하는 데는 리드(lead)가 중요한 역할한다. 독자들은 일반적으로 리드가 헤드라인을 구체적으로 제시하는 첫 번째 문장으로 이해한다. 리드의 내용에 따라 보도 기사의 방향이 결정되기 때문에 리드를 전문, 서두문, 요약문 등으로 부르기도 한다.

보도 기사에서 리드는 대체로 육하원칙을 중심으로 작성되며 중요도에 따라 배열한다. 리드 단락의 형식적 유형은 문장의 수에 따라 구분할 수 있다. 대체로 리드는 한 문장으로 구성되지만, 가끔은 리드를 뒷받침하는 부리드(sub lead)와 함께 2~3개의 문장으로 구성되기도 한다.

한 문장으로 된 리드 단락의 예

국방부는 30일 미국의 고도미사일방어체계(THAAD·사드)를 경북 성주군 초전면 성주골프장에 배치하기로 최종 결정했다. (경향신문 20161001)

두 문장으로 된 리드 단락의 예

더불어민주당은 29일 심야 의원총회와 비상대책위원회를 잇따라 열고 3월 1일 오전 9시 테러방지법 저지를 위한 필리버스터(무제한 토론) 중단을 발표하기로 결정했다. 이에 따라 4·13 총선 선거구 획정안을 담은 공직선거법 개정안과 테러방지법이 1일 본회의에서 처리될 것으로 보인다. (조선일보 20160301)

세 문장으로 된 리드 단락의 예

박근혜 대통령은 18일 경제계가 주도하는 '민생 구하기 입법 촉구 천만 서명운동'에 직접 참여해 서명했다〈사진〉. 청와대 관계자들은 "특정 법안 처리와 관련해 현직 대통령이 민간의 서명운동에 참여하고 독려한 것은 이번이 처음인 것으로 안다"고 했다. 19일엔 황교안 국무총리와 일부 장관도 입법 촉구 서명에 동참할 예정이다. (조선일보 20160119)

위의 예시처럼 보도 기사에서 리드는 대체로 첫 번째 문장이지만, 이를 뒷받침하는 부리드가 함께 쓰인 경우에는 인용, 추측 등이 동반되기도 한다. 리드를 어떤 문장으로 구성하는가에 따라 기사의 흐름이나 방향이 달라질 수 있기 때문에, 리드는 대체로 육하원칙에 따라 구성하고, 그에 해당하는 각 요소들을 중요도에 따라 순서대로 풀어낸다.

리드의 기능

리드의 역할은 크게 세 가지 방향으로 이해할 수 있다. 하나는 기사의 내용적인 측면에서 역할을 해야 하고, 또 하나는 뉴스 생산자의 의도를 충족하는 입장에서 역할을 해야 하며, 마지막은 독자와의 소통에서 적절한 역할을 수행해야 한다.

첫째, 기사의 내용적인 측면에서 가장 중요한 것은 기사의 핵심을 리드, 곧 기사의 첫 문장에서 제시하는 것이다. 신문 보도 기사의 경우, 대체로 그날 일어난 중요한 사건을 육하원칙에 따라 기술하게 된다. 그러므로 헤드라인에서 제시된 사건에 대하여 중요한 육하원칙의 요소에 따라 그 내용을 쓰면서 기사에서 의문점을 적절하게 설명해 주어야 한다.

둘째, 뉴스 생산자의 의도를 실천하기 위해서는 독자가 기사를 열독하도록 리드를 만들어야 한다. 현대 사회에는 많은 정보가 공유되고 있어서 뉴스 독자들의 뉴스에 대한 열독률은 점점 약화되는 것으로 보인다. 2017년 한국언론진흥재단의 언론수용자 의식조사 결과에 따르면, 종이 신문의 경우 2017년 열독률이 16.7%로 2016년에 비하여 4.2% 감소하였다. 이는 언론수용자의 의식조사가 처음 실시되었던 1996년의 85.2%와 비교하면, 무려 68.5%나 줄어든 상황이다. 따라서 뉴스 생산자는 기사의 뉴스성을 강조하여 독자의 시선을 사로잡는 문장으로 기사를 열독하도록 만드는 것이 리드의 핵심적인 역할로 인식할 수밖에 없다.

셋째, 독자의 입장에서 필요한 리드의 역할은 가장 중요한 정보를 가장 간결한 문장으로 제시해 주는 것이 필요하다. 뉴스를 소비하는 독자의 입장에서는 사실 다양한 뉴스가 넘쳐나는 상황에서 어떤 뉴스를 선택할지가 늘 고민이다. 그래서 헤드라인을 중심으로 뉴스를 소비하게 되고, 헤드라인 다음에 인지하게 되는 리드를 주목하게 된다. 그런데 리드에서 헤드라인과 거리가 있는 정보가 제공되면 기사에 대한 열독률이 떨어지게 마련이다. 철저하게 뉴스 소비자의 관점에서는 자신이 궁금해 하는 정보를 정확하게 담아내는 리드를 기대하기 마련이다.

1.3. 본문

기사 본문의 가치

신문 기사에서 본문(本文, body)이란 헤드라인과 리드에서 독자에게 제시한 기사의 핵심 내용을 구체적 근거를 바탕으로 상세하게 기술한 부분을 말한다. 신문의 보도 기사는 대체로 리드에서 핵심적인 내용을 육하원칙으로 요약해서 제시한 다음, 기사의 본문에서 좀 더 구체적인 사실을 그 중요도에 따라 배열 순서를 정해 제시한다. 결국 기사의 첫 문장인 리드에 뒤따르는 본문의 문장들은 리드를 구체화, 정교화 하는 문장들이다.

본문은 말 그대로 '문서에서 주가 되는 글'이며, '본체'이다. 보도 기사에서 본문은 리드에 이어 중요한 사실을 구체적으로 알려주는 핵심 부분이다. 보도 기사의 가장 일반적인 형태인 역피라미드형 기사에서는 가장 중요한 사실부터 시작하여 부가적인 사실과 세부적인 사실을 순서로 하여 제시하게 된다.

헤드라인이나 리드처럼 기사의 본문 역시 어떻게 써야 한다는 정설은 없다. 다만, 헤드라인이 다소 독자의 시선을 끌기 위한 것이기 때문에 편집자의 주관이 허용될 수 있는 곳인 반면, 리드나 기사의 본문은 정확성, 사실성, 완결성을 갖춘 내용이어야 한다. 따라서 기사의 본문과 리드는 육하원칙에 무게 중심을 두고 그 내용을 완성해 나가는 것이 바람직한 기술 태도이다.

사실 많은 독자들이 신문 기사를 볼 때 헤드라인(제목) → 리드(첫 문장) → 기사 본문(내용) 순으로 읽기 때문에 신문 기사의 중요도 역시 이 순서로 생각할 수 있다. 그런데 기사의 본문이 미흡하게 되면 아무리 헤드라인이나 리드가 좋다고 할지라도 기사에 대한 신뢰도는 떨어지게 마련이다. 흔히 헤드라인을 간판으로, 리드를 진열장으로, 본문을 상품으로 비유[10]하기도 하는데, 결국 상품이 제대로 된 것이 아니라면, 아무리 훌륭한 간판과 진열장으로 고객을 유치하더라도 상품을 구입하는 사람은 없다. 결국 독자의 입장에서 보면, 하나의 기사에서 헤드라인-리드-본문의 관련성을 잘 살펴서 읽고, 본문이 충분히 헤드라인과 리드의 내용을 뒷받침하고 있는지를 확인해야만 기사에 대하여 정확한 이해를 할 수 있는 것이다.

기사 본문의 실제

독자들이 기사의 본문을 읽을 때는 이미 헤드라인과 리드를 보고 나서이다. 따라서 본문은 헤드라인, 리드와 밀접한 관련 하에 기술되어야 한다. 독자의 입장에서 보면 기사의 핵심이고, 실체이기 때문에, 기사 본문은 글의 통일성, 완결성, 긴밀성을 갖추어야 한다. 보도 기사의 경우 내용에서 육하원칙을 제시해야 하는데, 그 요소가 충분히 갖추어져 있는지를 실제 기사의 사례를 통해 살펴본다.

---

10   한국언론연구원, 『신문 기사의 문체』, 1990년. 국립국어원, 『한국 신문의 문제』, 1997년 참조.

영남권 신공항 건설 계획이 21일 다시 '**백지화**'됐다. 이명박 대통령 때
인 2011년 4월 '경제성이 없다'며 **무산**됐던 신공항은 박근혜 대통령이
2012년 12월 대선공약을 통해 되살려냈지만, 이날 발표로 5년여 만에 두
번째 **백지화**됐다. 이명박 전 대통령과 박근혜 대통령 등 현 여권 주도로
'신공항 대선공약→**백지화**→대선공약→**백지화**' 과정이 반복되면서 그동
안 영남이 절반으로 갈라지는 등 지역갈등이 심화되고 국력만 낭비됐다
는 비판이 나온다. 〈①단락: 무엇을, 어떻게, 왜: 논란〉

국토교통부와 용역을 맡은 ADPi(프랑스 파리공항공단엔지니어링)는 이날 정
부세종청사에서 열린 '영남권 신공항 사전타당성 검토 연구 최종 보고회'
에서 부산 가덕도나 경남 밀양에 신공항을 건설하는 것보다 현재 김해공
항을 확장하는 방안이 최적의 대안이라는 결론을 내렸다고 밝혔다. 〈②단
락: 왜, 용역 연구 결과〉

장 마리 슈발리에 ADPi 수석 엔지니어는 김해공항 확장방안을 두고
"현재 제기되고 있는 안전과 관련한 이슈를 해결할 수 있는 대안이 될 수
있다"며 "기존시설과 기존의 접근성을 누릴 수 있다는 이점도 있다"고 밝
혔다. 이어 "요구 수요량을 모두 감당할 수 있을 것이고, 기존 시설을 파
괴·제거해야 하는 필요가 줄어들 수 있다"고 덧붙였다. 〈③단락: 왜, 어떻게,
용역 연구 결과〉

최종평가점수에 따르면 김해공항 확장안은 1000점 만점에 818점으로
가장 높은 점수를 받았다. 이어 밀양 2개 활주로안(683점), 밀양 1개 활주
로안(665점), 가덕도 1개 활주로안(653점), 가덕도 2개 활주로안(581점) 순이
었다. 〈④단락: 왜, 용역 연구 결과〉

슈발리에는 가덕도를 두고 "건설비용이 많이 들고, 건설 자체도 어렵
다. 국토 남쪽 끝에 위치해 있기 때문에 접근성도 문제가 된다"고 했으며,
밀양에 대해서는 "여전히 접근 가능성 문제가 남아 있다"고 지적했다. 〈⑤
단락: 왜, 전문가 견해 인용〉

김해공항 확장안은 대형항공기 이착륙이 가능한 3200m 활주로 1본과

2800만명을 수용할 수 있는 대형국제터미널을 신설하는 것이 골자다. 사업비 4조1700억원이 투입된다. 이렇게 되면 김해공항은 3800만명의 여객을 수용할 수 있게 된다. 〈어떻게, 긍정 의견〉

김해공항 확장은 올 하반기 예비타당성 조사에 착수한 뒤 내년 기본계획과 설계를 거친다. 2021년 공사를 시작해 2026년 완공이 목표다. 〈⑥단락: 어떻게, 향후 계획〉

강호인 국토부 장관은 발표문을 통해 "정부는 이번 용역결과가 항공안전, 경제성, 접근성, 환경 등 공항입지 결정에 필요한 제반 요소를 종합적으로 고려해 도출된 합리적 결론이라고 평가한다"고 밝혔다. 정부는 22일 정부서울청사에서 황교안 국무총리 주재로 관계장관회의를 열어 후속조치를 논의한다. 〈⑦단락: 누가, 정부 입장〉, 〈향후 계획〉

하지만 **비판**이 제기된다. 우선 청와대와 정부가 타당성 용역을 외부 기관에 맡겨놓은 후 '대구·경북 대 부산' 간 **지역갈등**이 **극점**으로 **치달을** 때까지 **갈등**관리를 **내팽개쳤기** 때문이다. 특히 박 대통령은 결과 발표 직전 주재한 국무회의에서 신공항과 관련해 한마디도 언급하지 않아 **무책임하다**는 **비판**을 받았다. 〈⑧단락: 누가, 논란〉

여권 주류 **'원죄론'**도 제기된다. 2011년 이명박 정부 때 **무산**됐던 신공항을 2012년 대선 때 공약으로 되살려놓고 다시 **백지화**함으로써 **불필요한** 지역갈등을 초래하는 등 국력만 **낭비**하는 결과를 낳았기 때문이다. 청와대와 정부가 '영남권 표를 얻겠다'는 정치적 목적에서 비롯된 신공항 공약을 해외 용역기관 손을 빌려 **공수표**로 만들었다는 해석도 있다. 〈⑨단락: 누가, 왜, 논란〉

(경향신문 20160622)

위 경향신문의 기사 본문은 모두 9개의 단락으로 나누어져 있다. 각 단락을 육하원칙과 내용에 따라 분석하였다. 여기서 ①은 리드가 포함된 단락인데, 내용상으로는 '논란'을 부각시켰다. 곧, 육하원칙을 기준으로 보면, '무엇을(신공항)'과 '어떻게(발표)'만 포함되어 있다. 그런데 리드를 포함하면, '백지화'라는 어휘가 한 단락에 무려 4회('무산'을 포함하면 5회)나 등장한다. 결국 헤드라인과 리드, 첫 단락만 보아도 기사의 핵심이 '백지화'에 맞춰져 있음이 확인된다.

또한 단락 ⑧과 ⑨를 보면, 부정적 어휘인 '비판'(2회), '원죄론', '백지화', '갈등'(3회), '극점', '치닫다', '내팽개치다', '무책임하다', '무산', '낭비', '불필요하다', '공수표' 등이 모두 15회 사용되어 정부의 정책 발표 자체를 부정적으로 서술하고 있다. 위의 분석에서 단락 ②부터 ⑦까지는 부분적인 기술에서는 차이가 있을지 모르지만, 발표한 사실 보도 자체는 신문사에 따라 차이가 날 수가 없는 내용이다.

그렇다면, 이 사건을 서로 다르게 보도하려면, 신문사마다 기사를 보는 시각을 달리할 수밖에 없을 것이다. 곧, 이 사건을 보도할 때 갖추어야 할 기본적인 내용은 '정부의 발표', '발표한 내용', '발표 내용에 대한 각 지역의 반응' 등이 하나의 기사 안에 포함되어야 하고, 선택적으로 '발표 내용에 대한 가치 평가'가 포함될 수 있을 것이다. 이와 같은 기본적인 내용과 선택적인 내용을 바탕으로 각 신문사의 관점에서 헤드라인-리드-본문을 완성하여 독자에게 기사로 전달한다.

경향신문에서 위 기사의 헤드라인과 리드를 어떻게 만들어서 독자에게 전달하였는지 살펴본다.

〈1면 머리기사의 헤드라인과 리드〉

헤드라인: 표심 얻으려…민심 두 쪽 낸 5년
리드: 영남권 신공항 건설 계획이 21일 다시 '백지화'됐다.

(경향신문 20160622)

────── 신문 언어 어떻게 이해할 것인가?

2016년 6월 22일 경향신문 1면 머리기사는 헤드라인과 리드만으로도 기사의 본문이 충분히 부정적으로 전개될 것이라는 예측이 가능하다. 이날 보도된 4개 신문사(경향신문, 조선일보, 중앙일보, 한겨레신문)의 기사 본문을 중심으로 육하원칙을 구성해 보면 아래와 같다.

누가: 강호인 국토교통부 장관 또는 ADPi(파리공항공단엔지니어링)
언제: 21일
무엇을: 영남권 신공항 건설 계획 용역 연구 결과
어디서: 정부 세종청사
왜: 용역 결과 김해공항이 ▲공항 운영 ▲성장 가능성 ▲접근성 ▲
　　사회경제적 영향 ▲생태·환경성 ▲사업비 ▲실현 가능성 등 7가
　　지 평가 기준으로 한 네 가지 평가 시나리오에서 1000점 만점에
　　817~832점을 받아 밀양(640~722점)과 가덕도(495~635점)보다 높음
어떻게: 김해공항을 확장하는 것이 최적의 대안이라고 발표

위와 같은 육하원칙의 내용을 경향신문 외 다른 신문의 경우 헤드라인과 리드, 본문을 어떻게 배열하여 구성했는지 구체적으로 분석한다.

〈헤드라인과 리드〉

헤드라인: 최대 6조원 아낀 '제3의 항로'
리드: 10년을 끌어온 동남권 신공항 건설이 새로운 터에 공항을 짓기보
　　　다는 기존 김해공항을 대폭 확장하는 제3방안으로 결정됐다.

(조선일보 20160622)

〈헤드라인과 리드〉

헤드라인: 경제성 따졌다, 결론은 김해공항 확장

리드: 10년 넘게 논의돼 온 영남권 신공항 건설이 경남 밀양도, 부산 가
덕도도 아닌 '제3의 길'로 결론 났다.

(중앙일보 20160622)

〈헤드라인과 리드〉

헤드라인: 민심만 찢어놓은 '신공항 신기루' 10년 (한겨레)
리드: 영남권 신공항 건설을 둘러싸고 10년 동안 진행된 논란이 기존
김해공항 확장이라는 사실상 '백지화'로 결론내려졌다. (한겨레)

(한겨레신문 20160622)

먼저 헤드라인을 살펴본다. 조선일보의 헤드라인은 '아끼다'와 같은
주관적 어휘의 사용으로 사건을 긍정적인 태도로 보도하고 있고, 한겨레
신문의 헤드라인은 '찢어놓다', '신기루'와 같은 주관적 어휘의 사용으로
사건을 부정적인 태도로 보도하고 있음을 알 수 있다. 중앙일보의 경우는
헤드라인에 '따지다'와 같은 다소 주관적 어휘를 사용하긴 했지만, 중립적
태도로 보도하고 있는 것으로 분석된다. 사실 '따지다'보다는 '기준'과 같
은 어휘를 사용했더라면 훨씬 더 중립적으로 인정될 것이다.

다음으로 리드를 보면, 조선일보와 중앙일보는 중립적 태도로 문장
을 구성하고 있지만, 한겨레신문은 '사실상', '백지화' 등과 같은 어휘로 사
건을 부정적으로 보도하고 있음을 알 수 있다. 그런데 조선일보의 '제3 항
로(제3방안)'나 중앙일보의 '제3의 길'이 과연 제3의 대안인가는 생각할 필
요가 있다.

곧, 지역적으로 보면 부산은 '가덕도', 대구는 '밀양'을 공항 건설 지
역으로 결정되기를 바랐다. 하지만, 정부의 연구 용역 결과 발표에서는 '김
해공항'의 확장이었다. '김해공항 확장'이 과연 대구 지역에서 '제3의 대

안'으로 인정될 수 있을까? 부산의 입장에서는 그나마 불행중 다행이고, 대구의 입장에서는 결국은 부산 지역이 아니었을까?

조선일보와 중앙일보는 부산과 대구 지역의 사람들에게 마치 '김해 공항 확장'이 '제3의 대안'으로 인정되기를 바라는 프레임을 리드에서 제시하고 있는 것으로 분석될 수 있는 부분이다.

〈1면 머리기사 본문〉

경제성·환경성·안전성 등을 따져봤을 때 부산 가덕도와 경남 밀양에 신공항을 짓기보다는 '김해 신(新)공항' 건설이 **훨씬 유리하다**는 것이다. 〈①단락: 왜, 내용: 긍정 의견〉

국토교통부 의뢰로 동남권 신공항에 대한 사전 타당성 연구 용역을 벌여온 프랑스 ADPi(파리공항공단엔지니어링)는 21일 정부 세종청사에서 용역 최종 보고회를 열어 "현재의 김해공항을 확장하는 방안이 최적 대안이라는 결론을 내렸다"며 이렇게 밝혔다. 정부 고위 관계자는 "김해공항에 활주로를 하나 더 놓고 터미널·관제탑을 신설하는 등 방식으로 김해공항이 완전히 탈바꿈할 것"이라고 말했다. '김해 신공항'은 오는 2021년 착공해 2026년 개항할 예정이다. 〈②단락: 어떻게, 내용: 용역 연구 결과, 향후 계획〉

ADPi는 이날 보고회에서 "부산 가덕도와 경남 밀양 두 곳만이 아니라 김해공항을 비롯한 동남권 지역 35곳을 신공항 후보로 선정해 검토하는 등 완전히 제로(0)에서 (검토를) 새로 시작했다"면서 "그 결과 김해공항을 확장하는 것이 네 가지 모든 시나리오에서 가장 높은 점수를 받았다"고 말했다. 〈③단락: 어떻게, 왜, 내용: 용역 연구 결과〉

용역 결과 김해공항은 ▲공항 운영 ▲성장 가능성 ▲접근성 ▲사회 경제적 영향 ▲생태·환경성 ▲사업비 ▲실현 가능성 등 평가 기준으로 제시한 일곱 항목을 반영한 네 가지 평가 시나리오에서 1000점 만점에 817~832점을 받아 밀양(640~722점)과 가덕도(495~635점)를 큰 점수 차로 제쳤다. 특히 공항 건설 비용 항목에서 김해공항은 총 4조1657억원이 들 것으로 예상돼 가덕도(7조4734억~10조2014억원)와 밀양(4조5342억~5조8212억원)보다 최소 3685억, 많게는 6조357억원이 덜 들 것으로 추정됐다. ADPi는 신공항의 연간 승객 수요를 국제선 2800만명, 국내선 1200만명 등 연간 총 4000만명으로 예상했다. 〈④단락: 왜, 내용: 용역 연구 결과〉

ADPi의 장 마리 슈발리에 수석 엔지니어는 김해공항 확장안을 제시한 것과 관련, "(단순히 경제적·환경적 요인 등만을 고려한 것이 아니라) 신공항 후보지가 선정되었을 때의 법적·정치적 후폭풍도 감안했다"고 말했다. 〈⑤단락: 왜, 내용: 용역 연구 결과〉

(조선일보 20160622)

조선일보는 ①단락에 '훨씬 유리'와 같은 단어를 제외하면, 단락 ② 부터 ⑤까지는 실제 사건의 발표 내용 가운데 사실을 중심으로 보도하고 있어서 매우 중립적 태도를 취하고 있는 것으로 분석된다.

〈1면 머리기사 본문〉

김해공항을 확장하는 방안이 채택된 것이다. 정치권과 영남권이 밀양과 가덕도를 놓고 극한 대립을 벌여왔으나 정부는 외부 전문기관의 판단을 선택했다. 〈①단락: 어떻게, 왜, 내용: 긍정 의견〉

강호인 국토교통부 장관은 21일 "외부 전문기관인 파리공항공단엔지니어링(ADPi)의 연구 결과 김해공항을 확장하는 것이 최적의 대안"이라고 발표했다. 강 장관은 "항공 안전과 경제성, 접근성, 환경 등 입지 결정에 필요한 모든 요소를 종합적으로 고려해 산출한 합리적인 결론"이라고 설명했다. 〈②단락: 누가, 언제, 왜, 어떻게, 내용: 용역 연구 결과〉

연구용역 책임자인 ADPi의 장마리 슈발리에(Jean-Marie Chevallier) 수석연구원도 "가덕과 밀양은 주변 환경과 비용 등 측면에서 공항 입지로 부적합하다"며 "김해 신공항은 확장이라기보다는 '90% 신공항'에 가깝다"고 말했다. 〈③단락: 왜, 어떻게, 내용: 용역 연구 결과〉

이날 ADPi가 발표한 '김해 신공항' 안에 따르면 3200m 활주로 1본이 추가되고 총면적은 651만㎡에서 965만㎡로 늘어난다. 활주로 수용능력은 현재 연 15만2000회에서 29만9000회로 두 배가량 증가한다. 연간 수용능력도 1734만 명에서 4000만 명으로 증가한다.〈④단락: 어떻게, 내용: 용역 연구 결과〉

김해 신공항 사업에 필요한 예산은 4조3929억원으로 부산 가덕에 활주로 2본을 갖춘 신공항을 건설하는 비용(10조7578억원)의 절반이 채 되지 않는다. 허희영 한국항공대 경영학부 교수는 "김해공항 확장안을 택한 것은 경제적 합리성과 건전한 상식에 따른 결정"이라며 "덩그렇게 공항만 지어 놓는 것보다 철도와 도로망을 구축해 지역 간 연결성을 높이는 것이 지역 경제 활성화에도 도움 된다"고 말했다.〈⑤단락: 왜, 내용: 용역 연구 결과, 긍정 의견 인터뷰〉

정부는 김해공항을 단순 보강하는 차원을 넘어 활주로와 터미널 등 공항시설을 대폭 신설하고 공항 인근 교통망을 새로 구축할 방침이다. 서훈택 국토부 항공정책실장은 "연내 기획재정부의 예비타당성 조사를 거쳐 2026년께에는 새로 확장한 김해공항을 개항하는 것이 목표"라고 말했다. 당초 영남권 신공항이 목표로 했던 허브공항 건설은 향후 과제가 됐다. 김중백 경희대 사회학과 교수는 "대규모 국책사업일수록 긴 시간을 갖고 국민 공감대 속에서 추진해야 한다"고 말했다.〈⑥단락: 어떻게, 내용: 향후 계획, 긍정 의견 인터뷰〉

하지만 이번 발표에 대해 부산을 비롯해 경남 등 해당 지역에선 "예상치 못한 황당한 결과"라는 반발이 나왔다. 서병수 부산시장은 "김해공항 문제를 해결하기 위한 용역이 어떻게 확장안으로 결론을 맺었는지 이해할 수 없다"며 "360만 부산 시민을 무시한 처사"라고 했다.〈⑦단락: 왜, 어떻게, 내용: 당사자 불만〉

강주열 남부권 신공항 범시·도민 추진위원장도 "김해공항 확장이 어려워 밀양과 가덕을 검토했던 것 아니냐"며 "그동안 영남 주민을 속인 것"이라고 말했다. 권영진 대구시장은 "어처구니없는 결정이다. 부산을 포함한

5개 시·도와 대응책을 강구하겠다"고 말했다. 〈⑧단락: 왜, 어떻게, 내용: 당사자 불만〉

또한 중앙일보는 헤드라인과 리드는 중립적인 태도를 취하고 있지만, 본문은 긍정적인 프레임에 기울어져 있음이 확인된다. 곧, 본문 ①단락~④단락까지는 발표 내용을 바탕으로 중립적인 태도를 취하고 있다. 그런데 ⑤단락과 ⑥단락에서는 발표 내용에 대하여 긍정적으로 바라보는 전문가 인터뷰를 포함하여 '김해공항 확장'이 매우 정당한 것으로 보도하는 태도를 취한다. 중앙일보에서는 부산과 대구의 관계자들이 이번 정부의 발표를 어떻게 보고 있는가에 대한 인터뷰를 기사의 본문에 포함하여 공정하고 중립적 태도를 취하려고 노력한 흔적이 보인다.

〈1면 머리기사 본문〉

영남권 신공항 건설을 둘러싸고 10년 동안 진행된 논란이 기존 김해공항 확장이라는 **사실상 '백지화'로 결론**내려졌다. 부산이 주장해온 가덕도도, 대구·울산·경북·경남이 지지해온 경남 밀양도 아닌 '제3의 대안'으로 귀결된 것이지만, **극심한 지역 갈등의 후유증이 클 것**으로 보인다. 특히 5년 전 이명박 정부에서 타당성 부족으로 **한 차례 백지화한 영남권 신공항**을 다시 꺼내 **사회적 갈등만 유발**한 박근혜 정부의 **책임과 관리능력 부재**가 도마에 오르게 됐다. 〈①단락: 무엇을, 어떻게, 왜, 내용: 논란〉

국토교통부와 용역을 맡은 프랑스 파리공항공단엔지니어링(ADPi)은 21일 오후 3시 정부세종청사 2층 브리핑실에서, 영남권 신공항 입지로 현재의 김해공항을 확장하는 방안이 최적의 대안이라고 밝혔다. 김해공항 확장안은 기존 김해공항을 보강하는 차원을 넘어, 활주로·터미널 등 공항시설을 대폭 신설하고 공항에 접근하는 연계 교통망도 확장하는 방안이다.

파리공항공단엔지니어링은 보고서에서 "항공안전, 접근성, 환경 및 소음 등 4가지 요소에 가중치를 둔 시나리오별 평가를 수행한 결과, 김해공항 확장이 모든 시나리오에서 가장 높은 평가점수를 받았다"고 밝혔다. 이날 공개된 평가점수(1000점 만점)는 김해공항 확충안이 816~832점, 밀양(활주로 2곳) 640~701점, 가덕도(활주로 2곳) 495~634점 차례였다. 〈②단락: 누가, 언제, 어디서, 어떻게, 왜, 내용: 용역 연구 결과〉

강호인 국토부 장관은 "항공안전, 경제성, 접근성, 환경 등 공항입지 결정에 필요한 제반 요소를 종합적으로 고려해 도출된 합리적 결론"이라며 "신공항 유치 경쟁 과정에서 일부 갈등과 논란이 있었던 것이 사실이지만, 5개 지자체가 합의한 방식에 따라 입지 평가 결과가 나온 만큼 대승적 차원에서 이번 평가 결과를 수용해줄 것을 당부한다"고 밝혔다. 〈③단락: 누가, 왜, 내용: 정부 입장〉

그러나 각각 경남 밀양과 부산 가덕도를 밀며 공항 유치전을 벌여온 대구와 부산은 반발했다. 권영진 대구시장은 대구시청에서 기자회견을 열어 "역사의 수레바퀴를 10년 전으로 돌려놓은 어처구니없는 결정"이라고 반발했다. 서병수 부산시장도 "부산시민을 무시한 처사다. 수도권의 편협한 논리의 결정"이라고 주장했다. 〈④단락: 왜, 어떻게, 내용: 당사자 불만〉

이명박 정부에 이어 두번째로 영남권 신공항 건설이 **백지화**되면서 정치권도 책임론의 **후폭풍**에 시달릴 것으로 보인다. 2012년 대선을 앞두고 새누리당과 민주통합당은 이미 1년 전 **백지화**된 영남권 공항 건설을 공약으로 다시 꺼냈고, 박근혜 대통령은 당선 직후 재추진에 나섰다. 정치권은 여야 가릴 것 없이 지역별로 뭉쳐 공항 유치전에 사활을 걸었다. 특히 청와대는 이번 연구용역의 평가항목 등 기본 원칙도 공개하지 않아 **불신과 혼란을 자초**했고, 영남권이 가덕도를 지지하는 부산과 경남 밀양을 지지하는 대구·울산·경북·경남으로 **찢어져 갈등**이 깊어지는 와중에도 **방관**했다. 하태경 새누리당 의원(부산 해운대갑)은 "정부가 국민의 엄청난 에너지를 소모시키고 부산과 대구·경북 등의 갈등을 부추긴 꼴이 됐다"며 "이런 정책적 과오가 반복되지 않도록 명확히 짚어볼 필요가 있다"고 **비판**했

다. 〈⑤단락: 왜, 어떻게, 내용: 논란, 부정의견 인터뷰〉

(한겨레신문 20160622)

②단락~④단락은 발표 내용, 발표 내용에 대한 각 지역의 인터뷰 등을 담아 중립적이고 공정한 태도를 취하고 있다. 하지만 단락①과 ⑤에서는 매우 부정적인 태도로 보도 프레임을 짜고 있는 것이 확인된다.

'갈등'(5회), '백지화'(4회), '후유증', '후폭풍', '불신', '혼란', '방관', '찢어지다'와 같은 부정적 어휘를 모두 15회나 사용하였고, 본문 첫 문장에서 '사실상 백지화'라는 표현을 사용하여, 실제로 '백지화' 프레임을 씌우려 했음을 표현하고 있다. 또한 '정부의 책임', '관리능력 부재'와 같은 직접적 지시를 통한 부정적 보도 태도를 취하고 있는 것도 확인된다.

결론적으로 말하면, 이 보도 기사에서 경향신문과 한겨레신문은 부정적인 관점에서 사건을 보도하였고, 조선일보와 중앙일보는 긍정적인 관점에서 보도한 것으로 분석된다. 구체적으로 헤드라인과 리드, 본문의 배열 등에서 그 내용이 확인되었다. 이처럼 동일한 사건에 대하여 각 신문사가 긍정적 또는 부정적 보도 태도로 독자에게 사건을 전달하고 있음을 확인하였다. 이는 각 신문사가 현실 세계에 존재하는 사건이나 사안에 대하여 취하는 태도를 언어에 얼마든지 적용하여 독자에게 전달할 수 있다는 의미이다. 따라서 독자는 신문 기사에 사용된 언어 전략, 이데올로기 등을 확인하여 자신의 의사소통 상황에서 활용할 수 있도록 기사를 비판적으로 수용할 필요가 있다.

　　　　　　　　　　　신문 언어 어떻게 이해할 것인가?

2. 오피니언 기사의 구조

우리나라 신문에서 오피니언 면을 독립하여 편집하기 시작한 것은 1991년 3월 발간된 중앙일보부터인 것으로 알려져 있다. 그 이후에 다른 종합 일간지들도 신문의 오피니언 면을 중요하게 생각하고 지면을 점점 확대하기 시작한 것으로 보인다. 오피니언 면이 고정화되는 원인으로는 지면의 증가나 인터넷을 기반으로 하는 다양한 매체의 발달로 인하여 신문이 더 이상 속보 경쟁에서 이기기 힘든 점, 쌍방향 의사소통이 가능한 매체로 인한 능동적인 독자의 증가, 미국 신문들이 발전시킨 OP-ED 지면의 영향 등이 있다.

신문에서 오피니언 면에는 대체로 사설, 칼럼, 만평, 독자투고 등이 실린다. 이 가운데 사설과 칼럼은 필진이나 기능적인 면, 글쓰기 방식에서 차이가 있지만, 기사의 구성 형식에서는 제목, 첫 문장, 본문 등에서 큰 차이가 없는 것으로 이해하여 오피니언 기사의 구조 역시 보도 기사처럼 세 부분으로 나누어서 살펴본다.

2.1. 제목

대중매체에서 텍스트 제목의 중요성은 매우 높은 것으로 설명하고 있다. 신문의 헤드라인은 신문에서 처음 만나는 대상으로 해당 기사의 문패라면서, 무엇을 팔고 무슨 서비스를 하는 상점인지 간판이 말해 주듯이, 기사 제목도 이어지는 기사의 내용이 어떤 것인지 독자들이 한 눈에 알아채게 해 준다고 한다.[11] 또한 방송 뉴스에서도 제목의 기능을, 시청자들이

---

11   김희진, 『신문 헤드라인 뽑는 법』, 2000년, 17쪽 참조.

기사 내용을 이해할 수 있도록 간략하게 소개해 주는 것, 호기심을 자극해 그 내용을 시청하고 싶도록 시청자를 유인하는 것이라고 설명하면서 보도 문의 제목 정하는 일을 상품을 포장하는 일로까지 비유하기도 한다.[12]

이처럼 대중매체 텍스트에서 제목은 대체로 광고, 요약, 암시, 언론사의 의도 반영 등의 기능을 지니는 것으로 판단된다. 곧, 독자의 관심을 텍스트로 이끌고, 텍스트 내용을 요약하거나 분위기를 표현하여 독자를 텍스트의 논조에 집중시켜 텍스트 내용을 빠르게 파악하도록 한다.

오피니언 기사에서 제목은 보도 기사의 헤드라인만큼이나 중요한 역할을 한다. 독자들이 사설이나 칼럼을 읽을 때는 제목이 선택의 기준이 되기 때문이다.

사설이나 칼럼의 제목 역시 헤드라인의 제목 유형처럼 단어형 제목과 문장형 제목, 생략형 제목으로 나눌 수 있다. 단어형 제목은 단어(주로 명사)로 끝나는 것이고, 문장형 제목은 문장종결어미 형태로 끝나는 것이며, 생략형 제목은 조사의 도움을 받는 문장성분으로 끝나거나 연결형 어미로 끝나는 것이다.

오피니언 기사의 제목을 분석한 결과, 사설의 제목이 칼럼의 제목보다는 더 긴 것으로 파악되었다. 이는 사설에는 작성자의 실명이 제시되지 않기 때문에 구체적인 제목으로 독자의 주목을 끌어보려는 의도가 반영된 것으로 보인다. 곧, 칼럼은 필자가 누구인지 밝혀지기 때문에 필자의 유명세에 따라서 선택을 받는 경우가 많다. 따라서 굳이 구체적인 내용을 담은 긴 제목으로 독자의 시선을 끌 필요는 없다. 오피니언 면의 기사에 나타난 제목의 몇 가지 사례를 유형별로 제시한다.

---

12   국립국어원·MBC, 『보도 가치를 높이는 TV 뉴스 문장쓰기』, 2006년, 62쪽 참조.

단어형 제목

불신사회 (경향신문 칼럼 20160118)

정동 雜感 (조선일보 칼럼 20160119)

새해의 기도 (중앙일보 칼럼 20160104)

900억달러 넘긴 과잉 貿易 흑자도 골칫거리 (조선일보 사설 20160104)

설 연휴 지나도록 선거법 방치하는 '무책임 정치' (한겨레신문 사설 20160204)

단어형 제목은 오피니언 기사 제목의 마지막 언어 형태가 단어, 주로 명사로 끝나는 것으로, 명사 하나, 또는 둘 이상, 명사와 조사, 명사와 어미 등이 결합하여 이어지는 구조로 만들어진다.

위의 예시에서 〈불신사회〉는 두 개의 명사를 합성하여 제목을 만든 것이고, 〈정동 雜感〉은 두 개의 명사를 나열하여 하나의 제목으로 만든 경우이다. 또한 〈새해의 기도〉는 명사와 조사를 연결하여 종속형 연결 구조를 만든 제목으로 2017년에도 〈새해의 기도 Ⅱ〉로도 사용한다. 〈900억달러 넘긴 과잉 貿易 흑자도 골칫거리〉나 〈설 연휴 지나도록 선거법 방치하는 '무책임 정치'〉 다소 길기는 하지만, 역시 수식 구조를 포함하는 명사로 끝난 단어형 제목이다.

그런데 사설보다는 칼럼의 제목에서 명사형 제목이 더 많이 발견된다. 그래서 사설은 제목으로 내용을 추측하기가 쉽지만, 칼럼은 제목만으로는 내용을 예상하기 어려울 때가 많다. 위의 예시에서도 〈불신사회〉, 〈정동 雜感〉은 칼럼의 내용을 예측하기가 쉽지 않지만, 〈900억달러 넘긴 과잉 貿易 흑자도 골칫거리〉나 〈설 연휴 지나도록 선거법 방치하는 '무책임 정치'〉는 앞의 명사형 제목보다는 내용을 예상하기가 쉽다.

문장형 제목

극과 극은 통해야 제맛이다 (중앙일보 칼럼 20160101)

노인 느는데 소아과 전문醫만 양성하나 (조선일보 칼럼 20160101)

여야는 정쟁 중단하고 쟁점 법안 처리하라 (중앙일보 사설 20160108)

냉철한 이성으로 '심판론'을 심판하자 (한겨레신문 사설 20160413)

문장형 제목은 오피니언 기사의 가운데 제목의 언어 형태가 문장의 형식을 갖추고 있는 것을 말하는데, 여기에는 완전한 문장(문장종결어미)으로 끝맺는 유형과 완전한 문장으로 끝맺지 못하는 유형으로 나누어진다. 곧, 제목을 완전한 문장으로 끝맺지 못하는 유형은 제목이 문장의 형태를 취하고는 있지만, 문장종결어미로 제목을 끝맺는 것이 아니라, 명사+조사 또는 그 밖의 문장 성분(연결형 어미 등)으로 끝나서, 완전한 문장의 형태를 갖추지 못한 것을 말한다.

위의 예시에서 〈극과 극은 통해야 제맛이다〉는 서술형종결어미, 〈노인 느는데 소아과 전문醫만 양성하나〉는 의문형종결어미, 〈여야는 정쟁 중단하고 쟁점 법안 처리하라〉는 명령형종결어미, 〈냉철한 이성으로 '심판론'을 심판하자〉는 청유형종결어미로 끝난 문장형 제목이다. 서술형, 의문형, 명령형, 청유형어미는 화자의 의향을 드러내는 문장종결어미로써 오피니언 기사의 제목에 사용되면 독자가 종결어미만으로도 사설이나 칼럼의 의도를 쉽게 파악할 수 있는 장점이 있다.

생략형 제목

설 연휴 중 철저한 지카 바이러스 공항 방역을 (중앙일보 사설 20160206)

대통령이 '입법 서명운동'에 참가하다니 (한겨레신문 사설 20160119)

'흰 코끼리 경기장'의 재앙을 면하려면 (조선일보 칼럼 20160129)

제재와 억제력 강화하되 유연함은 잃지 말아야 (중앙일보 사설 20160108)

또한 위의 예시들은 문장형 제목 가운데 생략형으로 분류할 수 있는 것들이다. 생략형 제목은 문장형 제목과 비슷하게 만들어졌지만, 완성된 문장형으로 제시하지 않는다. 곧, 끝맺는 언어 형태를 서술어의 의향을 나타내는 문장종결어미로 하는 것이 아니라, 연결 어미나 문장성분을 만드는 조사의 형태로 끝맺는데, 이는 제목이 주는 효과를 더하기 위한 것으로 이해된다.

위의 예시에서도 드러나듯이 대체로 사설의 제목은 문장형, 생략형 제목이 많이 발견되는데 비하여, 칼럼의 제목은 단어형이 많은 것을 알 수 있었다. 이는 사설은 명확한 주장을 제목에 표현하기 위해서 문장형과 생략형을 많이 사용하고, 칼럼은 제목과 더불어 칼럼니스트의 이름이 함께 드러나기 때문에 제목에 직접적인 목적을 드러내는 문장형, 생략형 제목을 사용하지 않아도 되는 것으로 파악한다.

오피니언 면에서도 보도 기사의 헤드라인에서처럼 주석형 제목이 가끔 등장한다. 대체로 사설이나 칼럼의 제목은 기사의 본문보다는 큰 글씨로 만들어서 독자의 시선을 끌게 된다. 그런데 최근에 헤드라인에서 발견되는 주석형 제목이 사설이나 칼럼에도 나타나고 있다. 사설이나 칼럼에서 이러한 주석형 제목의 등장 역시 기사를 모두 읽지 않는 헤드라인 독자의 증가에 따른 결과로 볼 수 있다.

FTA 재협상, 사드 보복 … 한국경제 또 샌드위치 되나

(자유무역협정)

한국에 대한 미국·중국의 경제적 압박이 갈수록 태산이다. 미국 무역대표부(USTR)는 지난 1일(현지시간) 의회에 제출한 '무역정책 보고서'에서 한·미 자유무역협정(FTA)을 부정적으로 평가했다. USTR은 "2011~2016년 사이 미국의 대한 수출은 12억 달러 줄어든 반면 한국의 대미 수출은 130억 달러 증가했고, 대한 무역적자는 배 이상이 됐다"며 "이는 미국인들이 기대한 결과가 아니다"고 주장했다. 도널드 트럼프 미국 대통령이 후보 시절부터 공언해 온 한·미 FTA 재협상을 정부 차원에서 공식화한 셈이다. 미 상무부는 지난달 28일 한국산 철강제품인 인동에 대해 예비판정의 두 배가 넘는 8.43%의 반덤핑 관세를 확정하기도 했다. 동맹은 동맹, 무역은 무역이라는 트럼프의 대외정책이 현실화될 가능성이 한층 커졌다. 사드 배치에 대한 중국의 '우회 보복'도 갈수록 거칠어지고 있다. 중국 내 주요 온라인 쇼핑몰들이 잇따라 롯데관 폐쇄와 서비스 계약 해지에 나섰다. 지난달 28일 해킹으로 롯데그룹의 중국 홈페이지가 마비된 데 이어 어제

는 중국발로 추정되는 디도스 공격으로 국내 롯데면세점 홈페이지가 3시간여 동안 다운됐다. 방송은 물론 인터넷에서 한국 드라마가 사라지고 연예인과 예술인 공연마저 막힌 상태다. 한국 상품에 대한 세관의 트집 잡기도 날로 심해지고 있다.

한국의 대중 교역 비중은 23%에 이른다. 대미 교역 비중도 12%다. 무역흑자도 주로 두 나라에서 나온다. 양국과의 관계 악화로 수출과 경제가 타격을 입을 것이라는 우려가 나오는 이유다. 어렵고 힘들어도 설득과 소통을 통해 마찰을 줄일 수밖에 없다. 무엇보다 더 이상 나빠지지 않도록 하는 상황 관리가 절실하다. 두 나라를 자극하거나 스스로 과민반응을 보이는 일은 삼가야 한다. 안보와 경제 부처가 긴밀히 협력해 대응 논리를 개발하고 우리 목소리를 전할 창구를 일원화해야 한다. 정치권의 협력과 지원은 필수다. 대선주자들도 한·미, 한·중 관계는 물론 미·중 관계와 세계 정세까지 감안한 고도의 대응전략을 미리 준비해야 한다.

(중앙일보 사설 20170303)

검찰, 박근혜 영장 청구로 '법의 지배' 천명하다

어제 검찰이 박근혜 전 대통령에 대해 사전구속영장을 청구한 것은 '법 앞의 평등'이라는 대원칙을 확인했다는 점에서 의미가 크다. 엄정한 검찰권 행사를 통해 '법의 지배(Rule of Law)'가 보름 전에 파면된 대통령에게도 예외가 될 수 없음을 천명한 것이다.

대한민국 헌정사에는 세 번째 전 대통령에 대한 구속영장 청구의 흑역사로 남겠지만, 검찰사에는 기념비적 사건으로 기록될 것이 틀림없다.

검찰은 박 전 대통령을 소환해 조사한 지 6일 만에 결단을 내렸다. 이미 전국이 대선 국면으로 접어든 마당에 더 이상 상고하는 것은 검찰·정치권·국민 어느 쪽에도 득이 될 게 없다. 불확실성을 조기에 해소시켜 국민의 눈과 귀가 대선주자들의 정책 경쟁에 집중되는 기틀을 마련한 셈이다.

이날 검찰 특별수사본부가 영장 청구 사유로 든 건 세 가지다. 첫째, 사안의 중대성이다. 검찰은 "막강한 대통령의 지위와 권한을 이용해 기업의 자유를 침해했다" "공무상 비밀을 누설한 사안이 매우 중대하다"고 적시했다. 그리곤 13가지 혐의에 5가지 죄목을 적용했다. 특정범죄가중처벌법상 뇌물수수 및 제3자 뇌물수수, 직권남용, 공무상 비밀누설 등이 혐의다. 이 중 핵심 혐의는 최순실과 공모해 이재용 삼성전자 부회장의 경영권 승계를 돕는 대가로 433억원의 뇌물을 받았다는 것이다. 유죄 인정 시 10년 이상의 징역으로 처벌하는 중죄다. 당초 미르·K스포츠재단에 기금을 출연한 대기업들을 강요의

'법 앞에 평등' 원칙 재확인한 검찰
김수남 총장, "법치주의로 가는 과정"
30일 실질심사 결과에 모두 승복해야

피해자로 봤던 검찰이 특검의 뇌물죄 프레임을 수용한 것이다. 검찰이 삼성 외에도 SK 등에서도 대가성을 입증할 증거를 확보한 것이 아니냐는 분석이 나온다.

둘째는 형평성이다. 이미 공범으로 의율된 최순실, 대통령의 지시를 이행한 안종범·정호성, 그리고 삼성의 이부회장까지 구속돼 있다. 이번 사태의 중심인물인 박 전 대통령에게만 영장을 청구하지 않는다면 공평하지 않다는 비판을 받을 수밖에 없다. 셋째는 증거 인멸 우려다. "안종범 전 수석의 수첩 등 다수의 증거가 수집됐음에도 부인으로 일관해 증거 인멸 우려가 상존한다"는 게 검찰의 판단이다.

결국 김수남 검찰총장이 천명한 '법과 원칙'에 따른다면 영장 청구 외에 다른 선택지가 없었다는 것이다. 김 총장은 영장 청구 직후 "나도 개인적으로 아프지만 지금 국민이 가치를 두는 건 법 앞에 만인이 평등함을 보여 달라는 것 아니겠는가. 이 모든 게 법치주의로 가는 과정 아닌가 싶다"고 토로했다고 한다. 검찰 수장의 고뇌가 읽힌다.

우리는 이번 사건이 그동안 한국 사회를 좀먹었던 정경유착의 고리를 완전히 끊는 계기가 되기를 바란다. 이제 공은 법원으로 넘어갔다. 박 전 대통령이 30일 열릴 법원의 영장실질심사 때 직접 참석하면 그 또한 사법사상 첫 케이스가 된다. 박 전 대통령이 거기서 마지막이라는 각오로 검찰과 치열한 법리공방을 벌이길 바란다. 그리고 지든 이기든 그 결과에는 깨끗이 승복해야 할 것이다.

(중앙일보 사설 20170328)

더 나아가 오피니언 기사에서 주제목(헤드라인)만 제시하는 것이 아니라, 부제목을 기사의 중앙에 배치하는 경우도 있다. 보도 기사의 경우에는 헤드라인 아래나 앞쪽, 기사 중간 등 다양한 위치에 헤드라인보다는 작고, 기사의 본문보다는 더 큰 글씨로 부제목들을 넣는 경우는 쉽게 볼 수 있지만, 사설과 같은 오피니언 기사에서는 쉽게 볼 수 없는 경우였다.

오피니언 기사에서 주석형 제목이나 중간 제목을 쓰는 경우는 아직은 중앙일보에서만 발견되고 있는 것으로 보인다. 중앙일보는 1991년 오피니언 면을 독립시키는 등 오피니언 면에 대한 편집에서 다른 신문사보다 앞서서 흐름을 이끌고 있다.

2.2. 첫 문장

많은 사람들이 글쓰기에서 첫 문장을 어떻게 시작할까를 고민한다. 첫 문장은 글 쓰는 사람의 개성과 창의력이 뚜렷하게 드러나는 것이어서 더욱 부담스럽다. 그래서 개념적 정의를 내리는 것으로 첫 문장을 시작하는 사람이 더러 있는데, 그러면 글이 상투적이라는 평가를 받기도 한다. 사설이나 칼럼에서는 어떻게 첫 문장을 쓰고 있는지 확인해 본다.

오피니언 면을 가장 많이 차지하는 사설과 칼럼은 글쓰기 형식은 비슷하지만 기능적인 면에서는 차이가 있다. 곧, 사설은 국내외의 중요한 현안에 대해 신문사의 편집 강령과 사시(社是)에 의거하여 견해나 주장을 제시하는 글인데 반해, 칼럼은 기명의 칼럼니스트가 주요 현안에 대하여 여론형성을 주된 목적으로 하여 자신의 견해를 밝히는 글이다.

그런데 실제 사설이나 칼럼을 보면 첫 문장을 그렇게 어렵게만 생각할 필요는 없을 것 같다. 사설의 제목과 첫 문장의 작성이 어떻게 이루어졌는지 육하원칙에 따라 각 신문사의 사설을 대상으로 살펴보자.

각 신문사의 사설 제목에서 공통적으로 많이 포함된 육하원칙의 요소는 '무엇이', '무엇을', '어떻게'이다. 이는 제목에서 주체와 대상, 주체-대상의 방향성을 제시한 것으로 이해할 수 있다. 사설 제목에서는 주체-대상과 방향성으로 제시하였지만, 첫 문장을 풀어가는 형식은 각 신문사마다 조금씩 차이가 난다.

제목: 해도해도 너무한 문형표 국민연금 이사장 임명
첫 문장: 중동호흡기증후군(메르스) 사태로 경질됐던 문형표 전 보건복지부 장관이 국민연금공단 이사장으로 공직에 복귀했다.

(경향신문 사설 20160104)

경향신문의 사설에서는 제목을 '왜(해도해도 너무한)-**누구를**(문형표)-**어떻게**(국민연금 이사장 임명)'의 구조로 제시하고, 첫 문장을 '왜(중동호흡기증후군(메르스) 사태로)-어떻게(경질됐던)-누가(문형표 전 보건복지부 장관이)-어떻게(국민연금공단 이사장으로 공직에 복귀했다.)'로 구성하였다. 대체로 문장의 구성은 '주체-풀이' 구조와 순서로 이루어지는 것이 일반적이다. 그런데 사설의 첫 문장에서는 단순한 문장의 구조로 제시하기에는 독자의 시선을 끌기가 어렵다고 생각해서 '주체'를 수식하는 구조를 사용한 것으로 이해된다. 곧, '왜'나 '어떻게'의 내용을 '주체'에 대한 수식으로 구조화하여 '주체-풀이'의 문장을 사용한 것이다.

실제로 첫 문장을 '문형표 전 보건복지부 장관이 국민연금공단 이사장으로 공직에 복귀했다.'로 쓰지 않고 '메르스 사태로 경질됐던 문형표 전 보건복지부 장관이 국민연금공단 이사장으로 공직에 복귀했다'고 표현하여 독자가 이 사건에 대하여 부정적 인식을 갖도록 유도한 것이다. 또한

'임명됐다'보다는 '공직에 복귀했다'라고 표현함으로써 '책임'(메르스 사태로 경질)을 지고 '경질'됐던 공직자가 다른 자리로 이동한 것으로 표현하여 사건에 대한 부정적 인식을 더하도록 표현한 것으로 분석할 수 있다. 이는 제목에서 '해도해도 너무한'이라는 '왜'를 사용한 의도를 표현하는 데 적절한 첫 문장으로 보인다.

> 제목: 선거구 획정 또 실패, 총선 후 무더기 소송 감당할 수 있겠나
> 첫 문장: 중앙선관위 산하 선거구획정위원회가 지난 2일 회의에서 4월 총선의 선거구 획정안 합의에 실패했다.
>
> (조선일보 사설 20160104)

조선일보 사설에서는 제목을 '**무엇을**(선거구 획정)-**어떻게**(또 실패)-언제 (총선 후)-**무엇을**(무더기 소송)-**어떻게**(감당할 수 있겠나)'의 구조로 제시한다. 제목의 구조가 쉼표로 분리가 되어 이원화 돼 있는 만큼 첫 문장의 구조도 복잡하다. 첫 문장은 '누가(중앙선관위 산하 선거구획정위원회가)-언제(지난 2일)-어디서(회의에서)-무엇을(4월 총선의 선거구 획정안 합의에)-어떻게(실패했다.)'로 구성되어 '왜'를 제외한 육하원칙의 구성요소가 모두 나타난다. 이처럼 문장 구성에 육하원칙의 모든 요소가 나타나는 경우에는 그 내용이 매우 구체적이고 사실적일 수밖에 없다. 조선일보의 이 사설의 경우는 제목은 이원화된 구조로 표현하여 매우 적극적으로 필자의 의도를 표현하였지만, 첫 문장은 매우 중립적이고 사실적인 태도로 접근하고 있음이 확인된다. 곧, 제목에서 대립적인 내용의 '어떻게'(또 실패, 감당할 수 있겠나)를 2회 사용하여 필자의 의도를 드러내고 있지만, 첫 문장 이후에 '어떻게'(또 실패, 감당할 수 있겠나)에 대한 내용을 담담하게 풀어내는 글이 될 것으로 추정할 수 있다.

중앙선관위 산하 선거구획정위원회가 지난 2일 회의에서 4월 총선의 선거구 획정안 합의에 실패했다. 국회는 작년 연말까지 공직선거법상 선거구 인구 편차를 2대1로 고치라는 헌법재판소 결정에도 불구하고 14개월째 이를 **방치**하다 올 들어 246개 선거구의 법적 효력이 사라지는 사상 **초유의 사태**를 초래했다. 이에 정의화 국회의장이 지역구 획정안을 직권 상정하겠다며 선관위 선거구획정위에 안(案)을 내달라고 했으나 또 **무산**된 것이다. 이로써 선거구 획정안을 8일 본회의에 상정하려던 정 의장 계획도 차질을 빚어 선거구 부재 상태가 장기화될 **가능성이 커졌다.**

사실 직권 상정이 이루어져도 여야 모두 영호남 지역구가 줄어드는 직권 상정안에 반대하고 있어 통과 여부는 불투명하다. 이 와중에 새누리당은 "노동개혁법을 포함한 경제활성화법을 처리하지 않고는 선거법 개정안을 처리하지 않겠다"며 관련없는 법안을 연계하겠다고 해 사태 해결을 더 어렵게 만들고 있다.

새해 들어 선거구가 무효가 되는 바람에 예비 후보자는 선거 활동에 제한을 받고 있다. 예비 후보 등록도 막혀 있다. 중앙선관위는 "작년까지 등록한 예비 후보에 대해 임시국회가 열리는 8일까지 선거운동 단속을 유보하겠다"고 했지만, 이는 예비 후보 700여명이 범법자가 되는 것을 막아보자는 **편법**일 뿐이다. 헌법기관인 국회가 법을 위반하고 선관위가 **편법**을 쓰는 **어처구니없는 일을 자행**하고 있는 것이다.

더 큰 문제는 이로 인해 총선 후 혼란이 빚어질 수 있다는 점이다. 4월 총선이 끝나면 낙선한 예비 후보자들이 "선거구 무효 사태로 불이익을 당했다"며 대거 선거 무효 소송을 낼 수 있다. 법을 꼭 고쳐야 할 때 고치지 않은 것(不作爲)에 대한 위헌 소송이 제기될 수도 있다. 예비 후보자들 사이에선 벌써 그런 얘기가 나오고 있다.

지금 현역 의원을 바꿔야 한다는 유권자들 여론이 50%를 넘는 지역구가 많다. 선거구 획정과 상관없이 지역 활동이나 후원금 모집을 할 수 있는 현역 의원들은 이런 조사 결과를 보며 선거구 획정을 더 미루는 게 자기들에게 유리하다고 판단하는 듯하다. 정치 신인들의 등장을 견제하는 것이다. 자기 이익만 챙기는 현역 의원들에게 더 이상 선거구 획정을 맡겨선 안 된다.

(조선일보 사설 전문 20160104)

　　실제로 이 사설의 전문을 확인해 보면, '합의 실패'에 대하여는 다소 주관적인 어휘('방치', '무산', '편법')와 표현('초유의 사태', '가능성이 커졌다', '어처구니없는 일을 자행')을 사용하면서 필자의 의도를 나타내고 있지만, '감당할 수 있겠나'에 대하여는 담담하게 표현하고 있음을 알 수 있다. 곧, 제목만 보면, '감당할 수 있겠나'에 대하여 매우 강력하게 필자의 생각을 표현할 것으로 예측하지만, 첫 문장에서 이 사설의 내용은 사실적이고 구체적인 태도를 기반으로 서술할 것을 알 수 있다는 것이다.

> 제목: 임종룡의 '거친 금융개혁' 빈말이 안 돼야
> 첫 문장: 임종룡 금융위원장은 금융개혁 앞에 '절절포(절대로 절대로 포기해서는 안 된다)'란 수사(修辭)를 붙였다.

(중앙일보 사설 20160104)

　　중앙일보의 사설에서는 제목을 '**무엇이**(임종룡의 '거친 금융개혁')-**어떻게**(빈말이 안 돼야)'의 구조로 제시하고, 첫 문장을 '누가(임종룡 금융위원장은)-무엇을(금융개혁)-어떻게(앞에 '절절포(절대로 절대로 포기해서는 안 된다)'란 수사(修辭)를 붙였다.)'로 구성하였다. 이 제목의 구성 형식은 보편적인 사설의 구조이지만, 첫 문장에서 '절절포'라는 신조어를 만들어 제시함으로써 이 사설은 일반적인 제목의 글에서 특별한 효과를 얻으려 한 것으로 이해된다. 곧, 말 그대로 특별한 신조어를 사용한 수사적 표현을 함으로써 독자가 첫 문장 이후의 글을 읽도록 하는 효과를 노린 것으로 파악된다.

제목: 교역규모 '1조달러' 무너진 한국 경제

첫 문장: 2015년 우리나라의 연간 교역량이 5년 만에 1조달러 아래로
떨어졌다.

(한겨레신문 사설 20160104)

한겨레신문의 사설에서는 제목을 '**무엇이**(교역규모 '1조달러')-**어떻게**(무
너진)-**무엇이**(한국 경제)'의 구조로 제시하고, 첫 문장을 '언제(2015년)-무엇이
(우리나라의 연간 교역량이)-**어떻게**(5년 만에 1조달러 아래로 떨어졌다.)'로 구성하였
다. 이 구조는 사설에서 보편적으로 확인되는 구조이다. 마치 보도 기사의
헤드라인이나 리드인 것처럼 느껴진다. 흔히 사설을 사시(社是)를 반영한
여론형성 목적의 글로 이해하고 있는데, 이러한 사설은 담담하게 사실을
바탕으로 문제점을 지적하는 경우에 많이 사용되는 글쓰기 방식이다.

지금까지 분석한 신문사의 사설을 보면, 각 신문사의 사설 첫 문장은
마치 보도 기사의 리드처럼 쓰인 경우가 많았다. 그런데 칼럼의 첫 문장은
사설보다는 훨씬 더 개성적인 글이 많다. 사례를 제시한다.

제목: 방치한 북핵 돌파구, 중국과 협력외교

첫 문장: 새해 남북관계의 진전이 무척 중요하다는 점은 아무리 강조해
도 지나침이 없을 것이다.

(경향신문 칼럼 20160104)

위 예시에서 칼럼의 제목과 첫 문장의 관련성을 살펴보면, 제목에서
'방치'라는 어휘와 첫 문장의 '진전'이라는 어휘를 주목할 필요가 있다. 제
목과 첫 문장을 통해서 예측할 수 있는 필자의 주장은 '남북관계'의 '진전'
을 위해서는 '북핵' 문제를 더 이상 '방치'하지 말고, '중국과 협력외교'를

신문 언어 어떻게 이해할 것인가?

펼쳐야 한다는 것으로 예상할 수 있다. 그런데 남북관계에서 중요한 문제인 '북핵'에 대해서 '방치'한 주체가 누구인지, 남북관계의 '진전'을 적극적으로 추진해야 할 주체가 누구인지는 제목과 첫 문장에 포함돼 있지 않다. 칼럼의 내용을 보면, '박근혜 정부'임을 알 수 있다.

> 제목: 빗나간 세 번의 중국 붕괴론
> 첫 문장: 중국이 세계무대에 다시 등장한 이후 '중국 붕괴론'과 '중국 세기론'이 해마다 불거지고 있다.
>
> (조선일보 칼럼 20160104)

위의 조선일보 칼럼의 첫 문장은 마치 보도 기사의 리드와 같은 형태를 취하고 있다. 그래서 이 칼럼의 내용은 '중국 붕괴론'과 '중국 세기론'에 대한 설명을 하고, 필자의 주장을 내세울 것으로 예측할 수 있다.

> 중국이 세계무대에 다시 등장한 이후 **중국 붕괴론**과 **중국 세기론**이 해마다 불거지고 있다. 작년에도 미국 최고의 중국 전문가라는 데이비드 샴보 조지워싱턴대 교수가 월스트리트저널(WSJ)에 '다가오는 중국의 붕괴'라는 제목의 글을 실어 **붕괴론**에 불을 지폈다. 그는 "시진핑 주석이 공산당 해체를 막으려고 반대파와 부패 세력을 단속하고 있지만, 반발이 심해 권력 투쟁이나 쿠데타로 퇴진할 가능성이 있다"고 말했다. 그러면서 "중국 공산당 통치의 종반전이 이제 시작됐다"고 했다. 작년 여름 상하이 증시가 폭락하자 '중국 붕괴론'은 더욱 기승을 부렸다.
> 반면 중국이 미국 주도의 경제 패권에 맞서 '아시아인프라투자은행(AIIB)'을 만들자, 로이터 통신은 "역사학자는 2015년을 중국이 2차 세계대전 이후 국제 금융 질서를 이끌었던 **미국을 제치고 주도권을 잡기 시작한 순간**으로 기록하게 될지 모른다"고 적었다. 중국 위안화가 국제통화기금(IMF)의 특별인출권(SDR) 통화바스켓을 구성하는 세계 5대 통화에 들어갔

을 때도 '중국 세기론'이 힘을 얻었다. 불과 1년 내에 **중국 흥망(興亡)에 대한 분석이 극단적으로 엇갈린 것**이다.

지난 **30여년간 중국 붕괴론은 크게 3번 제기됐다.** 1989년 톈안먼(天安門) 사태는 **'정치 붕괴론'**을 불러왔다. 톈안먼 시위는 강제 진압됐지만, 민주화 요구가 전국적으로 불붙어 공산당 독재가 끝날 것이란 주장이었다. 그러나 중국에는 1989년이나 지금이나 공산당에 맞설 정치 세력이 존재하지 않는다. 1997년 아시아 금융위기 때는 **'경제 붕괴론'**이 유행했다. 당시 중국도 환율 때문에 어려움을 겪었지만, 위안화를 절하하지 않겠다는 약속을 지켜 주변국의 신뢰를 얻었다. 2008년 글로벌 금융위기 이후에는 **'사회 붕괴론'**이 주목을 받았다. 날로 악화하는 빈부차와 민족 갈등, 노동 분규 등이 중국 사회를 뿌리째 흔들 것이란 주장이다. 현재 중국은 노동자 임금·복지를 확대하는 '당근'과 시위를 강경 진압하는 '채찍'으로 위기를 관리하고 있다.

우리가 1988년 올림픽→국제화 바람→삼풍백화점·성수대교 붕괴→금융위기를 맞았던 것처럼 중국은 2008년 올림픽→대외 팽창→톈진항 폭발·공단 산사태 등을 겪고 있다. 그러나 현재 중국의 외환보유액(3조4380억달러) 대비 단기부채 비율은 18% 수준인 만큼 우리가 겪었던 국가 부도 사태는 없을 것이란 분석이 많다. 오히려 **환경·식량 등 예상치 못했던 문제가 중국을 흔들 수 있다.**

중국의 미래를 예상하기는 어렵다. 하지만 80층 빌딩(중국)이 무너지면 인근의 10층짜리 건물(한국)은 치명상을 입는다. 한·중의 국내총생산(GDP) 차이가 1대8쯤이다. 반면 과거 중국 왕조가 전성기를 맞았을 때 우리는 고전했다. 한(漢) 무제가 고조선을, 당(唐) 고종이 고구려를 멸망시켰다. 원(元)·청(淸)이 세력을 떨칠 때도 마찬가지였다.

올해도 중국 붕괴론과 세기론이 교차할 것이다. 국제 정치학자에게는 학문의 영역이지만, **우리에게는 생존(生存)이 걸린 문제**다. 당장 한·중 관계가 좋다고 안주할 게 아니라 **'칸다쥐(看大局·대국을 보는) 시각'을 길러야** 한다.

(조선일보 칼럼 본문 20160104)

실제 칼럼을 보면, '중국 붕괴론'과 '중국 세기론'의 등장 과정과 역사를 기술하고, 올해(2016년) 우리가 취할 태도를 주장한 것으로 이해된다.

첫 단락과 둘째 단락에서 '중국 붕괴론'과 '중국 세기론'이 있다는 것을 제시한다. 셋째 단락과 넷째 단락에서는 지난 시절 제기된 3번의 '중국 붕괴론'을 '정치 붕괴론', '경제 붕괴론', '사회 붕괴론'으로 설명하며, '중국 붕괴론'이 쉽지 않을 것이라고 외환보유액 대비 단기부채 비율을 중심으로 예상한다. 마지막 단락에서는 우리에게 '대국을 보는 시각'을 기를 것을 주장하며 끝내고 있다.

제목: 야권 분열이 새누리당 꽃놀이패?
첫 문장: 박근혜 대통령(이하 경칭 생략)은 '단어(單語)의 정치인'이다.

(중앙일보 칼럼 20160104)

위 중앙일보 칼럼의 첫 문장은 매우 창의적인 것으로 판단된다. 제목에서 '주체'-'풀이'의 구조로 돼 있으면서 문장부호 '?'를 사용했기 때문에 이와 관련이 높은 내용으로 첫 문장이 표현될 가능성이 높다. 그런데 첫 문장의 주체가 '박근혜 대통령'으로 제시하면서 주체를 '지정'하는 설명의 방식을 취했다. 제목과 첫 문장이 어떤 관련이 있는지 독자에게 궁금증을 유도하여 글을 읽도록 하는 효과를 노린 것으로 분석된다.

제목: '불행한 의식'과 정치의 비극
첫 문장: "그가 생각하는 사람이라면 결코 정치 밖에 서 있을 수 없을 것이다"는 러시아의 혁명가였던 부하린이 한 말이다.

(한겨레신문 칼럼 20160104)

이 칼럼은 러시아의 혁명가 니콜라이 부하린이 20대에 쓴 『부하린: 혁명과 반혁명의 사이』(1993, 문학과지성사)의 한 구절로 시작하여, 정치인들에게 당부하는 내용으로 짜여 있다. 그런데 그 내용이 구체적으로 어떤 것인지는 명확하게 밝혀져 있지 않다. 이 칼럼의 제목에 표현된 '불행한 의식'의 실체가 무엇인지에 대한 내용도 칼럼에서 분명히 제시되어 있지 않다. 곧, 부하린이 한 말이 정치의 비극인지, 부하린이 스탈린에게 처형 당한 일이 정치의 비극인지 명확하지 않다. 이 칼럼은 제목으로 추측할 수 있는 내용 역시 쉽지 않다. 첫 문장과의 관계에서도 마찬가지이다. 따라서 추측하건대 필자의 주장 역시 뚜렷하게 드러나지 않을 것으로 보인다.

"그가 생각하는 사람이라면 결코 정치 밖에 서 있을 수 없을 것이다"는 러시아의 혁명가였던 **부하린이 한 말**이다. 한때 극좌파 그룹의 지도자로서 레닌의 후계자로 회자되며 29살에 소련 공산당 중앙위원이 된 청년 혁명가였던 부하린은 그러나 1938년 모스크바 재판에서 사회주의 정부 전복 기도와 시장에 의한 경쟁을 지지하는 우익 기회주의자라는 이름 아래 스탈린에 의해 처형당한다.

모든 정치적 재판이 그렇듯이 모스크바 재판 역시 완강한 폭력의 실체를 숨기고 있다. 이 재판에서 검사 비신스키는 객관의 세계를 견지하면서 가능한 한 모든 비결정의 영역을 지우려고 한다. 부하린 노선은 패배할 수밖에 없는 필연이라는 객관화된 역사 안에 자신들의 폭력을 숨기면서 재판을 통해 이를 정당화하고자 하는 것이다. 문명의 가장 심각한 위협은 한 사람의 사상을 제대로 인식하지 못하면서 미래를 기준으로 설정된 혁명적 정의를 보통의 법전 아래 숨기고 죽이는 일일 것이다.

부하린은 최후진술에서 **헤겔의 불행한 의식**에 대해 언급하고 있다. 즉 자적 의식으로부터 순수사유의 금욕주의와 개별 자아의 회의주의 단계를 거쳐 도달하게 되는, 대자적 의식의 마지막 단계이며 동시에 분열되어 있는 상태를 인식하여 통합된 불변적 본질을 향해 부단히 나아가고자 하는 불행한 의식에 대해 부하린이 언급하고 있다는 사실은 그가 주관과 객관의 불일치라는 역사의 비극적 본질에 대해, 또한 **정치의 전면에 나서는 사람이 져야 하는 역사적 책임**에 대해 잘 알고 있었음을 의미한다.

역사는 사람들을 유혹해서 그가 역사의 방향으로 가고 있다고 믿게 하고 갑자기 가면을 벗어서 다른 가능성이 있음을 보여준다. 역사 속의 행위자들은 자신이 의도하고 예측했던 주관적 판단과 현실의 객관적 결과들 사이에서 일그러지고 찢긴다. 어떤 의미에서 인간은 자신의 행위가 갖게 될 객관적 의미를 파악하지 못한 채 행동에 착수해야 하는 비극적 존재다. 부하린은 1938년 모스크바 재판의 판단이 히틀러의 오스트리아 침공이 임박한 시기에 필요한 정치적 결정이며 패배의 대가로 받아들이는 자신의 죽음은 미래를 향해 열려 있는 독단적 견해일 뿐임을 그의 최후진술에서 "세계사는 세계라는 판단의 법정"이라는 말로써 대신하고 있다.

나폴레옹이 그랬듯이 부하린은 침묵하기 전에 매우 짧게 "**운명은 곧 정치다**"라고 말한다. 여기에서 **운명은** 우리에게 알려지지 않은 채로 이미 써진 실재가 아니라 **역사 속에서 나의 의지와 선택이 사건의 다양성과 모호함에 부딪쳐 분열할 때 생겨난다.** 그 안에서 우리는 가능성에 기댄 행동을 실제로, 미래를 현실로 간주하는 우리 자신을 발견하게 된다. 따라서 더 정확하게는 **부하린의 삶이 비극인 것이 아니라 예측할 수 있어야 하는 미래를 예측할 수 없다는 정치세계의 현실 자체가 비극의 본질일 것**이다. **현대의 정치가 현대의 비극이 되는 이유**는 이로부터 연유한다.

민주주의 시대의 정치는 다양하게 분화하는 시민들의 이해를 따라 타협과 양보의 지루한 일상이 될 확률이 높고 한 명의 위대한 정치인이나 한 번의 중대한 선거를 통해 모든 문제가 한꺼번에 해결될 거라고 기대할 수는 없다. 그렇지만 오늘날에도 **정치의 본질**은 역사 시대와 크게 다르지 않을 것이다. 대통령을 비롯하여 창당과 수성에 나서는 **정치인들이 자신을 둘러싼 세계의 분열을 지양하는 데 성공하기를 기원**한다. 여전히 **우리의 삶과 세계를 구조적으로 변화시킬 수 있는 가장 중요한 분야는 정치**이기에 **역사 속에서 자신의 선택이 갖는 의미를 돌아보면서 정치를 희극으로 전락시키는 일은 피해 줄 것을 당부**한다.

(한겨레신문 칼럼 본문 20160104)

위 전문을 분석하여 필자의 핵심적인 주장을 제시하면, 〈생각하는 정치인 부하린은 불행한 의식과 정치의 비극을 겪은 사람이다. 헤겔의 '불행한 의식'을 원용하면, 역사의 현실에 나서는 정치인은 주관과 객관이 불일치한다는 역사의 비극을 감당해야 한다. 부하린이 "운명은 곧 정치다"라고 할 때의 운명은 이미 존재하는 실재가 아니라 스스로의 선택으로 인하여 현실의 사건과 부딪히는 순간에 발생하는 것이다. 결국 정치의 비극은 부하린의 삶이 아니라 예측할 수 없는 정치세계의 현실이 비극의 본질이다. 그러므로 우리나라 정치세계에서 새롭게 청치세력을 구축하려는 사람들이 자신의 선택이 성공적으로 마무리되기를 바란다.〉 정도일 것이다.

위의 칼럼을 읽고 일반 독자가 내용을 정리하여 이해하기란 쉽지 않을 것이다. 그것은 칼럼의 제목과 첫 문장에서 이미 어려움을 겪을 것을 드러내고 있는 것으로 보아야 한다.

결론적으로 첫 문장의 서술 방식에서 사설과 칼럼의 차이를 살펴보면, 사설보다 칼럼의 문장이 훨씬 더 창의적인 것으로 판단한다. 이는 실명으로 작성되는 칼럼의 특성이 글쓰기 방식에 반영된 것으로 이해된다. 하지만 사설과 칼럼의 첫 문장은 제목과 관련성이 깊어서 일반적인 글에서 보이는 창의적인 문장은 아닌 것으로 파악되었다. 따라서 사설과 칼럼을 읽을 때는 제목과 첫 문장의 관련성을 고려하면서 그 내용을 이해할 필요가 있다.

신문 언어 어떻게 이해할 것인가?

2.3. 본문

일반적으로 논증이란 옳고 그름을 이유를 들어 밝히는 것, 논리적으로 자신의 주장이 정당함을 증명하는 것이다. 넓은 의미에서 논증의 의미를 "하나 이상의 전제와 결론으로 이루어진 진술의 집합"으로, 좁은 의미에서 논증은 "어떤 주장을 유리하게 만들기 위해 이유나 증거를 제시하는 일"로 정의한 바가 있다.[13] 이렇게 보면, 논증이란 필자가 자기의 주장이나 견해를 내세워 독자를 설득할 목적의 글에 이유나 증거를 제시하는 진술 방식이라고 정리할 수 있다.

사설이나 칼럼은 이러한 논증을 구조적인 특성을 갖고 설득을 목적으로 쓴 글로 이해할 수 있다. 그런데 사설과 칼럼을 내용에 따라 분류한 여러 가지 사례를 살펴보면, 다소 차이가 있는 것 같다.

먼저 사설은 사회적 사건이나 쟁점에 대하여 개인의 생각이 아닌 신문사의 주관적인 생각이나 주장을 여러 가지 다양한 관점으로 전달하려고 쓴 글이다. 곧, 사설은 대체로 어떤 문제를 해결하기 위한 방안을 제시하거나, 어떤 주장이나 행위에 대한 지지 또는 반대, 어떤 사태에 대한 평가나 고발, 어떤 사안에 대해 관심을 유발하거나 의식적 각성 요구, 시민 행동의 실천 촉구 등의 목적을 가지고 있다. 따라서 사설은 무엇인가를 가르치는 유형, 무엇을 공격하는 유형, 어떤 대의나 집단의 이해를 보호하는 유형 그리고 무엇인가를 칭찬하거나 북돋우는 유형의 사설이 있다.[14]

다음으로 칼럼은 기둥을 뜻하는 라틴어 칼룸나(column)에서 나온 말로서, 신문지면의 난(欄), 특별기사, 상시 특약기고 기사, 매일 일정한 자리에

---

13   박준호, 「논증의 종류와 평가의 기준」, 2006년, 『범한철학』 제42집, 274~275쪽 참조.

14   강명구·김효명, 「한국 신문 사설의 총체적 분석」, 1998년, 16쪽 참조.

연재되는 단평란 등을 뜻한다. 이러한 칼럼들은 대체로 신문의 논설위원들이 개인의 이름으로 기재하거나 대학교수를 대표로 하는 직업군의 사람들이 글을 투고하는 경우가 많다. 칼럼은 신문의 사설과 더불어 논증적인 텍스트로서의 역할을 충실히 수행한다.

　그런데 칼럼과 사설은 기명의 개인 의견인가 무기명의 신문사 또는 논설실의 의견인가 하는 점을 제외한다면, 공통점이 많다. 더욱이 사설과 칼럼이 논증 구조를 갖추고 있는 텍스트라는 점에서 보면, 그 종류를 좀 더 단순하게 정리할 수 있다.[15] 또한 사설과 칼럼이 오피니언 면에 게재된다는 점에서 두 글을 묶어서 오피니언이라는 용어를 사용하여 분류할 것이다.

　툴민(Toulmin)은 논증을 언어학적으로 연구하였는데, 논증은 사실-주장-논거의 기본적인 세 요소로 구성되는 것으로, 받아들여진 사실(data)로부터 논거(warrant)를 통해 주장(claim)으로 이동하는 것을 의미한다고 하였다. 여기서 사실(grounds 혹은 data)은 논증이 기초로 하고 있는 자료나 정보로서 목표인 주장에 이르는 수단이고, 주장(claim)이란 어떤 사람이 정당화시키고자 하는 논증의 결론이자 목적지이며, 논거(warrant)는 사실로부터 주장에로의 논리적 이동이 적법한 것인가를 평가하는 기준이다.[16] 사실-주장-논거

15　김영만, 「매체를 활용한 읽기·쓰기 교육 방안 연구」, 2005년, 57~82쪽에서는 사설을 논평형 사설, 비판형 사설, 촉구형 사설, 대안제 시형 사설, 주장형 사설로 나누고, 칼럼을 논평형 칼럼, 의견 제시형 칼럼, 자아성찰형 칼럼, 해설형 칼럼, 에세이형 칼럼으로 나눈 바가 있다. 또한 유재천, 「칼럼, 칼럼니스트론」, 2003년, 『칼럼, 칼럼티스트』(저널리즘 평론 16호), 15~16쪽, 허행량, 『한국의 신문 칼럼』, 2000년, 15쪽. 박선이·김경모·고민경, 「한국 신문 오피니언 칼럼의 젠더 특성 분석」, 2010년, 『한국언론학보』 54-1, 68쪽을 참조하면, 언론학자 본드(Bond), 크리그바움(Krieghbaum), 허버트(Herbert)가 분류한 칼럼 종류를 현안 논평 칼럼, 전문가 의견 칼럼, 비전문가 의견 칼럼, 교양지식 전달 칼럼, 가십 및 기타 칼럼 등 다섯 가지 유형으로 정리할 수 있다.

16　Brockriede & Ehninger(1960) 참조(강태완·김태용·이상철·허경호, 『토론의 방법』, 2001년,

는 논증의 가장 기본적인 구성 요소로서, 단순한 논증은 대개의 경우 이 세 요소만으로 구성되기 때문에, 오피니언을 분류할 때는 이러한 기준으로 유형화 하는 것이 좋다.

신문 사설이나 칼럼의 기본적인 내용은 사실을 바탕으로 주장을 펼치는 글이다. 그런데 주장이 뚜렷하게 나타나는 글도 있고 그렇지 못한 것도 있다. 또한 주장을 펼칠 때, 논거를 충분히 제시하는 경우도 있고 그렇지 못한 것도 있다. 이와 같은 관점에서 사설이나 칼럼을 세 가지 유형으로 나누어 제시한다.

곧, 오피니언의 내용을 사실과 논거와 주장으로 분류하고, 논거가 불분명하거나, 주장이 불분명한 유형으로 구분한다. 주장이 뚜렷하게 드러나지 않는 경우는 감상형 오피니언으로, 논거와 주장 모두가 충분하거나 뚜렷하지 않고 다양한 사실의 나열을 중심으로 한 경우를 설명형 오피니언으로, 사실, 논거, 주장 모두가 충분하고 명백한 경우를 주장형 오피니언으로 분류한다.

설명형 오피니언은 [다양한 사실의 나열, 간단한 논거, 기본적이고 간단한 주장]을 갖춘 오피니언이라는 의미이다. 이 때 오피니언의 제목은 주장보다는 사실에서 따오는 경우가 많다. 감상형 오피니언은 [다양한 사실, 다양하고 충분한 논거, 기본적이고 간단한 주장]을 갖춘 오피니언이다. 이 경우의 제목은 주장보다는 논거에서 따오는 경우가 많다. 주장형 오피니언은 [다양한 사실, 다양하고 충분한 논거, 다양하고 명백한 주장]을 갖춘 오피니언이다. 이러한 오피니언의 제목은 주장에서 따오는 경우가 많다.

100~102쪽에서 재인용).

주장형 오피니언

논증은 객관적 사실을 바탕으로 객관적 의견(논거)를 전개하고, 주관적 의견(주장)을 참인 것으로 만드는 진술(기술) 방식이다. 따라서 논증의 가장 큰 목적은 설득이다. 주장형 오피니언은 이와 같은 논증이 잘 짜인 구조로 쓴 글이며, 텍스트에 사실, 논거, 주장이 적절히 갖추어져서 주장이 뚜렷한 글이다.

곧, 텍스트를 이끄는 하나의 주장을 제시하고, 주장의 근거가 되는 사실을 중심으로 논리를 전개해 나가는 형태로 쓴 글이다. 또한 주장을 뒷받침하는 논거가 뚜렷하여 주장의 내용과 상황에 알맞은 논거를 적절히 제시함으로써, 주장을 잘 나타내고 설득의 기능을 충실히 수행한다.

이재용 책임경영으로 삼성전자 위기 빨리 벗어나야

①삼성전자는 이재용 삼성전자 부회장이 등기이사로 경영 전면에 나설 것이라고 발표했다. ②삼성 오너가 등기이사에 오르는 것은 이건희 회장이 차명 비자금 조성 의혹으로 2008년 등기이사직에서 물러난 후 8년 만의 일이다. ③이는 삼성전자가 갤럭시노트7 폭발 사고 이후 ⓐ**신속하게** 전량 리콜 조치를 발표하며 ⓑ**초기 진화**에 나섰지만 미국 정부기관 등이 사용 중단 조치를 내리는 등 ⓒ**위기가 증폭되는 상황**에서 나온 ⓓ**특단의 조치**로 ⓔ**풀이된다.**

④시장에서는 이 같은 삼성전자의 ⓕ**정면돌파 의지에 대해 반기는 분위기다.** ⑤이재용 부회장의 리더십은 일단 긍정적인 평가를 받고 있다. ⑥지난해 6월 메르스 사태 당시 질병 확산 진원지로 삼성서울병원이 지목된 후 ⑧**직접 나서 사태를 해결함으로써 리더십을 입증한 바 있어서다.** ⑦또 도요타가 2009년 미국 대량 리콜 사태 당시 오너경영 체제로 복귀한 후 빠르게 위기를 극복하고 3년 만에 다시 세계 1위로 올라섰던 사례를 들어 ⓗ**삼성전자도 책임경영을 통해 전열을 재정비할 것이라는 기대감이 커지고 있다.**

⑧이재용의 삼성전자가 가장 서둘러야 할 것은 이번의 신뢰 위기에서 재빨리 벗어나는 것이다. ⑨실제로 갤노트7 파문이 코스피 지수까지 흔들 정도로 ⓘ**삼성전자 문제는 단지 한 기업의 문제로 끝나는 것이 아니라 한국 경제 전반에 지대한 영향을 미친다**. ⑩또 삼성그룹 전체에서도 전자의 비중이 절반에 이르고, 전자에서 휴대전화의 비중이 큰 만큼 ⓙ**휴대전화의 위기는 삼성을 넘어 한국 경제의 위기로 이어지고 있기 때문이다**.

⑪이와 함께 새로운 혁신에 대한 고민도 서둘러야 한다. ⑫이번 갤노트7 위기는 지금까지 성공해 왔던 방식, 즉 최첨단의 첨예한 하드웨어 경쟁만으로는 한계에 직면할 수밖에 없다는 점을 드러낸 사건이다. ⑬반도체·휴대전화에 이은 제3의 압도적 제품을 내놔야 하고, 애플의 생태계 전략처럼 단순 하드웨어만이 아닌 경쟁자가 추격할 수 없는 경쟁력을 찾아내야 새로운 도약이 가능한 상황이다. ⑭이재용의 전면 등장이 단순한 그룹 승계 과정이 아닌 새로운 패러다임을 창출하는 과정이기를 바란다.

(중앙일보 사설 20160914)

이 사설은 〈이재용 책임경영으로 삼성전자 위기 빨리 벗어나야〉라는 제목으로 쓴 주장형 오피니언의 보기인데, 사실 논거, 의견 논거, 주장을 포함하고 있다. 모두 열네 문장, 네 단락으로 구성되어 있는 글이다. 이 사설에서 필자가 주장하는 가장 핵심적인 명제는 ⑭로 분석할 수 있다. ⑭를 주장하기 위하여 필자는 논거를 사실과 의견으로 ⓐ~⑬까지 각 단락에서 제시하고 있다. 이를 분석하면, 〈표 1〉과 같다.

이재용 책임경영으로 삼성전자 위기 빨리 벗어나야		
주장		⑭
논거	사실	ⓐ, ②, ③, ⑦, ⑨, ⑩
	의견	⑤, ⑧, ⑪~⑭ / ⓐ~ⓙ

〈표 1〉 논증 요소 분석

감상형 오피니언

감상형 오피니언은 [다양한 사실, 다양하고 충분한 논거, 기본적이고 간단한 주장]을 갖춘 글이다. 기본적으로 논증적인 글을 쓸 때는 사실과 논거와 주장을 바탕으로 글의 구조를 짜야 한다. 그러나 실제로 글을 써 나가는 과정에서 다양한 사실을 제시하고, 그 사실을 바탕으로 논지를 펼치다 보면, 처음 의도한 바대로 글을 쓰지 못하는 경우가 발생하기도 한다. 감상형 오피니언은 글의 전개 과정에서 사실과 논거가 주장을 뒷받침하는 근거로 나타나기보다는 오히려 주장을 잘 드러내지 못하게 하는 글로 바뀐 유형의 글을 말한다.

곧, 전체적인 글이 주장을 바탕으로 전개되어야 하는데, 사실과 논거가 다양하게 제시되는 바람에 주장이 쉽게 드러나지 않게 되고, 주장과 사실, 논거 사이에 거리감이 생겨 설득력이 떨어지는 글이 된다. 따라서 이러한 감상형 오피니언을 읽은 독자는 주장보다는 사실이나 논거를 쉽게 기억하게 될 것이다.

가수 정미조

①'개여울'의 가수 정미조씨가 돌아왔다. ②화가로서가 아니고 가수로, 손에는 ⓐ**아련하고 달콤한** 앨범을 한 장 들고서. ③37년 전 그가 ⓑ**인기니 뭐니 돌아보지 않고 훌훌** 파리로 떠났을 때 그의 노래를 가슴에 담았던 사람들은 ⓑ**어쩌면 한편의 서운함을 느끼기도 했을 것이다.**

ⓒ**사실 세상 어떤 일이든 그것이 정상에 있을 때 내려놓는다는 건 참으로 어려운 결단이 아닌가.** ⓓ**그것도 매일 매 순간 직접 피부에 와 닿는 인기라는 묘약의 황홀한 유혹을 미련 없이 던져 버리고 또 다른 꿈을 찾아 미지의 세계로 떠날 수 있다는 건 보통의 배짱으로는 힘든 일이다.**

④그 후 그는 파리에서 박사 학위를 받고 교수로 머물다가 십삼 년 만

에 귀국하였는데 화가로서 활동하는 소식은 간간이 들려 왔지만 다시 노래한다는 얘기를 들은 바는 없었다. ⓔ**그래서 오랫동안 노래하지 않아 이젠 목소리를 잃었나 보다라고 짐작했었다.**

⑤정미조씨는 경기도 김포에서 극장 등 여러 사업을 하는 집안의 셋째 딸로 태어났다. ⑥어려서부터, 화가이셨던 외삼촌의 영향으로 그림을 잘 그렸고 춤도 잘 추어 어른들의 귀여움을 많이 받았다고 한다. ⑦이화여대 재학 시절 축제에서 노래하는 모습을 보고 패티 김이 직접 불러다 칭찬을 했을 정도로 ⓕ**그는 이미 예고된 스타였는데, 가수가 되어서도 품위를 잃지 않는 노래와 모습으로 많은 사람들의 사랑과 부러움을 받았다.**

⑧나는 개인적으로도 그렇고 가수로도 정미조씨와는 친분이 없었다. ⑨내가 새까만 신인 가수였던 그때는 ⑧**"신분의 격차"**가 컸고 그리고 얼마 지나지 않아 그분은 프랑스로 떠났기 때문에 교류의 기회가 없었다. ⑩그런데 몇 년 전 우연한 기회에 내가 진행하는 라디오 프로그램에 모시고 노래를 듣게 됐다. ⓗ**그런데 약간의 우려 속에 (보통의 경우 변해 버린 노래에 실망하고 마음 아파하게 되니까) 음악 반주가 나오고 헤드폰으로 정미조씨의 첫 목소리가 전해졌을 때, 그 미세하고 수줍은 비브라토의 감동은 지금도 기억이 된다.**

⑪예전 '개여울' '휘파람을 부세요' 등에서 ⓘ**우리가 즐겼던 따사로운 봄 햇살 같은 잔물결의 음성에 세월이란 향이 가미된 숙성된 와인의 느낌이랄까.** ⓙ**37년 동안 노래를 하지 않은 사람의 목소리라고 믿어지지 않는, 요즘 인기 있고 노래 잘하는 젊은 여자 가수들도 아직은 흉내 낼 수 없는 격조 높은 음악(音樂)이었다.** ⑫그날 정미조씨의 노래에 감동한 PD는 그 방송을 CD로 만들어 즐겨 듣는다고 한다.

⑬그렇게 정미조씨는 다시 가수가 되었다. ⑭어느 자리에서 '최백호'의 권유로 다시 노래를 하게 됐다고 했다지만 ⓚ**내가 아니어도 다른 누군가가 탐을 냈을 만치 그는 아름다운 노래를 가졌다.** ⓛ**새 앨범의 '귀로'는 요즘 나의 애청곡이다.** ⑮'먼 길을 돌아 다시 처음의 자리로 돌아온 담벼락에 기대어 울던 아이'는 ⓜ**어쩌면 정미조씨 자신의 이야기인 듯 가사와 멜**

로디, 가수의 목소리가 잘 맞아 떨어진, 훗날 나도 한번 불러 보고 싶을 정
도로 탐나는 명곡이다.

⑯사람은 변한다. ⑰세월이란 이 몹쓸 것은 안타깝게도 사람을 변하게
만든다. ⓝ그러나 다행인 것은 어떻게 변하느냐 하는 권리는 우리에게 주
어진 것 같다. ⓞ그 권리를 착각해 추한 모습을 보이는 사람들이 많아지
는 세상이다.

⑱정미조씨가 새로 음반을 내고 공연을 하고 방송도 하며 즐거워하는
ⓟ천진한 모습이 보기가 좋다. ⓠ지금 모습 그대로 오래오래 후배들에게
모범이 되는 아름다운 노래와 시절을 즐기시길 바란다.
ⓡ나도 가능할 거 같다. 멋지게 늙는 거….

(경향신문 칼럼 20160704)

이 칼럼은 〈가수 정미조〉라는 제목으로 쓴 감상형 오피니언으로 분
석하였다. 사실 논거, 의견 논거, 주장이 모두 포함돼 있기는 하지만, 이 칼
럼에서 주장은 크게 돋보이지 않는다. 필자가 이 칼럼에서 주장하는 것은
ⓠ로 볼 수 있다. 그런데 ⓠ를 주장하고 싶어서 여러 가지 사실과 의견 논
거를 제시하고 있지만, 주장에 이르는 과정이 너무나 복잡하고 사실과 논
거의 나열이 다양하여 독자들이 이 글의 주장을 찾기가 쉽지 않다. 때문에
ⓡ을 궁극적인 주장으로 볼 수도 있다. 그런데 글의 제목을 보면 ⓠ를 주장
으로 보는 것이 합당할 것이다.

이 글에서 필자의 의도를 쉽게 파악하기 어려운 것도, 제목이 〈가수
정미조〉인데, 그 〈가수 정미조〉를 알려주기 위해서 제시한 사실들이 너무
도 구체적으로 제시되어 있어서 독자는 그 사실에 매몰되어 글을 읽게 된
다. 특히 〈가수 정미조〉가 정상급 가수로, 유학생으로, 화가로, 박사로, 교
수로, 활동한 사실과 부유한 출신 배경까지 묘사하고 있어서 독자들은 그

의 삶의 여정보다는 그가 어떤 일을 한 사람인가에 초점을 맞추게 된다. 그래서 ⑫를 필자가 가장 말하고 싶어 하는 이야기라는 것을 떠올리기가 쉽지 않다. 따라서 이러한 칼럼은 감상형 오피니언으로 분류할 수가 있다.

이 칼럼에서도 사실 논거를 하나의 문장으로 기술하면서, 필자의 의견을 그 속에 포함시키기도 하는데, 그 내용을 살펴보면 약간의 차이가 있다. 곧, 문장 ②, ③, ⑦, ⑨, ⑪, ⑭, ⑮, ⑱은 한 문장으로 묶여 있으나, ⑪, ⑭는 의견 논거에 가깝고, 문장 ⑦, ⑨, ⑱은 사실 논거와 다름없으며, 문장 ②, ③, ⑮는 사실과 의견이 섞여 있는 것으로 이해된다. 특히 문장 ⑨는 사실 논거만으로 구성된 문장인데, 필자가 선후배 사이의 거리를 "신분의 격차"라는 창의적인 구절로 표현할 목적으로 직접 인용 부호를 사용한 것으로 파악된다. 사실 논거만으로 구성된 문장은 ①, ④, ⑤, ⑥, ⑦, ⑧, ⑨, ⑩, ⑫, ⑬, ⑯, ⑰, ⑱이다. ⓐ~ⓡ은 의견 논거인데, ⓕ, ⓖ, ⓘ은 성격이 조금 다르게 이해된다. 곧, ⓕ는 필자의 생각이기는 하지만, 그 당시의 상황을 언급함으로써 사실처럼 느낄 수 있는 문장이고, ⓖ는 객관적 사실 논거의 문장에 필자만이 느끼는 주관적인 표현 "신분의 격차"라는 구절을 삽입한 것으로 보이며, ⓘ은 개인의 생각을 사실 논거처럼 표현한 문장이다. 이 칼럼을 분석하여 주장, 사실 논거, 의견 논거로 구분하면 〈표 2〉와 같다.

가수 정미조		
주장		⑨
논거	사실	①~⑱
	의견	ⓐ~ⓡ / ⓕ, ⓖ, ⓘ

〈표 2〉 논증 요소 분석

설명형 오피니언

설명형 오피니언은 [다양한 사실의 나열, 간단한 논거, 기본적이고 간단한 주장]을 갖춘 글을 말한다. 설명형 오피니언에는 주장이나 논거가 있기는 하지만, 주장보다는 논제에 대한 사실 설명이 중심인 글이다. 설명형 오피니언은 논증 중심의 글이 아니기 때문에 주장과 논거를 찾기가 쉽지 않다.

논증적인 글은 전체적인 글이 주장을 중심으로 구조화되어야 한다. 그런데 설명형 오피니언은 전체적인 주장은 있으나, 그 주장에 대한 논거는 빈약하고, 주장에 대한 설명이나 주제와 관련된 상황, 특성 등을 제시하는 형태로 쓴 글이다. 따라서 설명형 오피니언은 독자들이 어떤 주장에 대한 가치 판단보다는 지식을 습득하는 느낌을 받을 수밖에 없다.

발명은 4차 산업혁명 성장 엔진

①"그간의 산업혁명이 우리 환경을 혁명적으로 뒤바꾼 것과 같이 4차 산업혁명이 세계 질서를 새롭게 만들 것이다." ②다보스포럼 회장 클라우스 슈바프는 올해 다보스포럼에서 이렇게 ⓐ**단언했다**. ③실로 모든 산업 분야에서 4차 산업혁명발(發) ⓑ**격변이 동시다발적으로** 시작되고 있다.

④이미 다른 국가들은 새로운 시대적 패러다임에 발 빠르게 대응하고 있다. ⑤독일은 전통적 제조업에 인공지능과 3D 프린팅 등의 핵심 기술을 적용해 스마트 공장을 구축하는 등 일찍이 미래 대비 프로젝트인 '인더스트리 4.0' 정책을 추진하고 있다. ⑥미국도 IT·소프트웨어를 바탕으로 한 첨단 제조 기술을 지원하고 해외 공장을 다시 자국으로 불러들이는 리쇼어링(reshoring) 정책을 펼치는 중이다. ⑦일본과 중국도 각각의 핵심 역량을 바탕으로 신(新)산업의 기반이 되는 혁신 ㉠'**기술 발명**'을 지원하기 위해 파격적인 규제 혁파에 나섰다.

⑧기업의 대응은 더욱 기민하다. ⑨미국 IBM은 이미 컴퓨터 제조업체에서 정보기술업체로 탈바꿈했다. ⑩IBM의 인식 기술 플랫폼인 왓슨이 헬스케어와 핀테크 시장을 선점해 기업의 매출 성장을 견인하고 있는 것이다. ⑪자동차 산업에서도 격변이 진행 중이다. ⑫전통적 자동차 제조회사들과 애플, 구글, 테슬라 등이 경쟁과 협력을 통해 창조적 파괴를 거듭하고 있다. ⑬특히 자율 주행차 산업의 핵심인 머신러닝(기계 학습) 등의 ⓛ**'발명 기술'**을 활용한 소프트웨어 역량 증대에 정부는 물론 산학연이 필사적으로 집중하고 있다.

⑭우리나라는 최근 구글의 인공지능 알파고와 이세돌 9단의 바둑 대국 이후에 외국과 벌어진 기술 격차를 인식하고 다급한 채비에 나섰다. ⑮선진 사례를 토대로 스마트 공장 도입을 논의하고, 인공지능 응용 산업에 대한 국가적 지원책을 마련하고 있다. ⑯새로운 산업에서 통용될 핵심 기술을 개발하기 위해 ⓒ**'발명 역량'**을 강화하는 사업도 하고 있다.

ⓒ**기술 격차를 줄이는 데 무엇보다 중요한 것은 ㉣'기술의 발명'이 사회와 경제의 발전을 이끄는 핵심이라는 사회적 인식이다.** ⑰실제로 필자는 미래 성장 동력을 발굴하기 위해 지난 4월부터 방문한 일본, 독일 등에서 기술을 존중하고 과학기술인을 우대하는 사회적 인식이 상대적으로 높게 형성돼 있다는 것을 체감한 바 있다.

ⓓ**우리 사회도 ㉤'기술 발명'에 대해 관심을 갖고 그 중요성을 인정하는 인식이 높아져야 한다. ⓔ당면한 기술 혁신의 과제만 바라볼 것이 아니라 이를 중장기 차원의 과제로 인식해 지속 가능한 기반을 마련하는 노력도 필요하다.**

⑱오는 19일은 제51회 '발명의 날'이다. ⓕ지난 50년의 대한민국 발명사(史)를 **되돌아보고 나아가 미래 발명 50년을 맞이하는 역사적 시점이다.** ⑲우리나라가 세계 5대 지식재산 강국의 반열에 오르는 데 ⑧**혁혁하게 기여한** 발명인을 격려하고 그 공적을 치하하는 자리가 이날 마련된다.

ⓗ**발명의 날을 계기로 온 국민이 발명인에게 한마음으로 박수를 보내고, 불요불굴의 발명가 정신을 아로새기기를 염원한다.** ⓘ**또한 국가적 차**

원에서 경제성장 전략을 재정비하고 융통성 있고 기민하게 제도를 개선해
혁신을 능동적으로 실현하도록 뒷받침하는 전환점으로 삼기를 바란다.

(조선일보 칼럼 20160513)

이 칼럼은 〈발명은 4차 산업혁명 성장 엔진〉이라는 제목으로 쓴 설
명형 오피니언의 사례인데, 사실 논거와 의견 논거, 주장을 포함하여 쓴 글
이다. 이 칼럼에서 필자가 주장하는 내용은 ⓗ로 분석할 수 있다. ⓗ를 주
장하기 위하여 필자는 ①~⑲를 논거로 제시한다. 그런데 이 칼럼의 내용을
자세히 분석해 보면, 사실 논거가 대부분을 차지하고 있다.

곧, 사실 논거를 제외하면, 의견 논거와 주장이 ⓐ~ⓘ인데, 글 전체에서
차지하는 비중이 매우 적은 편이다. 이 글이 주장을 하기 위해 논증 구조를
갖춘 글이라기보다는 어떤 현상을 설명하는 글로 이해될 수 있는 부분이다.

이 칼럼에서 사실 논거와 의견 논거가 함께 쓰인 문장은 ②, ③, ⓕ로
볼 수 있다. 그런데 문장 ②, ③에서 쓰인 주관적 표현이 객관적 표현으로
바뀌어도 글의 흐름에 영향을 끼치기 어렵다. 예컨대, ⓐ의 '단언하다' 대
신에 '발표하다, 말하다'로 바꿔도 되고, ⓑ의 '격변이 동시다발적으로'를
생략하더라도 전혀 글의 흐름을 방해하지 못한다. 따라서 주관적인 의견
이 부분적으로 포함돼 있어도 이러한 문장은 객관적 사실로 인식된다. 이
러한 서술 태도 때문에 설명형 오피니언은 자신의 주장을 펼치고는 있지
만, 자신의 주장보다는 실제로 존재하는 사실을 설명하고자 하는 의도가
강한 글로 이해된다. 반면에 ⓕ는 '대한민국의 발명 역사 50년'이라는 사실
이용하여 자신의 생각을 객관적으로 이해하도록 유도하는 의견 논거로 쓰
인 것이다. 이 칼럼에서 사실과 의견 논거, 주장을 분석해서 정리하면 〈표
3〉과 같다.

발명은 4차 산업혁명 성장 엔진		
주장		ⓗ
논거	사실	①~⑲
	의견	ⓐ~ⓘ

〈표 3〉 논증 요소 분석

설명형 칼럼의 표현상 특징으로는 전문가의 의견을 직접 또는 간접으로 인용하거나, 실제 확인 가능한 사례를 여러 개로 나열하거나, 숫자와 같이 정확한 것으로 이해되는 자료의 제시 등이 있다. 위 칼럼에서도 전문가의 말을 직접적으로 인용하며 글을 시작함으로써 독자에게 신뢰를 얻으려는 의도를 확인할 수 있다. 인용을 할 때도 명확성을 높이고, 내용이 실제 존재하는 사실이라는 것을 증명하기 위해 실명을 밝힌다.

또한 실제 사례를 논거로 나열한 경우를 보면, 4차 산업혁명에 대처하는 독일, 미국, 일본, 중국의 사례가 ④~⑦로 제시되었고, IBM을 비롯한 애플, 구글, 테슬라 등의 기업의 사례를 ⑭~⑯으로 제시한다. 우리나라의 대응 사례 역시 ⑭~⑯으로 보여준다.

이 칼럼의 제목 〈발명은 4차 산업혁명〉을 보면, '발명'과 '4차 산업혁명'이 밀접한 관계가 있다는 것을 주장할 것으로 예측된다. 그래서 ㉠~㉢의 '기술 발명', '발명 역량', '발명 기술'을 총 여덟 단락 가운데, 둘째, 셋째, 넷째, 다섯째, 여섯째 단락에 한 번씩 포함하여 사실 논거를 제시하고 있다. 그런데 이 칼럼은 '4차 산업혁명'에 대응하는 국가와 기업의 사례를 나열하며 설명에 충실하다 보니, 글을 시작하는 첫째 단락에서는 정작 주장을 드러내는 핵심 어휘 '발명'이 빠져 있는 것으로 이해된다.

3. 기사의 분석 방법

대중들이 신문 기사에 관심을 갖는 가장 큰 이유는 아마도 자신에게 필요한 새로운 정보를 얻을 수 있기 때문일 것이다. 새로운 정보는 자신의 삶을 풍요롭게 할 뿐만 아니라, 다른 사람과의 인간관계에서 의사소통의 소재로 삼을 수도 있어서 개인에게는 매우 유용한 자료가 된다.

이때 정보의 사실성과 정확성, 신뢰성은 대단히 중요하다. 신문 기사에서 얻은 정보는 정확성과 신뢰성을 바탕으로 할 때 더욱 가치를 발휘하기 때문이다. 한때는 미디어 자체가 대중에게 신뢰감을 주어서 미디어를 절대적으로 인정하던 시절이 있었다. 곧, 지난 시절 신문을 비롯한 대중매체가 몇몇 소수의 언론사로 존재할 때는 뉴스소비자가 굳이 뉴스의 정확성과 공공성에 관심을 가질 필요가 없었다. 특히 신문 기사는 신문사의 유명세에 힘입어 뉴스 수용자에게 정확성과 신뢰성을 보증하는 것으로 이해되었다.

하지만 이제는 정말 미디어 환경이 많이 달라졌다. 누구나가 뉴스를 생산·공유하여 각종 뉴스를 쏟아내고 소비까지 이어지는 것이 지금의 미디어 환경이다. 이러한 미디어 환경에서는 독자 스스로가 정보의 사실성을 확인해야 하는 책임을 질 수밖에 없다. 다양한 미디어 속에서 사는 현대인에게는 미디어가 곧 뉴스의 정확성, 사실성, 신뢰성을 보증하는 수단이 될 수 없기 때문이다. 뉴스 생산자가 게이트키퍼로서의 역할을 성실히 수행하고 있는지를 검증할 수 없는 지금, 뉴스의 정확성, 신뢰성을 확인하는 것은 오롯이 소비자의 몫이다.

따라서 최소한 뉴스에 속지 않거나, 그 힘에 지배되지 않으려면, 뉴스소비자 스스로가 뉴스의 정보 가치를 판단하여 검증할 수 있는 능력을 갖추어야 한다. 곧, 뉴스의 정보를 자신의 삶에 유용한 자원으로 사용할 수 있는 것인가에 대한 판단할 수 있는 능력이 필요하다는 것이다. 그만큼 온갖 미디어들이 제공하는 현재의 뉴스는 우리의 사고를 현혹시키고 때로는 이미 소비자의 선택 범위를 넘어 거부하기 힘들 정도로 소비할 것을 강요하는 실정이다.

그런데 뉴스는 대체로 사실을 바탕으로 구성된다고 알려져 있기 때문에 그것을 비판적으로 읽기가 쉽지 않다. 곧, 뉴스의 언어 정보는 사실형 정보와 의견형 정보가 함께 포함되어 있다. 뉴스에서 사실형 정보는 현실에서 발생한 여러 가지 사건이 대부분이고, 의견형 정보는 발생한 사건에 대한 전문가 견해가 주류를 이룬다. 따라서 뉴스를 사실과 의견으로 구분하고, 그 정보에 대한 신뢰성에 따라 수용여부를 판단하면 오류를 줄일 수 있다. 이처럼 뉴스를 분석하여 비판적으로 수용할 수 있다면, 우리는 미디어의 영향력에서 벗어나 자신의 판단으로 삶을 선택할 수 있을 것이다. 그래서 우리에게 뉴스를 자신의 관점에서 분석[17]할 수 있는 능력이 필요하다.

그렇다면 일반 대중이 뉴스에 대한 정확성, 신뢰성을 확인할 수 있는 방법은 무엇일까? 그것은 뉴스를 구성하고 있는 각종 요소들일 것이다. 예컨대, 신문 기사의 경우에는 문자 정보, 사진 정보, 편집 정보를 통하여 뉴스를 파악할 수 있겠다. 이 가운데 일반인의 경우 사진이나 편집된 신문 기사를 보고 그 속에 담긴 의미를 이해하기가 쉽지 않다. 그러므로 문자로 이루어진 언어 정보를 통하여 뉴스를 수용하는 것이 가장 쉬운 방법이다. 미디어를 통해 전달되는 뉴스는 대체로 언어를 중심으로 구성되어 있기 때

---

17   신문 기사를 분석하는 방법은 여러 관점에서 가능한데 그에 관한 선행 연구는 참고문헌에서 제시한 자료를 확인하기 바란다.

문이다. 곧, 신문 기사에서 언어로 확인할 수 있는 내용을 제대로 파악할 수 있다면, 뉴스의 의미도 독자의 관점에서 충분히 이해할 수 있다.

독자가 신문 기사 언어를 볼 때 주의 깊게 살펴볼 것은 뉴스 생산자가 사용한 어휘 표현과, 언론사의 의도를 드러내는 언어 전략으로 제시할 수 있다. 사실 신문 기사는 누구나 주관적인 관점에서 수용할 수밖에 없다. 따라서 신문 기사의 어휘 표현이나 언어 전략을 분석할 때는 철저하게 독자의 관점에서 파악하면 된다. 그것은 일반 독자가 신문 기사를 읽을 때 분석하고 해석한 결과는 논문이나 공적인 글로 발표하는 것이 아니라 정보를 받아들이는 수단이기 때문이다.

우리가 적어도 신문 기사를 제대로 수용할 수 있으려면, 먼저 대중의 눈높이에서 언어적 분석 기준과 방법이 제시되어야 한다. 다음으로 신문 기사 작성의 언어 기제를 파악하여 기사를 분석하고, 그 결과가 언어 정보의 관점에서 어떤 기사로 유형화되는지를 제시할 수 있어야 한다. 이를 위해 신문 기사의 언어를 어휘와 언어 전략으로 나누어 분석하는 기초적인 방법의 틀을 개괄하여 제시한다. 신문 기사 분석은 보도 기사를 대상으로 구체적인 방법을 제시할 것이다. 오피니언 기사는 주장에 대한 논증을 바탕으로 구성되기 때문에 개별 기사로서 인정하고 받아들여야 할 부분이 많기 때문이다. 기사의 분석 방법에 대한 자세한 내용과 구체적인 기사의 분석 사례는 뒤의 각 장에서 제시한다.

3.1. 어휘 표현 분석

신문 기사 분석에서 가장 먼저 할일은 기사에 사용된 언어, 곧 구체적인 어휘 표현을 확인하는 것이다. 어휘 표현을 우선하여 살펴보는 이유는 기사가 어휘를 중심으로 표현되기 때문이다. 어휘는 문장의 가장 기본이 되는 언어 단위인데, 이를 분석하면 어휘가 객관적 표현을 위해 사용된 것인지 주관적 표현을 위해 사용된 것인지 알 수가 있다. 어휘가 전달하려는 의미도 긍정적, 부정적, 중립적인 것과, 추측성, 사실성을 표현하려는 것 등 다양하게 나누어 분석할 수 있다.

첫째, 신문 기사에서 어휘가 객관적으로 사용된 경우는 어휘의 개념적 의미를 충실히 반영하여 표현된 것이다. 개념적 의미는 어떤 어휘가 지닌 중심 의미를 말하는 것으로 같은 언어를 사용하는 사람들이 공통적으로 인지할 수 있는 의미이다. 대표적인 것으로는 사전에서 정의하고 있는 의미이다.

예컨대, '떠나다'라는 어휘는 표준국어대사전에 "있던 곳에서 다른 곳으로 옮기다."라는 뜻풀이가 가장 먼저 나오고, "다른 곳이나 사람에게 옮겨 가려고 있던 곳이나 사람들한테서 벗어나다. 어떤 일이나 사람들과 관계를 끊거나 관련이 없는 상태가 되다. 어떤 일을 하러 나서다."가 함께 제시되어 있다. 어떤 신문 기사에서 '떠나다'를 이상의 뜻으로 표현하는 것이라면 어휘의 의미가 객관적인 표현으로 사용된 것으로 이해할 수 있다. 실제 기사에서 어떻게 표현되고 있는지 사례를 바탕으로 객관적 어휘 사용을 분석해 본다.

예시 'ⓐ문 코드' ⓑ압박에 외교안보 박사들 ⓒ짐싼다
대표적 지한파 학자인 ①데이비드 스트라우브 박사는 지난달 하순 1년여 몸담았던 세종연구소를 ②떠났다. 세종-LS 객원연구위원으로 초빙 받아 연구와 활발한 기고·강연 활동을 해 온 그가 ③갑자기 짐을 싼 건 뜻밖으로 ④받아들여졌다. ⑤연구소 핵심 관계자는 3일 "문재인 정부의 대북 및 외교안보 정책에 비판적 성향을 보였다는 이유로 연구소 측에 청와대 등으로부터 ⑥압박이 심했다"고 ⑦전했다. 국책 연구기관인 ⑧국립외교원 **S박사**는 최근 ⑨**사표를 냈다**. 지난 1월 JTBC 토론 프로에 출연했던 게 ⑩**화근이 됐다**. 발언 내용뿐 아니라 "왜 토론자 배치 때 야당 쪽에 앉았냐"는 문제 제기가 청와대와 외교부 측으로부터 ⑪**쏟아졌다**. 팀장 보직은 내정 사흘 만에 없던 일이 됐고 "외부 활동을 금지하겠다"는 말까지 ⑫**나왔다**. S박사는 결국 민간 연구소로 전직을 ⑬**결심했다**. 〈이하 생략〉

(중앙일보 20180404)

위 기사는 〈'문 코드' 압박에 외교안보 박사들 짐싼다〉라는 제목으로 작성된 보도 기사의 첫 단락이다. 기사의 첫 문장의 서술어인 〈②떠났다〉는 앞서 제시한 표준국어대사전의 개념적 의미로 표현된 객관적 어휘 사용으로 이해할 수 있다. 또한 다른 문장의 서술 표현인 〈④받아들여졌다〉, 〈⑦전했다〉, 〈⑨사표를 냈다〉, 〈⑫나왔다〉, 〈⑬결심했다〉 등도 객관적인 어휘 표현으로 이해할 수 있을 것이다. 다만, 〈④받아들여졌다〉와 〈⑦전했다〉는 '누구에게' '받아들여지'거나, '전해졌'는지 구체적으로 표현돼 있지 않아서 독자에 따라서 주관적인 어휘 표현으로 해석할 수도 있겠다. 하지만 문맥상으로 보면 이해할 수 있기 때문에 주관적 어휘 표현으로 보지 않는 것이 바람직하다. 첫 단락의 8문장 가운데 6문장이 객관적인 어휘로 서술 표현을 구성하고 있어서 보도 기사의 첫 단락으로 적절하다고 생각할 수 있다.

둘째, 신문 기사에서 어휘가 주관적으로 사용되어 사건 내용을 표현한 경우 분석해서 이해해야 한다. 기사에서 어휘는 언제나 개념적 의미를 가진 객관적 표현으로만 사용되는 것이 아니다. 기사작성자의 의도에 따라 내포적 의미[18]를 갖고 주관적으로 사용되는 경우가 종종 있다.

---

18 내포적 의미는 리치(G. Leech)가 분류한 유형에 따른 용어이다. 〈제4장 제1절 의사소통과 언어 의미〉에서 자세히 제시한다.

그런데 주관적인 어휘의 사용은 독자에게 공감을 얻을 수도 있고, 그렇지 않을 수가 있다. 따라서 독자가 어휘의 사용에 공감하는 경우에는 정확한 정보를 전달하는 보도 기사로 인정될 수 있다. 하지만 독자가 어휘 사용에 공감하지 못할 경우에는 왜곡 보도로 이해될 수도 있다. 그것은 어휘의 의미는 개념적 의미만 있는 것이 아니라 개인마다 다르게 인식하는 '연상적 의미'나 '주제적 의미'도 있기 때문이다.

예컨대, '압박'이라는 어휘는 표준국어대사전에서 "1. 강한 힘으로 내리누름. 2. 기운을 못 펴게 세력으로 내리누름."이라고 돼 있다. 그런데 '압박'이라는 어휘가 '강제성', '불법성', '속 시원함' 등의 의미로 이해가 된다면, 이는 개인의 경험에 따라 차이가 나기 때문에 객관적 사용으로 보기 어렵다. 그래서 이처럼 의미는 실제 발화 상황이나 문맥에서 그 의미가 달라질 수 있는 것이어서 연상적 의미라고 한다. 따라서 동일한 어휘라고 할지라도 문장에서 전달하려는 뉴스 생산자가 의도하는 의미나 신문 기사를 소비하는 독자의 해석에 따라 다르게 언어 의미가 실현될 수 있다는 것이다.

앞서 제시한 기사에서도 '압박'이라는 어휘는 제목과 본문에서 ⟨ⓑ압박⟩, ⟨⑥압박⟩으로 2번 표현되고 있다. 그런데 제목에서 ⟨ⓑ압박⟩은 ⟨ⓐ문 코드⟩와 하나의 구로 연결되어 있다. '코드'는 표준국어대사전에도 4개나 표제어로 올라 있[19]어서 그 가운데 어떤 어휘인지 파악하기가 쉽지 않다. 기사 본문 전체에서도 코드는 둘째 단락에서 '코드 몸살'로 한 번 더 표현되고 있다.

국립국어원에서 만들어 개방한 온라인 우리말 사전인 '우리말샘'(일

---

19   코드1(chord), 코드2(code), 코드3(cord), 코드4(cord)로 4개의 어휘로 구분하여 뜻풀이 하고 있다.

반인이면 누구든지 참여하여 어휘를 등록하고 편집할 수 있는 사용자 참여형 한국어사전)을 참조하면, '코드인사(code人事)'를 "임명권자가 자신과 같은 성향을 가진 사람을 임용하는 일."이라고 뜻풀이 하고 있어서 여기서는 〈문 코드인사 압박〉의 의미로 이해할 수도 있겠다. 따라서 이 기사의 제목에서는 〈대통령과 성향이 맞는 사람을 외교안보 전문가로 앉히기 위해 ⓑ압박이 있고, 현재의 박사들이 ⓒ짐을 싼다〉는 의미를 전달하려는 것으로 분석할 수 있다.

기사 본문의 〈⑥압박〉은 제목에서 사용한 표현에 대한 구체적인 취재 내용을 뒷받침한 것으로 이해된다. 그런데 취재원이 〈⑤연구소 핵심 관계자〉라고 표현돼 있다. 아마도 취재원의 신분을 보호하기 위하여 익명으로 처리[20]한 것 같다. 또한 취재원의 말도 큰따옴표를 사용하여 직접 인용하고 있다.

이 기사에서 〈외교안보 박사들〉에 대한 2번의 〈ⓑ압박〉, 〈⑥압박〉 증거는 '외국인 학자의 떠남', '익명 취재원의 제보', '국립외교원 S박사의 사표'로 볼 수 있다. 물론 둘째 단락의 〈국방연구원을 퇴직한 정상돈 박사〉도 있다. 그런데 독자의 관점에서 보면, 위 3개의 사실이 2번의 '압박' 증거로 볼 수 있을지 의문이다. 먼저 외국인 학자의 경우 떠난 이유가 제시되어 있지 않다. 그저 '갑자기 짐을 싼 것'이 기사 작성자에게 '뜻밖으로 받아들여졌'을 뿐이라고 기사에 제시되어 있다.

그래서 제목에서도 〈ⓒ짐싼다〉라는 현재시제를 사용한다. 곧, 기사의 본문에서 기사 작성자가 밝힌 취재원들에게 일어난 사건들은 모두 과거시제로 〈②떠났다, ⑦전했다, ⑨사표를 냈다, ⑫나왔다, ⑬결심했다〉와

---

20 취재원을 보호할 때, 기사 작성자들은 '관계자, 주요 관계자, 핵심 관계자' 등을 구분하고 있는 것으로 안다. 하지만 독자에게는 그저 익명 처리된 제보자일 뿐이다.

신문 언어 어떻게 이해할 것인가?

같이 표현돼 있다. 이미 지난 사건을 바탕으로 제목에서는 현재 일어나고 있는 사건으로 독자가 이해하도록 시제를 표현한 것이다. 이러한 어휘 사용은 주관적 표현으로 분석할 수밖에 없다.

　　다음으로 익명 취재원의 경우 기사 작성자의 윤리 의식에 따라 사실 얼마든지 조작이 가능한 것이다. 그리고 둘째 단락에서 실명으로 제시한 증거는 '정년 퇴직'한 사람의 사례이다. 이 3가지 사례는 〈ⓑ압박〉, 〈⑥압박〉으로도 볼 수 있지만, '개인 사정'일 수도 있는 것이다. 따라서 〈ⓑ압박〉, 〈⑥압박〉은 주관적 어휘 사용으로 분석할 수 있다.

　　이는 시간이 많이 지나서 보도된 것이기는 하지만, 중앙일보 2018년 9월 19일 24면의 「[알려왔습니다] 4월 4일자 1면 〈'문코드' 압박에 외교안보 박사들 짐싼다〉 기사 外」,[21]를 확인하면 더욱 명확해진다. 이 기사에는 중앙일보 4월 4일자 1면 〈'문코드' 압박에 외교안보 박사들 짐싼다〉 기사와 관련, 청와대는 세종연구소 데이비드 스타라우브 연구위원이 사직한 것에 대해 **"계약기간 1년이 만료된 것일 뿐 청와대 등의 압력은 없었다"**고 알려왔습니다. 또한 국립외교원 S교수 사직에 대해서도 **"청와대의 어떤 관계자도 압박이나 조치를 취한 것이 없다"고 알려왔습니다.**라며 보도하고 있다.

　　〈⑩화근이 됐다〉와 〈⑪쏟아졌다〉는 표현 역시 주관적인 어휘 사용으로 분석할 수 있다. 기사의 내용으로 보면, 〈JTBC 토론 프로에 출연〉한 것만으로 〈⑩화근이 됐다〉는 증거로 보기는 어렵고, 〈청와대와 외교부가 문제를 제기〉하는 것만으로 〈⑪쏟아졌다〉고 표현하는 것은 쉽게 동의하기 어렵기 때문이다. 따라서 〈⑨사표를 냈다〉는 이유가 〈팀장 보직 취소〉나 〈외부 활동 금지〉 때문인지, 〈민간연구소로 전직〉 때문인지 독자는 혼란스

21　　https://news.joins.com/article/22983771 참조.

러울 수도 있다. 그래서 〈⑬결심했다〉를 기자 작성자의 관점으로 표현한다. '결심하다'는 "할 일에 대하여 어떻게 하기로 마음을 굳게 정하다."라는 의미가 있어서 1인칭으로 표현해야 하는 어휘인데, 〈⑬결심했다〉고 표현한 것은 전지적 기사 작성자의 시점이다. 〈결심했다고 전했다〉거나 〈결심했다고 밝혔다〉라고 해야 객관적인 어휘 표현이 된다.

3.2. 언어 전략 분석

기본적으로 신문 기사에서 언어 전략은 뉴스를 생산하는 사람이 소비하는 사람에게 어떤 의도를 전달하려는가에 대한 문제로 볼 필요가 있다. 이 부분에서 기사 작성자와 독자의 충돌이 발생한다. 작성자는 당연히 자신의 의도대로 독자가 수용하기를 바란다. 하지만 독자는 기사 작성자의 뜻에 따라 움직일 만큼 어리석지 않다. 자신의 기준에서 해석을 하고 그것을 수용한다. 여기서 의미 차이가 크게 발생할 경우, 그것은 이른바 가짜뉴스로 이해될 수도 있고, 왜곡된 뉴스로 간주될 수도 있다. 그런데 가짜뉴스와 왜곡된 뉴스는 그 기사가 전달하는 정보의 실체가 대중에게 공개되기 전까지는 실제로 누구도 그것이 사실인지 아닌지 알 수가 없다는 데 심각한 문제가 있다.

따라서 신문 기사의 언어 전략을 분석하여 그 전략이 어떤 것인지 독자가 해석할 수 없다면, 결국 사실이 확인될 때까지는 그것이 가짜뉴스든, 왜곡된 뉴스든 그 정보에 의존하여 살 수밖에 없는 것이 현재의 뉴스 수용자의 현실이다.

그래서 우리는 언어 전략을 어휘의 개념적 의미를 기준으로 논리적으로 분석하고, 확대 해석을 경계해야만 한다. 그것이 현실에서 일어나는 여러 사건에 대해 정확히 파악하는 길이기 때문이다.

신문 기사에서 언어 전략을 분석하는 방법은 기사의 의도를 확인하는 것에서 출발하면 된다. 곧, 기사의 언어 전략은 편집, 논리 구조, 이데올로기 등에서 표현되기 때문에 기사가 어떤 의미를 함의하는지, 독자에게 전달하려는 의지가 언어에 어떻게 내재되어 있는지를 분석하면 파악할 수 있다는 의미이다.

신문 언어를 분석하는 기준은 진실성, 사실성, 편향성, 공정성, 논리성, 의도성, 완전성 등 여러 가지로 제시할 수 있다. 기준이 다양하게 제시될수록 독자가 사건의 실체에 접근하기는 쉽기 때문에 평가 기준이 많은 것은 문제가 되지 않는다. 하지만 일반 독자가 수많은 기준으로 신문 기사를 분석하기를 기대할 수는 없다. 따라서 신문 기사에서 정보의 질적 수준과 양적 수준을 평가할 수 있는 기준을 중심으로 분석 방법을 제시한다.

먼저 신문 기사가 제공하는 정보의 질적 수준을 파악할 수 있는 사실성과 명시성이다. 사실성은 진실성과 더불어 뉴스 분석에서 결코 소홀히 해서는 안 되는 기준이다. 특히 대부분의 독자들이 신문이 보도하는 기사는 사실이라고 믿기 때문에 사실성은 기사를 작성하는 언론인에게도 강조되어야 하는 기준이다. 사실성과 더불어 독자가 유념해야 할 기준은 기사의 내용을 신뢰할 수 있는지를 확인하는 것이다. 그것은 취재원이 실제로 존재하는 사람인지를 알 수 있는 명시성으로 확인된다.

다음으로 신문 기사가 제공하는 정보의 양적 수준을 파악할 수 있는 완결성과 균형성이다. 신문 기사는 그 내용이 육하원칙의 요소를 모두 갖추어 충분한 정보를 제공하는지를 확인하는 완결성이 양적 측면에서 중요한 기준이 된다.

균형성은 기사에 등장하는 관계자의 시각을 비슷한 분량으로 보도하는지를 확인하는 것이다. 실제로 우리가 접하는 신문 기사는 지나치게 특정 세력이나 집단의 관점으로 기사의 내용이 구성되는 경우가 많다. 균형성을 기준으로 기사의 분량이나 내용이 한쪽으로 치우치지 않고 공정하게 보도하는지를 분석할 수 있어야 한다.

따라서 사건의 실체를 확인할 수 있는 사실성, 취재원이 파악되는 명시성, 기사가 제공하는 정보의 완결성, 기사에서 충돌하는 개인이나 집단을 이해를 공정하고 반영하는 균형성 등을 기준으로 기사의 언어 전략을 분석하는 구체적인 방법을 설명한다.

첫째 신문 기사의 언어 전략에서 사실성을 분석하는 방법은 기사의 개별 문장에서 육하원칙의 구체성을 확인하는 것이다. 기사에서 '누가, 언제, 어디서, 무엇을, 왜, 어떻게'에 대한 언어 표현의 내용이 구체적으로 기술되어 확인할 수 있으면 사건의 사실성을 인정하기에 충분하다. 실제로 현실에서 발생한 어떤 사건이 진실한 것인지 아닌지는 누구나 판단하기가 쉽지 않다. 그러므로 사실성에 기반하여 기사를 분석하는 것이 바람직하다. 사실성은 신문 기사가 사실보도인지 오보인지를 확인할 수 있는 기준이 되기 때문이다.

둘째, 신문 기사의 언어 전략으로 명시성을 분석하는 방법은 취재원을 확인하는 것이다. 기사에서 취재원이 실명으로 밝혀져 있으면 명시성이 분명한 것이다. 그런데 실제 기사에서 취재원을 밝히지 않는 경우가 종종 있다. 예컨대, 검찰 관련 기사에서 취재원을 '법조계에서는', '법조계 일각에서는', '서초동의 한 변호사는' 등으로 표현하는 경우가 있다. 이러한 기사는 명시성이 높다고 볼 수 없다. 그것은 기사 작성자가 윤리 의식을 높게 갖지 않으면, 취재원 보호라는 명분을 앞세워 얼마든지 자신이 하고 싶은 말을 익명을 빌려서 할 수 있기 때문이다. 따라서 명시성 역시 사실보도인지를 판단하는 기준이 된다.

셋째, 언어 전략에서 완결성은 육하원칙의 요소가 얼마나 충족되고 있는지를 바탕으로 파악할 수 있다. 곧, 육하원칙의 6요소 가운데 몇 개가 신문 기사에서 제공되고 있는지를 파악하는 것이다. 경우에 따라서 언론사는 의도적으로 육하원칙의 특정 요소를 생략하면서 보도할 때가 있어서 독자는 그 점을 유의하여 기사를 살펴보아야 한다. 앞서 첫 번째 사실성을 확인하는 기준으로서 육하원칙과 완결성에서 말하는 육하원칙은 분석의 내용에서 차이가 있다. 사실성은 육하원칙의 요소들이 개별 문장에서 얼마나 구체적인 내용으로 기술되었는가를 보는 것이고, 완결성에서는 육하원칙의 각 요소 자체가 기사에서 충분히 제공되었는지를 확인한다는 의미이다. 예컨대, 육하원칙의 요소 가운데 '누가'나 '언제'를 빼고 기사를 구성하면, 완결성이 부족한 것이고, 육하원칙의 요소인 '언제'에 해당하는 내용을 기사에서 '시기를 특정할 수 없으나', 또는 '어느 날'과 같이 표현하면 사실성이 부족한 것이다. 완결성은 신문 기사가 충분한 정보를 갖춘 보도인지 아닌지를 판단하는 기준이 된다.

넷째, 신문 기사의 언어 전략을 파악할 때 균형성을 파악하는 방법은 기사의 분량이 적정하게 배분되어 있는지를 확인하는 것이다. 현실에서 발생한 사건이 언론에 보도될 때는 대체로 관련자들이 등장한다. 이때 독자는 기사가 균형성을 유지하고 있는지 아닌지를 파악해야 한다. 그렇지 않으면 기사 작성자의 시각에 따라 현실의 사건을 볼 수 있기 때문이다. 하지만 실제 보도 기사를 보면, 기사 작성자의 의도에 따라 사건을 보는 시각이 특정 사건 관계자의 관점에 치우치는 경우가 발생한다. 예컨대, 정부와 노동자가 임금 문제로 다투고 있을 때, 기사 작성자가 정부의 관점에 치우쳐 기사를 작성하고, 그에 필요한 전문가 인터뷰를 집중적으로 기사의 내용에 포함하게 되면, 독자들은 정부의 주장에 귀를 기울일 수밖에 없다. 이는 기사가 양적 측면에서 공평하지 않아서 한쪽의 입장을 대변한 것이 된다. 따라서 균형성은 역시 기사가 정보를 충분히 갖춘 보도인지 아닌지를 판단하는 기준이 될 수 있다.

이상의 언어 전략을 분석하는 사실성, 명시성, 완결성, 균형성의 기준이 왜 중요한지를 신문 기사의 종류를 바탕으로 살펴본다.

최근에 우리는 달라진 미디어 환경으로 인하여 '가짜뉴스'를 빈번하게 접하게 되었다. 그런데 기사가 사실을 바탕으로 편집되어 뉴스로 제공될 경우 뉴스 수용자는 그것이 선택된 '사실보도'인지 이른바 '가짜뉴스'인지 구분하기 어렵다. 한국언론진흥재단 미디어연구센터 온라인 설문조사(2018년 3월 26~27일, 표본 1,050명)에서 뉴스나 정보의 유해성을 언론사 오보(87.0%), 뉴스 형식을 사용한 거짓 정보(가짜뉴스)(86.8%), 어느 한 쪽 의견만을 전달하는 편파적인 뉴스(85.0%)로 답했는데, 응답자의 81.9%는 '가짜뉴스'가 뉴스 형식을 빌리고 있어 진짜 뉴스와 구분하기 힘들다고 했다. 또한 문제가 있는 뉴스나 정보에 대해 응답자들은 언론사 오보(84.7%), 선정적 제목 등을 통해 흥미를 끄는 낚시성 뉴스(83.7%), 어느 한 쪽 의견만을 전달하는 편파적 뉴스(79.0%) 등도 '가짜뉴스'로 인식하고 있어서 언론인 및 언론학자가 생각하는 '가짜뉴스'의 개념과는 차이가 있음을 보여주었다.[22]

그렇다면, 언어 전략을 분석하는 4가지 기준을 바탕으로 신문 기사는 정보의 질적 측면에서 사실성, 명시성을 확인할 수 있는 정보인가 아닌가에 따라서 사실 보도는 [+사실보도]의 자질을 가진 기사로, 오보는 [-사실보도]의 자질을 가진 기사로 구분할 수 있다. 그리고 정보의 양적 완성도

---

22   김위근(2018), 「언론 신뢰도에 대한 시민 인식 조사」, 『Media Issue』 4권 3호, 한국언론진흥재단.

측면에서 완결성, 균형성을 확인할 수 있는 정보인가 아닌가에 따라서 [+충분정보]의 자질을 가진 기사와 정보가 부족한 [-충분정보]의 자질을 가진 기사로 구분할 수 있을 것이다. 정보가 충분하지 않은 [-충분정보]의 자질을 가진 기사의 경우는 정보를 선택적으로 제시한 보도인데, [+사실보도, -충분정보]의 '선택 보도' 가운데서도 '사실성'이 부족한 경우, '명시성'이 부족한 경우, '완결성'이 부족한 경우, '균형성'이 부족한 경우로 나눌 수 있다.

여기에서 더 나아가 근본적으로 [+사실보도, +충분정보]의 자질을 가진 '진실 보도'라고 할지라도 정보의 질적 수준과 양적 수준이 중립적 가치를 지향하는 '보편성'을 가진 보도와 특정 집단의 이익을 대변하기 위해 사건을 편집하는 '편향성'을 가진 보도로 구분할 수 있을 것이다. 이상의 내용을 정리하여 제시하면 〈표 4〉와 같다.

〈표 4〉 언론 보도의 기사 유형

〈표 4〉에서 ①은 진실 보도, ②는 편향적 보도, ③은 사실왜곡 보도, ④는 비명시적 보도, ⑤는 미흡한 보도, ⑥은 불공정한 보도, ⑦은 오보로 규정할 수 있다. 그런데 일반인의 경우에는 ②~⑦을 모두 동일한 가짜뉴스로 인식할 가능성이 높기 때문에 신문 기사의 분석 방법을 제대로 이해할 필요가 있다.

신문 언어 어떻게 이해할 것인가?

제2장
기사의 언어 특성

우리가 다른 사람의 글이나 생각에 관심을 갖는 이유는 그를 통해 스스로의 생각의 깊이와 넓이를 더하고자 하는 마음 때문이다. 혼자만의 생각이 좋은 결과를 낳기도 하지만, 타인과의 대화와 토론을 통해 더욱 다양한 사고를 할 수 있다는 것은 이미 독서의 효용성을 통해 잘 알려져 있다.

이러한 측면에서 우리가 대중매체 특히 신문의 언어에 관심을 가져야 할 이유는 신문 기사를 작성하는 사람들은 언어를 통하여 자신의 생각을 표현하는 전문가들이기 때문이다. 물론 그 전문적인 능력이 때로는 부정적으로 작용하여 독자에게 좋지 않은 영향을 주기도. 하지만, 적어도 그들이 생각을 언어로 표현하는 능력에 있어서는 일반 독자들보다 앞서고 있다는 사실을 인정할 수밖에 없다.

신문의 언어에 등장하는 어휘, 문장의 구조는 특히 우리의 관심을 끌기에 충분하다. 특히 그 제목의 언어와 문장 구조는 우리가 주의 깊게 보아야 할 대상이다.

당신은 아래의 예문을 이해하는 데 어려움이 없으십니까? 만약 이해하셨다면, 아래 ◇ 속의 약어가 무엇을 뜻하는지도 아십니까?

"LTV·DTI는 최경환 전 경제부총리 시절인 2014년 9월 부동산 경기
활성화를 목적으로 50%에서 각각 70%, 60%로 완화됐는데…"

(경향신문 20170512)

〈LTV, DTI, DSR, RTI, DTA, LTI〉[1]

가끔 우리가 신문 기사의 헤드라인에서 확인할 수 있는 어휘들이다.
과연 이러한 로마자의 노출은 적정한 것인가. 우리가 보는 신문 기사의 어
휘는 어떻게 구성되어야 하는지, 현실의 신문 기사에는 어떻게 사용하고
있는지 구체적인 사례를 중심으로 살펴본다.

1. 어휘 특성

1.1. 보도 기사의 어휘

어휘는 화자와 청자의 의사소통에서 가장 기본이 되는 시작이자 끝
이 되는 요소이다. 특히 신문 기사에 쓰이는 어휘는 뉴스를 생산하는 기자
와 뉴스 소비하는 독자 사이의 정확한 소통을 전제로 해야 한다. 이른바 독
자의 알권리를 충족시키기에 충분해야 하고, 정확하게 어휘를 구사해야
한다. 이를 위해서 뉴스 생산자가 풍부한 어휘력을 갖추어야 하는 것은 너
무나도 당연한 일이다. 독자 역시 신문 기사를 읽을 때, 어휘의 의미와 용

---

[1] 물론 대부분의 기사에서 약어가 처음 나올 때 그 의미를 풀이한 말을 쓰고 있다. 하지만
저러한 어휘가 로마자 그대로 제목으로 등장하는 경우도 많다.

법에 대한 정확한 이해 없이는 올바른 이해가 이루어질 수 없기 때문에 어휘력이 중요하다.

그런데 어휘는 지금까지의 신문 언어 연구에서 크게 주목받지 못했다. 헤드라인에 대한 연구나 비판적 읽기 텍스트로서 신문 언어에 대한 연구에 비하여 상대적으로 소홀히 다루어진 것이 사실이다. 이처럼 어휘에 대한 관심이 적었던 이유는 어휘 선택이 기사 작성자의 개인적 선택에 관한 것이라는 것과, 어휘 자체가 가지는 불규칙성 때문일 것이다. 곧, 어휘는 개인의 개성을 반영한 단어의 선택이기 때문에 유형화, 목록화하기 어렵다는 생각에서이다.

하지만 어휘가 개인의 선택이라는 의미는 달리 생각하면, 기사를 작성하는 개인의 창조성과 능동성이 반영된 결과라는 뜻이다. 따라서 신문 언어 자료를 분석하여 어휘를 계량화하고 그 특성을 밝히는 것은 의의가 있다. 특히 헤드라인에 어떤 어휘가 많이 사용되는가를 분석해 보면, 당시의 시대상을 확인할 수 있을 것이다.

신문 언어의 어휘에 대한 기존의 연구 태도는 주로 어휘 이해의 면에서 어려운 어휘(난해어), 외래어, 약어의 사용, 단어의 오용 등에 관한 조사였다. 그래서 기사를 작성할 때는 어려운 어휘를 피하고, 어려운 어휘를 사용할 때는 설명을 붙이며, 약어를 가능한 사용하지 않도록 권유한다. 이밖에 피동형을 남용하지 않도록 하라거나 알기 어려운 외래어는 가능한 피하라는 것 등이다. 또한 표기 면에서도 가능하면 한자나 로마자를 사용하지 않도록 하고 있다.

예컨대, 헤드라인에 사용된 전문적인 용어를 잘 알지 못하더라도 그것을 일상적인 용어로 풀어서 사용하면, 내용을 부분적으로 이해를 할 수 있어서 본문의 기사가 전달하려는 의미를 파악할 수 있을 것이다. 하지만,

표기에서 한자나 로마자, 또는 약어를 사용하게 되면 그 의미 자체를 알 수가 없어서 기사를 읽지 않는 경우가 발생할 수 있다.

그렇다면, 왜 신문의 언어에서 난해어, 약어의 문제가 등장하는 것인가. 그것은 언어 사용자가 메시지에 대해 가지는 특성 때문인 것으로 파악된다. 의사소통 과정에서 인간이 추구하는 가장 기본적인 언어 전략은 경제성 유지의 전략과 표현성 유지 전략이라고 한다. 경제성 유지의 전략이란 가능하면 말을 간단하고 보다 쉽게 하려는 노력을 말하며, 표현성 유지의 전략이란 의사전달의 효과를 극대화하려는 책략을 말한다.[2] 이것은 의사소통의 방법적인 특성을 보여주는 것이다.

결국 신문의 언어에서 고민할 문제는 전달력에 중점을 둘 것인가, 표현력에 중점을 둘 것인가이다. 전달력은 독자를 우선하여 생각하는 것이고, 표현력은 기사 작성자를 우선하여 생각하는 것이다. 먼저 신문의 언어에서 어휘적인 면은, 구체적으로 어떤 어휘를 구사할 것인가에 대한 문제를 고려하여 살펴보아야 한다. 곧, 쉽고 평범한 어휘를 바탕으로 대중에게 자신의 생각을 전달하는지, 아니면 다소 어렵다고 할지라도 자신만의 개성을 표현할 수 있는 어휘를 사용하여 전달하는지를 밝혀야 한다. 다음으로, 표기의 면에서 누구나 알아볼 수 있는 문자로 표기할 것인가, 아니면 일부 계층이 이해하지 못하더라도 편집자의 의도가 표현되는 문자로 표기할 것인가의 문제가 있다. 실제 보도 기사에서 사용된 헤드라인 어휘의 사례를 제시한다.

---

2   김진우, 『언어와 의사소통』, 1994년, 221~291쪽 참조.

신문 언어 어떻게 이해할 것인가?

"Blowin' in the wind" 밥 딜런 노벨상 시인 되다

IMF "한국 DTI규제 30%까지 조여라" 권고
(총부채상환비율)

Kool!
(Korea+Cool)

"사장해요 비빔밥" "맛있고 건강한 음식"인 비빔밥은 예쁘고 이쁘다워서 SNS(소셜네트워킹서비스)에 올리는 사진으로도 인기가 많죠." 지난해 11월 만난 독일 베를린의 퓨전 한식당 운영자 로빈 노 브루니(30·왼쪽)씨가 콩팝 프랑스 힐스 셔터 마블 누스뮤씨의 비빔밥, 김치바게를 선보이며 웃고 있다. 브루니는 1990년대 말 한국에 살면서 국내 예능 프로그램에도 출연했다.

어린아이같이 웃은 '인간 챔피언' "인공지능" 알파고는 더 이상을 예상했을까, 이세돌 9단이 13일 오후 알파고와의 네 번째 대국에서 승리한 뒤 가진 기자회견장에서 활짝 웃었다. 3연패 뒤 1승을 거둔 이 9단은 '한 판을 이겼는데 이렇게 축하를 받은 적은 처음인 것 같다'고 했다.

Blowin in the wind 밥 딜런 노벨상 시인 되다 (중앙일보 20161014)

IMF 한국 DTI규제 30%까지 조여라 권고 (한겨레신문 20160918)

Kool! (조선일보 20160215〉)

resigns 인공지능이 항복했다 (조선일보 20160314)

위 헤드라인에 제시된 언어적 형태만 보면, 영어가 그대로 노출되거나 약어를 사용하여 이해하기가 쉽지 않다. 그런데 실제 신문에 보도된 기사를 함께 보면, 〈DTI〉와 〈Kool〉에 대한 의미를 〈총부채상환비율〉, 〈Korea+Cool〉로 풀이한 주석을 달고 있어서 조금은 더 이해할 가능성이 있고, 본문을 읽어보면. 〈"한국을 소비하는 것은 쿨(cool)하다"〉거나, 〈한류 스타를 향해 "오빠(oppa)"를 외치며 열광하던 팬들 뇌리에 한국은 멋진 나라, 이른바 '코리안 쿨(Korean Cool)'이란 이미지로 업그레이드되고 있다.〉와 같은 문장이 있어서 이해할 수 있을 것이다. 하지만, 일반 독자가 이러한 헤드라인을 쉽게 이해하기는 어렵다고 생각한다. 그런 이유 때문에 〈Kool!〉과 〈resigns / 인공지능이 항복했다〉를 헤드라인으로 사용한 보도 기사에서는 사진을 함께 기사를 제공하여 이해를 돕고자 노력하였다. 다음의 예시를 보자.

'高임금 투톱'만 남은 秋鬪
<現代車·철도노조>

(조선일보 20161003)

위 헤드라인에는 한글 표기된 외국어, 한자가 그대로 노출되어 있다. 이러한 헤드라인을 이해하기 위해서는 한자에 대한 기본적인 지식과 영어 투톱(two top)에 대한 지식을 갖추고 있어야 한다. 주석이 있어서 투톱이 '현대차'와 '철도노조'라는 것을 이해할 가능성도 있지만, 한자에 대한 지식이 없이는 '高(임금)'와 '秋鬪'를 이해할 수는 없다. 물론 기사를 읽는다면, '추투(秋鬪)'로 나와 있고, 내용에도 "9월 하순부터 성과연봉제 철회와 임금 인상 등을 요구하면서 하는 파업 투쟁"으로 서술되어 있어서 알 수도 있다.

그러나 헤드라인 독자가 만연한 이 시대에 과연 저렇게 한자를 계속해서 노출하는 것이 바람직한가에 대해서는 생각해 볼 여지가 있다.

　2016년과 2017년의 4개 신문사의 1면 머리기사의 헤드라인에 많이 쓰인 어휘 중 명사를 대상으로 살펴보면, 대통령 관련 어휘, 북한 관련 어휘가 많은 비중을 차지하였다. 대통령 관련 어휘는 주로 대통령을 직접적으로 지칭하는 '대통령', '박 대통령', '박근혜' 등이 주로 사용되었다. 북한 관련 어휘는 북한을 직접적으로 지칭하는 '북한, 북, 北, 대북, 남북, 북핵, 김정은' 등으로 나타났다. 또한 2016년의 경우, 사회적으로 문제가 되었던 사건에 관련된 인물의 실명도 많이 사용되었는데, '우병우'는 1년간 4개 신문사 1면 머리기사의 헤드라인에 45회나 등장하였다.

　2017년에도 1면 머리기사의 헤드라인에 많이 등장한 어휘는 역시 대통령, 북한 관련 어휘였다. 그런데 대통령 선거가 있었기 때문에 대통령 관련 어휘에 변화가 있었다. 곧, '문 대통령, 文 대통령, 문재인' 등의 어휘가 많이 등장하고, 북한 관련 어휘는 북한 핵 문제가 자주 언급되어서 '북핵'이 2016년에 비하여 많이 등장하였다. 특히 2017년에는 '트럼프'가 66회나 등장하게 되는데, 이는 미국의 대통령이 바뀌고 한미 관계가 주요 이슈로 등장하였음을 알려준다. 2016년에는 미국 관련 어휘가 헤드라인에 그렇게 많이 등장하지 않았지만, 2017년에는 '미국, 美, 미' 등의 어휘가 100여회 가량 사용되어서 미국에 관한 헤드라인이 많았다. 또한 '사드' 관련 어휘도 2016년에는 39회에 그쳤으나, 2017년에는 69회에 걸쳐 헤드라인을 장식하게 되었다.

　이처럼 헤드라인 어휘를 계량적으로 분석해 보면, 그 당시의 사회적, 국제적 이슈가 어떤지를 파악할 수도 있고, 새롭게 등장하는 현안에 대해서 가늠을 할 수 있는 이점이 있다.

국가기관이 헤드라인에 등장할 때도 1년 동안의 빈도를 계량화하고 그 내용을 분석해 보면, 그 활동의 방향이나 결과를 파악할 수가 있다. 예컨대, 2016년과 2017년의 '검찰'과 '국정원'이 1면 머리기사 헤드라인의 어휘로 등장하는 경우를 살펴보자. 먼저 단순히 헤드라인에 등장한 횟수를 보면, 검찰은 18회(2016년), 21회(2017년)로 별다른 차이를 발견하기가 어렵다. 하지만, 국정원의 경우에는 8회(2016년), 22회(2017년)으로 큰 차이가 있다. 이는 2017년 들어서 '국정원'이 여론의 관심을 받을 만한 사건이 많았음을 예측할 수 있다. 아래의 예시를 보자.

2016년 국정원 관련 헤드라인 8회: 〈모두 한겨레신문〉

〈북한 관련〉 3회

국정원 직원이 6만위안 줘 북 종업원들 탈출시켰다 (한겨레신문 20160903)

리영길 처형설 만들고 흘리고 발뺌하는 청와대·국정원 (한겨레신문 20160512)

하나원 안보내고 6개월간 보호 / 국정원, 탈북종업원 꼭꼭 숨기기 (한겨레신문 20160621)

〈국내 개인정보 관련〉 4회

국정원, 기자·세월호 가족·대학생 무더기 통신자료 조회 (한겨레신문 20160329)

국정원, 휴대폰 주소록에만 있어도 통째로 털었다 (한겨레신문 20160330)

끝내 막힌 9일간의 호소…국정원 국민사찰 빗장 풀린다 (한겨레신문 20160302)

카톡·포털 서버까지 영장없이 보겠다는 국정원 (한겨레신문 20160309)

〈국내 정치 관련〉 1회

국정원, 보수단체 컨트롤타워였다 (한겨레신문 20160426)

신문 언어 어떻게 이해할 것인가?

2017년 국정원 관련 헤드라인 22회

〈국정원-MB 헤드라인〉 6회: 한겨레신문 5회, 경향신문 1회

MB국정원 블랙리스트 연예인 광고주까지 압박했다 (한겨레신문 20170929)

MB국정원, KBS·MBC 사찰 방송장악 총지휘 (한겨레신문 20170918)

MB국정원, 이인규 만나 노무현 고가시계 망신줘라 (한겨레신문 20171024)

MB국정원, 출근길 여론 라디오프로도 현미경 사찰 (한겨레신문 20170921)

국정원 댓글공작 팀장 대부분 MB지지단체 소속이었다 (한겨레신문 20170821)

국정원 사이버 외곽팀 여론조작 / MB 팬 민간인 3500명이 활동 (경향신문 20170804)

〈국정원-원세훈 헤드라인〉 7회: 한겨레신문 4회, 경향신문 2회, 중앙일보 1회

"국정원이 후보 검증" 원세훈 파일 파장 (중앙일보 20170725)

'박원순 비방 광고' 배후는 원세훈 국정원 / 보수단체에 돈 대고, 문안까지 작성해 줘 (경향신문 20170915)

"원세훈 개인비리 건네고 댓글수사 막자" / 국정원, 검찰과 '뒷거래' 계획했다 (한겨레신문 20171129)

원세훈 국정원의 여론조작 / 대상 1호는 '노무현'이었다 (한겨레신문 20170828)

원세훈 녹취록 삭제 '박근혜 정부 국정원'도 수사 (경향신문 20170815)

원세훈 후보 교통정리 챙겨라… 국정원 총선개입도 지시 (한겨레신문 20170725)

원세훈의 국정원, 대법원장 규탄 회견까지 배후조종 (한겨레신문 20170829)

〈국정원 헤드라인〉 9회: 한겨레신문 6회, 경향신문 2회, 중앙일보 1회

SNS 장악·야당 사찰 국정원 정치공작 진상조사 (한겨레신문 20170712)

국정원 상납한 돈 박근혜 비자금처럼 쓰였다 (한겨레신문 20171103)

국정원, 2014년부터 최순실 농단' 알고도 뭉갰다 (한겨레신문 20171017)

국정원, 댓글알바 30개팀 3500명 운영했다 (한겨레신문 20170804)

국정원, '문화계 블랙리스트' 조직적 개입 정황 (경향신문 20170104)

국정원, 박승춘이 만든 안보단체에도 뒷돈됐다 (한겨레신문 20170822)

댓글 수사받느라 고생…국정원, 황당한 복지확대 (한겨레신문 20170914)

반값 등록금 보도, 국정원이 막고 방송사는 따랐다 (경향신문 20171120)

친박 공천용 조사에 국정원 돈 사용 정황 (중앙일보 20171102)

이상의 '국정원' 관련 헤드라인을 보면, 2016년과 2017년 모두 부정적 의미의 헤드라인으로 사용된 것으로 파악된다. 2016년의 경우에는 국정원이 헤드라인에 다소 부정적인 의미로 사용되었기는 하지만, 〈북한 관련〉 3회, 〈국내 개인정보 관련〉 4회, 〈국내 정치 관련〉 1회로 모두 8개가 헤드라인에 등장했다. 그런데 2017년의 경우에는 헤드라인에 등장하는 횟수도 22회로 크게 늘어나고, 헤드라인의 구성도 특정인(MB, 원세훈)과 관련되어 나타나는 것이 13회에 이른다.

더욱이 신문사별로 사용 횟수를 살펴보면, 모두 22회 가운데, 〈한겨레신문〉 15회, 〈경향신문〉 5회, 〈중앙일보〉 2회로 나타났다. 이는 특정 신문사가 특정 기관을 1면 머리기사 헤드라인에 집중 편집했다는 것을 확인케 한다. 이러한 사례는 국가 기관에 대한 헤드라인의 사용 경향을 분석하면, 각 신문사가 지향하는 보도 태도를 확인할 수 있을 것으로 판단한다.

곧, 국가기관에 대한 헤드라인 언어가 중립적 가치 판단을 하도록 구성되어 있는가, 아니면 신문사의 의도적 가치 판단을 포함하고 있는가를 알 수 있다는 것이다. 나아가 헤드라인에 사용된 국가기관과 그 기관을 풀이하는 서술어와 연관성을 살펴보면 정확한 분석을 할 수 있다. 이와 같이 헤드라인에 사용된 고빈도 어휘를 신문사 별로 분석하면, 신문사가 지향하려는 의도를 파악할 수 있다.

1.2. 오피니언 기사의 어휘

2015년에 개봉하여 7백만 명 이상의 관객이 들어 흥행에 성공한 영화 '내부자들'(감독 우민호)에서 조국일보 이강희 논설 주간(백윤식 분)은 비자금 관련해서 수사를 받고 무혐의로 나오면서 기자들에게 말한다.

"조폭 안상구(이병헌 분)가 알 수 없는 조직의 사주를 받은 정치공작과 연관이 있다고 볼 수 있습니다."

그리고 이어서

"끝에 단어 3개만 좀 바꿉시다. '볼 수 있다'가 아니라 '매우 보여 진다'로"

라고 한다.

신문의 오피니언 면을 담당하고 있는 논설 주간이 자신의 뜻대로 독자들이 생각하도록 유도하기 위하여 얼마나 어휘 하나하나에 정성을 기울이고 있는가를 단적으로 보여주는 장면이라 하겠다. 사실 그 영화를 보는 순간 섬뜩한 생각이 들었다. 거대 신문사 논설 주간쯤 되면 저토록 여론을 자신의 의도대로 움직일 수 있다고 믿는지 싶어서.

결국 신문의 오피니언 기사는 특정한 현안에 대하여 개인의 의견을 표현하거나 신문사의 의도를 제시하는 것이다. 이때 필자는 자신의 의견을 독자에게 뚜렷하게 전달하기 위하여 어휘 선택에 신중함을 기한다. 위 영화에서처럼 어휘를 어떻게 선택하느냐에 따라 여론 형성에 영향을 줄 수 있다고 믿기 때문이다. 곧, 동일한 사건에 대하여 비슷한 내용을 다루는 사설이나 칼럼이라고 할지라도 선택하는 어휘에 따라 독자의 판단에 끼치는 영향은 무시할 수 없다. 먼저 제목에 사용되는 어휘를 보자.

칼럼 제목에 사용된 어휘

해찰하는 하루 (경향신문 20160920)

1920년대 **기시감** (경향신문 20160716)

언론의 **귀차니즘** (중앙일보 20160309)

ㅋㅋ, ㅎㅎ라는 말의 세계에서 (한겨레신문 20161119)

큼메마시 (한겨레신문 20160914)

뭣이 **중헌디**? 뭣이 **중허냐고**! (중앙일보 20160607)

48년 전 '김의 전쟁'과 일본 **헤이트스피치** (중앙일보 20160220)

올림픽 '**국뽕**'의 종언 (중앙일보 20160817)

'**님티**'들의 천국 (중앙일보 20160310)

강남 재건축 아파트, 그리고 **젠트리피케이션** (경향신문 20160905)

U스마트웨이, 그리고 **서울역 7017 프로젝트** (중앙일보 20160107)

쓰리고에 답이 있다 (중앙일보 20160602)

12년 **선거불패당**의 與黨 자격 (조선일보 20160302)

'**1타 강사**'의 위험한 도발 (조선일보 20160701)

위의 사례로 든 칼럼의 제목들은 유용한 단어, 인터넷 용어, 지역어, 외국어, 속어나 신조어 등의 매우 다양한 어휘들로 구성돼 있다. '해찰'과 '기시감' 같은 단어는 일상에서 흔히 사용하는 어휘는 아니지만, 사용 빈도를 높이면 의사소통에서 다양한 어휘를 선택할 수 있어서 어휘력 향상에

도움이 된다. '귀차니즘', 'ㅋㅋ, ㅎㅎ' 등은 인터넷 용어로서 많이 사용하지만 신문 언어에서는 쉽게 보기 힘든 어휘들이다. 특히 'ㅋㅋ, ㅎㅎ'와 같은 형태는 어휘로 보기가 쉽지 않은데, 칼럼의 제목으로 사용하고 있었다. '큼메마시'는 전라도 지역어로 〈'자네가 뭔 말을 하려는 줄 다 아네.'〉, 또는 〈'네 말이 맞아 그러나 나는 좀…'〉과 같은 의미를 표현하는 말이다.

그리고 '헤이트 스피치'(hate speech·특정 집단에 대한 공개적 차별·혐오 발언), '국뽕'(국가와 히로뽕=필로폰의 합성어로 국가주의를 비꼬는 말), '님티'(내 임기 중엔 안된다: Not in my time), '젠트리피케이션'(둥지 내몰림, 임대료 상승으로 원래 세입자가 떠나는 현상 등), 'U스마트웨이'(도심 40~60m 지하에 6개 노선으로 건설하는 149㎞의 승용차 전용도로망), '서울역 7017 프로젝트'(서울역고가공원사업), '쓰리고', '선거 불패당', '1타 강사'와 같은 특이한 어휘들도 있다.

어떤 어휘는 외국어가 그대로 사용된 것이고, 어떤 어휘는 국적불명의 조어가 된 것도 있다. 이러한 제목들은 칼럼이니까 가능한 것으로 이해된다. 정확한 정보의 전달보다는 필자의 주관적인 의견을 가장 잘 표현하여 독자의 관심을 끌 수 있는 어휘들을 제목으로 만들었을 것으로 추정된다.

이러한 제목에서 창의적인 어휘의 사용은 같은 오피니언 기사라고 할지라도 사설에서는 쉽게 만날 수가 없다. 사설은 정확한 어휘를 바탕으로 여론을 형성하려는 목적으로 쓰는 글이고, 신문사의 의견이 반영된 것이므로, 창의적인 제목보다는 명확한 제목을 제시하는 것이 바람직하다. 사설의 제목을 살펴보자.

'시키다' 표현이 등장한 사설 제목

〈'하다'로 바꾸는 것이 더 자연스러운 경우〉

부실大에 600억 퍼붓기, 세금으로 **延命시키려** 작정했나 (조선일보 20160705)

좀비 조선사 **연명시키며** 8조 헛돈 날린 政·官·業 카르텔 (조선일보 20160527)

진보패권, 김종인을 **토사구팽시키려나** (중앙일보 20160323)

親朴, 黨 **와해시키고**도 득의만만해한다니 (조선일보 20160519)

〈'되다'로 바꾸는 것이 더 자연스러운 경우〉

혼란만 **가중시키는** 청탁금지법 유권해석 (중앙일보 20161017)

경기 침체 **심화시키는** 기업 투자 축소 (경향신문 20160308)

여당 위상 **추락시키는** 이 대표의 단식과 궤변 (한겨레신문 20160929)

위기 **증폭시키는** 대통령의 대북 발언 (한겨레신문 20161003)

윤병세 장관, 북한 **고립시키는** 게 외교 목표인가 (경향신문 20160430)

청년을 77만원 세대로 **전락시키는** 불평등 사회 (경향신문 20161223)

〈적절한 경우〉

해경 고속단정까지 **침몰시키는** 중국어선 가만둬선 안된다 (경향신문 20161010)

위에서 예시로 든 사설의 제목에서 '시키다'는 과연 적절하게 사용된 어휘인가 살펴볼 필요가 있다. 그것은 '시키다'가 접사로 사용되면 단순히 '사동'의 뜻을 더하는데, 실제 언어 사용에서는 다르게 사용되기 때문이다. 곧, '시키다'는 동작의 주체와 대상의 관계가 수직적으로 명확히 드러나는 어휘라서 '시키다'를 사동 접사로 사용할 경우 주체와 대상의 관계가 수직적으로 인식될 뿐만 아니라 명령과 같은 강제적인 사동의 의미가 포함될 수 있기 때문이다.

먼저 〈'하다'로 바꾸는 것이 더 자연스러운 경우〉에서 '연명시키다'는 '연명하다'를 사동 표현한 것인데, '연명'의 대상이 '부실大'와 '조선사'이다. 이를 보면, 스스로 '연명'하는 것이 아니라 '세금'으로 '연명'해 주는

신문 언어 어떻게 이해할 것인가?

것이므로 〈'연명'해주려〉, 〈연명해주며〉라고 표현하는 것이 적절하다. 그런데 굳이 '연명시키다'라는 어휘를 사용한 것은 '정부'와 '연명'의 대상이 명백히 수직적 관계가 있음을 밝히려는 의도로 분석된다. 이는 '진보패권'(주체)과 김종인(대상), 親朴(주체)과 黨(대상)에서도 마찬가지이다.

다음으로 〈'되다'로 바꾸는 것이 더 자연스러운 경우〉는 '시키'는 주체의 의도가 명확하지 않은 경우이다. 곧, 여기서 제시된 예들은 모두 '시키'는 주체가 적극적인 의도를 갖고 있지 않고 결과적으로 상황이 달라진 '되다'의 의미를 가진다. 따라서 '되다'로 바꾸는 것이 더 적절한 것으로 볼 수 있다.

마지막 〈적절한 경우〉에서 제시된 '침몰시키다'는 '중국어선'(주체)과 '해경 고속단정'(대상) 사이에 강제적인 사동의 의미를 찾을 수 있다.

위 사설에 사용된 '시키다'의 유형을 정리하면, '시키다' 어휘를 사용한 사동 표현은 먼저 '해주다' 또는 '하다'로 대체 가능한 〈'하다'로 바꾸는 것이 더 자연스러운 경우〉와, 다음으로 '하도록 한'으로 대체 가능한 〈'되다'로 바꾸는 것이 더 자연스러운 경우〉, 마지막으로 '시키다'는 의도가 매우 강할 때 사용하는 사동 표현 〈적절한 경우〉로 나눌 수 있겠다.

2. 문장의 특성

신문 기사의 언어에서 문장의 구조는 우리말의 특성에 맞게 이루어져야 한다. 글은 기본적으로 생각을 눈에 보이도록 시각화한 것이다. 신문의 기사는 기자가 취재한 사건을 독자에게 전달하려고 작성한다. 이때의 매개체가 언어이고, 그 언어는 문장으로 전달된다. 따라서 국어 문장에 대한 기본적인 이해가 바탕이 되어야 신문 기사의 문장 구조를 이해할 수 있다.

우리말의 문장 구조를 이해하기 위하여 크게 세 방향으로 문장을 살펴볼 것이다. 먼저 문장은 말의 판단 형식에 따라 세 가지로 나뉘는데, 이는 서술어의 종류에 따라 구분할 수 있다.

① 무엇이 어찌한다 → 동사 서술어 문장
② 무엇이 어떠하다 → 형용사 서술어 문장
③ 무엇이 무엇이다 → 체언 서술어 문장

다음으로 문장은 화자와 청자의 관계에서 요구가 무엇인가에 따라 네 가지로 나눌 수 있는데, 이는 서술어의 종결어미의 의향에 따라 결정된다.

④ 서술문: 화자가 청자에게 아무런 요구 없이 자기의 생각을 전달하는 문장
⑤ 의문문: 화자가 청자에게 말로써 대답을 해 주기를 요구하는 문장
⑥ 명령문: 화자가 청자에게 청자만 어떤 행동을 하기를 요구하는 문장
⑦ 청유문: 화자가 청자에게 어떤 행동을 화자와 함께 하기를 요구하는 문장

①의 '무엇이 어찌한다' 동사 서술어 문장에서는 서술문, 의문문, 명령문, 청유문에 두루 쓰인다. 하지만, ②의 '무엇이 어떠하다' 형용사 서술어 문장과 ③의 '무엇이 무엇이다' 체언 서술어 문장에서는 서술문과 의문문에만 쓰인다.

마지막으로 문장은 그 짜임새에 따라 크게 '단문'과 '복문'의 두 가지로 나누어진다. 문장에는 반드시 문장의 '주체'와 그 주체를 '풀이'하는 논리 관계가 한 번 이상 성립한다. 이 '주체'와 '풀이'의 관계가 한 번만 성립되어 나타나는 것을 '단문'이라 하고, '주체'와 '풀이'의 관계가 두 번이나

신문 언어 어떻게 이해할 것인가?

그 이상 반복되어 나타나는 것을 '복문'이라고 한다.

⑧ 단문: '주체-풀이'의 관계가 한 번만 나타나는 문장
⑨ 복문: '주체-풀이'의 관계가 두 번 이상 반복되어 나타나는 문장

이와 같은 문장 구조상의 특징을 가진 우리말이 실제 문장으로 사용될 때, 어떤 특성이 있는지 살펴보자.

흔히 우리말의 특성을 이야기할 때, 주어(S)-목적어(O)-서술어(V)의 어순 구조, 주요 성분의 자유로운 이동과 두드러진 생략 현상, 높임법의 발달 등을 꼽는다. 우리말은 문장이 '주어+목적어+서술어' 구조로 이루어지는데, 주어 다음에 여러 성분들이 나타나고 맨 마지막에 서술어가 와서 마무리한다. 또한 각 성분 사이에 수식과 피수식이 일어날 경우에도 수식을 하는 종속절이 앞에 오고 수식을 받는 주절은 뒤쪽에 온다. 곧, 우리말 어순은 문장에서 중요한 성분은 뒤쪽에 위치하게 된다. 또한 한 문장 안에서는 주체를 앞세우고, 이유, 조건의 뜻을 내포한 언제, 어디서, 무엇을, 어떻게와 같은 내용 요소를 그 다음에 배치하며, 맨 마지막에 서술어가 위치한다.

영어의 경우는 주어(S)-서술어(V)-목적어(O) 구조로 이해하고 있는데, 말하려는 핵심인 '주체'(S)-'풀이'(V)를 앞세우고 그 뒤에 이유나 조건 등을 배치한다. 이는 한 문장 안에서 주어-서술어의 순서로 먼저 핵심 내용에 대하여 단정을 내린 뒤에 무엇을, 언제, 어디서, 어떻게 등의 문장 성분을 배열하는 어순이다.

이러한 우리말과 영어의 문장 구조 차이는 사람의 생각을 풀어내는 방식에도 영향을 주는 것으로 알려져 있다. 흔히 인구어는 논리적인 사고에 적합한 언어라는 평가를 하는데 비해, 우리말은 논리적인 사고에 적합

하지 않은 면이 있다는 지적을 하는 경우가 그것이다.

곧, 주요 성분이 문장의 끝에 오는 미괄식 문장 구조는 토론에서는 부적합한 언어로 볼 수 있다는 것이다. 토론에 참여하는 사람들은 대체로 상대방의 의견에 반론을 전개하기 위해 상대방의 의견 앞부분만 듣고 자신의 방어 논리를 만들어 간다. 그것은 토론이 자신의 주장을 논리적 근거와 함께 제시하면서 상대방의 논리를 무너뜨리고 상대를 설득해야 하는 의사 결정 방식이기 때문이다. 그런데 미괄식 문장은 자신의 판단을 보여 주는 서술어가 문장의 맨 마지막에 온다. 따라서 상대방의 의견을 충분히 듣지 않는 습관을 가진 토론자들은 상대방의 의견을 제대로 이해하기가 어려운 문장의 형식일 수밖에 없다는 것이다.

또한 우리말에서는 주어나 목적어가 상황에 따라 쉽게 이동하거나 생략된다는 특성이 있는데, 이것 역시 논리적인 표현을 하는 언어로는 적합하지 않은 것으로 볼 수 있다. 곧, 문장에서 성분의 위치가 엄격하다면, 그 논리를 해석하는 방식도 일정하게 고정될 수 있다. 그런데 자유롭게 문장 성분이 위치를 바꾸고, 화자의 생각에 따라 생략할 수 있다면, 그 문장의 논리를 해석하기 위한 일정한 기준을 마련하기가 어렵다는 의미이다.

예컨대, 주어가 생략된다는 것은 문장에서 주체를 생략한다는 말이다. 의사소통 상황에서 화자와 청자가 주체가 무엇인지 인지하고 있을 경우에는 의사소통 장애가 일어나지 않겠지만, 논리적으로 사실성과 정확성을 따져야 할 신문의 기사라면 문제가 다르다. 주체가 문장에 드러나 있지 않다면, 풀이한 내용의 주체를 파악할 수가 없다. 그래서 한 때 우리나라 정치권에서 회자되었던 "주어가 없다"라는 유명한 발언도 있지 않았던가.

이러한 우리말의 특성들이 신문 기사에는 어떻게 반영되고 있는가를 살펴본다.

신문 언어 어떻게 이해할 것인가?

우병우가 발탁한 고검장이 '우병우 수사'

검찰이 우병우 청와대 민정수석(49)과 이석수 특별감찰관(53) 사건을 동시에 수사하기 위한 특별수사팀을 꾸렸다. 두 사건의 배당을 두고 여론을 살피던 김수남 검찰총장(57)이 청와대 영향에서 비교적 자유로운 별도의 수사팀을 만든 것이다.

①**특별수사팀장에는 윤갑근 대구고검장(52·사진)이 임명됐다.** 그는 우수석과 오랜 친분을 가진 인물로 ⓐ**알려져 있다.** '윤갑근 카드'로 검찰은 명분을 얻고 청와대는 실리를 챙겼다는 ⓑ**분석이 나온다.**

김후곤 대검찰청 대변인은 23일 "김 총장이 이 특별감찰관의 우 수석 수사의뢰 사건과 시민단체의 이 특별감찰관 고발 사건의 진상을 신속히 규명할 필요가 있다고 판단했다"며 "윤갑근 대구고검장을 팀장으로 하는 특별수사팀을 구성해 공정하고 철저하게 수사토록 지시했다"고 밝혔다. 특별수사팀은 두 사건과 함께 서울중앙지검 조사1부가 수사 중인 시민단체의 우 수석 고발 건과 우 수석의 경향신문 등 언론사 고발 건도 함께 수사할 것으로 ⓒ**보인다.**

사건 배당에 고심하던 김 총장이 특별수사팀 구성으로 결론낸 것은 공정성 논란을 피하려는 의도로 ⓓ**해석된다.** 검찰 인사와 수사에 영향력이 있는 청와대 민정수석이 피의자에 ⓔ**해당하는** 사건인 만큼 어느 부서가 처리해도 "우병우 사단이 개입했다"는 논란을 잠재우기 힘들다는 내부의 우려가 있었기 때문이다.

수사 책임자와 피의자로 만나게 된 윤 팀장과 우 수석은 사법연수원 19기 동기다. 2010년 무렵에는 우 수석이 대검 수사기획관으로, 윤 팀장이 서울중앙지검 3차장으로 호흡을 맞췄다. ②**윤 팀장은 지난해 12월 대검 반부패부장에서 대구고검장으로 승진했다.** 당시 우 수석이 인사검증을 맡아 사실상 발탁했다는 ⓕ**얘기를 듣는다.** 대검 관계자는 "수사 대상자(우 수석)에게 수사 상황을 보고하는 일은 없을 것"이라고 말했다.

충북 청주 출신인 윤 팀장은 청주고와 성균관대를 나왔으며 서울중앙지검 특수2부장, 대검 강력부장 등을 지내 검찰의 대표적 '특수통'으로 꼽힌다.

윤 팀장은 경향신문과의 통화에서 "서울에 올라가서 내용을 보고 사건에 맞게 재단해서 제대로 수사를 하겠다. 사안을 모르는 상태에서는 왈가왈부할 일이 아니다"라고 했다. 우 수석과 사법연수원 동기이고 같이 근무하며 손발을 맞췄던 친분관계에 대해서는 "그런 식으로 따지면 안 걸리는 사안이 있겠느냐"며 "사건은 사건의 결대로 (수사)하는 것"이라고 했다. 윤 팀장은 24일 구체적인 팀 구성 및 운영 계획을 발표할 ⑧**예정이다.**

(경향신문 20160824)

이 기사는 모두 19개의 문장으로 이루어진 보도 기사이다. 이 가운데 단문은 ①과 ②, 단 2개의 문장에 불과하다. 이처럼 복문을 많이 사용하는 이유는 무엇인가. 그것은 보도 기사에서 단문을 많이 사용하게 되면, 접속사를 많이 넣어야 하기 때문이다. 또한 사건에 대하여 단문으로 쓰게 되면 현상을 나열하는 것처럼 보여서 독자가 지루하게 느낄 수 있다.

무엇보다도 단문으로 글을 쓰게 되면 명확하게 서술어에 대한 주체가 드러나게 된다. 따라서 사실 확인이 명확하게 이루어지지 않은 사건에 대해서는 단문으로 보도하기가 어려워진다. 이러한 이유로 독자에게 읽는 데 부담을 주지만 복문을 즐겨 사용하는 것으로 판단한다. 단문이 보도 기사의 문장으로 사용될 경우 가장 뚜렷하게 드러나는 특징은 다음과 같다.

① 주술 구성이 뚜렷하여 문장의 의미 파악이 쉽다.
② 한 문장에 한 사건, 한 생각만 존재하기 때문에 독자의 이해가 빠르다.

그러면 왜 문장의 뜻이 정확하고 분명해서 보도 기사의 성격과도 잘 부합하는 문장 형태를 실제로 신문에 보도하는 기사에서 사용하는 빈도가 낮은 것인가. 그것은 다음과 같은 이유 때문으로 판단한다.

① 복문 구성에서는 다소 불명확한 내용을 전달하더라도 독자가 그 내용을 파악하기가 쉽지 않아서 책임의 주체를 잘 알지 못한다.

② 복문을 사용하면, 독자는 주요 어휘에 시선을 두어 마치 헤드라인을 읽듯이 기사를 기억하게 된다.

③ 복문을 사용하게 되면, 한 문장 안에 여러 생각이 복합적으로 포함되어 명확한 '주체-풀이'의 해석이 어려워져서 독자가 기사의 사실성을 스스로 따져보고 판단하기가 힘들다. 따라서 기사가 의도하는 대로 사실성을 받아들일 수밖에 없다.

보도 기사를 작성할 때 가장 중요한 것은 정확성이라고 독자들은 생각한다. 그런데 복문을 많이 사용하는 기사의 특성상 독자는 그 정확성을 밝혀내기가 쉽지 않다. 문장 구조가 복잡하여 정확한 문장 의미를 파악하는 것이 어렵기 때문이다. 그러므로 기사를 읽을 때 독자는 문장의 구성에 대해서 살펴보고 의미를 파악하려 노력해야 한다. 곧, 서술어를 중심으로 그 서술어가 가리키는 주체, 의미가 무엇인가를 밝혀야만 정확한 사건의 실체를 파악할 수가 있다.

위에 든 보도 기사의 예시에서 서술어를 중심으로 사건의 실체를 파악할 때, 독자가 의미 해석에서 겪을 어려움을 찾아보자. ⓐ~ⓖ를 보면, '알려져 있다/분석이 나온다/보인다/해석된다/얘기를 듣는다'와 같은 서술어들은 그 의미를 파악할 수가 없다. 주체도 없을 뿐더러, 〈언제, 어디서, 무엇을, 왜, 어떻게〉에 대한 내용이 드러나 있지 않기 때문이다.

곧, '분석이 나온다'는 '어디서' 나온 것인지, '누가' 분석한 것인지에 대하여 정보가 없다. '보인다'도 '수사할 것으로 본다'나 '예상한다'로 표현하면 정확성을 높일 수가 있다. 그런데도 '보인다'라고 표현한 것은 확실하지 않은 내용을 보도하면서 책임을 회피하기 위한 방법이라고 생각한다.

'해석된다' 역시 '해석'의 주체도 없을 뿐더러 그것도 피동형 표현을 써서 책임을 회피하고 있다. '얘기를 듣는다'도 '누가' 한 이야기를 '누가' 들었는지가 드러나 있지 않다.

이처럼 보도 기사를 쓸 때, 주체나 독자의 입장에서 반드시 알고 싶은 육하원칙의 요소를 빼고 기사를 작성하는 경우가 많다. 이는 모두 실체가 드러나지 않은 현상을 마치 사실처럼 보도하기 위하여 사용하는 기제로 이해된다.

불분명한 표현도 확인할 수 있는데, ⓒ를 보자. 〈피의자에 해당하는 사건인 만큼〉이라는 부분이 나온다. '해당하다'의 의미는 표준국어대사전에 '어떤 범위나 조건 따위에 바로 들어맞다'이다. 그런데 명확하게 '우 수석'을 '피의자'라고 지정하기 어렵기 때문에 이와 같은 표현을 사용하는 것이다. 만약 기사를 작성하는 기자가 '피의자'라는 확신이 있다면, '피의자인 사건인 만큼'이라고 표현했을 것이다. 문장의 구조로도 사건의 실체를 이해하기 어렵게 하지만, 어휘가 가세하여 더욱 의미 파악이 모호하도록 한 경우라 하겠다.

또한 보도 기사에서 '예정이다'와 같은 서술어가 사용되었다면, 그 사건은 아무리 사실처럼 표현했다고 할지라도 사실과는 거리가 먼 이야기다. 가변적인 현실에서 어떤 일이 일어날지는 아무도 모르기 때문이다. 그저 그 순간의 계획일 뿐이다. 국가가 유치한 수많은 국제회의, 스포츠 경기 등에서 얻을 수 있을 것이라고 보도한 '경제효과'에 대하여, 그 누구도 결과를 확인할 수 없었던 사례를 생각해 보면 이해가 될 것이다. 박완서 님이 써서 밀리언셀러를 기록했던 소설 제목을 패러디 하여 한 말씀 하고 싶다. "그 많던 '경제효과'에 언급된 혜택은 누가 다 먹었을까?"

제3장
기사의 언어 전략

삶은 끊임없는 선택의 연속이다. 우리는 중요한 일이든, 사소한 일이든 언제나 끝없이 선택하면서 살아가고 있다. 많은 사람들이 어떤 선택을 할 때, 스스로가 결정한다고 믿을 것이다. 하지만 우리는 의식적이든 무의식적이든 주변 사람, 교육의 수준, 미디어 등의 영향을 받게 된다. 특히 대중매체가 우리의 삶에 미치는 영향이 크기 때문에 대중매체에 대해 관심을 가질 수밖에 없는 것이다.

대중매체 가운데 신문은 언어에 의존하는 성격이 매우 높은 매체이다. 따라서 언어 전략이 어떻게 표출되는가가 매체의 역할을 제대로 수행하는가를 결정짓는 중요한 판단 기준이 될 수 있다.

역사적으로 보면, 신문은 근대가 시작되는 시기에 뉴미디어로 등장하며 성장했다. 중세 후반부터 새로운 이념을 부르짖으며, 기존의 사회 질서에 도전한 신흥 시민 계급들이 신문을 자신들의 사상적 무기로 활용하였고, 또한 기존 사회질서를 장악하고 있던 기득권층은 이들의 도전을 짓누르기 위해서 신문을 활용하기도 했다. 결과적으로 신문은 근대 시민혁

명의 성공에 중요한 기여를 한 것으로 평가받고 있다.[1]

또한 신문은 우리 사회의 언어문화를 발전시키고 활성화하는 데 크게 기여하였다. 고도의 정보화 사회에서 유능한 시민으로 성장할 수 있는 지적 능력을 갖추도록 많은 정보를 제공하며, 비판적 사고와 창조적 사고를 할 수 있도록 유도한다. 나아가 현실에서 발생하는 주요 사건, 사고를 독자에게 알기 쉽게 전해주는 보도 기사는 우리에게 다양한 시각을 갖도록 하는 경험의 활성화에도 기여한다. 그리고 오피니언 기사 가운데 개인 글쓰기의 형태로 제공되는 칼럼과 신문사의 시각인 사설은 우리의 사고력을 한층 다양하도록 해 준다. 이런 긍정적인 면에서 신문의 언어가 어떤 언어 전략으로 독자에게 설명을 하고 설득을 하는지 살펴볼 필요가 있다.

1. 보도 기사의 설명 전략

보도 기사의 경우는 사건이나 사고를 설명하는 경우가 많다. 보도 기사의 가장 기본적 형태인 역피라미드형 기사는 전달하고자 하는 사건, 사고의 내용 중 가장 중요하다고 판단되는 것부터 순서대로 구성하여 전달한다. 곧, 역피라미드형은 기사의 첫머리, 리드에 가장 핵심적인 내용을 먼저 제시하고, 그 다음 중요도에 따라 본문에 추가적인 사실이나 정보를 내림차순으로 제시한다.

역피라미드형 기사는 오늘날 뉴스, 특히 스트레이트 기사의 전형으로 자리 잡아가고 있는데, 리드만 봐도 대충 전체 내용을 짐작할 수 있고,

---

1   김정탁, 『미디어와 인간』, 1998년, 43~44쪽 참조.

또 지면이 부족해 기사를 잘라내야 할 경우 뒤에서부터 쉽게 자를 수 있다는 장점을 가지고 있다. 더욱이 사실(팩트)을 중요한 것부터 독자에게 전달하는 구조를 가지고 있어서 사실을 설명하는 효과적인 언어 전략이라고 볼 수 있다.

또한 신문 기사가 독자에게 전달되는 과정을 보면, 신문의 언어가 언어 전략을 구사할 수밖에 없다는 것을 확실히 이해할 수 있다. 실제로 기사를 취재한 기자의 원고가 편집 기자에게 전달되고 나서 그것이 독자에게 전달될 때는 일련의 과정을 거치게 된다. 곧, 취재 기자는 사건을 선택하여 취재하고, 편집 과정에서 편집 기자는 어떤 요소를 부각시킬 것인가 하는 고민을 하게 되며, 여기서 언어 전략을 사용하게 된다. 따라서 독자가 만나는 삶의 현실은 취재 과정과 편집 과정에서 전략적으로 가공된 형태로 바뀌어서 독자에게 전달된다. 이 과정을 정리하면 다음과 같다.

신문 기사 텍스트 전달과정
삶의 현실→취재기자→취재부장→편집기자→편집부장→편집국장
→신문지면→독자

결국 우리가 신문 기사를 통해서 보는 현실은 실제로 존재하는 현실이라기보다는 취재 기자와 편집 기자가 언어화한 내용을 전략적으로 재구성한 현실을 독자에게 전달하는 것이다.

이러한 신문 보도 기사의 텍스트가 가지는 언어 전략은 두 가지 방향에서 접근해 볼 수 있다.

첫째는 기사 작성자의 입장에서 가지는 텍스트의 언어 전략적 특성인데, 그것은 기사를 왜 만드는가 하는 것이다. 흔히 신문은 객관성과 정확

성을 바탕으로 시사 정보를 독자에게 전달하는 것으로 알고 있다. 그런데 이러한 중요한 기능을 가지는 신문의 목표는 독자가 그 내용을 읽고 내용을 믿도록 하는 것이다. 그런데 독자는 모든 신문 기사를 사실로 믿고 따르며 행동하지는 않는다. 따라서 기사를 작성하는 기자는 독자를 이해시키고 설득해야만 한다. 그러므로 신문 기사는 정보를 제공할 때는 설명 전략을 사용하고, 독자에게 호소하고 설득할 때는 설득 전략을 사용하는 것으로 간주해야 한다.

둘째는 기사 전달과정에서 나타나는 텍스트의 언어 전략인데, 이것은 정보의 사실성과 관련된다. 흔히 신문 기사는 객관적인 사실을 언어와 사진으로 전달하는 것으로 알고 있다. 하지만 과연 객관적 사실이란 표현이 성립할 수 있는 것인가. 특히 어떤 현상을 다른 사람의 인식을 거쳐 받아들이는 상황에서 그것을 객관적 사실이라고 하는 것은 적절하지 않다. 곧, 신문 기사는 취재 기자, 편집 기자의 인식과정을 거쳐서 독사에게 전달되는 텍스트이므로 주관적인 언어 전략이 사용된 텍스트로 보아야 한다.

언어 전략이 신문 기사에 의도적으로 사용되었다면, 독자는 그것을 확인하고 검증해야 한다. 특히 언론인은 취재 과정이나 편집 과정에서 윤리적 결정을 해서 보도를 하기 때문에 독자의 검증은 더욱 중요하다. 메릴(John Merrill)은 이러한 상황에 맞추어 보도는 진실성(truthful), 불편향성(unbiased), 완전성(full), 공정성(fair)을 가져야 한다며 TUFF 공식을 개발했다.[2]

TUFF 공식

T(truthful): 보도는 진실해야 한다. 객관적 보도는 언론이 지향하는 제1원

---

2   강승구·이은택·김진환, 『미디어 비평과 미디어 윤리』, 1998년, 43~45쪽 참조.

칙이다. 하지만 완전한 진리, 객관성은 현실에서 유지하기가 어렵다.

U(unbiased): 보도는 편향되지 말아야 한다. 편향이란 개인의 주관성에 관련된 것으로 저널리즘의 전체과정을 통해 명백해진다. 불편부당한 보도가 필요하며, 스스로 편견 없는 원칙 지향해야 한다.

F(full): 보도는 완전해야 한다. 완전한 보도를 추구해야 하며, 완전하고 충분한 의견을 기자가 가져야 한다. TUF원칙은 의무론이다.

F(fair): 보도는 공정해야 한다. 공정성의 기준을 세우는 일은 객관적이 아닌 주관적인 것이기 때문에 정의하기가 어렵다. 이는 보도 결과에 대해 기사대상이 되는 타인에 대한 배려를 중시하는 입장이다.

이상의 관점을 참고하여 신문 기사의 언어 전략을 분석할 때 기준이 되어야 할 언어적 판단 요소를 정리한다.

신문 기사의 언어 전략 평가 기준

사실성: 사건의 내용이 사실이라고 판단할 수 있는 정확한 언어 표현을 구사하고 있는지 확인할 수 있는가

명시성: 기사 내용을 뒷받침하는 근거들이 독자가 확인할 수 있도록 충분히 정보가 제시되어 있는가

완결성: 사건의 내용은 충분한가, 특정한 목적을 강조할 의도로 기사 공급자가 고의로 제시하지 않은 내용이 확인되는가

균형성: 기사 내용이 이해 당사자의 진술 기회와 분량의 측면에서 공평하게 제시된 내용인가

'사실성'은 사건을 전달할 때, 내용의 진실성이 얼마나 정확히 표현되었는가를 확인하는 것이다. 육하원칙의 요소를 표현할 때, 의미가 명확한 서술어의 사용, 문장의 주체를 뚜렷이 제시하는 것 등은 사실성을 높일

수 있다. 이는 보도하는 기사의 사건을 확인 가능한 것들로 구성하였는가를 검증할 수 있는 기준이 된다. 또한 '명시성'은 기사에서 특정한 주장을 담고 있을 경우, 그 의견의 타당성을 높이는 논리적 근거를 독자가 확인할 수 있는 것을 말한다. 실제 기사에서 매우 중요한 비중을 차지하는 취재원의 인터뷰를 제시하지만, 취재원의 실체를 확인할 수 없는 경우가 많다. 이럴 경우 명시성은 기사의 실체 파악에 매우 중요한 기준이 된다. '완결성'은 기사가 특정한 의도로 보도를 하는 경우, 그 의도를 드러내는 단어나 문장 구조가 어떻게 선택적으로 나타나는가를 판단할 수 있는 기준이다. '균형성'은 기사에 보도되는 각 당사자들의 입장을 공정하게 드러내는가를 판단하는 기준이 되는 것으로, 기사가 공평한 태도를 취하면서 불편부당한 보도를 하고 있는가를 검증할 수 있는 기준이다. 실제 보도 기사의 사례를 살펴보자.

"밥을 해결하는게 법이다"

새누리당 원유철·더불어민주당 이종걸·국민의당 주승용 원내대표가 24일 "19대 국회에서 청년일자리 창출을 위한 민생경제 법안을 최우선 처리한다"는 데 **합의했다**. 3당 원내대표는 이날 서울 여의도의 한 냉면집에서 오찬회동을 한 뒤 4개 항의 합의문을 **발표했다**.

나머지 합의사항은 ▶국회 법제사법위원회에 계류 중인 무쟁점 법안 등을 **우선처리하고** ▶오는 27일 3당 원내수석부대표들이 만나 각 당의 우선처리 법안들도 성과를 낼 수 있도록 **노력하며** ▶19대 국회 마지막 임기까지 가능한 입법을 최대한 **실천한다**는 **내용이다**.

합의문에 첫 번째로 명시된 '청년일자리 창출을 위한 민생경제법안'은 본지가 여야 간 공통분모로 소개한 청년일자리법안(청년고용촉진법안)과 규제프리존법안(4월 22일자 1편)이라고 3당 **원내대표들은 전했다**.

원유철 원내대표는 "청년실업률이 12.5%로 계속 늘고 있는 것은 기성 정치인의 책임"이라며 "반성의 토대에서 (청년일자리 문제를 합의문) 가장 위에 올렸다"고 **밝혔다**. 이종걸 원내대표는 "청년일자리법의 고용할당제를 포함해 민생법안이 19대 국회에서 폐기되지 않고 성과를 낼 수 있도록 내용을 모았다"며 "규제프리존법을 포함한 경제활성화와 관련된 모든 법을 허심탄회하게 논의하기로 했다"고 **말했다**. 주승용 원내대표는 "밥과 법은 토씨 하나 차이"라며 "밥을 해결하지 못하면 법은 의미가 없다"고 **강조했다**.

이날 합의는 중앙일보가 '3당 지도부 등 10인이 꼽은 19대 국회가 반드시 처리해야 할 10대 법안'을 보도한 지 이틀 만에 **나왔다**.

당시 본지는 3당이 모두 중요하다고 생각하면서도 처리 속도가 나지 않은 청년일자리법안과 규제프리존특별법안 등을 19대 국회가 마무리해야 할 법안으로 **제시했다**.

청년고용촉진법안은 현행 공공기관(공기업 포함) 정원의 매년 3% 이상으로 돼 있는 청년 의무고용 비율을 5% 이상으로 늘리는 **내용이다**. 현재 이런 내용을 담은 여당(신상진 의원)과 야당(조정식·정호준 의원 등) 개정안이 국회 환경노동위원회에 **계류 중이다**. 규제프리존법안은 광주의 친환경차, 전남의 드론, 대구의 사물인터넷(IoT) 등 14개 시·도별로 2개씩 지정된 미래전략산업을 육성하는 **내용의 골자다**. 3당이 원칙적으로 처리에 합의했으나 상임위에서 조금 더 보완하기로 **했다고 한다**.

법사위 등에 계류 중인 무쟁점 법안은 ▶일회용 주사기 재사용 시 처벌을 강화하는 의료법 개정안 ▶중상해 의료사고 피해자들의 분쟁조정을 지원하는 신해철법(의료사고피해자구제법안) ▶장기 미취학·결석 아동의 소재를 파악하고 학대 부모의 처벌을 강화하는 아동학대방지법안 **등이다**.

(중앙일보 20160425)

위 기사는 〈"밥을 해결하는게 법이다"〉라는 헤드라인으로 보도한 기사이다. 중간 제목으로 〈3당 원내대표 냉면 회동 "19대 국회서 청년일자리 등 민생법안 최우선 통과”〉을 사용하고, 소제목으로 〈규제프리존법은 보완 후 처리〉, 〈아동학대방지·신해철법 등〉, 〈무쟁점법안도 통과시키기로〉을 세 줄로 제시하였다.

이 기사는 역피라미드형 기사로서 서술어가 '합의했다', '발표했다', '내용이다', '전했다', '밝혔다', '말했다', '강조했다', '나왔다', '제시했다', '내용이다', '계류 중이다', '골자다', '등이다', '했다고 한다'의 순서로 나온다. 14개의 문장 서술어를 보면, 이 기사가 얼마나 '사실성'에 충실하여 설명하고 있는지를 알 수 있다.

먼저 리드의 문장 구조를 보면, 〈새누리당, 더불어민주당, 국민의당의 원내대표 세 사람이 무엇을 합의했다〉로 분석된다. 그리고 다음 문장에서 〈합의 내용을 발표했다〉로 이어지고, 단락을 바꾸어 세 번째 문장에서 '내용이다'라는 서술어로 합의 내용을 알려 준다.

'합의했다'→'발표했다'→'내용이다'의 순서로 구성되어, 가장 중요한 것은 3당의 원내대표가 '합의'한 것이고, 그 다음이 '합의한 사실'을 '발표'하는 것이며, '합의 내용'은 복잡하기 때문에 따로 분리한 단락에서 제시한 것으로 이해된다.

또한 '전했다', '밝혔다', '말했다'는 실제로 서술어의 주체를 드러내지 않으면 '사실성'을 판단하기가 쉽지 않은 어휘이기 때문에 각 문장에서 주체가 '3당 원내대표들', '원유철 원내대표', '이종걸 원내대표' 등으로 분명히 표현하고 있다.

'나왔다'와 '제시했다' 역시 사안의 실체가 필요한 것인데, '합의'가 '어떻게' 나온 것인가와, '누가', '무엇을' 제시한 것인지를, 보도한 신문(기사에서 '중앙일보' 또는 '본지'라고 표현 됨)과의 관계로 설명하고 있다.

이 기사에서는 실명이 자주 등장한다. 그만큼 '사실성'을 부각시키고

신문 언어 어떻게 이해할 것인가?

있는 것으로 이해된다. 사실을 설명할 때는 구체적으로 내용을 제시해야 하는데, 그것을 이 기사에서는 충실하게 실천하고 있는 것이다.

그런데 여기서 '강조했다', '골자다', '했다고 한다'가 그나마 주관적인 서술 표현으로 볼 수 있는 부분인데, '강조했다'의 경우는 주체가 실명(주승용 원내대표)으로 나와 있기 때문에 사실성을 높였다. '골자다' 역시 주체인 법안의 명칭(규제프리존법안)이 명확하게 드러나 있어서 확인할 수 있는 사실이다. 다만 '했다고 한다'가 이 기사에서 유일하게 주체가 명확하게 드러나 있지 않은 문장에 속한다. 그러나 이 문장도 앞선 문장들이 워낙 사실을 바탕으로 서술되어 있기 때문에 사실로 인식하는 데 문제를 일으킬 정도는 아니다.

결국 이 기사는 '사실성'을 중심으로 사안의 중요한 내용을 구체적으로 공개하는 '명시성'을 사용한 기사로 이해된다. 이 기사는 사실을 설명하는 언어 전략을 펼치고 있어서 '완결성'과 '균형성'을 어기는 문장은 발견하기가 어렵다.

2. 오피니언 기사의 설득 전략

아리스토텔레스는 효과적인 설득을 위한 전략으로 에토스, 파토스, 로고스를 활용한 것으로 보인다.

연설 자체에 의해서 제공되는 설득의 수단에는 세 가지 종류가 있다. 첫 번째는 화자의 인품에 있고(에토스), 둘째는 청중에게 올바른 (목적한) 태도를 자아내는 데 있으며(파토스), 셋째는 논거 자체가 그럴싸하게 예증되는 한에 있어서 논거 그 자체(로고스)와 관련을 맺는다.

〈아리스토텔레스 Rbétorique, I, 1356a(박성창, 2000에서 재인용)〉

　오피니언 기사를 대상으로 설득 전략을 어떻게 구사하고 있는지를 밝혀보기 위해, 아리스토텔레스 설득 수사학의 요소인 로고스, 파토스, 에토스를 검토하고 오피니언 기사를 분석한다.

　로고스는 설득의 이념적, 합리적인 방향으로, 논증이나 논거의 방식들에 관련되고, 파토스는 청중의 심리적 경향·욕구·정서 등을 포괄하며, 에토스는 청중의 관심을 끌고 신뢰를 획득하기 위해 변론가가 지녀야할 성격을 뜻한다고 설명한다. 이 세 가지는 우리가 말을 하거나 글을 쓸 때뿐만 아니라, 다른 사람의 말을 듣거나 글을 읽으면서 평가를 할 때에도 중요한 기준이 된다. 이러한 기준들이 신문의 오피니언 기사의 설득 전략을 분석할 때 어떤 유용성이 있는지 알아보자.

로고스(logos: 이성적 수사)

　로고스는 원래 증명하려고 하는 담론 그 자체에서 오는 논리적이고 이성적인 호소를 말하는데, 오피니언 기사에서 로고스는, 정보의 정확성, 자료의 객관성 등과 관련된 요소이다.

　곧, 기사에서 사실, 정당성, 근거 자료 등이 뚜렷이 드러나는 것으로, 논리적이고 객관적인 논거를 중심으로 사설이나 칼럼을 쓰는 경우를 말한다. 이것은 우리가 신문을 통하여 정보를 습득하고, 사실을 바탕으로 독자를 설득하는 것이 신문 기사가 추구해야 하는 기본적인 기능이라는 것을 보여 준다.

　언제나 정당한 설득은 정확한 근거를 바탕으로 이루어진다. 따라서 필자가 오피니언 기사를 작성할 때, 늘 사실과 진실을 담으려고 노력해야 하며, 설득 전략을 뒷받침하기 위해 제시한 근거는 충분한지, 제목과 기사는 정당한 긴밀성이 있는지, 논리적 모순은 없는지 살펴야 하는 것이다.

그런데 오피니언 기사에서 객관성이 강해 로고스가 높다고 하는 뜻은, 파토스가 전혀 없다는 것이 아니라, 파토스보다는 로고스가 많은 것으로 이해해야 한다. 그러므로 객관성이 높은 오피니언 기사는 로고스가 높은 것으로 볼 수 있고, 주관성이 높은 오피니언 기사는 파토스가 높은 것으로 볼 수 있다.

파토스(pathos: 감성적 수사)

파토스는 오피니언 기사에서 글의 내용이 독자들에게 공감을 유발하는 데 효과적인 표현 방법과 사람의 감정과 관련되는 요소이다. 인간은 이성적 판단을 중시하는 존재이기만 한 것이 아니라, 감정적인 요소도 중요하게 생각하는 존재인 것이다.

사설이나 칼럼에서 인간의 파토스로 드러나는 것은 바로 이해를 높이기 위한 표현, 공감할 수 있는 의향 표현, 주관적인 표현 등이다. 곧, 설득력을 높이기 위해서 필자가 독자의 수준을 고려하여 표현의 수위를 조절하는 것, 시대 상황에 맞는 적절한 비유법, 실제 현실에서 보는 사례 제시 등이 포함된다.

독자의 능력을 고려하지 않고 쓰는 사설이나 칼럼은, 독자나 청자의 공감을 얻기 힘들어 결코 설득력이 높은 글이 될 수가 없다. 언제나 좋은 사설이나 칼럼은 독자를 생각하여 그들이 공감하고, 쉽게 받아들일 수 있는 글이어야 한다. 설득을 할 때는 독자에 따라서 표현이 달라져야 하는 것이다.

실제로 언어 표현에서 표현의 진리치와 관련해서는 동일하지만, 긍정적, 중립적, 부정적 시각에 따라 그 뜻이 전혀 다르게 들리는 말이 있다.

긍정적 표현: 그는 참 좋은 사람이다.
중립적 표현: 그는 무던한 사람이다.
부정적 표현: 그는 이해할 수 없는 사람이다.

위의 사례는 같은 내용을 가치 평가에 따라서 다르게 표현한 것이다. 이처럼 파토스는 사설이나 칼럼을 쓰는 필자의 주관에 따라 다른 낱말이 선택되어 나타난다. 파토스는 신문 오피니언 기사에서, 독자의 이해를 위해 독자를 배려하는 요소보다 필자의 주관적인 판단이 훨씬 더 강력한 설득 전략으로 나타난다. 곧, 객관성의 정도는 좀 낮지만, 글의 내용이 필자의 의도가 강한 주관적인 글로 작성되는 것이다.

에토스(ethos: 신뢰적 수사)

에토스는 크게 두 가지 측면에서 이해할 수 있다. 첫 번째는 말하는 사람의 공신력이나 카리스마를 뜻하는 것이고, 두 번째는 '성격', '관습'을 의미하는 것으로, 일반적으로 민족적, 사회적인 관습을 말한다. 이를 오피니언 기사에 적용하면, 에토스는 사설이나 칼럼을 청중이 신뢰할 수 있도록 필자의 신뢰를 높이도록 노력하는 것이며, 상식과 예의를 지키고, 인신공격, 비방, 욕설, 조롱 등을 삼가려는 자세에 대한 것이다.

곧, 전문적인 내용을 인용하는 오피니언 기사는 전문성이 있어서 에토스가 높고, 사건의 이해 당사자의 경우에는 전문성보다 인신공격이나 상호비방의 성격이 높으므로, 에토스가 낮은 것으로 볼 수 있다.

에토스는 독자의 관심을 끌고 신뢰를 획득하기 위해 필자가 지녀야 할 성격으로, 말하는 사람이나 작가의 인격을 의미하는 동시에 의사소통이 일어나고 있는 사회 구성원들이 공통적으로 유지하고 있는 관습, 가치관, 습성을 동시에 의미한다고 설명한다.[3]

황교안, '고건 모델'로는 어림없다

악재 발생하면 중대 결단 내려야
위기 대응책 놓고 국론 분열 안 돼

2004년 탄핵 소추된 노무현 전 대통령 대신 국정을 맡았던 고건 전 총리. 대통령 권한대행이 된 고 전 총리는 '처세의 달인'답게 몸을 낮출 줄 알았다. 충청도에 폭설이 오자 대통령 헬기를 타고 현장을 찾았다. 하지만 청와대 헬기장이 아닌 용산기지를 고집했다. 대통령 대신 공군사관학교에서 연설을 할 때도 그랬다. 보좌관이 청와대가 보낸 원고를 자신의 스타일대로 고치자 원본을 가져오게 한 뒤 그대로 읽었다. 대통령의 권위를 침범 않으려는 배려였다.

야당에도 늘 공손했다. 당시 한나라당이 낸 사면법 개정안을 거부한 뒤에는 국무조정실장을 통해 야당에 그 취지를 설명하는 성의도 잊지 않았다.

무리한 탄핵 소추였다는 여론에 켕겼는지 야당은 그를 전폭 지지했다. 능숙한 행정 경험에다 청와대와 국회까지 도왔으니 잘 안 돌아갈 리 없었다. 결국 최소한의 업무만 처리하고도 그는 성공한 권한대행으로 남았다.

하지만 한정된 경험은 편견의 어머니다. 어제 개었다고 오늘도 맑으리란 법이 없다. 무릇 탄핵 소추로 대통령이 식물 상태가 되면 혼란이 찾아오기 쉽다. 8월 말 지우마 호세프 대통령이 쫓겨난 브라질을 보라. 탄핵 확정 전까지 전국에서 찬반 시위가 끊이지 않았다. 탄핵안이 통과되자 시

---

3   박성창, 『수사학』, 2000년, 47쪽 참조.

위대는 폭도로 변했다. 경제는 바닥으로 추락해 지난해 -3.8%의 성장률에 올해도 -3.5%에 그칠 전망이다.

이런데도 이 땅에선 우려의 목소리가 실종됐다. ⓐ**황교안 총리**도 '고건 모델'만 따라 하면 별 탈 없을 걸로 여기는 모양이다.

천만의 말씀이다. 지금은 12년 전과 완전히 다르다. 절대 시간부터 보자. 과거엔 63일이었지만 이번에는 탄핵심판에다 대선 기간까지 합치면 최장 240일이 될 수 있다.

더 중요한 건 과거에는 특별한 위기가 없었다는 점이다. 운 좋게도 권한대행이 중대 결단을 내리지 않아도 무방했다는 뜻이다. 실제로 그 무렵 남북 관계, 국제 정세, 경제 상황 모두 안정적이었다. 햇볕정책이 한창이던 당시 북한에서는 용천역 폭발사고가 터져 어떻게 구호품을 줄 건가가 세간의 관심사였다. 이런 판에 북한이 도발할 리 없었다. 이 무렵 미국의 부시 행정부는 연말 대선에 쫓겨 한반도에 신경을 쓰지 못했다. 미국 측 불만으로 한·미 갈등이 불거질 턱이 없었다. 경제도 국내 주요 연구소가 4.5% 안팎의 경제성장률 전망치를 1%포인트씩 다투어 올려 잡던 행복한 시기였다.

하지만 고 전 총리의 세상이 핑크빛이었다면 ⓑ**황 총리가** 맞을 천지는 온통 잿빛이다. 북한은 미국의 관심을 끌기 위해 도발 찬스만 찾고 있다. 트럼프 행정부는 한국 측 방위비 분담액을 올리라고 요구한 뒤 안 들어주면 주한미군을 빼겠다고 협박할 것이다. 상처투성이 경제는 더 나빠질 일만 남았다.

이런 악재들이 닥치면 ⓒ**황 총리는** 어떻게 해야 하나. 그래도 최소한의 일상 업무만 챙겨야 하나, 아니면 대통령의 권한을 최대한 활용해 과감한 결정을 내려야 하나. 예상되는 난제들은 하나같이 엄청난 폭발력을 지닌 데다 이념에 따라 대응책이 갈릴 수 있는 사안들이다. 국론 분열이란 부비트랩이 ⓓ**황 총리의** 앞길 곳곳에 깔려 있는 셈이다.

지난 11월 "탄핵 후 심각한 국론 분열이 일어날 수 있다"는 원로들의 경고는 그저 노파심에서 한 말이 아닐 게다. ①그런데도 민주당은 ⓔ**황 총**

리를 돕기는커녕 끌어내릴 궁리만 하고 있다. ②**국난에 대한 대응책을 놓고 국론이 분열돼선 안 된다.** ③그러니 예상되는 혼란을 막기 위해 **의사결정 시스템을 미리 사전 조율하는 것도 한 방법**이다. 예컨대 신임 헌법재판소장 임명 건은 국회가 추천하는 인사를 ⑤**황 총리가** 받아들이기로 미리 약속하자는 얘기다.

2004년 5월 노 대통령에 대한 탄핵 소추가 기각되자 그의 변론을 주도했던 변호인단의 간사 변호사는 감격의 눈물을 흘린다. 그러고는 '가장 가슴 아팠던 순간이 언제였느냐'는 질문에 이렇게 답한다. "국민이 분열돼 서로 편가르기 하는 것이 가장 안타까웠다"고. ④그의 이름은 바로 '문재인'이다.

(중앙일보 20161210)

이 칼럼의 핵심 주장은 문장 ②〈국난에 대한 대응책을 놓고 국론이 분열돼선 안 된다.〉이다. 이에 대한 논거는 문장 ①〈그런데도 민주당은 황 총리를 돕기는커녕 끌어내릴 궁리만 하고 있다.〉과 문장 ④〈그의 이름은 바로 '문재인'이다.〉로 판단된다. 또한 필자가 제시하는 주장의 구체적인 대안으로 문장 ③〈그러니 예상되는 혼란을 막기 위해 의사결정 시스템을 미리 사전 조율하는 것도 한 방법이다.〉을 제시한다.

먼저 이 칼럼의 제목은 '황교안, 고건 모델'로는 어림없다'이다. 제목으로 추정할 수 있는 중심 내용은 "황교안 총리는 고건 총리의 모델을 따라가서는 안 된다."이다. 곧, 필자가 '황교안 총리'에게 어떤 것을 충고하려는 칼럼으로 이해된다. 그런데 실제 내용을 보면 핵심 주장이 문장 ②〈국난에 대한 대응책을 놓고 국론이 분열돼선 안 된다.〉로 되어 있어서, 중심 내용이 '야당의 협조를 요구'하는 칼럼으로 볼 수 있다.

이는 중간 제목에서도 확인이 된다. 중간제목 첫 번째에서 '악재 발생하면 중대 결단 내려야'라고 하며 황 총리에게 말하는 것이 나와 있지만, 실제 필자가 요구하는 것은 중간 제목 두 번째의 '위기 대응책 놓고 국론 분열 안 돼'로 보아야 한다. 따라서 이 문제를 해결하기 위해서는 야당의 협조가 필요하고, 그 중심에는 '문재인'이 있다는 것이 이 칼럼의 핵심으로 파악된다.

또한 '황(교안) 총리'가 ⓐ~ⓔ에 걸쳐 모두 6회 등장하지만, 직접적으로 또는 간접적으로 필자가 어떤 요구도 하지 않고 있다. 주체인 '황 총리'에 대하여 '모양이다', '잿빛이다', '셈이다', '받아들이기' 등과 같은 서술어로 필자의 주관적인 평가만 가득한 파토스의 문장에 등장하고 있다. 심지어 ⓒ에서는 '해야 하나'와 같이 의문형 종결어미를 사용하여 주체에 대하여 대답을 요구하는 형태를 취하고 있지만, 그 다음 연결되는 문장을 보면, 필자 스스로가 생각하는 바를 전달하고 있어서 ⓒ의 '해야 하나'가 포함된 문장은 에토스를 사용한 문장으로 판단된다.

이러한 결론을 내기 위해 파토스와 로고스 전략이 사용된 문장이 많이 등장한다. 곧, 고건 총리와 관련된 일화, 사건들이 논거의 주류를 이루고 있어서, 정작 국론분열의 사례, 원인, 결과, 대안의 제시는 매우 미약하게 나타난다.

칼럼에서 로고스는 주로 확인 가능한 사실, 사실의 정당성, 주장에 대한 근거 자료 등이 구체적 수치나 연도, 사례, 일화 등으로 표현되었다. 파토스는 칼럼에서 독자의 이해를 높이기 위해서 사용한 표현, 필자와 독자가 공감할 수 있는 의향 표현, 필자의 주관적인 표현 등을 말한다. 독자의 정서적, 감정적 표현을 필자가 대변하는 것으로 표현하거나, 필자가 자신의 정서, 감정을 독자와 동일시하는 경우도 파토스에 해당된다. 에토스는 필자나 설득 전략을 구사하는 주체로서 언론사의 신뢰를 높이도록 노력하는 요소가 문장으로 표현되거나, 전문적인 내용을 인용하면서 표현한다. 인신공격이나, 비방, 욕설, 조롱 등을 삼가려는 자세, 정통성, 신념, 처신 등을 강조하는 문장으로도 표현된다.

이 칼럼에서 파토스로 분석되는 문장은 고건 총리에 대한 필자의 주관적 평가 6문장, 황교안 총리에 관련된 필자의 주관적 생각 5문장, 브라질과 탄핵 관련 시대적 상황에 대한 필자의 주관적 판단 12문장, 필자가 주관적으로 표현한 논거, 주장, 대안 제시 3문장, 모두 26문장이다. 그리고 로고스로 분석될 수 있는 문장은 고건 총리와 관련된 일화 6문장, 브라질 관련 사실 4문장, 과거 탄핵 관련 사실 6문장, 문재인 관련 일화 3문장, 모두 19문장이다. 에토스로 분석되는 문장은 모두 5문장인데, 필자가 자신의 생각의 신뢰를 높이기 위해 중립적 가치로 표현하는 3문장, 다른 사람의 말을 직접적으로 인용한 2문장으로 분석되었다.

모두 11단락, 50문장으로 구성된 이 칼럼은 '제목'과 '중심 내용', '핵심 주장'이 잘 맞지 않는 글로써 일화를 중심으로 한 로고스의 논거를 제시하고, 필자의 주관적인 생각을 독자와 동일시하는 의견을 제시하여 독자들의 감성에 호소하는 '파토스 전략'을 사용한 칼럼으로 분석할 수 있다.

제4장
기사와 이데올로기

　　인간을 지칭하는 다양한 용어들 가운데 호모 로쿠엔스(homo loquens, 언어적 인간)에 주목할 필요가 있다. 원시시대 인류는 손과 몸짓, 얼굴 표정 등을 주로 사용하여 의사소통을 했다. 이때 손, 몸짓, 얼굴 표정은 의사소통의 매체 구실을 했다. 그 다음 인간이 언어를 사용한 뒤부터는 언어가 주요한 의사소통의 매체 구실을 해 왔다. 언어 사용은 인간이 의사소통에서 비약적으로 발전하는 계기가 되었다. 따라서 인간이 언어적 동물이라는 말은 인간만의 고유한 특성을 바탕으로 한 정의로 이해된다.

　　언어가 인간만이 가지는 고유한 특성이든, 다른 동물도 함께 가지는 도구이든 간에 사람들이 사용하는 언어는 동물들의 언어에 비해 다른 점이 있다. 그것은 사람들이 의사소통을 위해 사용하는 언어 기호는 소리와 의미로 구성되어 있다는 점이다. 인간은 이 언어를 사용하여 스스로의 생각을 표현하고 다른 사람의 생각을 이해하며 함께 소통한다. 이러한 인간의 의사소통 활동에는 화자와 청자 사이의 메시지를 전달하는 언어를 매개로 상황이나 전달 경로(채널) 등 다양한 요소가 관여한다. 결국 의사소통의 과정이 원활하게 진행된다는 것은 발신자와 수신자 사이에 의미 전달과 해석이 자유롭고 완전하게 이루어지고 있다는 뜻이다.

또한 신문은 언어를 바탕으로 정보의 전달, 가치관의 확립, 개인의 신념 확보 등을 형성하고 교육하는 사회적 수단으로서, 모든 권력을 쟁취하고 유지하는 데 중추적인 역할을 담당하고 있다. 더욱이 자본주의 사회에서 신문은 체제 유지를 위하여 필연적으로 이데올로기를 전파하는 것으로 인식되어 왔다. 곧, 자본주의 체제 아래에서 국가 권력은 계급간의 갈등을 완화하고 사회를 안정시키기 위해 여론을 적극적으로 활용하며, 신문은 여론을 형성하는 데 중요한 역할을 담당한다. 따라서 신문 언어를 이해하는 데는 '언어 의미'와 '이데올로기'에 대한 이해가 반드시 필요하다.

1. 의사소통과 의미

의사소통(communication)은 사람과 사람 사이에 정보를 전달하는 행위를 말하는데, 전 과정에 언어가 주도적으로 작용한다. 발신자가 메시지를 작성하거나 메시지가 매체를 통해 전달될 때, 그리고 수신자가 메시지를 해설할 때도 언어가 매개체가 된다.

이처럼 의사소통에서 중요한 역할을 하는 인간 언어는, 동물들이 사용하는 의사소통 도구나 인간이 사용하는 다른 어떤 의사소통 도구보다 훨씬 더 효율적이다. 비록 메시지의 발신자가 전달하려는 의도를 완벽하게 전달하지는 못하지만, 수신자는 언어 기호를 통해서 발신자가 제공하는 정보는 대체로 이해하게 된다. 이러한 인간 언어의 의사소통적 효율성은 인간이 상호 협동하면서 생활하고, 그것을 문화적으로 전달하도록 하는 원동력이 되었다. 따라서 성공적인 의사소통을 위해서는 사람들이 사용하는 언어의 의미와 이들 요소들의 의미 기능에 대한 이해가 중요하다.

의미론을 연구하는 학자들은 의사소통 과정에서 중요한 의미를 화자 의미, 청자 의미, 기호 의미 세 가지로 제시하면서, 이들에 대한 종합적인 고려가 있어야 비로소 의사소통의 목적이 달성될 수 있다고 한다.

화자 의미: 화자(발신자)가 의도한 메시지
청자 의미: 청자(수신자)가 해독한 메시지
기호 의미: 기호화의 과정을 거쳐 만들어진 전달 신호의 의미 또는 탈기호
 화의 과정을 거치기 전의 수신 신호의 의미

화자 의미, 청자 의미, 기호 의미는 일치하기 어렵다. 화자는 청자가 해석하는 의미에 관여할 수 없고, 청자도 화자가 의도한 의미를 정확히 이해하기가 쉽지 않으며, 기호 의미 역시 화자가 의도한 의미나 청자가 해석한 의미가 아니라 제3의 의미로 해석될 수도 있기 때문이다. 이렇게 다양한 의미를 정확하게 이해하기 위해서는 의미란 무엇이고, 의미의 종류가 어떠한지를 알아야 하다.

그런데 인간의 마음속에서 일어나는 현상인 의미를 파악하는 것은 결코 쉽지 않은 과정이다. 그래서 리치(G. Leech)가 제시한 여러 가지 의미 유형에 대하여 간략히 소개한다.[1]

리치는 의미를 개념적 의미, 연상적 의미, 주제적 의미, 세 가지 유형으로 분류하고 연상적 의미 안에 다섯 가지의 의미가 있다고 설명했다. 신문 기사에서 이데올로기를 분석하는 데 유용한 의미의 유형인 개념적 의

---

1 여기서 소개하는 의미의 종류와 의미에 대한 설명은 윤평현, 『국어의미론』, 2008년 51~59쪽을 참조, 인용하였다.

신문 언어 어떻게 이해할 것인가?

미, 연상적 의미(내포적 의미, 문체적 의미, 감정적 의미), 주제적 의미에 대해 살펴본다.

개념적 의미

개념적 의미는 같은 언어를 사용하는 사람들이 공유하는 보편적이며 공통적인 의미를 말한다. 우리가 언어로 대화를 나눌 때, 대화에서 나오는 말에 대한 의미를 공유하지 않는다면, 대화가 지속되기가 어렵다. 이때 공유하는 의미가 개념적 의미이다. 그러므로 언어적 의사소통에서 중심이 되는 의미이며, 사전에서 일차적으로 제시하고자 하는 풀이도 바로 이 개념적 의미라고 할 수 있다. 다른 용어로는 중심 의미 또는 기본 의미라고도 하는데, 개념적 의미는 어떤 말을 사용할 수 있기 위해서 반드시 습득해야 하는 내용이기 때문에 인지적 의미(cognitive meaning)라고도 한다.

내포적 의미

내포적 의미는 순전한 개념적 의미에 덧붙여 개인의 경험 등에 기초하여 나타나는 의미이다. 곧, 개념적 의미 이외에 각 개인에 따라 어휘에 대해 갖고 있는 의미이다.

예컨대, 내포적 의미가 다른 경우를 보자. 2016년 개봉하여 100만 이상이 관람한 영화 특별시민(감독 박인제)의 서울시장 '변종구'(최민식 분)는 서울시장 출마 선언 기자회견에서 다음과 같이 말한다.

그는 자신이 한 어린이집을 방문하여 아이들에게, "넌 집이 어디니?, 어디 사니?"라고 물었더니, 아이들은 대답하기를, "저는 '저편한세상'에 살아요, 저는 '내미안'에 살아요, 저는 '푸르지용'에 살아요."하더라고 소개하면서 다 같이 웃는 장면이 있다. 그러면서 그는 "이제 우리 아이들의 가슴

속에는 소박한 자기 동네 이름보다는 아파트 브랜드 이름이 자리 잡았구나."라고 마무리 짓는다.

그런데 여기서 '변종구' 시장은 동네 이름을 묻고, 어린이집 아이들은 아파트 이름을 답하는 데서, 내포적 의미가 서로 다르게 작용하여 의미 차이가 나는 현상을 발견할 수 있다. 곧, '변종구' 시장은 행정 지역으로서 자신이 거주하고 있는 '동'의 이름을 묻는데, 어린이집 아이들은 자신이 흔히 사용하고 있는 '어디 살고 있는지'의 '어디'는 바로 아파트의 이름을 묻는 것으로 이해한 것이다.

물론, 엄격히 따지면, 아파트 단지가 커서 그 단지 자체로도 하나의 행정 구역으로서 '동'이 될 수도 있을지 모른다. 그것보다는 이 영화 장면은 세대에 따라 '어디 사니?'에서 '어디'가 '행정 구역으로서 동'으로 개념화 될 수도 있고, '거주하고 있는 아파트 이름'으로 개념화 될 수 있음을 보여주는 사례로 이해된다.

위 사례는 각 개인, 세대에 따라 '어디 사니?'에 내포하는 의미가 다르기 때문에 일어난 일이다. 다시 말하면 하나의 단어를 보면서 떠올릴 수 있는 속성이 그 언어 공동체에 속하는 모든 사람들이 공유하는 것이 아니라면 내포적 의미가 된다. 이러한 내포적 의미의 차이는 의사소통의 장애가 되기도 한다. 결국 내포적 의미는 세대에 따라, 사회 집단에 따라 다를 수 있으며, 하나의 언어 공동체 내에서도 개인에 따라 다를 수 있다. 내포적 의미는 바뀌기도 쉬워서 개념적 의미에 비해 상대적으로 불안정하며, 의미 한계가 개방적이다. 문화, 시기, 개인의 경험에 따라 상당한 차이가 날 수 있기 때문이다.

신문 언어 어떻게 이해할 것인가?

문체적 의미

문체적 의미와 감정적 의미는 사람이 발화를 하는 상황과 관련이 깊은 의미들이다. 문체적 의미는 동일한 상황을 전하면서, 내용에는 차이가 없지만, 수신자가 의미 차이가 있다고 느끼는 것이다. 문체적 의미는 말하는 사람의 사회적 환경이나 배경과 관련되는 의미이다. 그래서 사회적 의미라고도 한다. 우리는 한 언어 공동체 내에서 언어 사용의 차원과 계층이 다름을 의식하게 되는데, 여기에서 문체적 의미가 생기게 된다. 개인 언어 특성, 지역어 차이, 시대에 따라 달라지는 어휘, 매체에 따른 차이 등등이 있다.

감정적 의미

감정적 의미란, 의사소통 상황에서 말하는 사람의 개인적 감정과 태도가 듣는 사람이나 화제에 언어로 반영되어 나타나는 의미를 말한다. 감정적 의미는 사용된 단어의 개념적 의미와 내포적 의미를 통하여 종종 명백하게 전달된다. 예를 들어 "나는 자기 멋대로 행동하면서 남의 기분은 무시해 버리는 너 같은 사람이 싫어."와 같은 문장에서 말하는 사람의 감정이 어떤지 알 수 있다. 아래의 예처럼 공손함의 정도를 다르게 함으로써 태도를 드러낼 수도 있다. 감정을 표현하는 것이 주요 기능인 '아이고, 헉, 제길'과 같은 감탄사를 사용할 때는 다른 의미 유형의 중개 없이도 감정과 태도를 드러낼 수 있다.

주제적 의미

말하는 사람이 어순 배열을 바꾸거나 특정한 말에 강세나 억양을 달리하면 의미의 차이가 생긴다. 이 의미 차이가 생기는 데 관여하는 것이 주제적 의미이다. 다음 문장을 보자.

오늘 저녁이 우리가 만나기로 한 날이다.
우리가 만나기로 한 날이 오늘 저녁이다.

위 문장에서 각 문장은 진술하는 내용은 동일하다. 그렇지만 '오늘 저녁'과 '우리가 만나기로 한 날'이 어느 것이 먼저 오는가에 따라 의미가 달리 느껴진다. 말하는 사람이 주제를 무엇으로 삼는가에 따라 어순의 배열이 달라지는 것이다. 국어에서는 잘 드러나지 않지만, 언어에 따라서 강세나 억양을 이용하여 이 의미를 드러낼 수도 있다. 모두 주제적 의미로 인해 의미 차이가 생기는 것이다.

인간의 의사소통 과정은 의미를 주고받는 과정이며 그로 인해 삶에 협력이 일어난다. 이 때의 의미는 발신자에게는 의도된 것이고, 수신자에게는 해석되어야 하는 것이다. 이렇게 의사소통에서 의미가 오가는 것을 이해할 수 있다면, 우리는 신문의 언어가 어떻게 의미를 구조화하여 언어적 장치에 포함하는가를 이해할 수 있다.

2. 기사와 이데올로기

2.1. 언어와 이데올로기

신문 기사의 언어는 이데올로기와 밀접한 관련이 있지만, 이데올로기가 언어에 어떠한 형태로 포함되어 있는가를 파악하는 것은 쉽지 않다. 따라서 신문 기사에서 이데올로기 분석은 언어 사용과 언어에 의한 의미화 방식에 초점을 맞추어야 한다. 이데올로기를 의미화 할 때는 언어적 형태를 이용하기 때문이다. 곧, 이데올로기는 신문이라는 매체에서 기사의 힘을 빌려야만 합리적인 정당화의 기능을 수행할 수 있다.

현대 사회에서 권력은 스스로를 합리적이고자 하며, 대중매체는 권력의 합리성을 증명하기 위해 존재하는 부분이 있다. 이 권력에 대한 매체의 보도 기사, 오피니언 기사가 바로 이데올로기 구축의 수단인데, 그것을 표현하는 어휘 구조, 표현 구조 등은 매체가 보도하는 기사의 체계와 분리하여 생각하기가 어렵다. 따라서 신문 기사에서 이데올로기적 의미를 읽어낼 수 있는 대상은 어휘 구조, 문법 구조 등을 중심으로 삼아야 한다.

이데올로기라는 용어는 긴 역사를 갖고 있어 그 의미도 상당한 변화를 겪었다. 현재 통용되는 의미 역시 광범위하고 의미 사이에 모순되는 점도 있으므로 여기에서는 "사람들은 말하고 싶은 대로 말하는 것이 아니라 언어적 제약과 사회적 차원에서 제약 같은 여러 가지 제약 속에서 말한다. 여기서 언어적인 것과 거리가 먼 제약을 이데올로기라고 한다"는 의미[2]를 원용하고자 한다. 또한 이데올로기는 '사회의 기존 질서를 유지하기 위해 존재하는 지배적 의식'으로 규정하는 알튀세(Al thusser)의 개념도 더하여 함께 활용한다.

우리는 현실을 어떻게 인식하는가. 신문 기사는 현실을 어떻게 보여주는가. 이 두 가지 의문을 풀기 위해서, 신문 기사를 연구할 때 이데올로기 개념을 도입할 필요가 있다. 이제 신문 기사는 단순히 지배 이데올로기를 생산, 전파만 하는 것이 아니라, 이데올로기의 현실적 생산 과정과 그 기제로서 역할을 하고 있기 때문이다.

곧 우리가 인식하는 현실은, 이미 현실 그대로의 현실이 아니라, 신

---

2   올리비에 르불(1980)/홍재성, 권오룡 옮김(1994), 『언어와 이데올로기』, 13쪽 참조, 일부 수정.

문 기사가 보여주는 현실이라는 것이다. 게다가 신문 기사가 보여주는 현실은 이미 편집자들의 의도가 포함된 편집된 현실이라는 것이다. 따라서 신문 기사가 생산하는 이데올로기 전략을 파악하지 못하는 독자는 주체적으로 삶의 가치판단을 결정하지 못하고, 신문 기사가 지배하는 대로 이끌려 갈 수밖에 없다. 미디어가 점점 더 다양하게 발달해 가는 현대 사회에서, 매체가 생산하는 이데올로기를 극복하고 매체를 수용하는 것은, 개인의 삶의 질을 높이기 위해서 반드시 필요한 과정이다.

한국언론진흥재단이 전국 19세 이상 국민 5천10명을 대상으로 조사한 '2017년 언론수용자 의식조사 결과: 미디어 환경변화에 따른 이용자 행태조사'에 따르면, 2011년부터 2017년까지의 뉴스 이용시간 추이에서 모바일 인터넷을 제외한 대부분 미디어의 뉴스 이용시간은 하락세를 보이고 있다.

모바일 인터넷을 통한 뉴스 이용시간은 2011년 6.8분에서 18.5분으로 11.7분 증가한 반면, 종이 신문의 경우 전체 국민의 신문 열독시간이 하루 평균 4.9분으로 2011년 17.5분과 비교할 때 많이 줄었다. 그런데 종이신문, 모바일 인터넷(스마트폰, 태블릿PC), PC 인터넷, IPTV 등 5가지 경로 중 1가지 이상에서 신문 기사를 이용했다는 응답 비율(결합 열독률)은 79.0%로 2016년 대비 2.8%포인트 감소하였지만, 여전히 신문 기사를 읽는 독자는 많다. 이러한 현상으로 볼 때, 독자들은 신문 기사가 어떤 이데올로기적 기능을 수행하고 있는가를 분명히 파악하고 뉴스를 수용할 필요가 있다.

자본주의 사회에서 대중매체가 수행하는 이데올로기적 기능을 좀 더 구체적으로 살펴보면, 대체로 다음과 같이 정리할 수 있다.[3]

---

3   이상희, 『커뮤니케이션과 이데올로기』, 1988년, 226~227쪽 참조.

첫째, 이데올로기는 '위장'과 '전위'의 기능이 있다. 이데올로기는 계급 지배, 그 체제의 계급 착취적 성격, 생산 영역에서의 근본적인 징발의 원천, 경제의 생산 양식 등의 결정을 마치 국민 전체의 일상 이익을 대표하는 행위로 부각시킴으로써 일반 국민들이 체제의 모순적인 토대를 인식하지 못하도록 하는 기능을 수행한다. 곧, 개인의 자유가 억압받는 상황조차도 그것이 전체 국민의 이익을 창출하는 것으로 위장, 전위시키는 힘이 있다.

둘째, 이데올로기는 '분열'과 '분리'의 효과를 가지고 있다. 이데올로기는 사회적 구조의 한 축으로서 계급 담당자들을 법적, 정치적 개인으로 부각시킴으로써 그들의 관계가 계급 관계라는 사실을 숨겨 민중을 고립, 분열시킨다.

셋째, 이데올로기의 효과는 '가상적 조화' 내지는 '통합'의 효과가 있다. 이데올로기는 첫 번째의 '위장'과 두 번째의 '분리 효과'에 의해 나타난 주체들을 다시 '통합', '조화'시키는 기능을 수행한다.

자본주의 체제에서 이러한 이데올로기의 위장, 분열, 통합 과정은 국가의 범주 속에서 이루어지게 된다. 따라서 대중매체는 국가가 비록 지배 이데올로기를 강요하는 경우에도 국가는 '공동선을 위한 중립적인 존재'로 제시하며, 공권력을 정당화하는 데 앞장서게 된다. 실제로 국가가 자본가 계급을 위해 존재하면 할수록 일반인들에게는 중립적인 모습으로 비춰져야 하기 때문에 대중매체는 국가가 사용하는 공권력이 불편부당하고 정당하게 집행된 것으로 보도한다. 이처럼 대중매체는 국가의 존재와 행위를 '국익'이나 '안정'을 위한 것으로 묘사함으로써 이러한 역할을 훌륭하게 수행하게 되는 것이다. 그런데 이러한 지배 이데올로기가 국가를 위해서만 전달되는 것이 아니라, 신문사의 필요에 따라서도 독자에게 전달되고 있는 사실을 신문 기사의 언어를 통해 확인할 수 있다.

2.2. 보도 기사의 이데올로기

신문 기사의 언어에서 이데올로기는 어떤 형태로 실현되고 있을까? 실제 신문 보도 기사에서는 국가의 지배 이데올로기보다는 신문사가 지향하는 이데올로기를 보도하는 사안에 따라 전달하고 있는 것으로 분석되었다. 보도 기사에서 실현되는 구체적인 사례를 분석하여 제시한다.

年19조 퍼붓는 정부 R&D⋯70%가 '장롱특허'

한국전자통신연구원(ETRI)은 2012년 3월 국산 수퍼컴퓨터 '마하(MAHA)'를 개발했다고 발표했다. 당시 지식경제부는 "인간 유전체 정보 분석에 최적화된 세계적 수퍼컴퓨터"라고 홍보했다. 마하는 '2014년도 국가연구개발 우수성과 100선'에도 선정됐다. 마하에는 개발과 운용에 지금까지 300억원 가까운 예산이 투입됐다.

하지만 ETRI 마하는 국산도, 세계적 수퍼컴퓨터도 아니었다. 마하의 하드웨어는 재미교포 대니얼 김이 세운 미국 회사 '아프로'에서 들여왔고 조립까지 아프로에 맡겼다. 마하 실사에 나섰던 한 수퍼컴퓨터 전문가는 "수퍼컴퓨터의 핵심은 동시에 많은 계산을 하는 '병렬(並列)연산'인데, ETRI가 개발한 프로그램을 가동하면 병렬연산이 되지 않았다"고 말했다. 수퍼컴퓨터의 두뇌인 CPU(중앙처리장치) 상당수가 작동도 하지 않는 상태였다고 했다.

우리나라 국내총생산(GDP)에서 연구개발(R&D) 투자가 차지하는 비중은 2014년 기준 4.29%로 세계 1위다. 절대 금액도 미국·일본·중국·독일·프랑스에 이어 세계 6위 수준이다. 올해 정부 R&D 투자액은 19조원이 넘는다. 지난 10년간 두 배 가까이 늘었지만 세계경제포럼(WEF)의 국가 R&D 경쟁력 순위에서 한국은 2009년 11위에서 지난해 19위로 곤두박질쳤다.

여기에는 '정부 R&D 100% 성공'이라는 허상이 자리 잡고 있다. 실패가 두려워 미래 산업 경쟁력을 확보하는 도전적인 연구는 뒷전이고, 성과를 내기 위해 외국이 한참 전에 개발한 기술을 가져다가 포장만 바꾸기도 한다. 한국연구재단에 따르면 연간 7000억원이 투입되는 정부 원천기술 개발 과제의 지난해 성공률은 96%에 이른다. '우수'에 해당하는 'A' 등급이 52.4%로 가장 많았고 실패를 뜻하는 'D' 등급을 받은 것은 124개 과제 중 단 한 건뿐이었다. 기초연구도 상황은 비슷하다. 평가 대상 650개 과제 중 3.7%만 'C' 또는 'D' 등급을 받았다. 매년 4조5000억원의 예산을 쓰는 연구재단이 지원하는 사업은 무조건 성공한다는 것이다.

하지만 이런 결과는 의미 없는 수치이다. 연구 성과 중에 기업이 돈을 주고 사가거나 사업화에 성공한 경우는 거의 없다. 작년 정부 과제 최우수 평가를 받은 '차세대바이오매스사업단'의 경우 중소기업 두 곳에 각각 1억원과 300만원에 기술 이전한 것을 최대 성과로 꼽고 있다. 국가과학기술연구회에 따르면 정부 연구소들이 보유한 특허 중 71.6%는 아무도 거들떠보지 않는 '장롱 특허'이다. 장롱 특허 비율은 2013년 66.4%에서 2014년 68.6%, 지난해 71.6%로 갈수록 늘어나고 있다.

한양대 과학기술정책학과 김창경 교수는 "막대한 세금을 투자하고도 기술이 축적되지 못한 것은 R&D 성공 조작 때문"이라며 "실패에서 배울 기회마저 차단한 사실상 범죄행위"라고 말했다.

(조선일보 20160725)

헤드라인의 이데올로기

이 기사의 헤드라인을 육하원칙의 요소로 분석하면, '무엇을'(연19조), '어떻게'(퍼붓는), '어디에'(R&D)와 '무엇이'(70%), '어떻게'(장롱특허)이다. 이를 문장 구조로 변환하면, 〈정부가 연19조를 R&D에 퍼붓다.〉, 〈70%가 장롱특허이다.〉로 이해된다. 이 기사의 편집자는 가장 먼저 금액을 독자에게 제시하고, 그에 적합하다고 생각하는 서술어 '퍼붓다'를 사용하여 주체인

'정부'를 수식하는 구조로 헤드라인을 작성했다. 이러한 헤드라인으로 노리는 효과를 알 수 있는 핵심 어휘는 '퍼붓다'이다. 표준국어대사전에 '퍼붓다'는 【…에/에게 …을】의 문장 구조에 사용되는 동사로 〈찬사, 애정, 열의나 열정 따위를 아낌없이 보내거나 바치다.〉로 뜻풀이가 되어 있다. 만약 이 의미로 헤드라인에서 '퍼붓다'의 의미를 사용했다면, 긍정적인 의미로 해석될 수 있다.

곧, '정부'는 'R&D'에 '아낌없이' '1년에 19조'를 '바쳤다'로 해석되고, 그 결과의 '70%'가 '장롱특허'이다라는 의미를 독자에게 헤드라인으로 전하는 것으로 이해할 수 있다.

하지만, 대중들이 문장에서 주로 만나게 되는 '퍼붓다'는 그 의미 가운데 〈저주, 욕설, 비난 따위를 마구 하다.〉, 〈총이나 포 따위를 한곳에 집중적으로 맹렬하게 쏘다.〉와 관련된 사례이다. 주로 '욕을 퍼붓다, 강공을 퍼붓다, 맹공을 퍼붓다'와 같은 문장에서 '퍼붓다'의 연상적 의미를 경험했기 때문에, '퍼붓는' 대상에 대한 인식이 부정적인 경우가 많다. 따라서 이 헤드라인을 접한 독자는 '정부'가 '1년에 19조'를 'R&D'에 잘못 투자(퍼부은)한 것으로 이해할 가능성이 높다. 게다가 '70%가 장롱특허'라고 풀이하고 있으니 이 기사의 리드나 본문을 읽기 전에 부정적 시각을 가질 수밖에 없을 것이다.

만약 이 기사의 편집자가 헤드라인을 〈정부 R&D에 연19조 투자…원천기술 성공률96%〉나, 〈연19조 R&D에 투자한 정부…96% 성공률 낸 원천기술〉이라고 했다면, 독자가 인식하는 현실은 전혀 다른 것이 될 수 있다. 이처럼 신문의 헤드라인은 독자들이 인식하는 사회적 현실의 구성까지도 바꿔서, 독자의 사고를 지배하게 된다. 언어 이데올로기가 신문의 헤드라인에 존재하는 것이 확인되는 부분이다.

신문 언어 어떻게 이해할 것인가?

리드와 본문의 이데로기

이 기사는 〈한국전자통신연구원(ETRI)은 2012년 3월 국산 수퍼컴퓨터 '마하(MAHA)'를 개발했다고 발표했다.〉라는 리드로 모두 아홉 가지의 사안을 보도하고 있다. 먼저 리드의 내용을 살펴보자.

리드의 육하원칙 요소의 구성은 '누가', '언제', '무엇을', '어떻게'로 되어 있어서 매우 구체적이고, 배열의 순서도 일반적인 순서를 지키고 있다 단순히 이 리드만으로는 어떤 이데올로기가 숨어 있는지 파악하기가 쉽지 않다. 하지만, 헤드라인 〈年19조 퍼붓는 정부 R&D…70%가 '장롱특허'〉과 관련지어 생각해 보면, 〈국산 수퍼컴퓨터 '마하(MAHA)'〉가 '장롱특허'가 아닌가 추정할 수 있는 내용이다.

다음은 이 보도 기사에 등장하는 각 사안별로 내용을 정리해 본다.

이 기사의 보도에서 〈사안〉은 모두 5개 정도로 정리할 수 있다. 〈사안1〉은 수퍼컴퓨터 '마하(MAHA)' 개발이다. 개발 과정을 설명하는 데서 서술어를 '발표했다', '홍보했다', '선정됐다', '투입됐다'로 사용하고 있고, 리드에서 이 사안이 '2012년 3월'임을 밝히고 있어서 〈사안1〉은 이미 있는 것임을 알 수 있다. 그런데 〈수퍼컴퓨터 '마하' 개발〉에서 '마하'는 '수퍼컴퓨터가 아니다'라고 〈증거1: '아프로'에서 하드웨어 수입, 조립을 맡김〉, 〈증거2: 한 수퍼컴퓨터 전문가의 병렬연산이 불가하다는 의견 제시〉, 〈증거3: CPU 작동 불가함〉의 세 가지 증거를 제시한다.

〈사안2〉는 'R&D 투자' 관련 내용이다. 〈증거1: 2014년 R&D 투자 비중 세계1위〉, 〈증거2: 2014년 절대금액 세계 6위〉, 〈증거3: 2016년 19조 이상〉, 〈증거4: 세계경제포럼(WEF)의 국가 R&D 경쟁력 순위, 2009년 11위에서 2015년 19위〉 등을 기사 내용과 OECD 자료를 도표로 제시한다.

〈사안3〉은 '정부 R&D 100% 성공이라는 허상'과 관련된 것이다. 〈증거1: 실패가 두려워 미래 산업 경쟁력을 확보하는 도전적인 연구는 뒷전〉, 〈증거2: 성과를 내기 위해 외국이 한참 전에 개발한 기술을 가져다가 포장만 바꾸기도〉, 〈증거3: 연간 7000억원이 투입된 정부 원천기술 개발 과제의 지난해 성공률 96%로, A 등급 52.4%, D 등급(실패 의미) 단 한 건〉, 〈증거4: 기초연구도 평가 대상 650개 과제 중 'C' 또는 'D' 등급은 3.7%〉 등으로 제시한다.

〈사안4〉는 '연구재단 지원 사업은 의미 없는 결과 수치'라는 것이다. 〈증거1: 매년 4조5000억원의 예산이 투입되는 연구재단의 지원 사업은 무조건 성공한다〉, 〈증거2: 기업의 구입이나 사업화에 성공한 연구 성과가 없다〉로 보도하고 있다.

〈사안5〉는 '정부 연구소가 보유한 특허 중 71.6%는 장롱 특허'라는 것으로, 〈증거1: 작년 정부 과제 최대 성과는 '차세대바이오매스사업단'인데, 중소기업 두 곳에 각각 1억원과 300만원에 기술 이전한 것〉, 〈증거2: 장롱 특허 비율은 2013년 66.4%에서 2014년 68.6%, 지난해 71.6%로 갈수록 늘어나고 있다〉, 〈증거3: 전문가 증언, R&D 성공 조작은 사실상 범죄행위〉 등이 있다.

위 사안들은 모두 헤드라인 〈年19조 퍼붓는 정부 R&D…70%가 '장롱특허'〉를 뒷받침하는 것으로, 각 사안의 증거도 충분히 제시하고 있다. 헤드라인을 보고 사안과 증거를 따라 이 보도 기사를 읽으면, 언어 의미를 부정적으로 해석할 수밖에 없다. 기사의 언어에 취재 기자와 편집자의 의도가 언어 이데올로기로 포함되어 있기 때문이다.

그런데 이 기사를 읽으면서 다음과 같은 의문을 제기해 볼 수도 있다. 〈사안1〉에서 〈증거1〉의 이미 개발된 기술에서는 원천 기술로 확대될 수는 없는가. 왜 〈증거2와 3〉의 다른 생각을 가진 자료는 제시하지 않는가.

〈사안2〉에서 'R&D 투자 비중'과 '절대 금액' 순위가 높으면, 'R&D 경쟁력 순위'는 반드시 상승해야만 하는 것인가. 곧, 이 보도 기사의 〈사안3〉의 〈증거1, 2〉를 보면, "실패가 두려워 미래 산업 경쟁력을 확보하는 도전적인 연구는 뒷전"이고, "성과를 내기 위해 외국이 한참 전에 개발한 기술을 가져다가 포장만 바꾸기도" 한다면서 두 증거의 서술에 대한 주체도 없이, '도전적인 연구'와 '성과 중심의 연구'를 책망하고 있다.

〈사안3, 4, 5〉는 보기에 따라서 정부 투자 연구 재단의 사업이 성공적으로 이루어지는 것으로 볼 수도 있는 사안들로, '성공과 실패의 기준'을 무엇으로 삼고 있느냐에 따라 연구 성과에 대한 가치 평가가 달라질 수 있다.

만약 이 기사를 '정부 R&D 100% 성공'의 관점에서 취재하여 보도하였다면, '실용적이지 않아도, 지금 당장 판매가 되지 않아도, 상업화 된 기술이 아니'어도, '불필요한 원천 기술'로 보거나, '연구 자체가 단지 성과'를 위한 것으로 평가하지 않았을 것이다. 그러면 이 기사는 독자에게 전혀 다른 가치로 이해된다.

곧, 이 기사에서 주장하는 원천기술 개발과제의 성공 기준을 '기업이 구입한 사례'나 '사업화에 성공한 경우'로만 잡으면, '도전적인 연구'는 불가능하게 된다. 따라서 당연히 '성과 중심의 연구'가 이어질 수밖에 없고, 앞으로도 정부 연구소들이 보유한 특허는 '장롱 특허'가 될 것이다.

이 기사는 '국가 R&D 年19조 투입'을 취재 대상으로 보도한 것이다. 그런데 이 보도 기사에서는 위에서 제기한 연구 성과의 긍정적인 방향에 대해서는 전혀 기사에서 언급하지 않고 있다. 곧, 연구 결과의 긍정적인 면을 취재한 사실은 기사에서 확인할 수 없기 때문에, 기자가 전달하는 부정적인 연구 결과만을 인식해야 하는 논리 구조이다. 이러한 이유로 어떤 이데올로기를 중심으로 기사를 취재하고 보도하는가에 따라 독자가 인식하는 현실 세계는 달라질 수밖에 없다는 것이다.

곧, 어떤 기사든지 보는 시각에 따라 긍정적으로도, 부정적으로도 보도할 수 있다. 그런데 기사에 어떤 시각을 담아서 보도할지는 취재기자와 편집자의 의도에 따라 결정된다. 이렇게 기사를 보도할 때 어떤 시각으로 독자에게 전할 것인가에 따라 언어 이데올로기를 생산하는 방식이 달라지는 것이다.

2.3. 사설의 이데올로기

사설은 중요한 현안에 대하여 신문사의 편집 강령과 사시(社是)에 맞도록 신문사가 논설위원의 힘을 빌려 특정한 의견을 주장하는 글이다. 보도 기사가 비교적 객관적인 태도로 전달하는 데 비하여, 사설은 주관성을 인정할 수 있는 글이기 때문에 신문사의 의중이 명확하게 드러나도 무방하다.

하지만 사설은 우리 사회의 보편적 윤리관과 가치관에 입각하여 주요 사안의 문제점을 제기하고, 이러한 문제의 배경과 성격을 밝혀, 문제 해결의 방안을 제시하는 글이 되어야 한다. 따라서 우리 사회의 부정과 부패, 공공 정책의 잘못된 실행 등에 대하여 올바른 비판을 제기하는 것, 사회 정의를 실천하려는 여론을 형성하여 현재 우리 사회의 바람직한 지적 풍토를 마련하는 것 등이 주요한 의제로 자리매김 되어야 한다. 실제 사설의 사례를 분석하여 어떤 언어 이데올로기를 실현하고 있는지 살펴본다.

더민주·국민의당, 경쟁과 공조로 수권능력 입증해야

4·13 총선에서 제1당에 오른 더불어민주당과 3당이 된 국민의당이 세월호특별법 개정에 한목소리를 내고 있다. '4·16 세월호 참사 특별조사위

원회' 조사 기간은 20대 국회 개원 직후인 6월 말까지로 돼 있다. 그동안 여당이 특조위 활동을 무력화하려 해 온 것은 주지의 사실이다. 두 야당이 20대 국회에서 조사 기간을 연장하고 권능도 확대하면 참사의 실체적 진실에 가까워질 수 있을 것으로 기대된다.

이처럼 두 야당의 총선 공약 중에는 공통분모가 많다. 역사교과서 국정화, 테러방지법 독소조항 개정 등 훼손된 민주주의를 회복시키려는 조치들이 대표적이다. 누리과정 예산 전액 국가부담 등 복지 공약, 대기업·중소기업 간 이익공유제 등 경제민주화 공약, 청년구직수당 지급 등 젊은 층을 위한 공약도 있다. 20대 국회에서 의회권력이 야당으로 넘어간 만큼, 이제 두 야당이 마음만 먹으면 얼마든지 공약을 실천할 수 있게 됐다. 야당의 역할과 책무가 과거와 비교할 수 없이 커졌다는 뜻이다.

그동안 야당의 역할을 놓고 정권 견제를 중시하는 '강한 야당론'과 정책·대안을 중시하는 '대안 야당론'이 맞서왔다. 야당은 주로 전자에 기대온 게 사실이다. 박근혜 정권의 오만과 폭주가 워낙 두드러진 탓에 대여투쟁만으로도 존재감을 부각하는 일이 가능했다.

이제는 사정이 달라졌다. 여소야대 정국으로 인해 야당은 새로운 위상을 찾아야 한다. 국정을 주도하고, 때로는 책임도 나눠져야 한다. 더민주와 국민의당 모두 이 같은 점을 인식하고 있는 듯하다. 김종인 더민주 비대위 대표는 지난 15일 "뭘 해야 내년 대선에서 정권교체를 할 수 있는 능력을 배양할지 냉철하게 되짚어봐야 한다"며 "이번 선거에서 내세운 공약과 다른 당의 공약을 철저히 검토해 무엇이 나라를 위해 올바른 길인가 정립해야 한다"고 말했다. 안철수 국민의당 상임공동대표도 어제 "국민 눈높이에서 모든 일을 판단하고, 일하는 국회를 만드는 데 앞장서겠다"고 밝혔다.

두 야당은 이제 시험대에 올라섰다. 이번 총선에서 시민들이 특정 정당의 독주를 허락하지 않고 의석을 배분한 점을 깊이 새길 필요가 있다. 양당 사이에선 경쟁과 공조, 새누리당과의 관계에선 견제와 협상을 병행하며 공약을 하나씩 실행에 옮겨가야 한다. 더민주는 원내 2당일 때와는 달라진 정치력과 전략적 사고를 갖춰야 한다. 국민의당도 모호한 줄타기나 다른 정당의 '2중대' 행보 대신 분명한 정체성을 보여줘야 한다. 정의당·녹색당 등 원내외 소수정당 의견을 수렴해 필요한 부분은 입법에 반영하는 일도 두 야당 몫이다.

그렇다고 민주주의와 민생을 후퇴시키는 법과 제도에 눈감으라는 것은 아니다. 이른바 '이념논쟁'에 휩쓸릴까 섣불리 두려워할 필요도 없다. 민주주의를 흔드는 사안에는 원칙에 따라 단호하게 대처하되, 합리적 대안까지 제시하면 된다.

현 정권의 집권 기간은 1년10개월가량 남았다. 그러나 대선 캠페인이 본격화하는 시점을 고려하면 실제로는 1년6개월 남짓이다. 각 야당은 그 시한 내에 어떠한 집권 비전을 갖고 있는지 보여주고, 그 비전을 현실화할 구체적 역량도 입증해야 한다. 두 야당은 총선에서의 약진이 스스로 잘해서가 아님을 알고 있을 터이다. 여소야대 구도는 박근혜 정권에 분노한 민심이 던진 '숙제'일 뿐이다. 더민주와 국민의당은 강력하고 유능한 대안야당·수권야당으로 거듭남으로써 시민에게 보답해야 한다.

(경향신문 20160418)

위 사설은 '더민주·국민의당, 경쟁과 공조로 수권능력 입증해야'라는 제목으로 '더민주·국민의당'(주체)은 '경쟁과 공조'(방법)로 '수권능력'(대상)을 '입증'(풀이)해야 한다고 핵심 주장을 펼친 글로 이해된다.

먼저 사설의 제목의 언어 형식이 '입증해야'라는 생략형 제목이 사용되었다. 이러한 생략형 제목은 마지막 언어 형식이 서술형, 의문형, 명령형, 청유형 어미 등과 같이 문장의 완결형이 아니기 때문에 독자에게 내용을 추측할 수 있도록 유도하는 제목이다. 더욱이 연결어미 '~야'는 '앞 절의 일이 뒤 절 일의 조건임을 나타내는 연결어미'이기 때문에 마지막 서술어를 생략하게 되면, 앞의 조건이 어떤 일에 대한 조건인지를 파악하기가 어렵다.

위 사설의 제목에서 예상할 수 있는 완결된 문장은, ①〈더민주당과 국민의당은 경쟁과 공조로 수권능력을 입증해야 한다.〉②〈더민주당과 국민의당은 경쟁과 공조로 수권능력을 입증해야 할 것이다.〉, ③〈더민주당과 국민의당은 경쟁과 공조로 수권능력을 입증해야 하지 않나?〉등등으로 추측할 수 있다. 곧, 여기서 생략형 제목은 서술어를 현재나 미래의 당위(한다/할 것이다), 또는 독자에게 동의를 구하는 의문(하지 않나?) 등의 효과를 야기할 수 있다. 이 가운데서 사설은 특별히 어느 한 형식을 표현하지 않고, ①, ②, ③의 모든 효과를 포괄할 수 있는 생략형 제목을 사용한 것으로 분석된다.

먼저 '공조'를 위한 언어 이데올로기의 정당화를 실현한 사례를 분석한다. 이 사설의 첫 문장에서는 〈4·13 총선에서 제1당에 오른 더불어민주당과 3당이 된 국민의당이 세월호특별법 개정에 한목소리를 내고 있다.〉라고 하면서, 두 당이 〈경쟁과 공조〉 가운데, '공조'해야 할 핵심 논거로 '세월호특별법 개정'을 제시한다. 아울러 특조위 활동 무력화에 맞서 '4·16 세월호 참사 특별조사위원회'의 '조사 기간 연장'과 '권능 확대'를 기대 논거로 제시하고도 있다.

이것은 사설이 지향하는 이데올로기를 드러낸 부분이다. 두 야당의 '세월호특별법 개정' 사안에서 더 나아가 특조위의 조사 기간 연장과 권능 확대까지 요구하는 것이다. 곧, 언어 이데올로기화를 위하여 〈세월호특별법 개정=조사기간 연장, 권능 확대=참사의 실체적 진실〉로 도식화 하고, 이를 두 야당의 '공조'라는 긍정적인 어휘를 통한 의미화를 한 것이다.

이러한 이데올로기를 더욱 공고히 하기 위하여 두 야당의 '총선 공약 공통분모'를 구체적 사안으로는 '역사교과서 국정화', '테러방지법 독소조항 개정', '누리과정 예산 전액 국가부담', '대기업·중소기업 간 이익공유제', '청년구직수당 지급' 등도 제시하고, 범주적 사안으로는 '복지 공약', '경제민주화 공약', '젊은 층을 위한 공약' 등으로 제시한다.

다음으로 '경쟁'에 대한 언어 이데올로기화를 살펴본다. 사설은 경쟁의 논거로 정권 견제를 중시하는 '강한 야당론'과 정책·대안을 중시하는 '대안 야당론'이 필요한 상황에서 여소야대 정국으로의 사정이 달라졌음을 부각시킨다. 앞으로의 야당은 새로운 위상을 찾아야 하고, 국정을 주도하며 그 책임도 나눠져야 한다며 당위성(-야 한다로 표현)을 주장한다.

그런데 〈더민주와 국민의당 모두 이 같은 점을 인식하고 있는 듯하다.〉라며 소극적 표현을 한다. 정당이 상황에 대하여 인식하는 것을 평가한 표현이기 때문에 단정적인 표현을 사용하지 않은 것으로 이해된다. 곧, 두 야당의 경쟁의 필요성을 주장하는 논거이기 때문에 소극적 표현을 했을 것이다.

하지만, 두 야당이 달라진 여소야대 정국 상황을 인식하고 있는 듯한 증거로 제시한 두 인터뷰에서 사설의 평가가 없다. 곧, 김종인 인터뷰의, 〈정권교체를 할 수 있는 능력〉과 〈나라를 위한 올바른 길〉이 〈동일한 가치의 사안〉인가에 대한 필자의 평가와, 안철수 국민의당 상임공동대표 인터뷰의 〈국민 눈높이에서 모든 일을 판단하고, 일하는 국회를 만드는 데 앞장서는 일〉이 〈국정을 주도하고 책임을 나눠지는 일〉인지에 대한 필자의 평가는 없다. 단순히 사안, 인용한 말을 나열하는 데 불과하다.

이것은 사설이 더민주당과 국민의당이 경쟁과 공조로 수권능력을 입증할 것을 이데올로기로 강요하기 위하여 쓴 것이라는 의미이다. 곧, 〈총선에서 시민들이 특정 정당의 독주를 허락하지 않고 의석을 배분한 점〉을 사설의 결론으로 내려두고 논리를 전개했다는 뜻이다.

다음의 사설 문장을 보면 앞의 해석이 더욱 명확하다. 〈양당 사이에선 경쟁과 공조, 새누리당과의 관계에선 견제와 협상을 병행하며 공약을 하나씩 실행에 옮겨가야 할〉논거는 어디에도 드러나 있지 않다. 당초에 목적한 더민주당과 국민의당이 경쟁과 공조로 수권능력을 입증하라는 논지는 사라지고, 총선 민의를 '특정 정당의 독주 방지'로 해석하고, '견제와 협상을 병행하며 공약을 하나씩 실행'하라는 말을 하기 위한 것으로 파악된다.

그래서 〈더민주는 정치력과 전략적 사고를 갖춰야〉, 〈국민의당은 분명한 정체성을 보여줘야〉, 〈정의당·녹색당 등 원내외 소수정당 의견을 수렴해 필요한 부분은 입법에 반영하는 일도 두 야당 몫이다.〉와 같은 '견제와 협상을 병행하며 공약을 하나씩 실행'에 필요한 당위성을 주장하고 있는 것이다.

〈시민들이 특정 정당의 독주를 허락하지 않고 의석을 배분한 점〉이 〈새누리당과의 관계에선 견제와 협상을 병행하며 공약을 하나씩 실행〉하라는 것은 일반적인 국민의 바람에 대한 해석일 수는 있지만, 〈시민들이 특정 정당의 독주를 허락하지 않고 의석을 배분한 점〉이 〈더불어민주당과 국민의당 양당 사이에선 경쟁과 공조〉해야 할 논거가 될 수는 없다. 앞서 무리하게 언어 이데올로기를 실현하였기 때문에 사설이 뒤로 갈수록 희망적 당위를 나열하는데 급급하다.

곧, 〈민주주의와 민생을 후퇴시키는 법과 제도에 눈감〉지도 말고, 〈'이념논쟁'에 휩쓸릴까 섣불리 두려워〉하지도 말고, 〈민주주의를 흔드는 사안에는 원칙에 따라 단호하게 대처하〉고, 〈합리적 대안까지 제시하〉며, 〈1년10개월가량〉, 아니 〈1년6개월 남짓〉 남은 기간에 〈집권 비전을 갖고 있는지 보여주고, 그 비전을 현실화할 구체적 역량도 입증〉하라는 것이 〈스스로 잘해서가 아닌 두 야당의 총선에서 약진〉을 〈민심이 던진 '숙제'〉

라고 사설이 해석한 내용을 나열하며 제시할 뿐이다.

　이러한 내용은 그저 사설에서 생각하는 희망적 당위를 나열한 것이지, 논리적 근거로 주장하는 명제를 증명하고 있지 않다. 이렇게 대의명분이 분명한 주장을 하기 위하여 이 사설은 언어 이데올로기를 사용한 것으로 분석한다.

　따라서 〈더민주와 국민의당은 강력하고 유능한 대안야당·수권야당으로 거듭남으로써 시민에게 보답〉하라면서, 〈강력하고 유능한 대안야당·수권야당으로 거듭남으로써 시민에게 보답〉하는 방법, 즉 구체적 방안은 제시하지 못한 채, 이 사설은 두 야당에게 그저 '경쟁과 공조'만을 바랄 뿐이다.

2.4. 칼럼의 이데올로기

　오피니언 기사인 사설과 칼럼은 실제로 필자에서 큰 차이가 없다. 특히 칼럼의 사내 필진들은 대체로 사설을 쓰는 논설위원들이다. 따라서 글에서 이데올로기를 실현하는 방법도 크게 다르지 않을 것으로 판단된다. 그런데 사설은 독자에게 글이 무기명으로 전달되고, 칼럼은 실명으로 전해진다는 면에서 두 글은 차이가 있다. 곧, 자신의 이름이 드러나지 않고, 신문사의 의견으로 전달되는 사설은 실명으로 전달되는 칼럼보다 훨씬 더 주관적으로 의견을 주장할 수 있다. 비록 신문사의 의견이어서 핵심 주장이 조율되기는 하겠지만, 구체적인 표현 방식에서는 철저히 객관적인 논증 구조를 지키지 않아도 무방하다. 사설은 신문사의 논조로 이해되기 때문에 실제로 글을 쓴 개인에게 책임을 묻지 않는 특성 때문이다.

　이에 반해 칼럼은 각 개인의 실명으로 기사가 독자에게 전달되기 때문에 현안에 대한 의견이나 논거 등에 대한 책임을 칼럼니스트가 직접 질 수밖에 없는 구조이다. 따라서 비록 주관적인 의견을 바탕으로 자신의 주장을 펼치더라도 정확한 사실과 타당한 근거를 바탕으로 진술 태도를 취해야 하는 등의 철저한 검정이 있어야 한다.

이 거대한 자해劇을 언제까지 계속할 건가

우리 현대사에서 최악의 자살골로 기록될 것이 대북 지원이다. 좌파 정부 10년간 8조원을 북한에 주었다. 현물 빼고 달러 현금 보낸 것만 3조원이 넘는다. 북한이 핵과 미사일 개발에 쓴 돈도 그쯤 될 것이라 한다. 돈에 꼬리표가 안 달렸으니 추적할 방법은 없다. 그러나 북한 정권엔 그 주머니가 그 주머니다. 우리가 준 달러가 핵 개발에 안 쓰였다면 그것이 더 이상하다.

좌파는 이상(理想)을 좇는다고 한다. 김대중·노무현 정부도 북한 변화의 꿈을 담아 지원했을 것이다. 기대와 달리 북한은 한순간도 핵 개발을 멈춘 일이 없다. 남북 정상이 만나고 금강산이 열렸을 때도 중단되지 않았다. 핵이 완성되자 북한은 이제 거리낌 없이 공갈 협박을 해대고 있다. 국민 세금까지 퍼주며 북한의 위협을 키워준 꼴이 됐다.

그렇게 안보 자살골을 넣은 주역들이 다시 정권을 잡았다. 어느 누구도 과거 실수를 인정하는 사람이 없다. 반성은커녕 여전히 북한을 못 도와줘 안달인 듯 보인다. 대북 관계만 그런 것이 아니다. 문제를 풀어야 할 정부가 일을 더 키우고 있다. 안 써도 될 돈을 쓰고 안 생겨도 될 갈등을 만든다. 올해 대한민국을 특징짓는 키워드는 '자해(自害)'였다. 좁은 이상론에 빠져 큰 국익을 해치는 일이 도처에서 벌어졌다.

지난주 정부가 새 에너지 정책을 발표했다. 신재생 에너지 비중을 세 배 늘린다고 한다. 대신 원전 건설을 중단키로 했다. 이렇게 '탈원전'에 드는 돈이 최소 100조원이다. 원래대로 원전을 짓는다면 25조원으로 충분하다. 25조원이면 될 일에 100조원을 쓰겠다는 것이다. 어떤 계산으로도 나올 수 없는 자해의 셈법이다.

탈원전은 세금 더 쓰는 것만으로 끝나지 않는다. 폴란드의 차세대 원자로 사업을 일본이 따내게 됐다. 한국도 뛰어들었지만 밀리고 말았다. 우리의 탈원전 정책이 결과를 갈랐다고 한다. 폴란드가 한국 정부의 정책 리스크를 우려했다는 것이다. 원전은 달러를 긁어모을 미래 전략 산업이다. 그런데도 정부가 돕기는커녕 원전 수출의 발목을 잡고 있다. 누구를 위한 정부인가.

삼성전자가 회삿돈 60조원을 주주에게 돌려주기로 했다. '주주 친화'를 명분으로 걸었지만 실상은 다르다. 이재용 부회장의 경영권이 안전하지 않기 때문이다. 이 부회장 일가 지분은 약 20%다. 이 정도로는 경영권을 공격받을 때 확실한 방어가 힘들다. 최순실 스캔들 이후 국민연금의 '백기사' 역할도 기대하기 힘들어졌다.

정부 역시 우호적이지 않다. 청와대까지 나서 이재용 부회장을 감옥에 보내려 했다. 기댈 곳 없어진 이 부회장은 외국인 주주의 환심을 사는 전략을 택했다. 그래서 나온 것이 주주 환원 정책이다. 주주에게 60조원을 돌려주면 절반 이상이 외국인에게 간다. 이 돈을 미래 투자에 쓴다면 국가 경제에도 큰 이익일 것이다. 그것을 사실상 막은 것이 정부다. 정부의 반(反)기업 행보가 외국인 주주들 배만 부르게 했다.

최저임금 인상을 앞두고 일자리가 줄기 시작했다. 부담을 못 견딘 고용주들이 인원 삭감에 나선 탓이다. 근로시간까지 단축되면 고용 충격은 더 심각해진다. 근로자를 위한다는 정책이 도리어 근로자에게 해가 되고 있다. 한계 기업들은 해외 탈출을 검토하고 있다. 법인세 역주행은 대기업까지 그 행렬에 동참시킬지 모른다.

온갖 규제가 신산업의 발목을 잡고 있다. 드론이 못 뜨고 바이오와 빅데이터 산업이 막혔다. 날개를 달아줘도 모자랄 판에 손발을 묶어 놓았다.

경쟁국은 훨훨 나는데 우리는 스스로 족쇄를 채웠다. 이래 놓고 말로는 4차 산업혁명을 꽃피우겠다 한다. 이런 바보 같은 자해 짓이 어디 있나.

정부가 결국 위안부 합의의 '판도라 상자'를 열었다. 한·일 간에 비공개하기로 한 사항을 공개했다. 미흡한 합의문에 도장 찍어준 전임 정권 잘못도 있을 것이다. 그렇다고 국가 간에 오간 얘기를 다 까발린다면 외교가 성립할 수 없다. 어떤 나라도 우리와 속 깊은 대화를 하려 들지 않을 것이다. 국가 신용도 떨어진다. 믿을 수 없는 나라란 이미지가 생긴다. 적폐 청산 하려다 외교가 망하게 생겼다.

이 모든 것이 쇠락과 축소로 가는 길이다. 일시적으로는 박수받을지 모른다. 일부 이익 보는 계층도 있을 것이다. 그러나 나라 전체로는 손해다. 우리가 싸울 경쟁자는 밖에 있는데 정부의 시선은 안으로만 향해 있다. 국익의 각축전이 숨 가쁘게 펼쳐지는 바깥세상을 보려 하지 않는다. 탈원전이며 반기업, 노동 편향 정책들이 다 그 결과다. 우물 안 좁은 세계에 빠져 큰 국익을 그르치고 있다.

우리 실력이 모자라 뒤처지는 것은 어쩔 도리가 없다. 그러나 잘할 수 있는데도 스스로 쇠락의 길을 걷는다면 분통 터질 일이 아닐 수 없다. 이 어처구니없는 마이너스의 자해극을 언제까지 계속할 셈인가.

(조선일보 20171229)

먼저 칼럼의 제목에서 '자해劇'이라는 합성어를 새로 만들고, 한자를 노출하여 주목성 높였다. 제목의 유형도 의문형 종결어미 '-ㄴ가'를 사용하여 독자에게 되묻는 형식으로 필자의 의도를 확인한다. '언제까지', '계속하다' 등의 어휘를 사용하여 지금까지도 이루어지고 있음을 강조하고 있다.

첫 문장에서 '자살골'이라는 어휘를 사용하여 제목의 '자해劇'을 떠올리도록 한 뒤에 두 어휘가 동일한 가치를 가지는 것으로 유도한다. '최악의' 사건이 바로 '대북지원'임을 단정하고 글을 시작해서 이 주장에 대하여 논증이 이루어지는 칼럼이 될 것으로 예측할 수 있다.

이 칼럼의 논증 방식은 〈좁은 이상론에 빠져 큰 국익을 해치는 일이 도처에서 벌어졌다〉는 것을 모두 6개의 사안을 논거로 제시하며 〈이 거대한 자해劇을 언제까지 계속할 건가〉라고 독자에게 반문하는 글로 분석된다. 6개의 사안은 정부의 자해 사례로 볼 수 있는 '대북 지원', '새 에너지 정책', '최저임금 인상', '신산업 발목 잡는 규제', '위안부 합의 공개'와 삼성전자의 '주주에게 60조원 환원'이다.

더 나아가 좌파정부의 대북 지원의 경우, 필자는 논거로 구체적 액수를 밝힌다. 그리고 〈될 것이라 한다〉는 추정, 〈추적할 방법은 없다〉는 자기 고백, 〈그 주머니가 그 주머니다〉와 〈그것이 더 이상하다〉는 주관적인 단정을 논거로 북한이 핵과 미사일 개발에 사용했다고 주장하고 있다. 새 에너지 정책이나 삼성전자의 60조원 주주 환원 역시, 구체적 금액을 논거로 제시하고, 사실 논거와 의견 논거를 제시하며 자신의 주장을 정당화하고 있어서 동일한 논증 방식으로 자신의 이데올로기를 독자에게 전달한다.

그런데 여기서 정부가 세금을 들여 북한을 지원하고, 탈원전 정책을 실행하는 일과 삼성전자가 이재용 부회장의 경영권을 지키기 위해 주주에게 수익을 배분하는 것이 동일한 일인가에 대한 의문을 가질 수 있다.

만약 필자가 논거로 제시한 북한 지원과 탈원전 정책이 정부의 '자해劇'이라면, 비록 정부의 '자해劇'으로 인한 영향이긴 하지만, 삼성전자의 60조 환원도 역시 '자해劇'으로 보아야 하는 것 아닌. 곧, 〈삼성전자의 주주에게 60조원 환원〉이 〈이재용 부회장의 경영권 방어〉라는 목적의 논리가 있다면 이 역시 자해로 볼 수밖에 없다.

결국 이 칼럼의 핵심 내용은 두 가지로 해석 가능하다. 하나는 정부의 '자해劇' 때문에 삼성전자가 외국인 주주의 환심을 사서 이재용 부회장의 경영권을 방어하려고 60조원을 환원했다는 것이다. 이 해석이 필자가 주장하는 논리로 판단된다. 다른 하나는 정부가 5가지의 '자해劇'을 펼쳤는데, 삼성 역시 정부의 '자해劇' 때문이기는 하지만, 기업 경영권을 방어

하기 위하여 어쩔 수 없이 외국인 대주주들에게 기대려고 60조원을 풀었다는 것이다.

첫 번째 해석에 대하여 분석해 보면, 필자는 〈60조원을 미래 투자에 쓴다면 국가 경제에도 큰 이익일 것〉이라는 주장인데, 이는 결국 국민연금, 정부, 청와대가 도와주면, 달리 말하면 정경유착을 하면, 60조원을 미래 투자에 쓴다는 말이고, 그것이 국가 경제에 이익이 될 것이라는 논리이다.

그런데 정말 삼성은 경영권을 지켜주면, 60조원을 미래 투자에 쓸 것인가. 거기에 자신이 없기 때문에 필자도 '미래 투자'라는 용어를 사용한 것은 아닌가, 과연 '미래 투자'라는 용어의 실체는 무엇이며, 어디에 있는가. 삼성의 미래에 대한 투자인가, 이재용의 경영권 미래에 대한 투자인가, 왜 그 실체를 칼럼 내용에서 공개하지 못하는 것인가.

또한 〈그것을 사실상 막은 것이 정부다.〉라는 말은 미래 투자 60조를 막는 것이 정부라고 해석되는데, 정부의 반기업 행보=외국인 주주들 배만 부르게 하는 것이라는 등식은 어디서 오는 것인가. 이는 정부의 반기업 행보=국민연금, 정부, 청와대의 삼성 이재용 경영권 방어 협조라는 의미인가.

왜 삼성 이재용 부회장의 경영권은 외국인 대주주에게 60조원의 절반(약 30조원)을 돌려주지 않거나, 국민연금, 정부, 청와대의 협조가 없으면 지키기 어려운 것이라고 보는가. 필자는 이재용 부회장의 경영 능력을 의심하고 있다는 말인가.

실제로 삼성 이재용 부회장의 경영권이 30조원의 외국인 주주 이익 환수나 국민연금, 정부, 청와대의 협조 없이도 가능한 일인지도 모르는 것 아닌가. 왜 외국인 대주주에게 60조원의 절반을 돌려주며 지켜야 하는 경영권을 한 번도 이재용 부회장의 경영 능력 문제로는 보려고 하지 않는지 전혀 논리적 공정성이 없는 것으로 이해된다.

필자는 지나치게 삼성 이재용 부회장의 경영권 방어 능력을 이분법적 사고로 재단하여 이 칼럼을 쓰고 있는 것으로 판단한다. 왜냐하면, 사실 삼성전자 관련 논거 이후로는 논증 방식이 달라진다. 금액을 제시하지 않고 주장을 펼치는 방식을 택한다. 대부분의 주장에 대한 논거가 필자의 주관적인 판단이다.

따라서 '최저임금 인상'에서는 서술어가 〈검토하고 있다〉, 〈시킬지 모른다〉와 같이 주관적이고, '신산업 발목 잡는 규제'에서는 〈산업이 막혔다〉, 〈족쇄 채웠다〉의 증거를 칼럼에서 제시하지 못하고 있으며, 필자 스스로가 〈미흡한 합의문에 도장 찍어준 전임 정권 잘못〉이라고 밝힌 사안마저도 〈위안부 합의 공개=국가 신용도 추락=외교가 망한다〉라고 주관적인 판단으로 도식화하고 있다.

마무리하자면, 이 칼럼은 〈우리 실력이 모자라 뒤처지는 것은 어쩔 도리가 없다〉, 〈잘할 수 있는데도 스스로 쇠락의 길을 걷는다면〉, 〈좁은 이상론에 빠져 큰 국익을 해치는 일이 도처에서 벌어졌다〉, 〈이 거대한 자해劇을 언제까지 계속할 건가〉라고 묻는 글이다. 하지만, 〈무슨 실력이 모자라서 어디에서 뒤처진다는 것인지〉, 〈어처구니없는 마이너스의 자해극〉의 실체를 적시해야만 이 칼럼의 의미가 있다.

이 칼럼이 지향하는 이데올로기는 결국 〈과거 대북지원에 8조를 써서 최악의 자살골로 기록된 정권을 이어 받은 현 정부도 여전히 '새 에너지 정책', '최저임금 인상', '신산업 발목 잡는 규제', '위안부 합의 공개'와 같은 '자해'를 하였고, 이 정부가 행한 가장 거대한 자해劇은 삼성의 경영권 방어에 협조하지 않은 것인데, 이 때문에 삼성전자는 60조원을, 그 가운데 30조원 정도를 외국인 대주주에게 이익 환수할 수밖에 없었다.〉로 이해할 수 있다.

제2부

언어 텍스트로서 신문의 이해

제5장
의사소통과 신문 언어

의사소통(communication)은 인간이 사회생활을 하기 위해서는 필연적으로 겪어야만 하는 활동이다. 사전적으로는 가지고 있는 생각이나 뜻이 서로 통하는 것을 일컫기도 하는데, 이는 사람과 사람 사이의 어떠한 의도와 그에 대한 해석의 과정이라고 볼 수 있다. 대부분의 사람들은 이처럼 의사소통을 할 때 언어를 도구로 사용한다. 곧, 자신의 생각을 표현하거나 다른 사람의 생각을 받아들일 때 언어를 수단으로 그 의미를 전달하고 수용하는 것이다. 이러한 과정을 구조화하여 미디어 의사소통 맥락을 모형으로 만들면 〈그림 1〉과 같이 예상할 수 있다.

이러한 미디어 의사소통 맥락에서 언어는 매우 중요한 역할을 차지하게 되는데, 언어가 보편적인 의사소통의 수단이 되기 위해서는 사람들 사이에 공통적인 기호를 사용하고 그 의미를 해석하는 데 일관성이 있어야 한다. 그래서 언어는 일정한 기호 체계를 갖고 있는 것이다.

물론 미국의 심리학자 앨버트 메러비언(Albert Mehrabian)은 '침묵의 메시지'(1971)에서 인간의 일상적인 대면(face-to-face) 커뮤니케이션은 말하는 어휘가 7%, 목소리 톤, 음색, 억양, 고저 등과 같은 청각적 요소가 38%, 시각

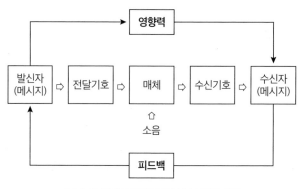

〈그림 1〉 미디어 언어의 의사소통 맥락 모형

적 요소인 복장과 외모, 표정 등이 55%를 차지하여 상대방에 대한 인상이나 호감에 영향을 준다면서 이른바 '메러비안 법칙(The Law of Mehrabian)'을 말한 바가 있다.

그런데 청각적인 요소를 언어 형태로 본다면, 언어의 비중은 45%로 늘어난다. 더욱이 신문의 언어에서는 비록 최근에 와서 기사를 음성 형태로 제공하고 있더라도 청각적 요소는 언어 형태로 전달되고 있다. 따라서 시각적 요소인 사진과 같은 이미지를 제외하면 오롯이 언어 기호로만 전달하는 것이 보편적이다.

비록 동일한 정보를 완벽하게 청자에게 전달하는 데는 어려움을 겪지만, 화자가 경험한 사실을 오류 없이 대부분 전달할 수 있는 것은 발신자와 수신자의 의사소통 과정에 언어가 매개체로 존재하기 때문이다. 따라서 언어는 다른 어떤 의사소통 수단보다 효율적이라고 볼 수 있다.

인간 의사소통의 궁극적인 목적은 정확한 의미의 전달이다. 그러므로 미디어에서 원활한 의사소통을 위해서 뉴스 공급자가 전달하려는 메시지의 의미(발신자 의미)와 뉴스 수용자가 미디어 언어를 통해 받아들이려는 메시지의 의미(수신자 의미), 뉴스 공급자가 생산하고 뉴스 수용자가 해석할 메시지 자체의 의미(기호 의미)가 동일해야 한다. 그런데 발신자 의미, 수신자 의미, 기호 의미가 동일하기는 어렵다. 의사소통상황에서 기호로 파악할 수 있는 의미가 개념적으로만 해석되지 않아서이다.

먼저 발신자는 자신이 전달하려는 메시지를 언어로 기호화 하는 과정을 거치기 때문에 발신자의 어휘 선택 과정에서 개별적인 경험, 능력의 차이가 나타난다. 다음으로 언어 기호가 전달되는 과정에서 그 수단이 음성언어인지, 문자언어인지 그밖에 직접적으로 전달하는 것인지 기계의 도움을 얻어서 간접적으로 전달하는 것인지에 따라서 기호 의미가 달라질 수도 있다. 마지막으로 수신자에게 전달된 메시지는 해독화 과정에서 수신자의 개인적 능력에 따라 발신자가 의도한 원래의 의미를 이해할 수도 있고 기호화 과정과 전달 과정, 해독화 과정에서 작용하는 여러 변인 때문에 달리 해석하여 이해할 수도 있다.

더욱이 신문의 언어에서는 이러한 뉴스를 생산하는 편집자, 뉴스를 수용하는 독자, 뉴스를 전달하는 언어 기호의 의미를 구분하여 이해할 필요가 있다. 이를 4장 1절에서 제시한 언어 의미 종류와 관련지어 보면 (1)과 같이 정리할 수 있다.

(1) 신문 언어의 의미

    ㄱ. [편집자 의미]: 신문 편집자가 기사에서 의도하는 메시지
    ㄴ. [독자 의미]: 신문 독자가 기사에서 해석한 메시지
    ㄷ. [활자 의미]: 신문 기사의 언어 기호 메시지

신문의 언어에서 신문 편집자는 독자의 해석 의미를 강요하거나 제

어하기가 어렵고, 독자 역시 뉴스 편집자의 의도하는 의미를 통제하기 힘들다. 더욱이 언어 기호 자체가 신문에서 활자화되어 전달하는 메시지 의미는 발신자 의미나 수신자 의미가 아닌, 제3의 의미로 다양하게 해석될 수도 있어서 신문 언어의 의미를 이해하는 것은 매우 어려운 일이다.

1. 편집자와 신문 언어

1.1. 편집자의 역할

한국언론진흥재단의 〈2017 언론수용자 의식조사〉를 살펴보면, 종이 신문의 미디어 이용률은 2011년 44.6%에서 16.7%로 줄어들어 무려 27.9% 포인트의 감소 폭을 나타냈다. 이제 신문은 더 이상 주목 받는 미디어로 보기가 이려운 것이 현실이다. 겨우 50대 이상만이 22.4%를 유지하고 있을 뿐이다.

또한 종이신문의 신뢰도 역시 그다지 높은 편이 아니다. 가장 최근에 조사하여 기자협회보가 보도한 기사 내용에 따르면, 기자들을 대상으로 실시한 조사에서 가장 신뢰하는 언론매체에서 종합일간지는, 한겨레 6.9%(전체 3위), 경향신문 5.2%(공동 4위), 한국일보 2.3%(6위), 조선일보 1.6%(7위), 중앙일보 1%(9위)순이었다.[1]

조사 대상과 시기가 약간 다르긴 하지만, 미디어미래연구소가 한국

---

1   2018년 8월 15일 기자협회보는 JTBC 22.3%(1위), KBS 7.5%(2위), 연합뉴스 5.2%(공동 4위), SBS 4.3%(5위)로 답했다고 보도했다. 그런데 여기서 특이한 점은 잘모름/무응답이 33.5%를 보여서 가장 높은 순위를 보였다.

신문 언어 어떻게 이해할 것인가?

언론학회의 회원을 대상으로 조사한 '2017 미디어 신뢰도 평가'[2]에서도 JTBC(1위)에 1위를 내주고, 8위권 내에 든 신문은 한겨레(2위), 경향신문(3위), 중앙일보(7위) 세 곳이었다. 한국언론진흥재단이 실시한 〈한국의 언론인 2017: 제13회 언론인 의식조사〉에서 역시 기자들은 '우리 언론 보도는 신뢰할 수 있다'라는 설문에 32.6%가 '별로 그렇지 않다', 3.7%가 '전혀 그렇지 않다'고 답하면서 2.78/5점을 주어 보통3점 이하의 점수를 주었다.[3]

물론 좀 다른 시각도 있다. 김춘식(2018:9~10)에서는 앞의 〈미디어미래연구소〉의 자료와 〈시사저널〉의 조사 자료[4]를 바탕으로 신뢰할 수 있는 언론 매체 10위 내에 경향신문, 조선일보, 한겨레 세 개가 있다면서, "새로운 미디어 테크놀로지가 등장해 뉴스 획득 경로가 변화해도 전문가 계층의 구성원인 이들이 종이신문에 보내는 신뢰가 여전하다"고 주장한다.

하지만 〈시사저널〉의 조사를 보면, 신뢰도 10위 안에 한겨레신문(3위, 13.2%), 조선일보(5위, 9.0%), 경향신문(6위, 7.9%)로 JTBC(1위, 55.8%)와 KBS(2위, 18%)에 비하여 턱없이 낮은 신뢰도임을 확인할 수 있다. 질문에 3번까지 복수 응답이 가능한데도 이렇게 낮은 신뢰도가 나왔다는 것은 종이신문에

---

2   http://www.mfi.re.kr/pages/pdf/2017%20media%20awards.pdf 참조.

3   이 조사에서 기자들은 '국민들은 우리나라 언론 보도를 신뢰한다고 생각한다'는 설문에도 '전혀 그렇지 않다'에 9.4%, '별로 그렇지 않다'에 47.7%의 응답률을 보여, 전체 57.1%가 언론의 신뢰도(2047점)에 대하여 부정적으로 평가하고 있었다. 또한 국민의 언론 수행 평가의 경우, 자유도를 2.84점으로 평가한 반면, 공정성을 2.16점으로 가장 낮은 것으로 인식했으며, 이 밖의 정확성(2.57점), 전문성(2.64점) 항목에서 보통(3점)을 넘지 못하였다.

4   〈김춘식(2018)에서는 〈시사저널〉이 매년 10개 분야(행정 관료·교수·언론인·법조인·정치인·기업인·금융인·사회단체·문화예술인·종교인)별 전문가 각 100명씩 모두 1,000명을 대상으로 가장 영향력 있는, 신뢰할 수 있는, 열독하는 언론 매체를 조사한다고 하였다. http://www.sisapress.com/journal/article/171467 〈시사저널〉 조사 결과 보도 원문 참조.

대한 신뢰도가 높지 않음을 알 수 있다.

그렇다면 이렇게 언론 보도나 종이신문의 신뢰도가 낮은데도 왜 우리는 신문의 가치를 주목해야 하는가. 그것은 신문이 가지는 영향력 때문으로 이해된다. 곧, 신문은 비록 신뢰도가 낮긴 하지만, 영향력에 있어서는 무시할 수 없는 공적 기능을 갖고 있는 것으로 파악된다. 앞서 제시한 미디어미래연구소의 조사에 따르면, 2017년도 가장 영향력 있는 미디어는 JTBC와 〈중앙일보〉로 파악됐다. 최순실게이트, 촛불집회, 박근혜 전 대통령 탄핵, 장미대선 등의 보도에서 두각을 나타낸 JTBC와 〈중앙일보〉는 총점 974점으로 2위 〈조선일보〉·TV조선(총점 369점)을 두 배 이상 차이로 따돌렸다.[5]

기자협회보 보도 역시 JTBC는 영향력 조사에서 41%로 1위를 차지했다. 다음으로 조선일보 15.4%, KBS 13.4%, 연합뉴스 8.2%, 한겨레 4.3%, SBS 3.3%, MBC 2%, YTN 1%순이었다. 기타 2.3%, 잘모름·무응답은 9.1%였다. JTBC 영향력은 2014년 1.6%, 2015년 4.2%, 2016년 11%, 2017년 17.8%에서 올해 41%로 대폭 상승했다. 그런데 기자협회의 조사에서 조선일보는 1.6%의 신뢰도로 7위에 불과하였으나, 영향력 조사에서는 15.4%의 응답을 얻어, KBS 13.4%(3위)보다 높은 2위의 순위를 기록했다. 이러한 종이신문의 영향력은 우리가 종이신문에 대하여 관심을 갖기에 충분한 이유가 된다.

---

5 http://www.mfi.re.kr/pages/pdf/2017%20media%20awards.pdf 10쪽을 참조하면, 2016년에도 영향력 있는 미디어 1, 2위의 순위는 JTBC/중앙일보, 조선일보/TV조선로 2017년과 마찬가지였다. 그런데 지난해의 두 언론사의 점수 차이는 358점(JTBC·〈중앙일보〉 822점(203:83:47), 〈조선일보〉·TV조선 464점(6298:82))이었으나, 2017년에는 605점으로 지난해보다 격차를 더 벌린 수치다.

신문 언어 어떻게 이해할 것인가?

또한 비록 신문의 신뢰도가 낮긴 하지만, 텔레비전이나 인터넷보다는 높다는 연구 결과도 있다. 김위근·이홍천(2015:66~67)에서는 신뢰성 평가는 신문(평균 2.59점)이 가장 높았으며, 다음으로 텔레비전(평균 2.52점), 인터넷(평균 2.29점) 순이었다며, 신문의 신뢰성은 약간 긍정적으로, 텔레비전의 신뢰성은 중립적으로, 인터넷의 신뢰성은 부정적으로 평가된 것이라고 하였다.[6]

그런데 이러한 신문의 위기 상황을 오히려 기회로 삼아야 한다는 점을 편집 기자들은 의식하고 있는 것 같다. 한국편집기자협회장 이혁찬 기자는 2011년 발간된 『세상을 편집하라』의 발간사에서 신문의 미래가 어둡고 편집기자는 사라질 것이라고 말하지만, 결코 편집기자는 사라지지 않을 것이고, 오히려 정보의 의미를 잡아채어, 독자들에게 먹기 좋게 한 상 차려내는 일, 그것이 편집이라면 그 일을 가장 잘하는 사람이 바로 편집기자이기 때문이라고 하였다.

이처럼 신문에 대한 부정적 시각이 가득한 이 시대에 과연 신문은 살아남을 수 있을 것인가. 여기서 편집의 필요성을 제기하는 것이 편집 전문가들의 주장이다. 신문의 위기를 말할 때 생존 전략으로 탐사 보도를 이야기하는 경우가 많다. 그것은 이미 신문이 속보 경쟁에서 인터넷 기반 언론이나 방송에 뒤처지기 때문이다. 탐사 보도는 심층 취재를 바탕으로 정밀한 분석과 해석이 이루어진 뉴스기 때문에 신문의 경쟁력이 있다고 보는 것이다.

그런데 편집 역시 신문의 경쟁력이라는 것이다. 독자들이 인터넷에서 뉴스를 수용할 때와 신문에서 뉴스를 볼 때 차이를 느낄 수밖에 없는

---

6   김위근·이홍천(2015), 『신문 인쇄의 현재와 미래』, 한국언론진흥재단.

것이 편집이라는 주장이다. 일견 옳은 말이다. 대부분의 인터넷을 통해서 보는 뉴스는 기본 헤드라인을 중심으로 하는 동일한 텍스트의 언어 자료이다. 그래서 '낚시성 제목'의 기사가 많이 등장할 수밖에 없다.

하지만 신문의 뉴스는 기사의 무게에 따라 지면을 설정하고 헤드라인의 크기를 결정하고 어떤 내용으로 헤드라인을 구성할 것인가를 편집에서 담당하게 된다. 신문의 편집에서 가장 중요한 것은 뉴스화 할 것인지를 결정하는 일이라고 할 수 있다. 실제로 신문에서는 기사화 되는 사건도 있고 그렇지 않은 사건도 있다. 그런데 인터넷에서는 온갖 잡다한 사건들을 모두 뉴스처럼 만들어서 지나치게 많은 정보를 독자에게 제공하고 있는 것이 현실이다. 오죽하면 TMI[7]라는 신조어가 등장하기까지 했을까.

이렇게 보면 신문에서 편집은 그 신문의 논조를 결정하고 독자에게 제공할 뉴스를 선택할 수 있다는 점에서 매우 의미가 크다고 할 것이다. 그것은 동일한 사건이 공유되는 인터넷의 시대에 그 사건을 어떻게 독자들에게 보여줄 것인가는 오롯이 편집의 능력이 결정할 수 있는 부분이기 때문이다. 곧, 전문적인 훈련을 받아서 현실에서 일어난 사건을 편집하는 기자와 여과 없이 현실의 사건을 개인적인 관점에서 제공하는 인터넷의 정보와는 차이가 날 수밖에 없기 때문이다.

편집 기자가 왜 중요한가는 한편의 기사가 독자에게 전달되는 과정

---

7   TMI는 'Too Much Information' 약자로, 너무 과한 정보라는 뜻의 신조어다. 한국을 홍보하는 대학생 연합동아리 '생존경쟁'이 서울·경기지역 대학생 2천18명에게 올해 대학가에서 가장 많이 사용된 신조어를 조사한 결과 TMI가 24%로 '갑분싸'(갑자기 분위기가 싸한 상황. 28%)에 이어 2위에 올랐다(연합뉴스 2018.12.20.). 또한 아르바이트 포털 알바몬이 한글날을 앞두고 잡코리아와 함께 20세 이상 성인남녀 2298명을 대상으로 실시한 '신조어'를 주제로 한 설문조사 결과에서도 20대가 가장 자주 사용하는 신조어 3위에 TMI(34.9%)가 꼽혔다(머니S 2018.10.06.).

을 보면 좀 더 명확하게 이해할 수가 있다. 신문 기사의 취재에서 독자에게 전달되기까지의 과정을 간단히 살펴보면, 꼭 같지는 않더라도 (2)와 같이 정리할 수 있을 것이다.

(2) 취재에서 독자에게 전달되기까지 과정

ㄱ. 기자가 사건을 접하고

ㄴ. 특정한 관점에서 사건을 해석

ㄷ. 해석에 맞는 형식을 구성

ㄹ. 구성 형식에 맞추어 취재

ㅁ. 취재한 사실을 취사선택하여 기사화

ㅂ. 기사 텍스트 편집기자로 송고

ㅅ. 편집기자가 ②와 ③의 과정을 반복 후 편집회의 제출

ㅇ. 편집회의에서 다시 ②와 ③의 과정을 반복하여 조판 완료

ㅈ. 대장(臺狀)[8]을 출력하여 편집부국장, 편집국장이 ②와 ③의 과정을 반복 후 OK

ㅊ. 최종 기사의 오탈자와 오류 등을 확인하고 윤전부로 넘겨 인쇄

ㅋ. 신문 배포

신문 기사의 작성과 편집 과정에서 (2)와 같은 절차를 거쳐야 하는 텍스트 특성 때문에 주관적인 의도가 포함될 개연성이 있지만, 여러 과정이 반복되기 때문에 주관적 의견이 걸러질 가능성도 높다. 신문 기사에서 편집이 중요할 수밖에 없는 또 다른 이유는, 특정한 시간을 중심으로 하여 사건을 판단해야 하기 때문이다. 곧 신문 기사는 진행 중인 사건을 보도해

---

8   표준국어대사전을 참조하면, 신문 및 전단 인쇄에서, 한 면을 조판한 뒤에 교정지와 대조하기 위하여 간단하게 찍어 내는 인쇄용지를 말하는 것으로 대교지(對校紙)라고도 한다.

야 하는 경우도 있으므로, 보도하는 시점에서 사실을 결정하고 판단해서 전해야만 하는 특성이 있다. 그래서 뉴스 제작자에게 미디어 윤리를 요구하는 것이다.

1.2. 편집과 신문 언어

흔히 신문은 객관적인 사실을 보도하는 미디어로 알고 있다. 그런데 신문 기사의 작성 과정에서 어떤 현상을 다른 사람의 인식을 거쳐 받아들이는 상황에서 그것을 객관적이라고 말하는 것은 적절하지 않다. 적어도 몇 사람의 인식 과정을 거친 사건은, 사실로 전해지기보다는 편집 과정에서 사건을 보는 다양한 생각이 하나로 결집되거나, 특정한 의도가 개입되어 나타날 수밖에 없는 텍스트 특성을 가지고 있다고 보아야 한다. 이러한 과정에 편집이라는 신문의 특성이 나타날 수 있다.

김봉순(1999 : 61)에서도 "사실이란 명제의 지시 대상으로서, 사실 세계의 사상이나 상태 등을 뜻한다. 인간의 주관이 닿지 않는 어떤 원형 그대로의 사실이 존재한다 하더라도, 그러한 상태는 아직 인간에게 인식되지 않은 사실이고, 그것이 인간의 세계에 들어오는 데에는 필연적으로 인식자의 주관을 거쳐 들어올 수밖에 없으며, 이렇듯 인식된 사실이라야 언어화되고 전달될 수 있다. 어떤 사실을 기자가 취재할 때, 그 사실은 기자의 주관에 따라 인지되고, 이렇게 주관적으로 인지된 사실이 기사화되어 전달되는 것이다. 동일한 텍스트가 독자마다의 스키마에 따라 다른 의미로 이해되듯이 동일한 사실이 그 인식자의 스키마에 따라 다르게 인식될 수 있는 것이다."라고 하였다.

이처럼 사실에 대한 각 개인의 차이가 있는 것처럼 현실에서 일어나는 사건을 인식하는 데에서 미디어가 아무리 객관적으로 보도한다고 하더라도 실제 보도에서는 차이가 있기 마련이다. 그러므로 어떤 점을 부각시키면서 보도를 하는지의 언어적 기제를 독자가 이해하고 그것을 자신의 의사소통 상황에서 활용할 필요가 있다. 그것이 인터넷 시대에 독자들이 신문을 필요로 하는 이유가 될 것이다. 그 중심에 편집의 기술이 있고, 그것이 신문 언어에 우리가 관심을 두어야 하는 이유이다.

다음의 두 기사는 같은 사건을 동일한 날짜에 두 신문사가 보도한 기사이다. 이 두 기사가 어떤 점을 중심으로 기사를 작성하였는지, 또 편집의 방법이 어떻게 다른지를 살펴보도록 하자.

(3) 노사민정 대타협, 광주형 일자리 잠정합의

①청년들의 고용절벽 해소를 목표로 추진돼 온 '광주형 일자리'가 사업 추진 4년6개월 만에 결실을 눈앞에 뒀다. ②4일 광주광역시와 현대차에 따르면 양측은 최근 이틀간 협상을 벌인 끝에 '광주 완성차 공장' 설립에 잠정 합의했다. ③합의안이 5일 '광주시 노사민정협의회'를 통과하면 광주시와 현대차는 6일 조인식을 열고 투자 협약을 맺는다. ④'노·사·민·정' 대타협에 기반한 국내 첫 일자리 창출 모델이 정착하게 된다.

⑤광주시는 5일 노사민정협의회 통과를 낙관하고 있다. ⑥광주지역 노동계가 지난달 27일 광주시에 '협상 전권'을 위임한 후 교착상태였던 현대차와의 협상이 급물살을 탔기 때문이다. ⑦이용섭 광주시장은 "전 국민적 관심과 광주시민, 노동계, 현대차의 진정성과 염원이 담긴 만큼 노동계도 대승적으로 받아들여 줄 것으로 믿는다"고 말했다.

⑧현대차 측은 신중한 입장을 내비쳤다. ⑨회사 관계자는 "아직 투자 협상은 진행 중인 상황"이라며 "협의회 진행 결과를 더 지켜봐야 한다"고 밝혔다.

⑩잠정 협약서의 상세 내용은 알려지지 않았으나 광주형 일자리의 4대 원칙인 적정 임금, 적정 근로시간, 노사 책임경영, 원하청 관계 개선 등이

고루 담긴 것으로 알려졌다. ⑪주당 노동시간, 초임 연봉 수준, 임금협약 시효 등에서 현대차의 입장이 상당 부분 반영된 것으로 알려졌다.

⑫광주형 일자리 사업은 광주시와 현대차가 합작법인을 설립해 빛그린산단 내 62만8000㎡ 부지에 7000억원을 투입해 연간 10만 대 규모의 1000cc 미만 경형 SUV 공장을 세우는 프로젝트다. ⑬근로자의 평균연봉을 낮춰 생산성을 올리는 대신 자치단체가 주거·육아 같은 생활기반과 복지 여건을 제공하는 모델이다. ⑭공장이 지어지고 나면 1만~1만2000명의 일자리 창출 효과가 있을 것으로 추산된다.

⑮광주형 일자리 타결이 임박하면서 어떤 차를, 얼마나 생산할 것인지에도 관심이 쏠리고 있다. ⑯코드명 QX로 알려진 광주 완성차 공장 생산 차량은 기존 소형 SUV인 현대차 코나, 기아차 니로보다 차체가 작다. ⑰해당 차량이 광주 완성차 공장에서 지속적으로 생산되려면 QX의 수요가 예측 이상으로 늘어야 하는 문제점도 있다. ⑱내년 1월부터 울산3공장에서도 연간 10만 대의 QX가 생산되기 때문이다.

⑲이번 협상 과정에서 불거진 현대차 노조와의 불협화음도 극복해야 할 과제다. ⑳현대차 노조는 이날 오후 하부영 민주노총 현대차지부장 명의로 긴급 성명서를 내고 "광주형 일자리 철폐를 위해 총파업 투쟁에 돌입한다"고 밝혔다. 21노조는 성명서에서 "광주형 일자리는 과잉 중복 투자로 모두 공멸할 것이며, 재앙적인 경제 파탄을 유발할 것"이라며 "문재인 정부와 현대차는 지금이라도 광주형 일자리를 재검토하라"고 주장했다. 22금속노조와 민노총도 이날 잇따라 반대 성명을 발표했다.

(중앙일보 20181205)

(4) '광주형 일자리' 잠정 타결…고용창출 대타협 첫발

①'광주형 일자리' 추진을 위한 광주시와 현대자동차의 투자협상이 사실상 타결됐다. ②현대자동차가 지난 6월 완성차 공장 설립을 위한 신설 법인 투자의향서를 제출한 지 6개월 만이다. ③지방정부 주도의 사회적

대타협을 통해 적정 임금의 안정적 일자리를 만들어내려는 실험이 첫발을 내디딘 셈이다.

④4일 광주시 쪽 말을 종합하면, 광주형 일자리를 위한 광주시와 현대차의 신설법인 투자협약 조인식이 6일 열릴 것으로 보인다. ⑤광주형 일자리는 노·사·민·정 대타협을 통해 노동자 임금을 기존 완성차 공장 노동자보다 낮추는 대신 중앙정부와 광주시가 주택·교육·의료 등을 '사회임금' 형태로 지원해주는 게 핵심이다.

⑥광주시는 5일 오전 10시30분 시청 3층 중회의실에서 시 노·사·민·정 협의회를 연다. ⑦협의회에는 윤종해 한국노총 광주지역본부장, 최상준 광주경영자총협회장, 백석 광주경실련 대표 등 위원 20여명이 참석한다. ⑧위원들은 광주시로부터 현대차와의 완성차 공장 투자협상 경과를 보고받은 뒤 동의여부를 결정한다. ⑨광주시는 협상안을 추인 받으면 5일 현대자동차와 최종 협상에 나선다. ⑩협상안의 내용과 관련해 광주시는 "안정적인 노사관계 정착을 위한 상생발전협의회 구성 방안, 선진 임금체계 도입, 적정 노동시간 구현 및 인력 운영 방안 등을 포함하고 있다"고 밝혔다.

⑪광주시 협상단은 노동계로부터 협상 전권을 위임받은 뒤 현대차의 요구를 대폭 수용해 의견 접근을 이룬 것으로 알려졌다. ⑫협약서에는 광주시가 법인 자본금 7천억원 중 자기자본금(2800억원)의 21%(590억원)를 부담해 신설하는 독립법인에 현대차가 19%(530억원)를 투자하는 내용이 담길 것으로 보인다. ⑬노동계와 시민사회가 요구한 '광주형 일자리 4대 의제'인 △적정 임금 △적정 근로시간 △노사책임경영 △원하청 관계 개선이 어느 정도 반영됐을지도 관심거리다.

⑭협상과 관련해 현대차는 말을 아꼈다. ⑮한 관계자는 "현재로서는 할 수 있는 얘기가 없다"고 했다. ⑯반면 전국금속노조 현대차지부는 강하게 반발했다. ⑰현대차지부는 "광주시와 현대차가 최종 합의안에 서명하면 즉각 파업에 들어갈 것이다. 5일 오전 광주형 일자리 타결과 관련한 공식 입장을 낼 것"이라고 밝혔다.

(한겨레신문 20181205)

(3)은 2018년 12월 5일 중앙일보 1면 톱뉴스 기사이고, (4)는 같은 날 한겨레신문의 1면 톱뉴스 기사이다. 먼저 텍스트의 언어적 구성에서 (3)은 7단락, 22문장, 317어절이고, (4)는 5단락, 17문장,[9] 248어절로 기사의 크기는 그 차이가 크지는 않지만 중앙일보가 조금 크다. 이 두 기사로 이른바 '광주형 일자리'와 관련되어 우리가 알 수 있는 또는 알아야 할 객관적인 사실이나 실제로 기사가 독자에게 전달될 때까지 밝혀진 사실은 (5)와 (6)으로 정리할 수 있다.

(5) 중앙일보 기사의 사실 확인

ㄱ. 12월 4일 광주시와 현대자동차의 '광주 완성차 공장' 설립 합의안 마련

ㄴ. 현대차 하부영 노조 지부장 명의의 긴급성명서 발표

ㄷ. 금속노조, 민노총 반대 성명 발표

(6) 한겨레신문 기사의 사실 확인

ㄱ. 2018년 6월 현대자동차가 완성차 공장 설립 투자의향서를 제출

ㄴ. 광주시 협상안 내용 일부 밝힘

ㄷ. 전국금속노조 현대차지부 광주시와 현대차의 협상에 반발

(5)나 (6)을 보면 다소 의아해 할 수도 있을 것이다. 기사 (3)과 (4)의 내용 크기에 비하여 매우 간략히 정리된 내용이기도 하고, 지금까지 우리가 신문에서 보았던 1면 톱기사의 사실 부분이 이처럼 단순한 것인가에 대

---

9   한겨레신문의 ⑰문장은 직접 인용문 안의 문장이 하나의 문장으로 분리돼 있어서 2문장으로 볼 수 있으나, 직접 인용된 내용이 하나의 문장으로 표현돼 있어서 1문장으로 처리한 결과 17문장으로 파악한다.

신문 언어 어떻게 이해할 것인가?

한 의문이 생겼을 것이기 때문이다. 결론부터 말하면, 이 기사는 광주광역시와 현대자동차가 광주 완성차 공장 설립을 위해 서로 협상하는 과정에서 하나의 합의안이 마련된 사건에 대하여 두 신문사의 시각이 다르게 표현된 기사이다.

두 신문이 언급한 기사 내용을 기술한 순서를 바탕으로 내용을 분석하여 제시한다.

(7) 중앙일보

ㄱ. 사건 평가(①)

ㄴ. 추진 현황(②, ③)

ㄷ. 기자 평가(④)

ㄹ. 광주시(장) 입장(⑤, ⑥, ⑦)

ㅁ. 현대차 입장(⑧, ⑨)

ㅂ. 협약서 내용 예측(⑩, ⑪)

ㅅ. 광주형 일자리 개념, 내용, 향후 결과 추측(⑫~⑱)

ㅇ. 현대차 노조, 다른 노조 반응(⑲~㉒)

(8) 한겨레신문

ㄱ. 사건 평가(①, ③)

ㄴ. 추진 현황(②)

ㄷ. 광주시 입장(④)

ㄹ. 광주형 일자리 개념(⑤)

ㅁ. 추진 일정, 과정(⑥~⑨, ⑪)

ㅂ. 협약서 내용(⑩, ⑫, ⑬)

ㅅ. 현대차 입장(⑭, ⑮)

ㅇ. 현대차 노조 반응(⑯~⑰)

두 기사는 첫 문장(리드)만으로 사건의 사실을 파악하기가 매우 어렵다. 그래서 첫 단락을 살펴보아야 한다. 중앙일보는 첫 단락이 문장 ①부터 ④까지이고, 이는 (7ㄱ~ㄷ)으로 분석할 수 있다. 한겨레신문은 첫 단락이 문장 ①부터 ③까지이고, 이는 (8ㄱ~ㄴ)으로 분석할 수 있다.

(7)과 (8)의 내용 전개에서 가장 큰 차이점은 중앙일보의 기사는 매우 순차적으로 진행되고 있는데 반해 한겨레신문의 기사는 순차적인 전개에서 의도가 불쑥불쑥 끼어드는 현상을 발견할 수 있다.

곧, (7)에서는 문장의 번호 순서가 바뀌지 않음을 알 수 있는데, (8)에서는 문장의 번호 순서가 바뀐 경우가 두 번(②, ⑩) 발견할 수 있다. 특히 한겨레신문의 경우 사건에 대한 평가로 시작한 기사에서 두 번째 문장이 '추진 현황'으로 넘어가고 다시 사건에 대한 기자의 평가가 기술되고 있어서 문장 ②가 연결에서 자연스럽지 못하다.[10]

내용의 전개에서도 중앙일보에서는 (7ㄹ, ㅁ)처럼 광주시의 입장과 현대자동차의 입장을 순차적으로 기술하고 있다. 그런데 한겨레신문은 (8ㄷ)과 (8ㅅ)으로 떨어져서 기술한다. 이는 기사를 읽는 독자의 관점에서는 내용의 연결이 끊긴다는 생각을 할 수밖에 없는 것이다. 이러한 기술 태도는 분명히 특정한 의도를 갖고 이 기사를 쓴 것으로 파악하게 될 가능성이 높다.

(9) 중앙일보 헤드라인
노사민정 대타협, 광주형 일자리 잠정합의

---

10 물론 이러한 글쓰기가 완전히 문제가 있는 것은 아니라 창의적으로 볼 수도 있다. 그러나 신문의 보도문에서는 이러한 글의 전개는 자연스러운 흐름을 끊게 하는 것으로 보는 것이 타당하다.

신문 언어 어떻게 이해할 것인가?

(10) 한겨레신문 헤드라인

'광주형 일자리' 잠정 타결…고용창출 대타협 첫발

(9)와 (10)은 중앙일보와 한겨레신문의 헤드라인이다. 두 신문의 헤드라인에 사용된 공통 어휘는 '광주형 일자리, 대타협, 잠정'이다. 두 헤드라인에서 서로 다른 어휘가 사용된 것은 중앙일보의 '노사민정, 합의'이며, 한겨레신문의 '타결, 고용창출, 첫발'이다. 공통으로 사용된 어휘가 5개 가운데 3개(중앙일보), 7개 가운데 3개(한겨레신문)[11]나 될 정도로 사실 두 헤드라인에서 차이를 발견하기는 쉽지 않다.

하지만 정밀하게 분석하면, 몇 가지 점에서 차이가 있다. 예컨대, '잠정'이라는 어휘를 공통으로 사용하고 있는데, 중앙일보는 '합의'와 하나의 단위로 만들어 '잠정합의'를 헤드라인으로 사용한다. 우리말의 구조상 '잠정합의'는 '합의'이기는 하지만 제한적으로 '잠정'의 의미가 포함된 헤드라인 어휘이다. 곧, '합의'이기는 하지만 '잠정'적이라는 의미를 부각하려고 한 것으로 이해된다.

또한 한겨레신문에서도 '잠정'을 사용한다. 그런데 중앙일보와 달리 띄어쓰기를 하고 '잠정 타결'이라고 헤드라인에 사용하였다. 이는 '잠정'이기는 하지만 '타결'을 강조하기 위한 것으로 분석할 수 있다. 그것은 두 단어를 띄어쓰기하여 직접적 관련성보다는 휴식(pause)를 주어 의미가 직접적인 제한을 하기 어렵도록 한 의도가 개입한 것으로 파악할 수 있다.

---

11 띄어쓰기 단위로 하나의 어휘로 보고 분석하였다. 그런데 광주형 일자리가 실제 하나의 단위로 사용된 어휘이기 때문에 이를 하나의 단위로 보면 중앙일보는 4개 중에 3개, 한겨레신문은 6개 중에 3개가 같은 셈이다. 그래서 한겨레신문에서는 광주형 일자리에 작은 따옴표를 사용하고 있다.

표준국어대사전의 뜻풀이에서도 '합의'는 '서로 의견이 일치함. 또는 그 의견.'으로, '타결'은 '의견이 대립된 양편에서 서로 양보하여 일을 마무름.'으로 돼 있어서 '합의'보다는 '타결'이 훨씬 더 완성도가 높은 어휘로 이해할 수 있다. 곧, '광주형 일자리'의 진행 과정에서 중앙일보는 '잠정합의'를, 한겨레신문은 '잠정 타결'을 강조하고 있는 것으로 분석할 수 있는 것이다.

헤드라인의 형식에서도 두 신문 모두 1줄 제목으로 사용하였으나, 한겨레신문은 중간에 말줄임표(…)를 넣어 나열형 헤드라인을 사용하였다. 이는 '타결'한 결과에 대한 신문사의 해석을 헤드라인에 포함하려는 의도로 파악할 수 있다. 그래서 '고용창출'이라는 성급한 어휘를 노출하기에 이른 것이다.

곧, 실제로 현대자동차가 완성차 공장을 광주에 설립하여 '광주형 일자리'가 실제 만들어지기까지는 꽤 많은 시간이 소요할 테지만, 한겨레신문은 비록 '첫발'이라는 어휘를 맨 끝에 사용하기는 했지만, 마치 '잠정 타결'이 바로 '고용창출'을 한 것으로 오해할 수 있는 헤드라인을 만든 것으로 분석할 수 있다.

(11) 중앙일보 고빈도 명사 어휘

ㄱ. 현대차 12회(현대자동차 0회)

ㄴ. 일자리 9회(광주형 일자리 7회 포함)

ㄷ. 광주시 6회(광주광역시 1회 포함)

ㄹ. 노조 4회

(12) 한겨레신문 고빈도 명사 어휘

ㄱ. 광주시 12회(시 단독형 1회 포함)

ㄴ. 현대차 11회(현대자동차 3회 포함)

ㄷ. 일자리 6회(광주형 일자리 5회 포함)

ㄹ. 노조 1회

(11)과 (12)는 두 기사에서 고빈도로 사용한 명사 어휘를 분석한 것이다. 명확히 확인할 수 있는 것이 '광주형 일자리'에 대한 보도를 하면서 중앙일보는 '현대차'를 중심으로 보도하였고, 한겨레신문은 '광주시'를 중심으로 보도한 것을 알 수 있다. 실제로 두 기사 모두 '광주'라는 어휘는 19회 등장하여 그 차이가 없었지만, (11)과 (12)에서 보는 것처럼 중앙일보는 '광주시'가 6회 등장한 것에 비하여 한겨레신문에서는 12회나 등장한다. 이것은 '현대차'가 12회(중앙일보)와 11회(한겨레신문) 등장한 것과는 차이가 크다고 하겠다.

'노조' 역시 중앙일보는 4회 사용하였고, 한겨레신문은 1회만 사용하고 있다. '광주형 일자리'에 대하여 부정적인 생각을 갖고 있는 '노조'를 더 많이 언급한 기사에서 '광주형 일자리'에 대한 기사의 편집 방향이 부정적으로 이루어질 것이라는 점을 예측할 수 있는 부분이다.

이러한 예는 보도 기사에서 사실을 표현하는 서술어 '밝히다'나 '발표하다'를 사용한 문장의 주체를 확인해보아도 확인할 수 있다. 중앙일보에서 '밝히다'를 서술어로 사용한 문장(⑨, ⑳)을 보면, 주체가 '(현대차)회사 관계자', '현대차 노조'이고, 한겨레신문에서는 주체가 '광주시'(⑩)와 '현대차지부'(⑰)임을 알 수 있다.

동일한 사건을 취재하여 보도하고 있는 중앙일보 기사 (3)과 한겨레신문 기사 (4)를 면밀히 분석해 보면, 우리가 신문을 볼 때 왜 편집을 읽어야 하는지, 편집에서 배울 점이 무엇인지를 확인할 수가 있다.[12]

2. 독자와 신문

2.1. 신문의 가치

신문은 우리 사회에서 일어나는 갖가지 사건을 정보로 제공하면서 사회의 변화를 주도하는 미디어이다. 그런 점에서 신문의 정보성은 어느 매체보다도 뛰어나다고 할 것이다. 더욱이 신문은 문자언어를 중심으로 뉴스를 제공하고 있어서 개인에게는 보존하며 반복 확인이 가능한 책과 같은 존재이다. 곧, 정보의 정확성에서는 책의 전문성을 따르고 정보의 접근성은 텔레비전처럼 가까이 있다는 것이다. 특히 문자와 사진으로 제공하는 신문의 보도 기사나 전문가가 기고하는 칼럼의 경우에 그것을 읽는 독자에게 미치는 영향력은 매우 크다.

지금까지 신문의 정보, 특히 언어를 수용하는 측면은 지나치게 이분법적으로 나누어져 있었던 것 같다. 하나는 신문을 지나치게 신뢰하는 관점으로 비판적 능력을 정지시키고, 사회적 강자를 위해 여론을 조작하거나 기존 질서와 규범에 대해 순응하여, 그것을 유지, 강화하는 사회 조정 기능을 수행하는 매체로 보려는 태도이다. 다른 하나는 신문에 대하여 지나치게 부정적인 관점으로 현실에서 발생하는 사건의 전달조차도 제대로

---

12   같은 내용을 담고 있는 문장의 분석이나 피통 표현, 프레임 등을 분석하여 파악할 수도 있다. 이에 대하여는 3부에서 자세하게 다룰 것이다.

신뢰하지 않으면서 특별히 사회 조정 기능을 수행하려는 언론에 대하여 더 큰 불신과 외면으로 대응하려는 자세이다.

그런데 실제로 신문은 독자의 입장에서 보면, 정보 제공 기능과 사회 조정 기능을 바탕으로 긍정적인 역할과 부정적인 역할을 함께 수행하고 있다. 따라서 이제 독자는 스스로 자신의 필요에 따라 신문의 정보를 누릴 권한을 가져야 한다. 곧, 신문의 보도 기사, 사설, 칼럼의 언어표현을 면밀하게 분석해서 신문에서 사용하는 언어 기제가 어떻게 작용하고 있는가를 파악하고, 독자 스스로의 활용도에 따라 수용해야 할 필요가 있다는 것이다.

촘스키(2002:28~29)에서는 국민을 강제로 통제하거나 사회가 항상 지배개념을 강요할 때 지식인과 대중매체가 동원되어 선전이라는 수단을 사용한다고 말한다. 더욱이 점점 신문은 상업적 목적이 뚜렷이 드러나는 경향이 있다.[13] 물론 신문사의 상업성은 단순히 이윤만을 추구하는 것은 아닐 수도 있다. 신문의 기사를 통하여 독자에게 사회화 기능이나 오락 기능, 동원 기능 등을 제공하기 때문에 사회적 공기로써 그 역할을 충실히 수행하는 것으로 보기도 한다. 이러한 점은 여타 대중매체와 차별을 보이는 것이기도 하다.[14]

그런데 지금은 신문이 제공하는 정보를 얻을 수 있는 경로가 다양해졌다. 그만큼 신문에 대한 열독률은 낮을 수밖에 없다는 것이다. 이러한 미

---

13 정연우(1993), 「상업성의 제물이 된 한국언론」, 『저널리즘 비평』제11권, 77~80쪽, 한국언론학회. 김지완(1997), 한국신문의 상업성과 기자의식에 대한 연구, 동국대학교 석사학위 논문 참조.

14 예컨대, 드라마나 영화에서는 제작사가 제작비를 일부라도 조달하기 위해 특정 상품을 영화 및 방송의 소도구로 활용하는 PPL(product placement)을 사용하는 경우가 있는데, 이는 주요 장면에 상품이 배치되어 관객에게 노출된다는 점에서 광고효과가 발생할 개연성이 매우 높다.

디어 환경에서 신문만이 오롯이 독자를 위해 '공공성'을 추구하는 자세를 취해야 한다는 명제 역시 성립하기 어렵다. 그러다보니 신문사는 신문의 편집을 신문사의 이익을 위해 활용하게 된다. 이러한 현상은 결국 신문의 존재 가치를 인정하는 독자나 신문 기사가 필요한 독자에게 피해를 입히게 될 것이다. 신문사가 충성스런 독자들을 중심으로 신문의 상업적 이익을 실현하기 때문이다.

신문의 1면 톱기사는 그 신문사의 이데올로기를 매일 표현한다. 독자들도 1면 톱기사의 헤드라인에 매우 민감하게 반응하며 신문을 볼 수밖에 없다. 한국신문윤리위원회의 신문윤리실천요강 제10조 편집지침 제1항 표제의 원칙에서는 "신문의 표제는 기사의 요약적 내용이나 핵심적 내용을 대표해야 하며 기사 내용을 과장하거나 왜곡해서는 안 된다."고 제시하고 있지만, 외면할 수 없는 언론의 상업성과 각양각색의 미디어가 뉴스를 경쟁하는 지금의 언론 환경에서 이러한 원칙만 고수하기란 쉽지 않은 상황이다.[15]

이러한 미디어 환경의 변화는 수많은 뉴스나 정보를 독자 스스로가 능동적이고 비판적으로 수용하지 않으면 안 되는 상황으로 만들었다. 그러므로 사회의 현안을 상황에 따라 신문이 어떤 태도로 어떻게 표현하며 독자에게 전달하는가를 스스로 면밀히 분석해 보아야 한다.

텔레비전을 비롯한 케이블, 위성방송 그리고 인터넷, 스마트 폰 등 언제나 새로운 미디어가 등장할 때마다 종이신문의 위기를 외쳤다. 대표적으로 월 스트리트 저널(The Wall Street Journal)을 비롯한 수많은 신문, 잡

---

15 인터넷을 통하여 신문의 온라인 서비스가 활성화되고, 인터넷 신문이 양산되어 포털 사이트가 뉴스를 편집하여 기사를 제공하는 이 시대에는 '낚시성 제목'이라는 용어가 새롭게 부각될 수밖에 없는 미디어 환경임을 인정해야 한다.

신문 언어 어떻게 이해할 것인가?

지, 방송 채널과 기업들을 보유한 종합미디어그룹 뉴스 코퍼레이션(News Corporation)의 루퍼트 머독(Rupert Murdoch) 회장은 2009년 9월 15일 뉴욕에서 열린 골드만삭스 커뮤나코피아 콘퍼런스(Goldman Sachs Communacopia conference)에 참석, 금융 전문가들에게 행한 강연에서 앞으로 20~30년 안에 종이신문이 사라지고 휴대용 전자신문으로 대체될 것이라고 예견한 바 있다. 이 생각은 10여 년 전에 발표된 것이지만, 현재 종이신문의 시장 상황을 보면 크게 어긋나지 않은 것 같다.

실제로 미국의 노스캐롤라이나 주립대학(UNC)의 필립 마이어 교수는 『소멸하는 신문(The Vanishing Newspaper)』이라는 저서에서 "현재와 같은 속도로 신문 구독자 수가 감소해 나가면 2043년 초쯤 지구상에서 신문은 완전히 사라질 것"이라고 예측했다.[16]

물론 반론도 있다. 우리나라에서는 『신문의 파워』(김택환·이상복 지음, 커뮤니케이션북스, 2006)에서 수많은 매체 가운데 신문만 갖고 있는 미디어 특징은 편견 없이 세상사 전체를 훑어볼 수 있는 일람성, 휴대 용이성, 사건과 사안의 배경을 설명하는 심층 분석, 그리고 종이 특유의 감촉 등의 장점으로 꼽고, 그동안의 도전과 응전에도 불구하고 4백년의 역사를 지닌 신문의 생존은 계속될 것이라며 신문 무용론을 반박한 바가 있다.

비록 현대 사회에서 인터넷을 기반으로 하는 정보에 밀려서 그 위치가 점점 약화되기는 하지만, 여전히 신문을 보는 독자에게 있어서 신문의 영향력은 다른 미디어의 이용자보다도 크다. 대략 56면에서 72면에 달하는 하루치 신문은 광고를 빼고도 책 한 권과 맞먹는 분량이다. 이러한 신문

---

16   2005년 8월 16일 한국기자협회의 기자협회보 김창남 기자의 〈'빙하기'냐, '제2르네상스'냐?〉 기사 참조.

의 가치에 대하여 신문의 기능[17] 가운데 정보 제공 기능과 사회 조정 기능에 주목하여 살펴본다.

정보 제공 기능을 충실히 수행하는 보도 기사의 정보를 믿고 그대로 수용하거나 지나치게 비판적인 태도를 취하는 것도 문제가 될 수 있다. 신문에서 제공하는 정보는 독자에게 자신의 삶을 보다 윤택하게 만들고 풍요롭게 누릴 수 있는 기초적인 자료이다. 사회 조정 기능이 우선인 사설과 칼럼 역시 독자들이 살아가는 사회 현실에 대한 여러 가지 다양한 의견, 특별히 어떤 신문사의 의도나 칼럼니스트의 주장 가운데 하나이다. 따라서 우리가 신문의 보도 기사나 사설, 칼럼을 잘 활용하여 자신에게 필요한 정보로 가공한다면 신문은 개개인에게 매우 유익한 정보지로서의 역할을 할 것으로 기대할 수 있다.

결국 우리가 사회의 변화와 무관하지 않게 살려면 신문을 볼 필요가 있음은 분명해 보인다. 독자에게서 신문의 가치는 정보적, 이념적, 현실적으로 유의미할 뿐 아니라 의사소통 상황에서 의제 설정 기능과 지식 자료, 변화하는 사회의 여론에 흐름을 이해할 수 있는 매체로써 역할을 충분히 해 줄 수 있기 때문이다.

---

17 뉴스를 통하여 사회와 세계에서 일어나는 정치·경제·사회·문화 등의 정보를 수집, 배포하는 정보 제공 기능, 사회에서 일어나는 사건과 정보의 의미를 설명·해석·평가하여 합의 창출, 여론 형성, 갈등 해소 등의 역할을 하는 사회 조정 기능, 사회적 유산을 전수하여 사회의 전통과 규범을 가르치거나 지배적 문화를 유지하도록 하는 사회화 기능, 즐거움을 주어 대중의 유쾌한 삶에 기여하고 기분 전환과 휴식을 통하여 사회적 긴장을 완화하는 오락 기능, 정치, 경제 개발, 노동, 전쟁 같은 국가적 이익에 기여하거나, 종교 등의 특정한 사회적 가치나 행동 유형을 선택하는 영역에서 사회적 구성원들이 참여하도록 하는 동원 기능이 5가지의 대중매체의 기능이다(강상현·채백, 2002년, 33~35쪽, 강준만, 2001년 75~77쪽, 우한용 외 2003년 78~80쪽 참조).

신문 언어 어떻게 이해할 것인가?

2.2. 인터넷 시대의 독자

원래 기사에서 따옴표는 명망 있는 정치인들이나 주요 인물들의 발언을 인용할 필요가 있을 때 사용하면 크게 문제가 되지 않는다. 그런데 요즘 우리나라 신문 기사의 제목에는 지나치게 따옴표를 많이 사용하고 있어서 이제는 거의 관습화되다시피 하였다. 특히 최근에는 스마트폰의 영향으로 마치 기자가 특정인의 발언을 기다렸다는 듯이 곧바로 받아쓰며 기사화하고 있어서 이러한 기사 작성 행태를 '타자치기'[18]라고 부르기도 한다. 정치인들의 정책을 비판하고 그들이 제대로 활동하고 있는지 감시를 해야 할 기자들이 자극적이고 스펙터클(Spectacle)한 보도를 위하여 정치인의 입에만 주목하여 이를 무분별하게 받아쓰기한다는 의미로 타자치기라고 하는 것이다.

이준웅(2007:66~67)에서는 흔히 직접인용부호를 사용한 인용문을 중심으로 기사를 작성하는 것을 일러 '따옴표 저널리즘'이라 부른다. 그런데 기사를 작성할 때 기자는 취재원을 보호한다는 미명 아래 철저히 취재원을 감춘다. 그리고 기사에서는 독자가 실제 기사의 사실성 유무를 확인하기 어렵게 취재원의 제보가 사실인 것처럼 표현된다. 곧, 취재원은 완전히 차단하고 기사 내용은 진실인 것으로 인정받기를 바라는 기사 작성 태도가 바로 따옴표 저널리즘의 핵심적인 문제가 되는 것이다.

신문 기사에서 이처럼 따옴표 저널리즘을 사용하는 이유는 오보에 대한 책임 문제라는 것을 지적할 수 있다. 곧, 인용 보도의 경우에 특정인의 발언을 그대로 옮겨서 제시한 것이므로 보도한 신문이나 뉴스 생산자

---

18 KBS1 TV 저널리즘 토크쇼 J 22회 '타자수인가 기자인가, 따옴표 저널리즘' 2018년 12월 2일 방영 참조.

가 책임을 질 필요가 없다. 따라서 뉴스 생산자의 입장에서는 매우 편리하고 안전한 보도 행태인 것이다. 이 외에도 특정인의 발언을 옮겨 쓰면 취재하는 것보다 훨씬 편리하고 검증이나 탐사 보도를 할 필요가 없다. 무엇보다도 실제 발언을 인용하여 보도한 것이기 때문에 그 자체가 사실 보도인 것이다.

2018년 주요 언론사에서 내보낸 뉴스 가운데 오보로 판명된 것은 두 개가 있다. 한국경제의 8월 24일 「'최저임금 부담, 식당서 해고된 50대 여성 숨져'」 기사와 연합뉴스의 11월 29일 「전 통일부 장관 방북…'김정은 답방 물밑 논의' 주목」이라는 기사이다. 조선일보 12월 7일 「해병대, NLL 비행금지 추진에 반대」 기사는 오보는 아니었지만, 이 기사로 인하여 가짜뉴스가 확대 재생산되는 근거로 작용한 기사였다. 특히 연합뉴스의 기사는 연합뉴스만 믿고 기사를 받아 쓴 MBC, SBS, 〈경향신문〉, 〈매일경제〉, 〈헤럴드경제〉 등에서 오보를 확대·재생산했다는 점에서 매우 문제가 된 기사였다.[19]

왜 이렇게 주요 언론사에서조차 이와 같은 오보를 생산하며 이른바 가짜뉴스 확산에 기여하는 것인가. 그것은 바로 제한된 취재원을 바탕으로 한 속보 경쟁이 커다란 몫을 차지한 것으로 볼 수 있다. 곧, 기사의 사실성의 기제를 높이기 위하여 특정 취재원의 말을 인용하여 기사를 작성하

---

19 2018년 11월 29일 오전 7시 28분 연합뉴스는 [정세현 전 통일부 장관 방북…'김정은 답방 물밑 논의' 주목] 제하 기사를 발표하였다. 그런데 연합뉴스는 같은 날 11시 38분에 '[社告] 정세현 전 장관 방북 오보 사과드립니다'라는 제하의 기사로 "정 전 장관이 방북하지 않은 것으로 확인돼 기사를 전문 취소했습니다. 사실과 다른 기사가 나간데 대해 사과를 드립니다."라고 기사를 취소한다는 기사를 발표하였다. 하지만 [정세현 전 통일부 장관 방북…'김정은 답방 물밑 논의' 주목] 기사는 연합뉴스만 믿고 기사를 받아 쓴 MBC, SBS, 〈경향신문〉, 〈매일경제〉, 〈헤럴드경제〉 등에서 오보를 확대·재생산한 뒤였다.

신문 언어 어떻게 이해할 것인가?

는 데 이러한 보도 태도가 문제라는 것이다. 이른바 따옴표 저널리즘과 사실(fact)의 상관성이 기사 작성에 크게 작용하고 있기 때문이다.

연합뉴스 오보의 경우 '중국 선양의 한 교민'을 취재원으로 하여 보도한 기사[20]였다. 그러다보니 기사의 내용에서도 "정세현 전 통일부 장관이 비공개로 북한을 방문 중인 것으로 알려졌다"고 전했다. '알려졌다'는 표현[21]은 명확한 주체가 드러나지 않는 보도 태도를 취하며 인용을 한 것이고, 그것마저도 '전했다'라고 주체를 드러내지 않고 표현한다.

한국경제의 「최저임금 부담, 식당서 해고된 50대 여성 숨져」 기사에서는 애초의 기사 리드는 〈급격한 최저임금 인상으로 일자리를 잃은 50대 여성이 최근 스스로 목숨을 끊은 것으로 확인됐다.〉였다. 그런데 한경닷컴에 올렸다 삭제한 기사의 완결성을 높이기 위해 보강취재한 내용의 기사 「구직시장 전전했던 '월평동 다둥이 엄마'는 왜 극단적 선택을 했나」에서는 앞의 내용이 〈김모 씨(35)는 지난달 10일 대전광역시 월평동의 한 다세대주택 단칸방에서 3남매를 남긴 채 스스로 목숨을 끊었다.〉으로 바

---

20 미디어오늘이 보도한 「연합뉴스, 이번엔 '정세현 방북' 오보」(2018. 11. 30.)에 따르면, 기사에서 중국 선양의 한 교민 증언을 인용해 "정세현 전 통일부 장관이 어제 선양을 경유해 북한 평양에 도착한 것으로 안다"며 "정 전 장관이 대한항공 KE831편으로 선양에 도착 후 고려항공 JS156편으로 평양에 들어갔다"고 선양에 있는 연합뉴스 특파원이 작성하여 보도했다. 그러나 정작 당사자 정세현 전 장관은 한국에 있었다. 정 전 장관은 29일 오후 CBS라디오 '정관용의 시사자키'에 출연해 "수요일 내내 감기 몸살 때문에 집에 누워 있었다. 그런데 아침에 갑자기 사방에서 전화가 오길래 뭐가 기사가 나왔나 그랬더니 내가 평양에 들어간 걸로 기사가 나왔더라"며 황당했던 상황을 설명했다.

21 이 같은 피동 표현은 주체를 감추고 책임을 회피하려는 기사에서 많이 나타난다. 더 나아가 일부 기사이기는 하지만, '보여지다'라는 표현을 사용하기도 한다. 이는 우리나라 언론인들이 피동 표현을 얼마나 즐겨 사용하고 있는가를 보여주는 한 단면이라고 할 것이다. 곧, '보다'의 피동형 '보이다'에 다시 통어적 피동 '-어 지다'를 결합한 2중으로 피동 표현을 사용한 언어 표현이기 때문이다.

뀐다.[22]

조선일보의 「해병대, NLL 비행금지 추진에 반대」 기사는 JTBC 뉴스룸 팩트체크(2018년 12월 24일)를 참조하면, 해병대전우전국총연맹의 전진구 해병대사령관의 남북 군사분야 합의 반대 입장을 적극 지지한다는 성명서와 함께 펜앤드마이크, 올인코리아 등 몇몇 인터넷 매체는 이 단체의 지지선언만 기사에 부각해서 가짜정보를 더 확산을 시킨 바가 있다[23]고 한다.

2016년 미국의 대통령 선거 이후 '가짜뉴스(fake news)'[24]라는 용어는 우리나라를 비롯한 많은 국가에서 관심을 갖게 되었다. 더 나아가 2016년 옥스퍼드 사전은 '탈 진실(post truth)'을 올해의 단어로 선정했다고 한다.[25]

독일의 히틀러 정권에서 선전부 장관을 지낸 괴벨스(Goebbels, Paul

---

22 한국경제 스스로도 이 기사와 관련하여 '최저임금 자살 사건' 한경닷컴 보도의 전말 (1)의 기사에서 "한국경제는 급격한 최저임금 인상 등 현 정부의 소득주도성장 정책을 깎아내릴 의도를 갖고 이 기사를 작성하지 않았으며, 작성 당시에도 없던 사실을 만들어내지 않았음을 분명히 말씀드린다며, 이와 관련해서 두 꼭지 기사를 싣습니다. 첫 번째 〈①구직시장 전전했던 '월평동 다둥이 엄마'는 왜 극단적 선택을 했나〉는 한경닷컴에 올렸다 삭제한 기사의 완결성을 높이기 위해 보강취재한 내용입니다. 두 번째 〈②한경은 '가짜뉴스'를 만들지 않았습니다〉는 한경이 이 사건을 접하게 된 보도 배경과 취재 과정, 사실 여부 등을 밝힌 것입니다."라고 하였다.

23 실제로 이 기사에 대하여 서울신문은 「국방부 "'해병대 NLL 비행금지구역 반대' 보도는 악의적 왜곡 보도"」라는 기사를 2018년 12월 7일에 내보냈다. JTBC 뉴스룸 팩트체크(2018년 12월 24일) 방송에서도 "사령관이 공식이든 비공식이든 말할 사안이 아닐뿐더러 그런 말을 하지도 않았다"라고 밝혔고, 해병대 차원에서 반대 의사를 밝힌 적도 없다고 보도했다. 더욱이 지지성명을 발표한 단체의 대표도 지지선언의 근거가 무엇인지 묻는 질문에 "조선일보 기사를 보고 우리가 다 움직였다"라고 답한 것이 전부였다.

24 fake news를 '가짜뉴스'라는 용어로 번역할 때 '가짜'와 '뉴스'를 붙여서 사용하는 경우도 있고, 띄어쓰기 하는 경우도 있다. 이 연구에서는 하나의 용어로 인정하여 '가짜뉴스'로 사용하기로 한다. 다만 참고문헌의 경우 원래 표기를 존중하여 그에 따른다.

25 The Guardian, "'Post-Truht' named word of the year by Oxford Dictionaries." 2016년 1월 15일. 한상기(2017:3)에서 재인용.

신문 언어 어떻게 이해할 것인가?

Joseph)는 "사람은 한 번 거짓말은 부정하지만 두 번째는 의심하고 세 번째는 믿게 된다."라는 말을 남긴 바 있고, 러시아 사회주의 혁명을 지도하고 소비에트 사회주의 공화국을 건설한 레닌(Lenin, Vladimir Ilich Ul·ya·nov)도 "거짓말을 충분히 반복하면 진실이 된다."라는 말을 하였다.

그런데 '뉴스' 자체가 이미 '진실'과 '사실'을 담보하는 것이므로, '가짜'란 존재할 수 없다는 생각이 든다. 임종섭(2017:89)에서도 뉴스에 가짜가 존재할 수 없으며, 뉴스에 담긴 정보는 진실성·사실성·정확성·공정성·균형성·객관성 등의 측면에서 기자들 간 합의, 기자와 뉴스 이용자 간의 합의를 전제로 한다고 주장한다.

실제 국어의 어휘 통합 구조상으로도 '가짜'라는 어휘와 '뉴스'라는 어휘가 통합하면 '뉴스'가 의미의 중심이 되기 때문에 '가짜뉴스'도 '뉴스'의 한 종류로 해석될 수밖에 없다. 국어 문장의 각 어휘 항목은 공기(共起)[26] 관계를 형성할 때 나타나는 제약이 있는데, '가짜'와 '뉴스'는 이러한 선택 제약(selectional restriction)을 받는 어휘로 보아야 할 것이다. 그러므로 이른바 '가짜뉴스'는 이러한 언론의 비유 표현 양상이 다양하게 나타나면서 언론의 윤리적 가치를 상실한 뉴스 생산자가 만들어낸 '헛소문'[27]이라고 보는 것이 타당하다.

그렇다면, 왜 사람들은 '가짜뉴스'에 흥분하며 '가짜뉴스'가 이처럼 활발하게 유통되는 이유는 무엇인가. 아마도 정치적으로 영향력을 크게

---

26 표준국어대사전에서는 의미를 '형태(形態), 형태소, 음(音), 음소 따위가 문법적으로 벗어나지 않고 동일한 문장, 구, 단어 안에서 나타나는 것.'으로 풀이하고 있다.

27 가짜뉴스를 '헛소문'이라고 명명하는 것이 적절하다고 판단하지만, 이미 사회성을 획득한 용어인 '가짜뉴스'를 '헛소문'으로 바꾸는 것이 쉽지 않기 때문에 어쩔 수 없이 '가짜뉴스'와 '헛소문'을 필요에 따라 함께 사용할 것이다.

발휘하고 싶다든지, 금전적인 수익을 노리는 목적 등 다양한 이유가 있겠지만, 뉴스의 생산에 각 개인들의 참여가 쉬워졌으며 이를 다시 손쉽게 확산될 수 있는 플랫폼이 제공되고 있기 때문일 것이다.

인터넷을 기반으로 하여 SNS를 비롯한 새로운 미디어가 등장함에 따라 다양한 미디어가 공존하는 멀티미디어 환경이 조성되었고, 미디어 사용자들은 다양한 미디어를 자신의 필요에 따라 선택적으로 활용하는 방법을 찾게 되었다. 유한한 미디어 수용자에 대하여 각종 미디어의 경쟁이 심화되고 있는 상황이다.

이러한 상황에서 신문은 급증하는 온라인 디지털 미디어와의 경쟁과, 미디어 수용자들의 매체이용행태 변화라는 미디어 환경에 능동적으로 대처하지 못하고 주요 수익 경로인 유료 독자시장은 물론 광고시장의 규모도 급속히 위축시켜 왔다.

이제 미디어 사용자들은 신문이나 방송(텔레비전, 라디오)과 같은 전통적인 미디어에서 정보를 얻기보다는 시간과 공간의 제약조차 넘어서는 온라인, 모바일, 소셜 미디어 등과 같은 뉴미디어에서 자신이 원하는 정보를 찾는 시대가 되었다.

한국언론진흥재단의 '2018 언론수용자 의식조사'에 따르면, 신문 열독률이 1996년 85.2%에서 2017년 16.7%로 5분의 1정도 수준까지 감소하며 꾸준한 하락세를 보였으나, 2018년 17.7%로 전년대비 1.0%포인트 상승했다. 또한 종이신문 열독률의 반등과 함께 지난 1주일간 신문기사를 5가지 경로(종이신문, PC 인터넷, 모바일 인터넷, 일반 휴대전화, IPTV) 중 1가지 이상에서 이용했다는 응답 비율(결합 열독률)은 2017년 79.0%에서 0.6%포인트 상승한 79.6%로 나타났다. 이러한 결과는 미디어 사용자들은 신문의 기사를 여러 경로로 수용하고 있으며 신문에 대한 신뢰를 갖고 뉴스를 소비하고 있는 것으로 이해할 수 있다.

신문은 방송과 더불어 꽤 오랜 시간동안 뉴스 시장에서 절대적 위치를 점하고 있었지만 이제 인터넷의 보급과 확산으로 수많은 콘텐츠가 미디어의 경계 없이 제공되고 있다. 뉴스 소비자들은 더 이상 종이신문으로 활자화된 정보만 수용하는 것이 아니라 다양한 콘텐츠를 동영상과 더불어 음악과 같은 청각적 형태를 소비하기에 이르렀다.

곧, 인터넷 기반 미디어는 뉴스나 다양한 콘텐츠를 독점적으로 유지하는 것이 아니라 공유하는 시스템으로 가고 있다. 이러한 시대적 흐름에 따라 독자 스스로도 이제 능동적으로 뉴스를 수용하여 활용함으로써 스마트 시대의 시민으로 살아가야 할 방법을 찾아야 한다.

제6장
신문 언어의 논리 구조

세상에는 하루에도 수없이 많은 사건들이 일어난다. 그 가운데는 사람들의 관심을 끌 만한 사건도 있고 그렇지 못한 사건도 있다. 신문사는 이 가운데 일정한 기준으로 독자의 관심을 끌 만한 사건을 선정하여 전달한다. 어떤 사건은 사건의 발생 과정이나 경과에 대하여 구체적으로 설명하고, 어떤 사건은 사건에 대한 가치 평가를 신문사의 시각이나 외부 전문가의 시각으로 독자에게 전달하며 여론을 형성하려 한다.

신문사는 여러 가지 사건과 세상 사람들의 이야기를 대부분 문자언어의 형태로 전달하기 때문에, 독자에게 효과적으로 전달할 수 있는 언어 기제를 찾기 위해 많은 노력을 하고 있을 것으로 추정한다. 그러므로 기사의 유형에 따라 전달하려는 언어 기제를 파악하는 방법이 있으면, 독자에게 매우 유용한 정보가 될 것이다. 곧, 보도 기사는 보도 기사대로, 오피니언 기사는 오피니언 기사대로 전달하는 효율적인 방법이 있을 것이므로 이를 분석하여 그 방법을 확인할 수 있다면, 독자들에게도 매우 실용적인 가치를 발휘할 수 있다는 것이다.

여기서는 신문 기사를 설명형 기사와 논증형 기사로 나누어서 논리 구조를 분석할 것이다. 그것은 신문의 언어가 독자에게 전달될 때는 대개 특정한 사실을 설명하거나 신문사 또는 필자의 생각을 주장하는 경우가 많기 때문이다. 우리가 아는 대표적인 설명형 기사는 1면 톱기사이고, 논증형 기사는 오피니언 기사인 사설과 칼럼으로 이해할 수 있다. 따라서 보도 기사에서 설명하는 방법과 오피니언 기사에서 주장을 표현하는 방법에 대하여 분석한다.

논리 구조는 〈논거〉와 〈육하원칙〉을 기준으로 내용의 [사실성], [의도성[1]], [명시성], [균형성]을 바탕으로 분석할 것이다. [사실성]은 내용을 얼마나 사실에 바탕을 두는가, [의도성]은 신문사나 필자의 의견을 얼마나 포함하는가, [명시성]은 구체적인 논거를 얼마나 많이 갖추고 있는가, [균형성]은 보도하는 기사의 이해 당사자들에 대한 배려는 어떠한가 등이 기준이 된다.

1. 설명형 기사와 논리 유형

우리가 신문에서 볼 수 있는 설명형 기사의 대표적인 것은 보도 기사이다. 보도 기사는 세상에서 일어나는 여러 가지 현상에 대하여 우리에게 전달할 목적으로 작성된 것이다. 우리가 흔히 신문을 사회적 공기(公器)라

---

1   의도성은 완결성과 매우 관계가 깊다. 육하원칙의 요소를 언론사의 의도에 따라 조정할 수 있기 때문이다. 그런데 굳이 의도성이라는 용어를 사용하는 것은 완결성보다는 이른바 가짜뉴스의 생산에서 작용하는 기제이기도 할 뿐만 아니라, 육하원칙 이외에도 다양한 부분에서 언론사의 의도를 포함할 수 있기 때문이다. 따라서 기사의 논리 구조를 분석할 때는 완결성보다는 의도성이 가치 있는 기준이 된다.

고 말하는데, 여기에는 사회 속의 여러 가지 사건을 객관적으로 전달한다는 의미가 내포되어 있다. 그런데 어떤 사건을 기술할 때 과연 객관적으로 전달한다는 것이 가능한 일인가? 신문 기사를 생각해 보면 그렇지 않은 것 같다. 기사 역시 어떤 특정한 시각으로 우리에게 전달할 수밖에 없을 것이다. 특히 여러 형태의 미디어들과 상업적 가치를 두고 경쟁을 해야만 하는 현재의 미디어 환경에서는 더욱 더 신문사의 시각이 작용될 것으로 예상할 수 있다. 이 때문에 신문 기사에 대한 신뢰도나 열독률이 독자의 성향에 따라 다르게 나타나는 것이다.

신문은 문자언어를 중심으로 여러 가지 기사의 유형에 따라 기사를 작성하는 언어 기제를 전문적으로 사용하는 미디어이다. 보도 기사의 경우 현실에서 발생하는 사건을 설명하는 방법이 매우 구체적이고 명확한 것으로 알려져 있다. 또한 특별히 부각시키고 싶은 부분을 드러내는 방법이 매우 발달한 것 역시 보도 기사의 언어이다. 그래서 동일한 사건을 보도하며 설명하는 기사의 논리 구조를 분석하여 논리 유형을 살펴보려 한다. 그리고 설명하는 기사의 논리 유형을 사실 설명형과 의견 설명형으로 나누어 제시한다. 신문 기사는 그것이 보도 기사이든, 오피니언 기사이든 사실과 의견으로 짜여 있는 것은 분명하다. 따라서 보도가 주요 목적인 설명형 기사의 논리 유형을 객관적인 사실을 중심으로 설명하는 사실 설명형과 평가 의견을 중심으로 설명하는 의견 설명형으로 나누는 것은 의미가 있다.

1.1. 사실 설명형

예시 (13)은 〈한·미 정상 "평창 기간 연합훈련 없을 것"〉이라는 헤드라인과 본문이 17문장 339어절로 이루어진 보도 기사이다. 헤드라인이 언

　　　　　　　　　　　　　　신문 언어 어떻게 이해할 것인가?

어형태로는 단어형으로 끝났지만, 의존명사이기 때문에 생략형처럼 보일 수도 있다. 그리고 헤드라인에 부분적인 인용이 있어서 '한·미 정상'이 함께 말한 것으로 이해할 수 있는 표현이다.

　　이 기사의 헤드라인으로 알 수 있는 [사실성]은 매우 높다. 그것은 제목에서 큰따옴표를 사용하여 인용하는 내용의 주체가 〈한·미 정상〉으로 명확하게 제시되어 두 정상의 발언이 있었음을 보여주었고, 의존명사 '것'을 헤드라인의 마지막 단어로 사용하여 단호함의 효과를 노리는 언어 기제를 사용했기 때문이다. 또한 이 기사의 헤드라인은 두 정상의 발언으로 이해할 수 있는 내용을 큰따옴표로 인용하고 있어서 [명시성]도 분명하다.

　　그런데 같은 현안을 보도한 (14)의 헤드라인을 보면 〈한·미, 평창올림픽 기간 훈련 중단 합의〉라고 돼 있어서 차이가 있다. 곧, (14)의 헤드라인으로는 '합의'의 주체가 '한·미'인 것은 알 수 있지만, (13)에서처럼 '정상'이라는 표현이 없다. 따라서 (14)는 (13)보다 [사실성]과 [명시성]에서 차이가 날 수밖에 없다. 이러한 차이는 신문사가 어떤 현안을 보도하는 [의도성]이 표현될 수가 있다.

　　곧, (13)은 헤드라인에서 따옴표를 사용하여 직접 인용한 발언의 주체를 표시함으로써 [사실성]과 [명시성]을 분명히 강조하며 보도하려는 [의도성]이 있는 기사이고, (14)는 헤드라인에 따옴표를 사용하지 않고 단순히 언어 기호의 서술로 [사실성]만 강조하며 현안을 보도하려는 [의도성]이 있는 기사인 것이다.

(13) 〈한·미 정상 "평창 기간 연합훈련 없을 것"〉

　　[1단락] ①문재인 대통령과 도널드 트럼프 미국 대통령이 4일 평창 겨울올림픽 기간 중 한·미 연합훈련을 실시하지 않기로 합의했다.

[2단락] 문 대통령은 이날 밤 10시부터 30여분간 이어진 트럼프 대통령과의 통화에서 "북한이 더 이상 도발하지 않을 경우, 올림픽 기간 동안 한·미 연합훈련을 연기 할 뜻을 밝혀주시면 평창 올림픽이 평화 올림픽이 되고 흥행에 성공하는데 큰 도움이 될 것이라 믿는다"고 말했다. 이에 대해 트럼프 대통령은 "문 대통령께서 저를 대신해 그렇게 말해도 될 것 같다"며 "'올림픽 기간 동안에 군사 훈련이 없을 것이다'라고 말해도 되겠다"고 답했다.

[3단락] 윤영찬 청와대 국민소통수석은 전화 통화 직후 서면 브리핑에서 "양국 정상이 이날 통화에서 평창 올림픽이 안전하고 성공적으로 개최되도록 최선을 다하기로 합의했다"며 "이를 위해 양국 군이 올림픽의 안전 보장에 최선을 다하기로 했다"고 전했다.

[4단락] 문 대통령은 이날 통화에서 남북 대화 재개 가능성과 관련해 "남북 대화 과정에서 미국과 긴밀히 협의할 것이며 우리는 남북 대화가 북핵 문제 해결을 위한 미국과 북한의 대화 분위기 조성에 도움이 된다고 확신한다"고 말했다. 이와 관련, 윤 수석은 "문 대통령은 '트럼프 대통령이 그간 한반도 비핵화 목표 달성을 위해 확고하고 강력한 입장을 견지해온 것이 남북대화로 이어지는데 도움이 되었다'고 트럼프 대통령에게 사의를 표했다"고 설명했다.

[5단락] 트럼프 대통령도 문 대통령의 이러한 언급과 관련해 남북 대화 성사를 평가하며 "좋은 결과가 나오기를 희망한다"고 말했다고 윤 수석이 전했다.

[6단락] 트럼프 대통령은 특히 "남북 대화 과정에서 우리 도움이 필요하다면 언제든 알려달라"며 "미국은 100% 문재인 대통령을 지지한다"고 말했다. 그러면서 "평창 올림픽 기간에 가족을 포함한 고위 대표단을 파견하겠다"고 밝혔다.

[7단락] 문 대통령은 지난달 19일 미국 NBC와의 인터뷰에서 처음으로 "올림픽 기간에 북한을 자극할 수 있는 한·미 연합 훈련을 연기하는 조치를 취할 수 있다"며 "이런 제안을 미국에 했고 미국도 이를 검토하고 있다"

고 밝혔다. 청와대 관계자는 "이날 통화는 트럼프 대통령의 요청에 의해 이뤄졌다"며 "사실상 문 대통령의 요청에 대한 트럼프 대통령의 화답 형식의 통화라고 봐도 된다"고 말했다. ②**문 대통령과 트럼프 대통령의 통화는 이번이 여덟번째다.**

[8단락] 트럼프 대통령은 문 대통령과의 통화 직전 트위터를 통해서도 "회담은 좋은 것(good thing)"이라며 남북 간 고위급 회담 추진을 환영했다. 그는 "실패한 전문가들이 참견에도 불구하고 내가 확고하고 강력하게 북한에 대해 모든 힘을 쓸 의지를 보이지 않았다면 남북 회담이 추진될 수 있겠는가?"라고 적었다. 그러면서 "바보들. 하지만 회담은 좋은 것!"이라고 덧붙였다. 로이터 통신은 "트럼프 대통령이 남북 회담이 추진되는 것과 관련해 자신에게도 공이 있다는 것을 과시하려는 것 같다"고 풀이했다.

(중앙일보 20180105)

(13)을 구체적으로 분석해 보면, [1단락]은 한 문장으로 이루어진 리드로서 사건의 설명을 객관적인 사실로 제시한다. 〈누가-언제-무엇을-어떻게〉의 순서로 리드를 기술하고 있어서 [사실성]이 높다.

[2단락]에서는 한국과 미국의 대통령 발언을 인용하여 [1단락] 리드 내용에 대한 사실 논거를 제시하고 있다. 이처럼 두 정상의 발언을 인용하여 사건을 설명하는 것은 헤드라인과 리드에 대한 명백한 증거를 독자에게 보여주기 위한 것이라고 판단한다. [2단락]에서는 〈논거1〉을 〈누가-언제-무엇을-어떻게〉의 형식으로, 〈논거2〉를 〈누가-어떻게〉의 형식으로 제시하며 설명한다. 여기서는 구체적인 취재원의 발언을 바탕으로 보도하기 때문에 [사실성]이 높고, 그것이 논거로 기능하고 있어서 [명시성]도 있다.

[3단락]에서는 제보자의 발언을 인용하여 청와대의 입장을 설명하는데, 이는 〈논거3〉으로써 [1단락] 리드의 내용을 구체화하고 있다. 〈논거3〉

은 〈누가-어디서-무엇을-어떻게〉로 설명한다. [3단락] 역시 [2단락]과 마찬가지 형태로 내용이 전개된다. 그래서 [사실성]과 [명시성]이 높은 것으로 분석한다.

[4단락]은 이 기사와 관련된 사건에 대하여 한국 대통령의 입장을 인용으로 제시하고, 관계자의 전언을 인용하여 보충 설명한다. [4단락]은 한국 대통령의 발언 인용한 〈논거4〉와 청와대 관계자의 발언 인용하여 한국 대통령의 입장을 보다 더 구체화한 〈논거5〉로 짜여 있다. 〈논거4〉는 〈누가-어디서-무엇을-어떻게〉로, 〈논거5〉는 〈누가-어떻게〉로 구성하여 설명을 보완하고 있다. [4단락]에서는 한국 대통령의 발언과 윤영찬 수석의 발언을 인용하고 그것이 논거로 기능하고 있어서 [사실성]과 [명시성]이 높다. 그런데 〈사실〉과 〈논거〉가 매우 한국 대통령의 입장을 대변하고 있어서 [의도성]이 있다. [4단락]에서 한·미 양국의 관계에서도 한국의 입장을 주로 대변하고 있어서 [균형성]은 충족하지 못한다. 그런데 [균형성]은 각 개별 문장 하나하나 또는 단락에서는 적용하기 어렵고 기사 전체의 맥락으로 보는 것이 바람직하다.

[5단락]에서도 청와대 관계자의 전언을 미국 대통령의 발언을 인용하여 〈논거6〉으로 제시하며 기사의 내용을 보충 설명한다. 〈논거6〉은 〈무엇을-누가-어떻게〉의 형식으로 구성된 것으로 파악한다.

[6단락]은 미국 대통령의 입장을 표현하는 말을 직접 인용하며 〈사실〉을 〈논거7〉로 제시하며 설명한다. 〈논거7〉은 두 문장으로 짜여 있고, 〈누가-어떻게-어떻게-어떻게〉의 형식을 취하고 있다. [5단락]과 [6단락]에서는 미국 대통령의 발언을 간접, 직접으로 인용하여 [사실성]을 높이고 그것이 논거이기 때문에 [명시성]도 갖추었다.

[7단락]에서도 한국 대통령이 사건의 과정을 설명하면서 발언을 직

신문 언어 어떻게 이해할 것인가?

접 인용하여 〈논거8〉로 설명한다. 〈논거9〉역시 청와대 관계자의 말을 빌려 인용하면서 설명하는 부분이다. [7단락]에는 이 보도 기사에서 처음으로 인용이 아닌 〈사실〉을 마지막 문장에서 〈논거10〉으로 제시하며 설명한다. 〈논거8〉은 〈누가-언제-어디서-어떻게〉의 형식을, 〈논거9〉는 〈누가-무엇을-어떻게-어떻게〉의 형식을, 〈논거10〉은 〈무엇이(누가)-어떻게〉의 형식을 갖추어 설명하는 것으로 파악한다. [7단락]에서는 대통령과 청와대 관계자의 발언을 직접 인용하여 [사실성]을 높이고 있지만, 청와대 관계자의 실명을 밝히지 않은 것은 [명시성]이 낮고, '사실상'과 '봐도 된다'를 함께 서술하고 있어서 [의도성]이 포함된 것으로 볼 수 있다.

[8단락]에서는 미국 대통령의 입장을 설명할 때, 그의 발언을 인용하면서 '의견'으로써 〈논거11〉을 제시한다. 이 보도 기사에서 처음으로 뉴스 생산자의 의견이 등장한 부분이다. 물론 [8단락]의 첫 번째 문장을 '사실'로 평가할 수도 있다. 〈누가-어떻게〉의 형식으로 '환영했다'라는 서술어로 문장을 끝냈기 때문에 '사실'로 보아도 큰 문제는 없다. 더욱이 두 번째 문장은 다시 '적었다'라는 객관적인 현상을 표현한 서술어를 사용했기 때문에 〈논거11〉은 '사실'로 분석이 가능하다. 따라서 [사실성]이 높고 [명시성]도 있다.

그런데 '회담은 좋은 것'이라는 표현이 [8단락]에서 두 번씩 등장하고, 영어 원문까지 괄호 안에 넣어서 표현했으며, 그 표현이 첫 번째로 등장한 문장의 서술어를 '환영했다'고 사용한 것은 신문사의 의도가 포함되어서 [의도성]이 포함된 것으로 분석한다. 왜냐하면 '환영했다', 대신에 '고 말했다', '라고 표현했다' 등으로 표현할 수도 있고, 이 표현이 훨씬 사실적인 표현이기 때문이다.

그리고 이어지는 세 번째 문장에서도 '덧붙였다'라는 주관적 서술어가 나타나고 있어서 신문사의 '의견'을 포함한 [의도성]이 나타난 것으로 분석한다.[2] '덧붙였다'는 표준국어대사전의 뜻풀이를 참조하면 '군더더기로 딸려 있다'라는 의미이기 때문에 트럼프 대통령의 트위터 원문을 참조하면 적절한 용어로 보기가 어렵다.

〈논거11〉의 세 문장 가운데 두 문장에서 사용한 서술어가 주관적인 어휘이기 때문에 '의견'으로 분석한 것이다. 〈논거12〉는 미국 대통령의 입장에 대하여 외신의 반응을 인용하면서, 〈누가-어떻게〉의 형식으로 제시하며 기사를 마무리하였다.

결국 (13)의 보도 기사는 현실에서 발생한 특정한 사건에 대하여, 객관적인 사실을 표현한 ①, ②와 사건의 관계자의 발언과 전언을 인용한 〈논거1~12〉로 설명하고 있어서 [사실성]과 [명시성]이 갖추어진 사실 설명형 기사로 분석할 수 있다. 이 기사에서는 〈의견〉인 〈논거11〉을 제외하고는 모두 인용된 〈사실〉로 짜여 있어서 [의도성]은 낮은 것으로 파악한다. 사실 설명형 기사라고 해서 의견이 전혀 없는 것은 아니다. 특히 인용을 많이 하는 사실 설명형 기사는 인용된 말은 취재원의 의견일 수 있기 때문이다. 그리고 한·미 양국 지도자의 발언을 적절히 인용하여 보도하였으므로

---

2   트럼프 대통령의 트위터에서 캡처한 원문

Donald J. Trump
@realDonaldTrump

팔로우

With all of the failed "experts" weighing in, does anybody really believe that talks and dialogue would be going on between North and South Korea right now if I wasn't firm, strong and willing to commit our total "might" against the North. Fools, but talks are a good thing!

오전 3:32 - 2018년 1월 4일

[균형성]도 갖춘 것으로 분석할 수 있다.

(13)은 사건 자체가 매우 조심스러운 사건이기 때문에 객관적인 사실을 기자가 서술하며 설명하기보다 실제 관계자의 발언을 많이 인용하며 설명하고 있는 것이다. 곧, 사실 논거를 인용한 말을 많이 사용하는 것은 이 사건의 결과에 대하여 인용한 당사자에게 책임을 묻고자 하는 의도가 있는 것으로 파악할 수도 있다.

1.2. 의견 설명형

경향신문의 보도 기사 (14)는 〈한·미, 평창올림픽 기간 훈련 중단 합의〉이라는 헤드라인과 본문 13문장(1문장은 인용문 안에서 분열된 문장) 205어절로 구성되었다. 이 기사는 따옴표가 없이 단순히 언어 기호로만 제목을 구성한 단어형 헤드라인을 사용하고 있어서 중립적 보도 태도를 지향하는 기사로 이해할 수가 있다.

(14) 〈한·미, 평창올림픽 기간 훈련 중단 합의〉

[1단락] ①**문재인 대통령과 도널드 트럼프 미국 대통령은 4일 전화 통화를 갖고 평창 동계올림픽 기간 중에 한·미 연합군사훈련을 연기하기로 합의했다.** 트럼프 대통령은 문 대통령이 추진 중인 남북대화에 대한 ⓐ**전적인 지지 의사**를 밝혔다.

[2단락] 문 대통령은 이날 통화에서 "북한이 더이상 도발하지 않을 경우 올림픽 기간 동안에 한·미 연합훈련을 연기할 뜻을 밝혀주시면 평창 올림픽이 평화 올림픽이 되고 흥행에 성공하는데 큰 도움이 될 것이라 믿는다"고 말했다고 윤영찬 국민소통수석이 전했다.

[3단락] 이에 트럼프 대통령은 "문 대통령께서 저를 대신해 그렇게 말씀하셔도 될 것 같다. 올림픽 기간 동안에 군사훈련이 없을 것이라고 말

쓸하셔도 되겠다"고 화답했다.

[4단락] ⓑ김정은 북한 노동당 위원장이 신년사에서 평창올림픽 참가 의사를 밝힌 뒤 한·미 정상이 처음으로 가진 통화에서 군사훈련 연기에 공감하며 남북대화에 속도가 붙을 것으로 예상된다.

[5단락] 트럼프 대통령은 남북대화 성사를 평가하고 좋은 결과가 나오기를 희망한다고 말했다. 트럼프 대통령은 "남북 대화 과정에서 우리 도움이 필요하다면 언제든 알려달라"며 "미국은 100% 문재인 대통령을 지지한다"고 말했다. 또 평창 올림픽 기간에 자신의 가족을 포함한 고위 대표단을 파견하겠다고 ⓒ재확인했다. 재러드 쿠슈너 백악관 고문이나 장녀 이방카 트럼프 등이 고려되는 것으로 ⓓ전해졌다. ②이날 통화는 미국 측 요청으로 이뤄졌다고 청와대가 밝혔다. ③문 대통령과 트럼프 대통령 전화 통화는 이번까지 8차례 이뤄졌다.

[6단락] ④5일에는 쿵쉬안유 중국 외교부 부부장 겸 한반도사무특별대표의 방한을 계기로 한·중 6자회담 수석대표 협의가 서울에서 열린다. ⓔ북한 신년사 이후 정부와 한반도 주요 관련국들 사이의 한반도 문제 논의가 가속화되고 있는 모습이다.

(경향신문 20180105)

(14)를 보다 더 자세하게 분석해 보자. [1단락]에서는 첫 문장의 리드를 〈누가-언제-무엇을-어떻게〉의 형식으로 제시하면서 사건을 [사실성]을 높여 설명한다. 그런데 두 번째 문장은 연결이 자연스럽지 않은 설명이다. 〈남북대화〉는 〈평창올림픽 기간 훈련 중단〉과 직접적인 관련이 있는 전제조건은 아니기 때문이다. 곧, 〈한·미 연합 군사훈련 연기〉는 〈남북대화〉의 전제조건으로 볼 수 없다. 그래서 두 번째 문장은 미국 대통령의 입장을 〈논거〉로 설명하면서 객관적인 사실을 표현하는 서술어 '밝혔다'를 사용하여 [명시성]을 갖추고 있으나, ⓐ를 보면 뉴스 생산자의 [의도성]이 드

러난 의견으로 분석하는 것이 타당하다. ⓐ〈전적인 지지 의사〉를 뒷받침하는 논거는 [5단락]의 밑줄 친 〈"미국은 100% 문재인 대통령을 지지한다"고 말했다〉이기 때문에 [명시성]이 있다. 보도 기사의 [1단락]은 대체로 기사의 핵심 내용을 요약하는 것이다. 그런데 굳이 [1단락]에 두 번째 문장을 포함하여 리드가 전하려는 의미에 〈남북대화〉 문제까지 포함할 필요는 없다. 이 기사에서 두 번째 문장을 포함한 이유는 〈한·미, 평창올림픽 기간 훈련 중단 합의〉에 큰 의미를 두고 이 기사를 보도하려는 뉴스 생산자의 [의도성]이 포함된 것이다.

[2단락]에서는 한국 대통령의 입장을 청와대 관계자의 전언으로 인용하여 〈논거〉로 제시하는데, 〈누가-어디서-어떻게-누가-어떻게〉의 형식으로 [사실성]과 [명시성]을 갖추고 설명한다. [3단락] 역시 인용으로 〈논거〉를 제시하는데, 미국 대통령의 발언을 인용하면서 이 기사가 보도하는 사건에 대한 사실을 〈논거〉로 제시하며 설명한다. 〈논거〉은 〈누가-어떻게〉의 간단형 형식으로 구성되어 있어서 [사실성]과 [명시성]이 있다.

[4단락]에서는 [1단락]에 이어 다시 〈논거〉에 [의도성]이 포함된 ⓑ가 등장하는데, 북한 반응과 사건에 대한 뉴스 생산자의 평가 의견이기 때문에 [의도성]이 있는 것으로 분석한다. 이 〈논거〉는 〈누가-어디서-어떻게〉의 형식으로 뉴스 생산자의 의견을 제시하면서 설명하고 있다.

[5단락]에서는 미국대통령의 발언을 직, 간접적으로 인용하면서 〈논거〉를 제시하는데, 직접, 간접 인용 이외에 ⓒ, ⓓ와 같은 피동 표현이 등장한다. 이는 인용을 통한 사실과 피동 표현으로 나타내는 의견이 섞여서 논거를 구성하고 있어서 [의도성]이 있다. 따라서 이 〈논거〉는 완전한 사실로 보기 어려워 [사실성]이 낮다.

그래서 [5단락]의 [사실성]을 높이기 위하여 ②와 ③과 같은 객관적 사실을 연이어서 [5단락]의 끝부분에 기사로 서술한다. 이는 (13)의 중앙일보 기사와 비교해 보아도 알 수 있다. (13)에서 [7단락]의 〈논거〉는 〈청와대 관계자는 "이날 통화는 트럼프 대통령의 요청에 의해 이뤄졌다"며 "사실상 문 대통령의 요청에 대한 트럼프 대통령의 화답 형식의 통화라고 봐도 된다"고 말했다.〉라고 직접 인용으로 표현하여 경향신문이 [5단락]에서 ②와 같이 표현한 것보다 훨씬 구체적이어서 [사실성]이 높다.

[5단락]에서 〈논거〉는 〈누가-어떻게〉의 형식을 취하고 있고, 뉴스 생산자의 의견이 포함된 부분은 〈어떻게〉 부분으로 나타난다. 객관적인 사실인 ②는 〈무엇이(누가)-어떻게-누가-어떻게〉의 형식을, ③은 〈무엇이(누가)-어떻게〉의 형식을 갖추고 있다.

[6단락]에서는 이 보도 기사와 관련된 상황을 〈논거〉로 설명해서 [사실성]을 높인다. 그런데 이 기사의 보도 사건과 직접적인 관련이 없는 ③을 왜 등장시켰는지 이해하기 어렵다. 그것은 이 보도 기사를 〈의견 논거〉인 ⓔ로 마무리 지으려는 뉴스 생산자의 [의도성] 때문인 것으로 파악한다. 곧, 보도 기사이지만, 뉴스 생산자의 의견을 강하게 드러내기 위하여 ③을 논거로 제시하며 설명하는 것이다. 이 ④의 육하원칙은 〈언제-무엇이(누가)-어떻게-어디서〉의 형식이고, 기사를 마무리하는 ⓔ의 육하원칙은 〈언제-무엇이(누가)-어떻게〉의 형식을 취한다.

결국 경향신문이 보도한 (14)는 전체 기사 [1단락]~[6단락] 가운데 객관적인 사실을 표현한 ①, ②, ③과 [2단락], [3단락], [5단락]의 사건의 관계자의 발언과 전언을 인용한 부분에서는 [사실성]을 높였다. 그런데 ⓐ~ⓔ에서 뉴스 생산자의 [의도성]이 드러나고 있는데 특히 ⓐ, ⓑ, ⓔ는 주관적인 표현을 사용하여 의견을 제시하고 있다.

곧, 이 기사는 현실에서 발생한 특정한 현안을 설명하며 전달하는 보

신문 언어 어떻게 이해할 것인가?

도 기사이지만, 객관적인 사실 ①, ②, ③을 제시하면서 뉴스 생산자의 의도인 ⓑ, ⓒ를 전달하려는 [의도성]이 높은 기사로 분석할 수 있다. 따라서 이 기사는 의견 설명형 기사로 분류한다.

대부분의 보도 기사는 객관적인 〈사실〉을 중심으로 구성되는데 비하여 이 기사는 뉴스 생산자의 〈의견〉이 많은 비중을 차지하고, 특히 기사의 시작 부분인 [1단락]과 마지막 부분인 [6단락]에서도 〈의견〉을 등장시켜 [의도성]을 높이고 있기 때문에 의견 설명형 기사로 분류해도 문제가 없다.

(13)과 (14)는 같은 날 동일한 현안을 두 신문사가 1면 톱기사로 보도한 것이다. 우리가 같은 현상을 인지하더라도 얼마든지 다르게 표현할 수 있다는 것을 이 두 기사가 보여주고 있다. 이 두 기사에서 사용하고 있는 논리 구조나 언어 기제를 이해한다면 독자들은 더욱 주체적으로 보도 기사를 수용할 수 있을 것으로 판단한다.

2. 논증형 기사와 논리 유형

신문의 오피니언 면에 게재되는 기사는 주로 사설과 칼럼이다. 이 지면은 대체로 신문사가 주요 의제를 선정하고 신문사 내부와 외부에서 적절한 필자를 찾아 그 의견을 글로 제시하여 구성한다. 사설과 칼럼은 글쓰기 방식에서는 큰 차이가 없지만, 견해나 주장을 제시할 때 신문사의 이름으로 작성하는지, 자신의 이름으로 작성하는지가 다른 점이라고 하겠다. 특히 신문 칼럼의 필자가 신문사 내부의 논설위원일 경우에는 사설을 쓰는 사람과 동일한 경우도 존재한다. 외부의 필진 역시 신문사의 칼럼 글쓰기의 영향에서 자유롭기는 어려울 것이다. 그러므로 칼럼과 사설은 텍스트 특성이나 글쓰기 방식에서 유사한 형태의 기사이다.

다음에 제시하는 (15)와 (16)은 동일한 주제로 쓴 두 신문사의 사설이다. 이를 분석해 보면, 사설은 〈사실〉을 중심으로 이성에 호소하여 글을 전개하는 사실 논증형과, 〈의견〉을 중심으로 자신이 주장하는 바를 감성에 호소하여 글을 전개하는 의견 논증형으로 유형화할 수 있음을 알 수 있다. 사설의 제목이나 첫 문장, 논리 구조, 논증 방식 등을 면밀히 분석한다면 독자에게 오피니언 기사를 읽는 방법을 제공할 것으로 기대한다.

2.1. 사실 논증형

예시 (15)는 조선일보에서 〈유아 영어교육 금지도 백지화, '갈팡질팡 정책' 몇 번째인지〉라는 제목으로 쓴 사설이다. 이 사설은 모두 4단락, 24문장, 258어절로 구성되어 있다. 이 글은 ⑨〈교육 백년대계(百年大計)를 얘기하는 게 부끄럽다.〉라는 [의도성]을 분명히 주장한 〈의견〉 글이다. 여러 가지 논거를 제시하며 [사실성]을 높이고 있는 내용을 분석하여 제시한다.

(15) 유아 영어교육 금지도 백지화, '갈팡질팡 정책' 몇 번째인지

[1단락] 정부가 유치원·어린이집 방과 후 영어수업 금지 방침을 원점(原點)에서 재검토하기로 했다. '취학 전 영어교육 금지'를 발표한 지 3주 만이다. 정부는 그동안 영어교육 금지→미확정→시행하되 시기 미정→원점 재검토로 정책을 바꿨다. ①국가 교육정책이 이래도 되느냐는 생각이 들지 않을 수 없다.

[2단락] 교육부가 유치원·어린이집 영어 교육을 금지하려는 이유는 올해부터 초등학교 저학년 교내(校內) 방과 후 영어수업이 금지되므로 유치원생도 안 된다는 것이다. 조기 영어 교육이 모국어 학습에 방해되고 사고력 발달에도 도움이 되지 않는다는 견해가 있는 건 사실이다. ②하지만

외국어 교육에 대한 학부모들의 수요가 있는데 이를 일률적으로 통제하는 것은 애초에 가능한 일이 아니었다. 오히려 당장 영어수업을 금지하면 돈 있는 사람만 자녀를 비싼 학원에 보낼 수 있어 계층별 영어 격차가 벌어지게 된다. ③이럴수록 **신중하고 정밀한 교육정책을 만들어야 한다.**

[3단락] ④**그런데도 정부는 밀어붙이기만 했다.** 전국 5만여 개 유치원과 어린이집에 '3월부터 금지하라'고 했다. 그러자 학부모들이 "103만원짜리 영어유치원은 되고 3만원짜리 방과 후 수업은 안 되냐" "수학·과학 수업은 괜찮고 영어는 왜 안 되느냐"고 반발했다. 청와대 게시판에 불만이 쏟아지자 정부는 '미확정' '연기 검토'라고 하다 원점에서 재검토로 돌아갔다. ⑤**지난해 벌어진 수능 절대평가 혼선**과 똑같다. 그때도 "추진하겠다"고 덜컥 발표했다가 항의가 쏟아지자 결정을 1년 미뤘다. 이 정부 들어 발표해 놓고 얼마 안 가 없던 일이 된 게 한두 번이 아니다. 가상 화폐 거래소 폐쇄 조치는 7시간 만에 물러섰다.

[4단락] ⑥**교육만큼은 10년, 100년을 내다보는 정책을 만들어야 한다.** 정권마다 바뀌는 교육정책에 학부모와 학생이 한두 번 골탕 먹은 게 아니었다. 이 정부는 국가교육회의를 만들고 안정적인 교육정책을 펴겠다고 했다. ⑦하지만 설익은 교육정책은 오히려 더 쏟아졌고 과거 정책은 뒤집고, 없애고, 폐지했다. ⑧그중 자사고·특목고 폐지는 강남 집값 파동을 불렀다. 유아 영어교육 금지와 관련해 교육부는 지난 3주일 동안 5일에 한 번꼴로 입장을 바꿨다. ⑨**교육 백년대계(百年大計)**를 얘기하는 게 부끄럽다.

(조선일보 20180117)

[1단락]은 글의 소재가 되는 사건의 개요를 제시하는 부분이다. 과정 설명을 위하여 2개의 〈사실〉과, 1개의 〈〈사건 평가〉의견〉으로 구성되어 있다. 곧, [1단락]의 첫 번째 문장은 〈정부가 유치원·어린이집 방과 후 영어수업 금지 방침을 원점(原點)에서 재검토하기로 했다.〉라는 문장으로 [사실성]을 높이고 시작하는데, 이 문장은 마치 보도 기사의 리드처럼 쓰고 있다. 〈누

가-무엇을-어디서-어떻게〉의 형식으로 객관적인 사실을 독자에게 제시하며 첫 문장을 시작한다. 두 번째와 세 번째 문장 역시 객관적인 사실을 제시하며 첫 번째 문장의 내용을 구체적으로 뒷받침하는 [사실성] 문장으로 표현되었다. [1단락]의 마지막 문장인 ①은 앞의 세 문장을 바탕으로 신문사가 내린 결론이다. 신문사의 [의도성]을 표현한 〈의견〉이지만, 〈사실〉이 3개나 제시되어 [명시성]을 갖춘 단락에서 추론할 수 있는 결론이다.

[2단락]은 본론에 해당하는 부분으로, 사건의 내용을 좀 더 자세히 설명하는 3개의 〈사실〉과 사건을 평가하고 당위론을 주장하는 〈의견〉 2개로 구성되었다. [2단락]의 두 번째 문장은 일반적으로 알려져 있는 지식(견해)을 〈사실〉로 제시하였고, 네 번째 문장은 이 사건으로 인하여 발생할 수 있는 현실적인 상황을 〈사실〉로 제시하며 설명하여 [사실성]을 높였다. 두 문장 사이에 ②를 누구나 생각할 수 있는 보편적인 〈의견〉으로 제시하면서 설득력을 높여 간다. 그 결과로 [의도성]이 있는 문장 ③을 소결론으로 제시하는 것이다. 그런데 ③에서도 밑줄 친 부분은 너무나도 명백한 당위성을 주장하는 것이므로 〈사실〉로 보아도 전혀 문제되지 않는 〈의견〉이다.

[3단락] 역시 본론에 해당하는 부분으로, 6개의 〈사실〉과 2개의 〈의견〉으로 비판적인 논거와 사례를 제시하고 있어서 [명시성]이 있다. 본론인 [2단락]의 근거를 제시하는 [3단락]은 이 사설에서 가장 많은 문장인 8개의 구성되어 있어서 [명시성]이 매우 높다. 문장 ④, ⑤는 비판적인 입장의 〈의견〉이다. 그런데 이 두 문장을 제외하면 모두가 〈사실〉인데, ⑤에서도 밑줄 친 부분은 실제로 있었던 사실이므로 〈사실〉로 분석할 수도 있어서 [사실성]이 강하다. 그러나 '똑같다'와 같은 주관적 서술어는 〈사실〉로 보기가 어려워서 〈의견〉으로 분석한다.

④에 대한 근거로 바로 다음 문장을 〈사실〉로 제시한다. 이어 학부모

들의 반발을 직접 인용하여 〈사실〉로 제시하고 있고, 정부 대책을 다음 문장으로 제시하고 있어서 [사실성]이 높다. 따라서 [의도성]이 있는 ④가 전혀 무리한 주장이라고 받아들이지 않는다. 〈의견〉인 문장 ⑤ 다음에도 3개의 〈사실〉을 제시함으로써 [3단락]은 [2단락] 본문의 논거를 제시하는 단락으로서 손색이 없다.

[4단락]은 결론 부분으로 [의도성]이 강한 당위성을 주장하는 글이다. 이전 정권이나 이 정부가 한 일을 비판적으로 3개의 〈사실〉로 제시하고, 그와 관련된 〈의견〉을 ⑥, ⑦, ⑧, ⑨로 제시한다. 이 가운데 ⑨는 이 사설의 핵심적인 〈의견〉으로 분석한다. 결론을 내리는 부분이기 때문에 〈사실〉의 제시보다는 〈의견〉을 더 많은 분량으로 글을 구성하는 것은 당연하다.

글의 흐름이 정부의 교육 정책을 비판하는 것이기 때문에 ⑥과 ⑨의 밑줄 친 당위성을 앞세우고 〈의견〉을 뒤세우는 것은 매우 합당한 방법의 논증 방식이라고 하겠다. 특히 핵심 문장인 ⑨를 구어체로 쓰고 있어서 독자에게 일체감을 형성하고, 신문사의 주장에 동의하여 여론을 형성하는 데 도움이 될 것으로 기대할 수 있다.

결국 이 사설은 전체 24문장 문장 가운데 ①~⑨를 제외한 15문장을 〈사실〉로 제시하며 [사실성]을 높였고 그것이 모두 논거로 기능하여 [명시성]도 갖추었다. 따라서 신문사의 〈의견〉을 명확하게 드러낸 '사실 논증형' 오피니언 기사로 분석할 수 있다.

2.2. 의견 논증형

아래 (16)은 한겨레신문에서 〈'유치원 영어금지' 철학도 전략도 없는 교육부〉라는 제목으로 쓴 사설이다. 이 사설은 모두 4단락, 16문장, 263어절로 구성되어 있다. 이 글은 ⓜ〈국민이 공교육을 향한 신뢰를 회복할 수 있는 '포지티브'한 정책들을 우선적으로 펴나갈 때, 규제나 금지에 대한 필요성도 설득할 수 있다.〉를 주장하기 위하여 많은 논거를 제시하며 작성한 글로 이해할 수 있다. 자세한 분석 내용을 제시한다.

(16) '유치원 영어금지' 철학도 전략도 없는 교육부

[1단락] ①논란이 거셌던 유치원·어린이집 방과후 특별활동에서 '영어금지' 방침과 관련해, 교육부가 16일 정부 입장을 내놓는다. ⓐ올 3월로 예정했던 시행 시기는 유예할 것이라는데, 국가교육회의 논의 과정에서 전면 재검토 가능성도 포함될 수 있다는 관측이 나온다.

[2단락] **㉠애초 놀이중심 위주로 유아교육을 혁신하겠다는 정책에서 시작된 교육부 방침이 ⓑ'교육 불평등을 확산시키는 방안'으로만 받아들여지게 된 현 상황**은 안타깝다. **㉡조기 영어교육이 모국어 능력 획득은 물론 아동의 사고력 발달에도 도움이 되지 않는다는 지적은 ㉢전문가뿐 아니라 우리 사회 많은 이들이 공감하는 바다. ㉣2014년 공교육정상화법 시행에 따라 올 3월부터 초등 1·2학년 방과후학교 영어수업이 금지된 상황**이라, ⓓ**공교육의 일관성 측면에서도 검토할 수 있는 사안**이다.

[3단락] ⓔ하지만 취지가 좋아도 현실에서 공감대를 얻지 못하는 정책은 명분도 실효성도 얻기 어렵다. ②특히 "100만원짜리 영어유치원은 두고 3만원짜리 방과후만 금지하냐"는 반발에 교육부는 제대로 답을 못 했다. ⓕ이들을 논리로만 비판할 수 있는 일이 아니며, 학부모들이라고 모두 '조기 영어교육 신화'에 사로잡혀 있다고 보는 것도 선입견이다. ⓖ그나마 교육부가 처음부터 공개적인 여론 수렴을 거치고, 비전과 철학을 갖고 반발과 우려를 설득했더라면 논란을 정면 돌파할 수도 있었을 것이다. ③하지만 교육부는 지난달 중순 슬그머니 시도교육청을 통해 어린이집·유치원에 방침을 알렸다. ⓗ초등 1·2학년 영어 금지도 3년의 유예를 뒀던 데 비하면 너무 안이하게 사안을 판단한 것이라 볼 수밖에 없다. ⓘ그리고

신문 언어 어떻게 이해할 것인가?

나서 정치권에서 우려가 커지자 다시 발을 빼는 모양새다.

[4단락] ㉣**최근 법무부 장관의 '가상화폐 거래소 폐쇄' 발언**처럼, ⓙ조율되지 않은 정부 정책은 신뢰를 떨어뜨릴 뿐이다. ⓚ특히 교육개혁처럼 국민 관심이 높은 사안에선 부작용을 미리 예측한 뒤 정교한 시행계획을 마련해 공감대를 형성하는 게 필수다. ㉤**지난해 김상곤호 출범 이래 수능 절대평가, 자사고·외고 폐지 등 이런저런 개혁안을 추진**했지만, ⓛ이룬 것은 별로 없이 피로도만 커졌다는 비판을 교육부는 뼈아프게 느껴야 한다. ㉦**국민이 공교육을 향한 신뢰를 회복할 수 있는 '포지티브'한 정책들을 우선적으로 펴나갈 때, 규제나 금지에 대한 필요성도 설득할 수 있다.**

(한겨레신문 20180116)

이 사설은 제목만으로도 '유치원 영어금지'에 대한 교육부의 정책을 비판적으로 쓴 [의도성]이 강한 글이라고 예측할 수 있다. 이 글이 사설인지 칼럼인지 사전 지식이 없다고 할지라도 첫 번째 문장을 보면 사설임을 알 수 있다. 이 글의 첫 문장 ⓘ은 〈어디서-누가-무엇을-어떻게〉의 형식을 취하고 있어서 마치 보도 기사의 리드처럼 이해되기 때문이다. 이같은 형식의 문장은 [사실성]이 높다. 같은 오피니언 기사라고 할지라도 칼럼은 이처럼 첫 문장을 시작하는 경우가 드물다.

[1단락]은 사건에 대한 정부의 입장 발표를 말하는 〈사실〉 ⓘ과 그 사건이 앞으로 어떻게 될 것인가에 대한 예측인 〈의견〉 ⓐ로 서론을 구성하였다. ⓘ은 〈사실〉이라고 분석하지만 글을 쓰는 시점에서는 실제로 발생한 사건이 아니기 때문에 '내놓는다'와 같은 표현을 사용했다. 〈의견〉인 ⓑ 역시 〈사실〉에 기반한 것이 아니라서 '관측이 나온다'와 같은 표현을 사용하는데, '어디에서' 나오는지 그 실체를 파악할 수가 없다. 따라서 이 사설은 시작 부분인 서론부터 제목과는 달리 명확하지 않게 표현한 [의도성]이

있는 글로 파악한다.

본론에 해당하는 [2단락]에서는 ⓑ, ⓒ와 ⓓ가 포함된 〈의견〉세 개가 제시되었다. 그런데 [2단락]의 세 문장은 모두가 〈사실〉과 〈의견〉이 한 문장 안에 포함되어 나타난다. 그것도 교육부의 입장을 대변하는 〈사실〉을 제시하며 [의도성]을 드러낸다. 곧, ㉠은 원래 좋은 의도로 시작했으나 ⓑ와 같은 현실이 됐다는 의견이고, ㉡은 '조기 영어교육'과 '유치원 영어교육'을 동일시하여 '유치원 영어 금지'를 정당화하는 〈의견〉이다. ㉢ 역시 '이전 정부'에서 이루어진 정책의 상황 때문에 어쩔 수 없이 ⓓ를 선택한다는 논리로 분석할 수 있다. 곧, ㉠, ㉡, ㉢을 〈사실〉로 제시하며 [명시성]을 갖추긴 하였지만, ⓑ와 ㉢을 불가피한 상황으로 주장하며 ⓓ로 가야한다는 결론을 맺고 있어서 [사실성]보다는 [의도성]이 있는 것으로 분석할 수 있다.

아무튼 [2단락]은 정부(교육부)의 입장을 〈의견〉으로 제시하면서 설명하고 있다. 그런데 한 문장 안에서 제시하고 있는 〈사실〉을 반드시 그 문장에서 제시하는 〈의견〉의 논거가 되기는 어렵다. 그래서 필자도 ⓑ에서처럼 '받아들여지게 된'과 같은 피동 표현을 사용하고 있고, ⓒ나 ⓓ에서 '공감한다'나 '검토할 수 있다'라고 표현하지 않는 것도 같은 맥락으로 이해할 수 있다.

[3단락] 역시 본문에 해당한다. 여기서는 모두 7문장이 등장하는데, 이 사설이 모두 16문장이므로 매우 비중이 큰 단락이라 하겠다. [3단락]에는 ⓔ~ⓘ의 〈의견〉 5개와 ②, ③의 〈사실〉 2개가 있다. ⓔ는 당위성을 〈의견〉으로 표현한 것인데, 그 다음 문장 ②에서 직접 인용과 함께 〈사실〉을 제시한다. ⓔ에 대한 〈사실〉 논거를 더 많이 제시하여 [사실성]을 높일 필요가 있음에도 이 사설에서는 논거를 ⓕ, ⓖ와 같은 〈의견〉으로 제시한다.

물론 문장 ⑧ 다음에 나오는 문장 ③은 〈사실〉이기는 하다. 그런데 다시 ⓗ와 ①처럼 〈의견〉을 논거로 제시해서 [사실성]을 흐리게 만드는 결과를 초래한다.

이 글의 핵심 부분인 [3단락]에서 제목에서 내세웠던 '철학'이나 '전략'에 대한 구체적인 언급이 없어서 단순히 교육부를 비판만 하려는 [의도성]이 여기서 표출된 것으로 분석한다. 그것이 〈사실〉로 제시되기보다는 ⑧, ⓗ, ①와 같이 〈의견〉으로 표현된 것이다.

[4단락]은 사설의 결론으로 신문사의 [의도성]을 주장으로 제시하는 부분이다. 마무리 부분을 이 정부에서 일어난 문제 사례를 〈사실 논거 + 의견〉으로 제시하고, 교육부에 대한 당부를 〈의견〉으로 제시한다. 그리고 이전 교육부가 추진한 정책에 대하여 〈사실 논거 + 의견〉으로 질책한다. 끝으로 이 사설에서 가장 하고 싶은 말을 ⑩과 같이 〈의견〉으로 제시한다. 그런데 ⑩을 이 사설의 핵심 주장으로 제시하려면, 적어도 〈국민이 공교육을 향한 신뢰를 회복할 수 있는 '포지티브'한 정책〉에 대한 〈사실〉을 하나쯤은 제시하는 것이 타당한 논증 방식일 것이다. 하지만 이 글에서는 그것을 발견하기가 어렵다.

이 사설은 '유치원 영어금지' 정책에 대하여 철학도 전략도 없는 교육부를 질책하기 위해 〈사실〉과 〈의견〉을 제시하며 쓴 [의도성]이 높은 글로 이해할 수 있다. 그리고 전체 글의 16문장 가운데 ①~③을 제외한 13문장이 〈의견〉으로 분석되어서 의견 중심의 논증문으로 이해해야 한다. 따라서 이 사설은 '의견 논증형' 오피니언 기사로 분석한다.

제7장
신문 언어의 메시지 전략

　　의사소통의 핵심은 오류가 발생하지 않도록 하는 것이다. 그런데 실제 의사소통 상황에서는 종종 의미 전달에서 오해가 생기기도 한다. 그런데 신문은 현실에서 일어난 사건을 뉴스로 만들어 독자에게 전달하는 매체이므로, 신문의 언어로는 소통 과정에서 오류가 일어나지 않아야 한다. 하지만 신문 언어의 전달과정에서 편집자가 의도하는 의미와 독자의 해석 의미, 언어 기호 의미가 다르게 나타나고 있음을 앞에서 확인한 바 있다. 곧, 신문이 양질의 정보를 문자언어로 독자와 의사소통을 하는 매체이기는 하지만, 신문의 뉴스조차도 편집자 의미가 정확하게 언어 기호화되어 독자의 해석 의미로 전달되지 않는 경우도 발생할 수 있다는 것이다.

　　신문 언어의 메시지 전략은 신문 기사에서 [편집자 의미]를 어떻게 구성하여 전달하는가를 분석하는 것이다. 또한 [편집자 의미]와 관련하여 기사 내용의 메시지가 전하는 [기호 의미]와 뉴스 수용자가 신문 기사의 메시지를 통하여 해석할 수 있는 [독자 의미]를 함께 분석한다. 이를 분석하기 위하여 신문 기사의 제목(헤드라인)에 주목할 필요가 있다. 그것은 정보를 전달하거나 여론을 형성할 때, 헤드라인을 통해 신문사가 주장하려는 의도를 가장 적극적으로 표현하고 있기 때문이다. 곧, 헤드라인이 독자의 주의를 끄는 역할을 하고, 제목을 중심으로 메시지가 전달되기 때문에 편집자는 제목을 가장 중요하게 고려한다. 특히 1면 톱기사의 헤드라인으로 신문사의 전달 방향을 결정하고 그에 따라 메시지를 재구성하기도 한다. 또한 기사 내용에서 〈사실〉과 〈의견〉을 파악하여 〈육하원칙〉이 어떻게 구성되어 있는가를 살펴볼 것이다.

1. 보도 기사의 메시지 전략

신문 기사는 정보의 제공과 여론의 형성이 가장 큰 목적으로 이해할 수 있다. 정보의 제공은 보도 기사로, 여론의 형성은 오피니언 기사로 전달한다고 많은 사람들은 생각한다.

우한용(2003:116~222)에서는 신문의 보도 기사, 사설, 칼럼에 대하여 다루면서 다음과 같이 설명한다. 먼저 보도 기사는 일정한 규범에 의한 언어적 형태로 사실, 주장, 의견 등의 정보를 싣고 있는 총체를 의미한다고 말했다. 또한 사설은 신문사가 세상의 중요한 현안을 지정하고 그 지정된 현안에 대해 의견을 나타내는 장이고, 사설이 할 수 있는 여러 가지 기능 가운데 그 첫 번째 기능으로 여론과 정책을 이끈다며 사설은 여론 형성에 큰 영향을 끼친다고 하였다. 신문이 제공하는 칼럼 역시 사설과 더불어 여론 형성의 중추적 역할을 담당하는 것이라고 설명한 바가 있다.

이러한 내용은 결국 신문은 정보 제공의 형식을 취하고 있지만, 신문사의 주장을 전달하는 미디어로 볼 수도 있다. 따라서 신문이 제공하는 정보에서 주장의 방법, 논거의 제시 형태 등을 분석하여 메시지 전략을 파악하는 것은 의미가 있다.

더욱이 헤드라인을 통하여 기사의 가독성이 결정되는 요즈음은 신문 기사의 운명이 제목에서 결정된다고 할 수 있다. 독자 역시 신문 기사를 제목으로 먼저 판단하고 기사의 열독 여부를 결정한다. 따라서 신문 기사의 제목을 특성에 따라 파악하는 것은 독자에게는 대단히 중요한 의미를 가진다고 할 수 있다.

신문 기사의 제목에서 사용하는 따옴표는 주장의 메시지 전략으로서 어떤 방법보다 명확하게 [기호 의미]와 [편집자 의미]를 강조하는 기법으로 볼 수 있다. 따옴표는 시각적인 효과뿐만 아니라 뉴스 생산자의 [편집자 의미]를 전달하는 데 효과적이기 때문이다. 신문 보도 기사를 대상으로 주장의 방법 유형을 분석하면, 제목에 문장 부호의 하나인 따옴표 사용 여부에 따라 큰따옴표를 사용한 인용형, 작은따옴표를 사용한 강조형, 따옴표를 사용하지 않은 서술형으로 나눌 수가 있다. 이를 정리하면 〈그림 2〉와 같다.

따옴표의 사용에서 주장의 메시지 전략은 인용형, 강조형, 서술형 제목의 순서로 분석한다. 큰따옴표의 경우 글 가운데서 직접 대화를 표시하거나 남의 말이나 글을 직접 인용할 때 사용하는 것이므로 어떤 문장 부호

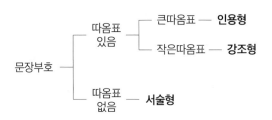

〈그림 2〉 신문 기사 제목의 주장 방법 유형

　　　　　　　　　　　　　　　　　　신문 언어 어떻게 이해할 것인가?

보다 뚜렷한 강조 표시가 될 수 있기 때문이다. 작은따옴표 역시 문장 내용 중에서 주의가 미쳐야 할 곳이나 중요한 부분을 특별히 드러내 보일 때 사용할 수 있기 때문에 매우 명확하게 주장을 드러낼 수 있다.

또한 헤드라인 언어형태가 문장형, 미완형(성분생략형), 단어형의 순서로 주장의 강도가 높은 것으로 분석할 수 있다. 그것은 헤드라인이 완결된 문장의 형태로 끝맺는 문장형은 발화자의 의도가 서술, 의문, 명령, 청유형의 문장 종결어미에 포함될 수 있기 때문이다.

단어 형태로 헤드라인이 표현된 단어형과 마지막 문장성분이 생략된 미완형은 주장의 메시지 전략에서 분명하게 차이가 있다고 보기는 어렵다. 다만 실제 헤드라인의 언어형태를 보면, 단어형보다는 미완형이 조금 더 발화자의 의도가 많이 드러나는 것으로 이해할 수 있겠다. 곧, 단어형은 대체로 명사로 끝나는 경우가 많아서 명사에 '하다'를 붙여서 의미를 파악하게 된다.

하지만 단어형은 대체로 명사로 끝나는 경우가 많아서 서술어를 따로 두지 않아도 의미가 명확한데 비하여, 미완형은 마지막 성분이 생략된 형태이기 때문에 여운의 효과가 있고, 독자에게 스스로 발화자의 의도나 생략된 성분의 내용을 추측 또는 완성하도록 해서 독자의 부담이 크다. 이러한 특성 때문에 미완형 헤드라인이 언어적 완성도는 낮지만 발화자가 독자에게 전달하는 주장의 메시지 전략이 강하게 전달될 수가 있다. 따라서 주장을 뚜렷하게 드러내는 방법을 문장형, 미완형(성분생략형), 단어형의 순서로 보는 것이다. 물론 모든 신문 기사의 제목에서 이 순서가 유지된다고 말하기는 어렵다. 어휘에 따라서 제목의 종결 언어형태보다 다른 요소가 주장의 메시지 전략으로 작용할 수 있기 때문이다. 하지만 신문 기사 제목에는 일반적으로 이 순서가 유효하다.

〈표 1〉은 2016년부터 2018년까지 경향신문, 조선일보, 중앙일보, 한겨레신문 1면 톱기사의 헤드라인의 언어형태로 헤드라인의 유형을 계량화한 것이다. 전체 3,689개의 헤드라인 가운데 작은따옴표를 사용하여 특정한 표현을 부각시켜 강조하면서 헤드라인의 종결 언어형태가 단어인 강조단어형 헤드라인이 전체 유형 가운데 가장 많이 3년 동안 사용된 것으로 파악된다. 1면 톱기사 헤드라인의 경우는 문장형보다 단어형의 비중이 높은 것은 객관적인 전달을 하려는 노력으로 볼 수 있다. 곧, 단어형 헤드라인의 사용은 신문사의 의도를 톱뉴스의 제목에 포함하기보다는 사실적인 전달에 무게를 두고 있는 것으로 이해할 수 있다.

헤드라인		제목의 언어형태			합계
		미완형	문장형	단어형	
2018년	인용형	29(2.4%)	122(9.9%)	214(17.4%)	365(29.6%)
	강조형	9(0.7%)	151(12.2%)	257(20.8%)	417(33.8%)
	서술형	12(0.9%)	201(16.3%)	238(19.3%)	451(36.6%)
소계		50(4%)	474(38.4%)	709(57.5%)	1,233개
2017년	인용형	17(1.4%)	123(10%)	200(16.4%)	340(27.8%)
	강조형	9(0.7%)	126(10.3%)	301(24.6%)	436(35.7%)
	서술형	6(0.5%)	188(15.4%)	253(20.7%)	447(36.5%)
소계		32(2.6%)	437(35.7%)	754(61.7%)	1,223개
2016년	인용형	21(1.7%)	103(8.4%)	199(16.1%)	323(26.2%)
	강조형	8(0.6%)	125(10.1%)	332(26.9%)	465(37.7%)
	서술형	7(0.6%)	179(14.5%)	259(21%)	445(36.1%)
소계		36(2.9%)	407(33%)	790(64.1%)	1,233개
총계		118개	1,318개	2,253개	3,689개

주장의 방법 (주장의 방법 column appears at left for each year group)

〈표 1〉 톱기사 헤드라인의 유형 분류

하지만, 2016년부터 점점 단어형 헤드라인의 사용은 줄고, 문장형 헤드라인의 사용이 늘어나는 것을 확인할 수 있는데, 신문사의 의도를 적극적으로 헤드라인에 포함하는 방향으로 신문의 편집 방향이 변화한 것이다. 이는 3년 동안의 헤드라인의 언어형태로도 알 수 있는데, 따옴표를 사용한 인용형과 강조형이 따옴표를 사용하지 않은 단어형보다 더 많은 비중을 차지한 것으로도 확인되는 부분이다.

경향신문, 조선일보, 중앙일보, 한겨레신문이 2018년 4월에 있었던 제3차 남북정상회담을 어떻게 보도하고 있는지 1면 톱기사, 사설, 칼럼에서 메시지 전략을 분석한다.

일반적인 독자의 관점에서는 2018년 제3차 남북정상회담을 보도에서 특히, 1면 톱기사는 가장 중립적으로 [편집자 의미], [독자 의미], [기호 의미]가 나타날 것으로 예상한다. 그것은 남북정상회담이라는 사건이 정파적으로 특별히 어느 쪽에 치우쳐서 보도하기가 쉽지 않은 상황이기 때문이다. 그래서 이 기사는 가장 중립적인 태도를 취하면서 [기호 의미]에 충실하여 기사를 작성하는 것이 바람직하다. 중앙일보의 4월 28일 1면 톱기사를 중심으로 보도 기사의 메시지 특성을 살펴보자.

(17) 완전한 비핵화, 한 발 내딛다

①〈문재인 대통령과 김정은 북한 국무위원장이 27일 "남과 북은 ⓐ**완전한 비핵화**를 통해 ⓑ**핵 없는 한반도**를 실현한다는 목표를 확인했다"는 내용이 담긴 공동선언을 발표했다.〉②〈두 정상은 이날 판문점 남측 평화의집에서 회담을 갖고 '한반도의 평화와 번영, 통일을 위한 판문점 선언'에 서명했다.〉

③〈두 정상은 선언에서 "북측이 취하고 있는 주동적 조치들이 ⓒ**한반도 비핵화**를 위해 대단히 의의 있다는 데 인식을 같이하고 앞으로 각기 자

기의 책임과 역할을 다하기로 했다"고 확인했다.〉 ④〈ⓓ'핵 없는 한반도'
는 과거 남북 간 ⓔ비핵화 협상 때 오갔던 수준의 문구다.〉 ⑤〈그러나 이
번엔 김 위원장이 직접 서명한 문서에 ⓕ'**완전한 비핵화**'가 명시됐다는 점
에서 무게감이 다르다.〉

⑥〈두 정상은 또 정전협정 체결 65년이 되는 올해 종전을 선언하고 정
전협정을 평화협정으로 전환하며, 평화체제 구축을 위한 남·북·미 3자
또는 남·북·미·중 4자 회담 개최를 적극 추진하기로 했다.〉 ⑦〈문 대통
령은 올가을 평양을 방문하기로 했다.〉

⑧〈선언은 또 남북관계 개선을 위해 개성에 남북 당국자가 상주하는
남북공동연락사무소를 설치하고, 오는 8월 15일을 계기로 이산가족·친
척 상봉을 진행하기로 했다.〉 ⑨〈2007년 10·4 남북 정상 선언 때 발표했
던 서해 북방한계선(NLL) 일대의 평화수역화도 다시 선언에 담았다.〉

⑩〈문 대통령은 "북측이 먼저 취한 ⓖ**핵 동결 조치**들은 대단히 중대한
의미를 가지고 있다"며 "앞으로 ⓗ**완전한 비핵화**를 위해 남과 북이 더욱
긴밀히 협력해 나가겠다"고 강조했다.〉 ⑪〈김 위원장은 "이미 채택된 북
남 선언들과 모든 합의를 철저히 이행해 나가는 것으로 관계 개선과 발전
의 전환적 국면을 열어 나가기로 했다"고 밝혔다.〉

(중앙일보 20180428)

이 기사는 텍스트 크기가 헤드라인을 제외하면, 11문장 204어절로
이루어져 있다. 물론 [사진 설명]을 위하여 2문장 35어절이 사용되기도 하
였지만, 문자 텍스트를 중심으로 설명한다. 먼저 이 기사에서 헤드라인은
문장형 헤드라인을 사용하고 있지만, 시제표현이 없어서 더욱 중립적 언
어 기호의 의미가 강하게 전달된다. 헤드라인의 [편집자 의미]는 '완전한
비핵화를 위해 한 발 내딛다'로 이해할 수 있다. 그리고 헤드라인으로 독자
가 해석할 수 있는 [독자 의미]는 '완전한 비핵화를 위해 시작한다, 시작했

다'로 볼 수 있다. 이 헤드라인에서 제시하는 [기호 의미]는 '완전한 비핵화를 위해 시작하다'로 분석할 수 있다.

비록 편집자가 '시작' 또는 '출발'을 의미하는 표현을 '한 발'이라고 선택하여 주관적 의미를 부여하려고 했지만, '떼다(걸음을 옮기어 놓다)'와 같은 주관적 어휘보다 '내딛다(무엇을 시작하거나, 새로운 범위 안에 처음 들어서다)'와 같은 객관적 어휘를 사용하여 중립적으로 표현하려는 노력을 엿볼 수 있다.[1] 따라서 이 헤드라인은 [편집자 의미], [독자 의미], [기호 의미] 모두 매우 중립적 가치를 지향하고 있음을 알 수 있다.

1단락은 리드에 해당하는데, ①〈누가-언제-무엇(어떻게)을-어떻게〉, ②〈누가-언제-어디서-무엇을1-어떻게-무엇(왜)을2-어떻게〉의 두 문장으로 사건을 요약하여 메시지를 구성하여 전달한다. 사건의 주체와 대상, 그에 대한 풀이가 명확하게 표현되었다. 서술어도 '발표하다, 서명하다'와 같이 객관적 사실을 전달하는 어휘이다.

2단락은 '본문1'로 분석할 수 있는데, ③〈누가-어디서-무엇을-어떻게〉, ④〈누(무엇이)가-언제-어디서-어떻게〉, ⑤〈누가-어떻게-어디서(에)-어떻게〉의 세 문장으로 메시지가 구성되어 있다. ③은 리드의 구체적 내용을 제시하였고, 신문사의 평가를 중립적(문장④)이고, 긍정적(문장⑤)으로 표현하고 있다. 평가를 위해 사용된 서술 표현도 '문구다'나 '무게감이 다르다'와 같이 가능한 주관적 용어를 피하고 있다.

3단락에서는 리드의 내용을 보완하면서 사건 당사자(누가)의 향후 계획에 대하여 긍정적이고 객관적인 사실을 보도한다. 곧, ⑥〈누가-언제-어

---

1   개념적 의미에서는 '떼다'와 '내디디다'의 의미가 비슷하지만, 연상적 의미에서는 '떼다'의 경우 주체적 표현에 어울리고, '내딛다(내디디다)'의 관찰자의 관점에서 표현하기에 적합한 의미를 갖고 있는 것으로 파악할 수 있다.

떻게-무엇을〉, ⑦〈누가-언제-무엇을〉의 형식으로 구성된 메시지를 전달하는 '본문2'이다. 여기서는 리드의 내용을 보완하면서, 향후 계획을 희망적인 내용 중심으로 기술하고 있다.

4단락에서는 리드의 내용을 보완한다는 점에서는 3단락과 같지만, 사건(선언)의 내용에 대한 향후 계획을 서술하였다. '본문3'인 ⑧〈누가(무엇이)-왜-무엇을-언제-무엇을〉, ⑨〈언제-무엇을-어떻게〉의 두 문장이 '리드'에서 제시한 구체적 내용과 향후 계획을 메시지로 구성하여 전달하는 것이다.

마지막 5단락은 사건(선언) 당사자의 향후 계획을 다짐으로 메시지를 구성하여 전달하고 있다. '본문4'는 기사를 마무리하며 메시지를 구성한다. 구제척인 내용은 ⑩〈누가-무엇을-어떻게〉, ⑪〈누가-무엇을-어떻게-왜〉의 형태로 제시되는데, 리드의 내용을 보완하고, 향후 계획에 대하여 '두 정상'의 '다짐'으로 마무리하고 있다.

이 기사의 핵심적인 어휘를 분석해 보면, 객관적인 표현에 사용된 서술어는 '발표했다, 서명했다, 확인했다, 담았다, 밝혔다' 등이 있다. 객관적인 서술어는 실제 일어난 사실을 그대로 표현한 것으로써 사실성을 높이는 언어 기제로 사용하는 어휘들이다. 그리고 중립적인 표현에 사용된 서술어는 '문구다'가 있는데, ④에서 전후 문맥을 보면, 〈과거 남북 간 협상 때 오갔던 수준의〉라는 수식어구 다음에 사용되었다. 이는 이번 회담에서 '특별히' 나타난 표현이 아니라 이전 협상에서도 표현된 사례가 있는 '문구다'라는 의미이므로 중립적 의미를 담고 있다 하겠다.

이 기사에서 주관적인 표현을 드러낸 서술어는 '강조했다, 다르다' 등인데, '강조했다'는 '문재인 대통령'의 다짐을 표현한 부분에서 사용한 어휘이고, '다르다'는 이번 회담에 대하여 신문사가 평가한 부분에서 사용한 어휘이다. 특히 '다르다'는 ⑤에서 '무게감'과 함께 사용되어 이번 회담의 의미를 크게 두고 있다고 평가한 언론사의 주관적 판단이 표현된 어휘로 볼 수 있다.

제3차 남북정상회담이 사실 실제적 이행을 전제로 하는 선언적 형태의 사건이기 때문에 기사의 곳곳에 앞으로 일어날 사건에 대한 예측 표현의 서술어가 많다. '추진하기로 했다, 방문하기로 했다, 진행하기로 했다' 등이 그 표현인데, 이는 두 정상의 합의 이후의 추진 방향에 대한 기사이기 때문에 어쩔 수 없는 것으로 판단한다.

이러한 현상은 이 기사의 명사 사용 빈도에서도 파악할 수 있다. 헤드라인을 제외하고 가장 많이 나타난 명사 어휘가 '선언'인 것을 보면 알 수 있다. 그 다음으로 많이 나타난 어휘가 '비핵화'이다. '비핵화'는 헤드라인을 제외하고도 5회나 등장한다. 그만큼 이번 정상회담에서 '비핵화'가 중요한 의제였음을 확인할 수 있다.

실제로 이 시기의 다른 기사를 참고하면, 박근혜 정부에서 몸담았던 유명 사립대 북한학과 교수는 '3차 남북정상회담 성공 조건'에 대해서는 "단순한 핵동결 차원이 아닌 김정은 위원장 입에서 비핵화라는 말이 나와야 하고, 선언문에 담아야 한다"고 강조했고, 남성욱 고려대 통일외교학부 교수도 "공동선언문에 '비핵화'라는 세 글자가 들어가면 성공"이라고 밝힌 바가 있어서 기사에 '선언'과 '비핵화'가 많이 등장하는 것은 당연할 것이다.[2]

특히 '핵'과 관련한 표현은 기사에 모두 8회 나타나는데 '완전한 비핵화'가 3회(ⓐ, ⓕ, ⓗ), '핵 없는 한반도'가 2회(ⓑ, ⓓ), '비핵화 협상'이 1회(ⓔ), '핵 동결 조치'가 1회(ⓖ) 사용되었다. 결국 이 기사에서 명사 '핵'은 모두

---

2   아이뉴스24 2018.04.25. 〈2018 회담의 역사와 의의〉 기사 참조.
     http://www.inews24.com/view/1090780

'비핵화' 또는 회담을 긍정적으로 표현할 때 사용되었음을 알 수 있다.

그런데 이 기사에서도 확인할 수 있는 것처럼 객관적 사실의 중립적 보도에서 사건의 요약 이후에 바로 신문사의 평가가 등장한다. 보도 기사에서 우리가 리드나 기사를 반드시 읽어야 하는 이유이다. 또한 선언문의 내용이나 선언 당사자의 향후 계획이나 다짐보다는 신문사의 사건이나 사건 내용에 대한 평가가 먼저 배치된 것을 독자들은 인식할 필요가 있다.

이러한 메시지 구성 방법은 독자들이 앞으로 글을 쓸 때에도 참고할 필요가 있다. 곧, 객관성의 기제를 높이기 위하여 맨 앞쪽에 사건을 요약하여 제시하지만, 그 다음에 사실을 바탕으로 하는 스스로의 의견을 제시하여 사건 자체에 대한 평가를 글쓴이의 생각대로 유도할 수 있는 방법이다.

이상에서 보면, 중앙일보의 1면 톱기사는 매우 중립적인 태도로 담담하게 사실을 바탕으로 제3차 남북정상회담을 보도하고 있음을 알 수 있다. 이는 같은 날 보도한 다른 신문의 1면 톱기사 헤드라인인 (18)과 대비해 보아도 알 수 있다.

(18) 2018년 4월 28일 신문 1면 톱뉴스의 헤드라인

　ㄱ. 중앙일보 〈완전한 비핵화, 한 발 내딛다〉
　ㄴ. 경향신문 〈핵 없는 한반도, 동행이 시작됐다〉
　ㄷ. 한겨레신문 〈"더 이상 전쟁은 없다" 판문점 선언〉
　ㄹ. 조선일보 〈한반도 '완전한 비핵화' 운은 뗐다〉

(18ㄴ)을 보면, 경향신문은 〈핵 없는 한반도, 동행이 시작됐다〉를 헤드라인으로 사용하였다. 이는 (18ㄱ)의 중앙일보 헤드라인에 비하여 시제 요소가 포함되었음을 알 수 있다. '핵 없는 한반도'는 '완전한 비핵화'와

유사한 [편집자 의미]의 언어 기제로 사용된 것으로 이해할 수 있다. 물론 '한반도'를 헤드라인에 넣었느냐 아니냐에 따라서도 '핵 없는'과 '비핵화'의 주체가 '남북' 모두 포함하는지 '북'만 포함하는지와 같은 의도의 차이가 나타나기도 한다.

그런데 '한 발'과 '동행', '내딛다'와 '시작됐다'는 비슷한 의도로 선택한 어휘이지만 경향신문의 [편집자 의미]가 더욱 뚜렷이 나타나는 것으로 분석할 수 있다. 곧, 중앙일보가 사용한 '한 발'의 경우 '완전한 비핵화'의 주체나 대상을 누구로 볼 것인가를 기사의 본문에서 확인해야 하거나 독자가 주체적으로 해석할 수 있다.

하지만 '동행'을 헤드라인에 포함한 경향신문은 모든 행동의 주체는 '남북'이라는 것을 명확히 헤드라인에 포함하여 신문사의 의도를 명확히 드러낸다. 그래서 '핵 없는'으로 '한반도'를 수식하는 헤드라인 구조를 선택하였고, 기사의 내용의 구성도 취재 기자의 기사나 외부 기고가 아니라 '한반도의 평화와 번영, 통일을 위한 판문점 선언' 전문을 포함한 것으로 이해된다.

또한 '시작하다'와 '시작됐다'는 서술어의 시제, 피동 표현 등이 다르게 표현된 것으로 사건을 보는 시각에서 차이가 크다. '핵 없는 한반도'를 위한 남과 북의 '동행'을 위한 첫 만남이 이루어졌을 뿐인데, 이를 '시작하다'라고 하지 않고 '시작됐다'고 표현하는 것은 신문사의 의도가 이 회담과 앞으로의 결과를 매우 희망적으로 보고 있다는 것이다. '시작됐다'는 '동행'이 서술의 주체가 된 피동 표현으로 회담의 주체인 '두 정상의 동행'보다 '한반도의 동행'을 헤드라인의 중심 의미로 사용한 것으로 파악할 수 있다.

(18ㄷ)의 한겨레신문 헤드라인은 〈"더 이상 전쟁은 없다" 판문점 선언〉이다. 이 헤드라인은 '비핵화'를 넘어 '전쟁은 없다'고 말한다. 현 정부

들어서 처음으로 이루어진 제3차 남북정상회담을 시작한 이날 이미 남북 양측이 '종전 선언'을 한 것으로 신문사의 의도를 드러낸 것이다. 곧, '비핵 화', '종전'의 의미를 가장 결론적으로 해석한 헤드라인이 '전쟁은 없다'로 이해할 수 있다. 한겨레신문은 다른 신문사들이 문장형 헤드라인을 사용 한 것에 비하여 명사형 헤드라인을 사용하여 비교적 중립적 표현을 하려 고 했지만, '전쟁'과 같은 자극적 어휘, '없다'와 같은 단정적 어휘를 사용 하여 중립성을 훼손한 것으로 분석할 수 있다.

이날 한겨레신문은 1면에서 사용한 글씨는 상단 왼쪽에 신문사의 제 호, 상단 오른쪽에 발행날짜를 제외하고는 헤드라인의 글씨밖에 없다. 1면 을 모두 사진으로 채워 두 정상의 만남을 최대로 부각시키고 글씨를 최소 화한 것을 (20)에서 확인할 수 있다. 더욱이 한겨레신문은 신문의 제호마 저도 평소처럼 상단 한 가운데에 배치하지 않고 왼쪽으로 보내고 글자 크 기도 줄였다. (19)의 한겨레신문 1면 편집과 비교해 보면 확연한 차이를 알 수 있다.

(19) 2018년 4월 27일 한겨레신문 1면

신문 언어 어떻게 이해할 것인가?

(20) 2018년 4월 28일 신문 1면의 지면 편집

결국 한겨레신문은 신문의 제호도 옮기고 기사 자체를 사진과 헤드라인으로만 작성하여 제3차 남북정상회담 이후 나온 신문 가운데 가장 파격적인 편집을 한 것으로 이해된다.

(18ㄹ)에서 조선일보는 〈한반도 '완전한 비핵화' 운은 뗐다〉라고 헤드라인을 사용했다. 이날 신문들은 제3차 남북정상회담을 시작한 의미로 헤드라인 서술어를 '내딛다'(중앙일보), '시작됐다'(경향신문), '운은 뗐다'(조선일보) 등 서로 다르게 표현하고 있다. 우리말 관용구 '운(을) 떼다'는 '어떤 이야기를 하기 위하여 말을 하기 시작하다'의 의미로 사용된다고 표준국어대사전에서 풀이하고 있다. '첫 발을 내딛다'나 '동행이 시작됐다'보다 '운은 뗐다'는 훨씬 가벼운 무게로 남북정상회담을 평가한 것으로 이해된다.

이는 지면의 배치에서도 명확히 드러나는데, (20)을 보면, 다른 신문들은 1면에 헤드라인과 더불어 문재인 대통령과 김정은 국무위원장이 손을 잡고 군사분계선을 함께 넘어오는 사진과 기사만 실은 것에 비하여, 조선일보는 일반적인 발행 날짜의 신문 편집처럼 광고도 싣고 있다. 사진 역시 다른 신문들과 달리 도보다리 회담 모습으로 편집했다. 헤드라인에서 '한반도 완전한 비핵화'에 대하여 겨우 '운은 뗐다'로 평가하는 것과 무관하지 않다.

2. 오피니언 기사의 메시지 전략

2.1. 사설의 메시지 전략

손석춘 교수는 『신문 읽기의 혁명』(개마고원, 2003:157)에서 "사설이란 말 그대로 신문사의 설, 곧 주장이다. 날마다 일어나는 여러 사건들 가운데 각 신문사가 그날 하루 가장 중요한 사안이라고 판단한 부분에 대해 신문사의 시각을 명백히 밝히는 지면이다."라고 말한 바가 있다.

사설은 비슷한 소재로 같은 시기에 여러 언론사에서 많은 글이 함께 발표되는 장르이다. 이러한 경우에는 주장의 특성을 보여주어야만 다른 글과 차별을 보일 수 있다. 그러므로 사설의 제목에서 언어적 유형을 분석하면 메시지 전략을 파악할 수 있을 것이다.

사설 역시 제목을 통한 주장의 메시지 전략을 분석해 보면, 직접 인용을 통하여 주장하는 바를 표시하는 인용형, 작은따옴표를 통하여 주요 부분을 표시하는 강조형, 따옴표 없이 제목을 제시하는 서술형 등으로 나눌 수가 있다. 그런데 앞서 〈표 1〉의 톱기사 헤드라인과는 사용 분포에서 차이를 나타내고 있었다.

〈표 2〉는 경향신문, 조선일보, 중앙일보, 한겨레신문 사설 제목의 언어형태와 주장의 방법 메시지 전략으로 유형을 계량화한 것인데, 〈표 1〉의 톱기사 헤드라인 유형과 차이가 있다.

예컨대, 2018년의 경우, 톱기사 헤드라인의 주장 방법에서는 1,233개의 헤드라인 가운데 강조단어형 헤드라인이 257개(20.8%)로 나타나서 전체 유형 가운데 가장 많은 것으로 파악되었다. 하지만 사설의 제목에서 표현된 주장의 방법은 전체 3,596개 가운데 문장부호 표시 없이 문장형으로 서술한 제목의 수가 938개(26.1%)를 차지하여 가장 많은 것으로 확인되었다. 이는 사설과 보도 기사에서 오는 차이로 보인다.

헤드라인			제목의 언어형태			합계
			미완형	문장형	단어형	
2018년	주장의 방법	인용형	30(0.8)%	40(1.1%)	80(2.2%)	150(4.2%)
		강조형	328(9.1)%	539(15%)	477(13.3%)	1,344(37.4%)
		서술형	508(14.1%)	938(26.1%)	656(18.2%)	2,102(58.4%)
	소계		866(24%)	1,517(42.2%)	1,213(33.7%)	3,596개
2017년	주장의 방법	인용형	19(0.5%)	37(1%)	56(1.6%)	112(3.1%)
		강조형	276(7.6%)	408(11.3%)	471(13%)	1,155(31.9%)
		서술형	498(13.8%)	1,114(30.8%)	734(20.3%)	2,346(64.9%)
	소계		793(21.9%)	1.559(43.1%)	1,261(34.9%)	3,613개
2016년	주장의 방법	인용형	11(0.3%)	23(0.6%)	25(0.7%)	59(1.6%)
		강조형	217(6%)	404(11.1%)	504(13.9%)	1,125(31%)
		서술형	433(11.9%)	1,191(32.8%)	820(22.6%)	2,444(67.4%)
	소계		661(18.2%)	1,618(44.5%)	1,349(37.2%)	3,628개
총계			2,320개	4,694개	3,823개	10,837

〈표 2〉 사설 제목의 유형 분류

사설은 신문사의 '주장'을 내세워 여론을 형성하는 글이기 때문에 제목에서 주장을 명확히 보여줄 필요가 있다. 따라서 보도 기사의 제목보다는 훨씬 더 문장형 제목이 많이 사용된 것이다.

제3차 남북정상회담에 대한 각 신문사의 사설은 많은 부분에서 공통적인 성격을 띠고 있다. 먼저 분량 면에서 살펴본다. 신문사의 사설은 일반적인 신문 발간 날짜에는 3편정도가 실린다. 그런데 특별한 현안이 있는 경우는 1편 또는 2편을 실어서 사설의 1편의 분량이 커진다. 제3차 남북정상회담이 있었던 4월 28일의 경우 경향신문을 제외한 나머지 3개의 신문사에서는 1편의 사설을 실어 중요한 의미를 담았다. 경향신문에서도 두 편을 실었는데 (21)에서 제시한 사설 외의 제목이 〈"결코 뒤돌아가지 않겠다"는 남북 정상의 불가역적 합의〉이다. 남북정상회담 관련 사설임을 확인할 수 있다. 다음으로 사설의 제목 형태를 보면, 조선일보를 제외하고는 (21)에서 보는 것처럼 모두 문장형 제목이다. 그리고 서술어에 시제 요소를 배제하고 사설이기는 하지만 중립적 가치를 전달하려는 의도를 볼 수 있다. 여기서는 (18)의 경향신문 사설을 중심으로 사설의 메시지 특성을 분석할 것이다.

(21) 2018년 4월 28일 사설 제목

ㄱ. 경향신문 핵 없는 한반도와 평화의 위대한 여정을 시작하다
ㄴ. 조선일보 북핵은 '美·北'에 넘기고 對北 지원 앞세운 남북 정상회담
ㄷ. 중앙일보 문재인-김정은, 비핵화 대장정 문을 열다
ㄹ. 한겨레신문 판문점의 봄, 평화·번영의 시대 열다

신문 언어 어떻게 이해할 것인가?

(22) 핵 없는 한반도와 평화의 위대한 여정을 시작하다

[1단락] ①남북은 완전한 비핵화를 통한 핵 없는 한반도라는 공동 목표를 확인했다. 남북은 또 정전협정 체결 65주년인 올해 ②종전선언을 하고 정전협정을 평화협정으로 전환하고, 이를 위해 남·북·미 또는 남·북·미·중 정상회담을 추진하기로 했다. 첨예한 긴장을 완화하고 전쟁 위협을 해소하기 위해 ③어떤 무력도 서로 사용하지 않는 불가침 방침도 확인했다. 또 문재인 대통령이 오는 ④가을 평양을 방문해 김정은 북한 국무위원장과 남북정상회담을 갖기로 했다. ⑤문 대통령과 김 위원장은 27일 판문점 남측 지역 평화의집에서 역사적인 남북정상회담을 열어 이 같은 내용의 '한반도 평화와 번영, 통일을 위한 판문점선언'을 발표했다. ⑥남북은 두 정상의 결단과 합의로 분단과 대결의 역사를 마감하고 평화와 협력의 시대로 나아가는 중대한 계기를 마련했다. ⑦이날 합의는 자유한국당을 제외한 모든 야당과 국제사회로부터 긍정 평가를 받았다.

[2단락] ㉠두 정상이 함께 발표한 '판문점선언'은 ㉡모든 한반도 문제에 대한 냉정한 진단과 해결 방안을 포괄하는 '한반도 평화보고서 선언'이라고 할 만하다. 과거 두 차례의 정상회담과 달리 ㉢구체적인 실천 방안과 조치들을 제시한 것이 눈에 띈다. ㉣한반도 평화를 저해하는 근본적 장애를 걷어낼 수 있다는 희망을 갖게 한다. 특히 ㉤'완전한 비핵화'라고 못박은 것은 ㉥북한의 비핵화 언급 가운데 가장 진전된 표현이다. ㉦두 정상은 '완전한 비핵화'가 무엇을 의미하는지 설명하지는 않았다. 하지만 이는 이른바 ㉧'완전하고 검증가능하며 되돌릴 수 없는 비핵화'(CVID)라는 미국의 비핵화 원칙과 유사해 보인다. 이 때문에 남북정상회담을 디딤돌로 해한 달여 뒤 열릴 ㉨북·미 정상회담의 핵심 의제인 비핵화 논의 전망을 밝게 해주고 있다.

[3단락] ㉮북한은 비핵화 조건으로 처음에는 체제보장 및 미국의 대북 적대시 정책 폐기를 제시했지만 선제적인 핵실험·미사일 시험발사 중지 및 핵실험장 폐쇄로 바뀌었고 ㉯이번에 완전한 비핵화로 갈수록 진전되는 양상이다. ㉰이번 남북정상회담에서는 핵폐기 방법이나 시한 등 구체

적인 비핵화 방안이 나오지 않았지만 이는 ㉣북·미 정상회담에서 논의하고 확인해야 할 문제이다. ㉤북한 입장에서는 북·미 정상회담에서 체제 보장과 대북 적대시 정책의 폐기 등 비핵화에 상응하는 요구 사항과 함께 구체적인 비핵화 로드맵을 논의할 것으로 보인다. 이날 ㉥남북 정상 차원의 비핵화 논의는 남한이 핵 문제 당사국으로서 비핵화를 선도하는 역할을 했다는 점에서 의미가 있다. ㉦핵 문제가 한반도 평화를 위협하는 최대 현안이고, 남한이 최대 당사국임에도 불구하고 ㉧지금까지 북한은 남한과 양자 차원에서의 핵 문제 논의를 선언적 수준으로 제한해왔다.

[4단락] ⓐ종전선언과 정전협정의 평화협정 전환은 한반도 냉전체제 마감과 평화시대 개막에 중대한 장애를 걷어내기 위한 피할 수 없는 과정이다. 두 정상이 국제 문제이기도 한 이 문제의 해결 시한을 올해로 못박은 것은 그만큼 강력한 의지를 표명한 것으로 볼 수 있다. ⓑ두 정상이 평화구축을 위한 3자 또는 4자 회담을 적극 추진키로 한 것은 ⓒ북한 체제 안전을 국제적으로 보장하기 위한 것으로 해석된다. 또 ⓓ한반도 평화정착은 비핵화와 긴밀하게 연계돼 있기 때문에 두 사안을 연동해 풀어나갈 필요가 있다. 그러나 ⓔ긴장 완화를 위해 남북이 독자적으로 합의하고 실천해야 할 영역 또한 존재한다. 그런 점에서 ⓕ두 정상이 불가침 확인과 함께 군사적 충돌의 근원인 적대행위를 전면중단하고, 서해 북방한계선 일대를 평화수역으로 만들기로 합의한 것은 한반도 문제의 두 축인 ⓖ비핵화와 군사적 대치의 동시적 해소에 대한 기대를 갖게 한다.

[5단락] 두 정상이 차기 평양 남북정상회담 개최를 결정하고 개성에 남북공동연락사무소를 연 것은 남북 사이에 정상에서부터 민간에 이르기까지 다방면의 교류와 소통을 획기적으로 활성화시킬 것으로 기대된다. 두 정상이 민족경제 균형 발전과 공동 번영을 위해 기존에 합의한 모든 남북 사업과 경의선 등 철도 연결도 적극 실천하기로 했다. 북한의 비핵화 조치에 따라 국제사회의 대북 제재가 점차 풀리면 추후 협의를 거쳐 구체적인 일정이나 청사진을 마련할 것으로 보인다. 특히 북·미 정상회담에서 비핵화 문제에 상당한 진전이 있으면 개성공단·금강산관광 등 남북 사이

의 경제협력도 활발하게 재개될 수 있을 것이다. 오는 8·15 광복절 계기에 이산가족 상봉 행사를 열기로 한 것은 고령의 이산가족이 잇따라 세상을 떠나는 현실에서 반가운 일이다.

[6단락] 문 대통령은 회담 후 "한반도에 더 이상의 전쟁은 없을 것이며 새로운 평화의 시대가 열렸음을 엄숙히 천명하였다"고 선언했다. 김 위원장은 "대결의 역사에 종지부를 찍고자 왔다"고 밝혔다. Ⓐ**지금 남북은 분단과 전쟁, 적대와 대결의 시대를 뒤로한 채 평화를 향한 위대한 여정을 시작했다**.

(경향신문 사설 20180428)

이 사설은 모두 6개의 단락과 33문장으로 이루어진 글이다. 〈핵 없는 한반도와 평화의 위대한 여정을 시작하다〉라는 문장형 제목을 사용하고 있으며, 제목에서 제시하는 육하원칙의 요소는 〈무엇을-어떻게〉로 분석할 수 있다. 사설의 제목을 바탕으로 보면, 이 글의 핵심 주제문은 맨 마지막 문장인 Ⓐ로 볼 수 있다.

또한 제목을 통하여 우리가 알 수 있는 [편집자 의미]는 〈핵 없는 한반도와 평화의 위대한 여정을 시작하다〉이고, [독자 의미]는 〈남북 두 정상이 만나 핵을 비롯한 한반도 문제를 대화하다〉정도로 해석할 수 있으며, [기호 의미]는 〈핵 없는 한반도와 평화를 위해 남북이 대화를 시작하다〉로 분석할 수 있을 것이다. 이러한 의미를 중심으로 이 사설의 메시지 특성을 분석할 것이다.

먼저 [1단락]의 핵심은 '핵 없는 한반도와 평화의 여정'에 대한 내용으로 사설의 주제문 Ⓐ에 대한 구체적인 논거로 짜여 있다. [1단락]은 사설의 제목에서 밝힌 '여정'을 ①~④로 제시한다. '여정 ①'에 대한 자세한 설명이 ⑤이며, ⑥은 신문사의 '여정 ①'에 대한 평가, ⑦은 '여정 ①'에 대한 신문사 외부의 평가를 제시하고 있다. 그런데 제시된 주요 내용은 대체로 객관적인 사실이라기보다는 향후의 계획 중심이다. 곧, ①과 ⑤만 객관적인 사실이고, ②, ③, ④는 향후 계획에 대한 두 정상의 합의 사항이다. 또한 ⑥은 정상회담에 대한 신문사의 평가 의견이며, ⑦은 구체적인 논거를 제시하지 않고 일부의 확인된 사실을 바탕으로 '모든 야당', '긍정 평가'와 같은 추상적 표현을 하고 있다.

[1단락]은 객관적인 사실이 ①~⑤, ⑦에서 전체 또는 부분적으로 제시되고 있어서 ⑥과 같은 신문사의 평가마저도 사실처럼 보일 수 있는 메시지 구성 방식을 취하고 있다. 그래서 사설의 제목에 '여정'이라는 어휘를 사용한 것으로 판단할 수 있다.

[2단락]은 [1단락]에서 제시된 '여정 ①'에 대한 신문사의 평가 의견이 주요 내용으로 메시지를 구성하고 있다. ㉠과 ㉡을 동일시하는 첫 번째 문장을 비롯하여 이후의 문장에서도 ㉢, ㉣, ㉤, ㉦과 같이 객관적인 사실보다는 신문사의 평가를 중심으로 사설을 전개하고 있다. [2단락]에서 구체적인 사실로 분석할 수 있는 것은 ㉠과 ㉧이며, ㉥은 '못 박은'이라는 다소 주관적인 표현을 사용하긴 했지만, ㉨과 더불어 동의 가능한 사실 표현으로 볼 수 있다. 의견을 제시할 때는 의견을 뒷받침할 근거를 제시하는 것이 논리적인 글에서 필요한 방식이다. [2단락]에서 제시한 신문사의 의견인 ㉢, ㉣, ㉤, ㉦에 대한 논거는 이 글의 어디에 있는지 확인하기 어렵다. 따라서 '눈에 띈다', '희망을 갖게 한다', '유사해 보인다', '밝게 해주고 있다'와 같은 주관적 피동 표현을 서술어로 사용할 수밖에 없는 것이다.

[2단락]은 [1단락]을 사실처럼 시작한 사설이라고 판단하기 때문에 객관적인 사실 ㉠과 ㉧을 제시하면서 신문사의 평가 의견을 자세하게 제시한 부분으로 분석할 수 있다.

신문 언어 어떻게 이해할 것인가?

[3단락] 역시 [1단락]에서 제시한 '여정 ①'에 대한 신문사의 평가 의견을 제시한 단락으로 분석된다. 문장의 내용을 사실과 의견으로 구분하여 순서대로 나열하면, 〈사실과 평가 의견-사실과 평가 의견-의견(예측)-평가 의견-사실〉로 볼 수 있다. 여기서 첫 번째와 두 번째 문장은 〈사실과 의견?〉이 한 문장 안에서 공존하고 있음을 확인할 수 있다. 구체적으로 첫 번째 문장에서는 ㉮는 사실, ㉯는 의견이고, 두 번째 문장에서는 ㉰는 사실 ㉱는 의견으로 분석할 수 있다. 특히 ㉱와 같은 의견은 신문사마다 관점이 다르다는 것을 (17ㄴ)의 조선일보 사설 제목 〈북핵은 '美·北'에 넘기고 對北 지원 앞세운 남북 정상회담〉을 보면 알 수 있다. 곧, 경향신문의 사설은 〈핵폐기 방법이나 시한 등 구체적인 비핵화 방안은 북·미 정상회담에서 논의하고 확인해야 할 문제〉로 보고 있고, 조선일보의 사설은 〈남북 정상회담〉에서 해결해야 할 문제로 보고 있는 것으로 이해된다. 이는 신문사마다 의견의 정당성에 대한 판단 기준이 다름을 알 수 있는 부분이다. ㉲는 이번 정상회담에 관한 내용이 아니라 앞으로 있을 북미정상회담에 대한 신문사의 추측 내용이다. ㉳ 역시 신문사의 주관적 평가이며, ㉴와 ㉵는 사실인데, 특히 ㉵는 이제는 달라진 북한의 변화된 모습을 부각시키기 위하여 과거의 북한의 태도에 대하여 구체적인 사실을 제시한 것으로 분석할 수 있겠다.

[3단락]에서는 한 문장 안에서 사실과 의견(신문사의 평가)을 동시에 제시하는 방식으로 메시지를 구성한 것이 발견되었는데, 이러한 문장의 구성 방식은 독자에게 의견마저도 사실로 받아들일 수 있는 효과를 누릴 수 있을 것으로 기대하는 뉴스 제작자들의 글쓰기 방식으로 이해할 수 있다.

[4단락]은 '여정 ②'와 '여정 ③'에 대한 의견을 제시하고 있다. 문장의 순서대로 보면, 〈의견-평가 의견-사실과 평가 의견-대안 제시 의견-의

견-사실과 평가 의견〉으로 분석된다. 여기서도 [3단락]에서처럼 '사실과 평가 의견'이 한 문장 안에 포함된 경우가 두 번 나타난다. 곧, 세 번째 문장의 ⓑ와 마지막 문장의 ⓕ는 사실이고, 같은 문장에서 ⓒ와 ⓖ는 신문사의 평가 의견으로 분석할 수 있다.

[4단락]은 [1단락]에서 제시한 '여정 ②'와 '여정 ③'에 대하여 '신문사의 평가 의견'을 제시하고 있는데, 여기서도 [3단락]에서처럼 '사실과 평가 의견'을 한 문장 안에 사용함으로써 사실성 기제를 높이는 방법으로 메시지를 구성하고 있음이 확인된다.

[5단락]에서는 '여정 ④'에 대하여 신문사의 평가 의견을 제시한 것으로 분석할 수 있다. 모두 5문장인데, 그 순서를 보면 〈평가 의견-계획(사실)-계획의 평가-조건부 전망 의견-사실에 기반한 계획 평가〉 등으로 단락을 기술한다. [5단락]은 '여정 ④' 자체가 향후에 일어날 사건에 대한 약속이기 때문에, 대부분의 내용의 계획에 대한 평가일 수밖에 없음이 문장의 기술 내용에서도 확인할 수가 있다. 곧, [5단락]은 내용 자체가 처음부터 의견으로 서술될 수밖에 없는 부분인 것이다.

[6단락]은 이 사설의 마무리 부문으로 문장 기술의 순서로 보면, 〈문 대통령의 다짐(사실)-김 위원장의 다짐(사실)-신문사 평가 의견(주제문)〉으로 전개된다. 이러한 마무리 방식은 권위적인 두 정상의 다짐을 사실로 기술하고, 그에 대한 신문사의 평가를 주제문으로 제시함으로써 이 사설의 무게감을 크게 만드려는 효과를 누릴 수가 있다.

곧, 이 사설이 신문사의 의견 중심으로 기술된 사설이지만, 첫 단락을 ①〈남북은 완전한 비핵화를 통한 핵 없는 한반도라는 공동 목표를 확인했다.〉라는 문장으로 시작하고, 끝 단락의 마지막 문장을 ④〈지금 남북은 분단과 전쟁, 적대와 대결의 시대를 뒤로한 채 평화를 향한 위대한 여정을

신문 언어 어떻게 이해할 것인가?

시작했다.〉라는 문장으로 마무리하면서 ①과 Ⓐ의 [편집자 의미]가 동일한 의미로 독자에게 전달되기를 바라는 의도를 파악할 수가 있다.

　결국 이 사설은 [1단락]에서 4개의 여정, ①〈남북은 완전한 비핵화를 통한 핵 없는 한반도라는 공동 목표를 확인〉, ②〈종전선언을 하고 정전협정을 평화협정으로 전환하고, 이를 위해 남·북·미 또는 남·북·미·중 정상회담을 추진〉, ③〈어떤 무력도 서로 사용하지 않는 불가침 방침도 확인〉, ④〈가을 평양을 방문해 김정은 북한 국무위원장과 남북정상회담을 갖기로〉를 제시하고 시작한 뒤, 메시지를 [1단락] 〈여정 제시〉, [2단락] 〈여정 ①에 대한 의견〉, [3단락] 〈여정 ①에 대한 의견〉, [4단락] 〈여정 ②, ③에 대한 의견〉, [5단락] 〈여정 ④에 대한 의견〉, [6단락] 〈두 정상의 다짐과 주제문을 첫 문장과 거의 같은 내용으로 마무리〉로 구성하여 내용을 전개한 것으로 분석할 수 있다.

　이 사설이 전하고자 하는 [편집자 의미]는 1단락에서 제시된 사실 ①과 ⑤를 바탕으로 향후 일어날 계획에 대한 '여정'을 긍정적으로 보고 싶은 신문사의 의도를 표현한 글이라는 것을 주제문 Ⓐ를 보면 명확히 확인할 수 있다. 그래서 여정 ①, ②, ③, ④에 대한 의견은 제시되어 있으나, 구체적인 사실을 논거로 제시하는 경우는 별로 없고, 대부분의 기술은 신문사의 평가 의견으로 나타난다. 하지만 그것이 평가 의견으로 보이지 않도록 하기 위해서 한 문장 안에서 '사실과 의견'을 함께 제시하는 방법으로 메시지를 구성한다. 이러한 방법은 일반적인 보도 기사의 기술 방법과는 차이가 나는 서술 방법이며, 오피니언 기사에서는 충분히 예상할 수 있는 방법이라고 판단할 수 있다.

2.2. 칼럼의 메시지 전략

칼럼은 사설과 함께 오피니언 기사로 분류되기는 하지만 그 성격이 사설과는 차이가 있다. 그것은 칼럼은 필자가 노출되기 때문이다. 실제로 자신의 이름을 걸고 쓰는 글에는 그 책임이 오롯이 필자에게 쏠리기 마련이다. 따라서 칼럼은 신문사 내부의 필진과 외부의 필진에서도 표현이나 메시지 구성에서 차이가 날 수밖에 없다.

같은 오피니언 기사라도 사설과 칼럼은 제목에서 주장을 표현하는 메시지 전략에서 차이가 있었다. 〈표 3〉은 경향신문, 조선일보, 중앙일보, 한겨레신문 칼럼 제목의 언어형태와 주장하는 방법에 따라 그 유형을 계량화한 표로써, 헤드라인 유형인 〈표 1〉, 사설 제목의 유형인 〈표 2〉와 비교해 보면 몇 가지 특징을 발견할 수가 있다.

칼럼에서 가장 많은 주장하는 메시지 전략으로 표현된 제목은 따옴표 없이 단어형으로 끝맺는 언어형태인 서술단어형이다. 예컨대, 2018년의 경우 전체 칼럼 2,466개 가운데 994개(40.3%)를 차지하고 있다. 그 다음 순서인 따옴표 없이 문장형으로 끝맺는 서술문장형 607개(24.6%)와 꽤 차이를 보이고 있다. 이는 같은 오피니언 기사인 〈표 2〉의 사설 제목 유형과는 매우 다른 분석 결과이다. 오히려 〈표 1〉의 톱기사 헤드라인 유형과 비슷한 결과를 보이고 있다.

곧, 가장 많은 유형은 서술단어형(칼럼)과 강조단어형(톱기사)으로 달라서 주장의 적인 면에서는 차이가 있다. 하지만 제목의 언어형태는 모두 단어형이라는 점은 동일하다. 더욱이 〈표 3〉의 칼럼과 〈표 1〉의 톱기사는 모두 단어형으로 끝맺는 제목을 사용하는 비율도 56.5%(칼럼 제목)과 57.5%(톱기사 헤드라인)로 거의 같다. 다만 문장형으로 끝맺는 제목은 그 비율이 34.1%(칼럼)와 38.4%(톱기사)이고, 미완형의 경우는 9.1%(칼럼)와 4%(톱

　　　　　　　　　　　　　　　　　　　신문 언어 어떻게 이해할 것인가?

헤드라인			제목의 언어형태			합계
			미완형	문장형	단어형	
2018년	주장의 방법	인용형	9(0.4)%	35(1.4)%	16(0.6)%	60(2.4)%
		강조형	60(2.4%)	206(8.4%)	384(15.6%)	650(26.4%)
		서술형	155(6.3%)	607(24.6%)	1,000(40.6%)	1,756(71.2%)
	소계		224(9.1%)	842(34.1%)	1,400(56.8%)	2,466개
2017년	주장의 방법	인용형	6(0.2)%	33(1.3%)	10(0.4%)	49(2%)
		강조형	52(2.1%)	130(5.3%)	315(12.8%)	497(20.3%)
		서술형	192(7.8%)	616(25%)	1,092(44.3%)	1,900(77.7%)
	소계		250(10.2%)	779(31.8%)	1,417(57.9%)	2,446개
2016년	주장의 방법	인용형	3(0.1%)	43(1.7%)	13(0.5%)	59(2.4%)
		강조형	52(2.1%)	149(6%)	306(12.4%)	507(20.6%)
		서술형	186(7.5%)	633(25.7%)	1,081(43.8%)	1,900(77%)
	소계		241(9.8%)	825(33.5%)	1,400(56.7%)	2,466개
	총계		715개	2,453개	4,210개	7,378개

〈표 3〉 칼럼 제목의 유형 분류

기사)이어서 약간 차이가 있다.

그런데 여기서 주목할 것은, 칼럼 제목의 경우 제목의 언어형태가 톱 기사보다는 미완형이 많아진 것이다. 이는 보도 기사보다는 칼럼이 오피 니언 기사이기 때문에 주장을 좀 더 분명히 드러내기 위하여 단어형보다 는 미완형 사용이 늘어난 것으로 파악한다.

칼럼의 메시지 특성을 구체적으로 살펴보기 위해 제3차 남북정상회 담이 열린 다음 날 신문의 칼럼 제목을 제시[3]한다.

---

3   여기서 제시하는 칼럼 제목은 각 신문의 오피니언 면의 배치에서 사설이 게재된 면의 칼 럼을 우선하여 2편을 제시하고, 그 면에서 칼럼의 수가 부족한 신문의 경우 다른 오피니

(23) 2018년 4월 28일 칼럼 제목

　ㄱ. 경향신문 평화의 문이 열렸다(외부 필진)

　ㄴ. 조선일보 김정은 活路는 '박정희 따라 하기'다(내부 필진)

　ㄷ. 중앙일보 나의 판문점 연대기(내부 필진)

　ㄹ. 한겨레신문 서울역을 국제역으로(외부 필진)

　칼럼의 제목 형태를 보면, 경향신문과 조선일보는 문장형, 중앙일보는 단어형, 한겨레신문은 생략형 제목이다. 제목만 보더라도 같은 날 실린 사설과는 달리 제목마다 다양한 어휘로 개성적인 글을 썼을 것이라는 추측이 가능하다. 곧, 같은 문장형 제목이라고 하더라도 동사 서술어, 체언 서술어, 명사형, 생략형 등 다양하게 나타난다는 것은 글의 내용에서도 각 신문사마다 차이가 있을 것으로 예측 가능하다. 여기서는 (23ㄴ)의 조선일보 칼럼을 중심으로 칼럼의 메시지 구성 방식을 분석할 것이다.

(24) 김정은 活路는 '박정희 따라 하기'다

　[1단락] 김일성은 1993년 신년사에서 이렇게 말했다. "흰 쌀밥에 고깃국을 먹고 싶다는 인민의 숙원을 실현하는 것은 사회주의 건설의 중요 목표입니다." 36년 전인 1957년 신년 벽두에 밝혔던 약속의 되풀이였다. 김일성은 집권 기간(1948~1994)에 이 공약을 한 번도 지키지 못하고 사망했다.

　[2단락] 김일성 집권 시기는 남북 관계에서 두 단계로 나뉜다. 전반 20년은 북한 우위(優位) 기간이다. 경제·군사 면에서 몇 걸음 남쪽을 앞서갔다. 이 시기 북한에 밀입북(密入北)했던 유명 대학 학생들이 발전한 평양 모습에 충격 받고 간첩이 돼 돌아오기도 했다. 김일성은 이 우위를 믿고 호언장담(豪言壯談)하듯 대남(對南) 제의를 잇따라 내놨다.

언 면에서 칼럼을 임의로 선택한 것임을 밝힌다.

　　신문 언어 어떻게 이해할 것인가?

[3단락] 상황은 1961년 5·16 군사 쿠데타 이후 바뀌기 시작했다. 한국이 1차 5개년계획(1962~1966)과 2차 5개년계획(1967~1971)을 진행하는 동안 남북은 백중세(伯仲勢)를 이뤘다. 1965년 한일 회담 타결로 일본 청구권 자금 8억달러와 기술이 들어왔다. 경부고속도로를 놓고 포항제철이 세워지자 1974년을 고비로 남쪽 우위가 확립됐다. 최근 연구는 물가를 감안한 실질 성장률을 토대로 한국의 북한 추월 시기를 1968년으로 당겨 잡기도 한다.

[4단락] 김일성이 '흰 쌀밥에 고깃국'이야기를 다시 꺼낸 1993년 GDP는 한국 3863억달러 북한 107억달러, 1인당 GDP 한국 8712달러 북한 503달러, 수출 한국 822억달러 북한 9억9000만달러였다. 경제 격차는 재래식 군사력 격차로 이어졌다. 공산(共産) 종주국 소련이 붕괴하고 북한의 외교 고립은 심화됐다. 북한은 자신감이 크게 흔들리고 체제 불안에 시달렸다. 이 시기 북한이 핵 개발에 몰두한 것은 우연이 아니다.

[5단락] 김일성의 유훈(遺訓)은 두 가지다. 하나는 '인민을 배불리 먹이라'는 것이다. 김정일 재임 기간(1994~2011) 주민들은 고깃국은 제쳐놓고 흰 쌀밥은커녕 강냉이로도 배를 불리지 못했다. 식량 부족으로 1997년 이후 수년 사이에 60만~100만명이 굶어 죽었다. 김정은 시대에 들어서도 상황은 크게 달라지지 않았다.

[6단락] 다른 하나가 비핵화다. 김정일과 김정은은 여러 차례 '비핵화는 선대(先代)의 유훈'이라고 했다. 그러면서 핵실험을 거듭했고 며칠 전 김정은은 '핵무기의 병기화(兵器化)를 완료했다'고 선언했다. 북한이 생각하는 비핵화 개념이 의혹을 불러올 수밖에 없다.

[7단락] 문재인 대통령과 김정은 국무위원장 회담의 성패는 '비핵화'와 '북한 체제 보장' 문제에 얼마나 의견 접근을 이뤘느냐에 달렸다. 김 위원장이 문 대통령 쪽으로 다가와야 한다. 거꾸로 문 대통령이 김 위원장에게 접근한 안(案)이 나오면 미·북 정상회담에서 트럼프 대통령이 자리를 박차고 일어설 가능성이 커진다. 트럼프는 '비핵화란 북한이 핵무기를 없애는 것'이라고 단순하게 정의(定義)했다.

[8단락] 발표된 남북 공동선언문은 아름다운 표현에선 92년 남북기본합의서를 닮았다. 북한에 대한 포괄적 지원 약속이란 점은 노무현-김정일 간 10·4 선언을 계승했다. 정전협정을 평화협정으로 전환하겠다는 데선 문재인 정권과 북한 희망이 반영됐다. 그러나 정작 '비핵화'와 '북한 체제 보장' 문제는 암호(暗號)처럼 처리됐다. '완전한 비핵화'라는 단어 말고는 한미 동맹 또는 주한 미군과 관련해 어디에 무슨 지뢰(地雷)가 묻혔는지 알 도리가 없다. 미-북 담판의 밑그림 성격의 회담이라지만 너무 안갯속이다.

[9단락] 북한이 핵무기와 대륙간탄도탄을 포기하면 미국 위협은 즉시 사라진다. 한미 동맹은 방어 동맹이다. 미국 국민과 정치인 어느 누구도 한국 통일을 위해 미군 생명을 희생할 뜻이 없다.

[10단락] Ⓐ**김정은 위원장이 남북 격차로 체제 불안을 느낀다면 박정희 전 대통령을 연구해야 한다.** ⓐ박정희 시대에 한국은 북한 우위를 뒤집었다. ⓑ지금 북한처럼 자본도 기술도 없던 때였다. ⓒ한반도에서 '박정희 방식'의 위력(威力)을 절감한 사람은 김 위원장의 할아버지였다.

[11단락] ⓓ필리핀·인도네시아·미얀마·타일랜드 등 일본의 전후(戰後) 배상금을 받았던 나라 가운데 일본 자본을 경제 재건 젖줄로 연결하는 데 성공한 유일한 사례가 한국이다. ⓔ중국을 개혁 개방으로 이끌어 제2 경제 대국으로 올려 세운 덩샤오핑(鄧小平)은 1988년 리콴유 싱가포르 총리에게 한국을 배우고 싶다고 했고, 실제 박정희의 사람 박태준 포스코 회장을 모셔 배웠다. Ⓑ**김 위원장이 개발 독재로 방향을 트는 순간 가장 긴장할 상대는 나태(懶怠)로 흐르고 있는 한국일 것이다.**

(조선일보 칼럼 20180428)

이 칼럼은 모두 11개의 단락과 48문장, 506어절로 이루어진 글이다. 〈김정은 活路는 '박정희 따라 하기'다〉라는 문장형 제목을 사용하고 있으며, 제목에서 제시하는 육하원칙의 요소는 〈누가-무엇을-어떻게〉로 분석할 수 있다. 칼럼의 제목을 바탕으로 보면, 이 글의 핵심 주제문은 [10단락]

의 Ⓐ로 볼 수 있다.

또한 제목을 통하여 우리가 알 수 있는 [편집자 의미]는 〈김정은이 현재의 어려움을 이겨내고 살아남으려면 박정희를 따라 해야만 한다〉이고, [독자 의미]는 〈왜 박정희 따라 하기가 김정은의 살길인 이유인가〉정도로 해석할 수 있으며, [기호 의미]는 〈김정은의 살길은 '박정희 따라 하기'다〉로 분석할 수 있을 것이다. 이러한 의미를 중심으로 이 칼럼의 메시지 특성을 분석할 것이다.

그런데 이 칼럼에는 소제목이 〈핵무기·ICBM 포기하면 자본과 기술 북한 들어와〉와 〈북한이 개발 독재로 방향 틀면 나태해진 한국 긴장할 것〉으로 두 개가 붙어 있다. 따라서 Ⓑ를 두 번째 주제문으로도 볼 수 있다. 각 단락별 메시지 특성을 분석해 본다.

[1단락]의 핵심은 1993년 김일성 신년사의 내용에 관한 것으로 칼럼의 주제문 Ⓐ와 큰 관련이 없다. [1단락]에서는 북한의 지나간 현실(과거)을 〈사실1〉 - 〈사실2-사실3-사실4와 의견〉의 문장 순서로 제시하고 있다. 하지만, 〈사실1~4〉를 확인하는 것은 현재의 시점에서 쉽지는 않은 일이다. 네 번째 문장을 〈사실4와 의견〉으로 분석할 수밖에 없는 것은 '한 번도 지키지 못하고'의 의미를 생각해 보면 이해를 할 수 있다. 곧, '흰 쌀 밥에 고깃국을 먹고 싶다는 인민의 숙원을 실현'하는 것이 '한 번도 지키지 못한' 일이기는 어렵기 때문이다.

[1단락]은 제목에 표현된 '김정은'과 주제문 Ⓐ의 관련성을 높이기 위하여 '김정은'의 할아버지인 '김일성' 시대의 일화로 메시지 구성을 시작한 것으로 분석할 수 있다.

[2단락] 역시 [1단락]에 이어 북한의 현실(과거)을 〈의견-사실(의견)-평가 의견-사실(의견)-사실(의견)〉의 문장 순서로 서술된 것으로 분석할 수 있

다. 그런데 여기서 〈사실(의견)〉으로 분석한 문장들은 시각에 따라서 〈사실〉로 이해할 수도 있고, 〈의견〉으로 분석할 수도 있기 때문이다. 곧, '북한 우위'나 '북한에 밀입북(密入北)했던 유명 대학 학생들이 발전한 평양 모습에 충격 받고 간첩이 돼 돌아오기', '호언장담(豪言壯談)하듯 대남(對南) 제의' 등과 같은 사건은 실제 사건으로 볼 수도 있고, 실제 존재했던 구체적 사건에 대한 필자의 '의견'이 가미된 표현으로도 볼 수 있기 때문이다. 그래서 필자 스스로 '호언장담(豪言壯談)하듯'이라는 직접 비유 표현을 사용하고 있는 것으로 이해된다.

[2단락]은 [1단락]에 이어 북한의 과거를 〈사실과 의견〉으로 제시하면서 메시지를 구성하고 있다. [2단락]에서 제시하는 사실 역시 이 칼럼만으로는 사실을 확인하기가 쉽지 않은 것으로 판단한다.

[3단락]은 '한국의 현실(과거)'을 〈의견-사실(의견)-사실-사실(의견)-의견〉의 순서로 서술한 것으로 분석할 수 있는데, 첫 번째 문장을〈의견〉으로 분석한 것은 '상황 변화'의 시기를 특정하는 것은 주관적일 수 있어서이고, 마지막 문장 역시 연구자에 따라 다른 결과를 내놓기도 해서 〈의견〉으로 파악한다.

[4단락]은 '남북의 현실(과거)'을 〈사실-사실(의견)-사실-의견-평가 의견〉의 순서로 서술한다.

[5단락]과 [6단락]도 '북한의 과거 현실'에 대한 내용으로 메시지를 구성하고 있다. [5단락]에서는 북한의 현실(과거)을 〈의견-의견(추론)-의견(사실)-사실(의견)〉 - 〈의견〉의 순서로 되어 있고, [6단락]에서는 〈의견-사실(의견)-사실-평가 의견〉의 순서로 서술하고 있다.

[3단락]에서 [6단락]까지는 한국의 과거 현실이나 북한의 과거 현실을 사실과 의견을 제시하면서 서술한다. 각 단락별로 문장의 순서대로 메

시지 구성에 대하여 분석해 보았으나, 〈사실〉과 〈의견〉이 혼재해 있고, 〈사실〉 또한 칼럼 내용만으로는 확인하기가 쉽지 않음을 알 수 있다.

이 칼럼은 [7단락]에 와서야 비로소 현재로 돌아온다. [7단락]과 [8단락], [9단락]은 제3차 남북정상회담에 대한 필자의 평가로 볼 수 있다. [7단락]의 메시지 구성은 '회담 평가'를 〈의견-의견-의견-사실(타인의 의견)〉의 순서로 되어 있다. '회담 평가'이기 때문에 주관적인 의견으로 이루어지는 것은 당연한 일이다. [8단락] 역시 남북정상회담의 평가를 〈의견-의견(사실)-의견-의견-의견-의견〉으로 메시지를 구성하여 서술한다. [7단락]과 [8단락]에서는 많은 내용이 필자의 의견으로 서술되어 있지만, 의견에 대한 논거는 찾기가 어렵다. [9단락]에서도 정상회담 이후 발생할 수 있는 결과에 대한 필자의 평가를 〈의견-의견-의견〉으로 메시지를 구성한다. 역시 논거를 제시하지는 않고 당위성만 주장하는 의견으로 표현한다.

그래서 '다가와야 한다', '가능성이 커진다', '닮았다', '희망이 반영됐다', '암호(暗號)처럼 처리됐다', '무슨 지뢰(地雷)가 묻혔는지', '안갯속이다', '즉시 사라진다', '희생할 뜻이 없다'와 같은 주관적인 표현이 등장한다. 다만 [7단락]의 마지막 문장이 타인의 의견을 논거로 인용하여 〈사실〉로 분석할 수 있다.

[10단락]~[11단락]은 북한과 남한의 현실을 제시하며 메시지를 구성한다. [10단락]에서는 '북한의 현실'을 〈의견-사실(의견)-사실(의견)-의견(사실)〉로 문장을 서술한다. 주제문 Ⓐ에 대한 논거를 ⓐ~ⓔ로 제시하고 있다. 그런데 이것은 대체로 객관적인 사실이 아니라 타인의 의견 중심의 논거이다. [11단락]은 '한국의 현실'을 〈사실(의견)-사실(의견)-의견(추측)〉으로 메시지를 구성하여 마무리하고 있다. 그런데 제목이나 논거 등을 보면, Ⓐ를 주제문으로 보는 것이 타당하다. 하지만 필자는 Ⓑ가 가장 하고 싶은 말일

가능성도 배제할 수 없다.

　결국 이 칼럼은 [1단락]~[6단락]까지는 북한의 과거 현실이나 남북의 과거 현실을 〈사실〉과 〈의견〉을 중심으로 서술한다. 그런데 여기서 제시되는 〈사실〉은 대개 과거의 사건들이어서 칼럼 자체만으로는 확인하기 쉽지 않은 〈사실〉이다. 또한 [7단락]~[9단락]은 3차 남북정상회담 〈평가 의견〉이 메시지의 핵심인데, 〈의견〉에 대한 논거가 빈약하게 제시되어 있다. 끝으로 [10단락]~[11단락]은 남북의 현실을 제시하면서 마무리하는데, 역시 〈의견〉에 대한 논거가 부족하다.

제3부

신문 읽기 전략의 이해

제8장
신문 읽기의 방법

2016년 미국의 대통령 선거에서 소셜미디어 등을 통해 확산된 가짜 뉴스(Fake News)가 선거 결과에 영향을 주었다는 분석 이후 많은 사람들이 가짜뉴스에 대해 알고는 있었지만, 직접적으로 그 실체를 제대로 파악하지는 못한 상태였다. 그것은 가짜뉴스의 유형이 매우 다양하기 때문이다. 예컨대, 일반인의 인식으로는 오보, 허위보도, 저질보도, 편향보도, 왜곡보도 등을 모두 가짜뉴스로 받아들이기 쉽다. 그런데 보도 과정에서 의도하지 않은 실수로 발생한 오보와, 명백히 뉴스 생산자가 의도하고 제작하는 왜곡보도 등을 가짜뉴스라는 하나의 범주로 묶기에는 문제가 있다.

그렇다면 왜곡보도 등과 같은 뉴스 생산자가 의도적으로 잘못 전달하는 보도를 어떻게 볼 것인가. 한국기자협회의 윤리강령 및 실천요강에는 "기자는 국민의 알 권리를 충족시키고, 진실을 알릴 의무를 가진 언론의 최일선 핵심존재로서 공정보도를 실천할 사명을 띠고 있으며, 이를 위해 국민으로부터 언론이 위임받은 편집-편성권을 공유할 권리를 갖는다."[1]

---

1   http://www.journalist.or.kr/news/section4.html?p_num=4 참조.

고 밝히고 있다. 여기서 '국민으로부터 언론이 위임받은 편집-편성권'이라는 부분이 갖는 의미에 주목할 필요가 있다.

언론 보도에서 현실을 재현할 때, '편집'되는 것이 사실인 이상 그 편집의 과정이나 의도에 따라 그것은 언론의 자유를 넘어 범죄가 될 수도 있는 것이다. 따라서 언어를 주된 전달 수단으로 사용하는 신문 기사의 경우 그 내용에서 가짜뉴스를 구별할 수 있는 능력이 독자에게는 매우 중요하게 된 상황이다. 여기서는 가짜뉴스에 대한 이해를 중심으로 비판적으로 기사를 읽는 방법에 대하여 살펴본다.

1. 신문 언어와 가짜뉴스

1.1. 가짜뉴스의 개념

언론 보도에서 '진실성'이나 '사실성'의 가치는 어떠한가. 이준웅(2017:33)에서는 우리 언론이 '가짜뉴스'에 대해 경각심이 높아진 것은 2016년 미국 대통령 선거와 2017년 대한민국 제19대 대통령선거부터이며, 그 이전부터 사실에 대해서는 강박에 가까운 집착을 보이기 시작했다고 한다. 특히 사실을 두고 '팩트'라 부르는 행태에서 사실에 대한 집착을 발견할 수 있다며, 사실 또는 사실 확인을 굳이 '팩트' 또는 '팩트체크'로 강조해서 외래어로 일컫는지 검토할 필요가 있다고도 하였다.[2]

---

2   우리말에서 외래어가 고유어보다 우월적 지위를 가진 것은 실제로 그 역사가 매우 깊다. 대표적인 것이 한자어와 고유어의 경쟁에서 한자어가 우월적 지위를 가지게 된 것이다. 예컨대, 지명에서 '범냇골'이 '범천(凡川)'으로 바뀌거나, '병원(病院)'이 '클리닉(clinic)'으로, '동사무소(洞事務所)'가 '주민센터(住民center)'로 바뀌게 되는 현상 등이다. 이후 한자어와 영

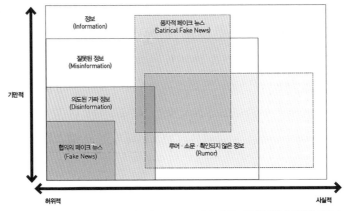

〈출처-황용석(2017.3.20), "페이크뉴스 현상과 인터넷 서비스 사업자 자율규제 현안", KISO포럼 정책세미나 발표문, p.4〉

〈그림 1〉 가짜뉴스와 유사 개념의 관계 (황용석·권오성, 2017:68)

황용석(2017:6~11)에서는 영어 '페이크 뉴스(Fake News)'의 번역어가 '가짜뉴스'인데, 여기서 '페이크'의 의미는 단순한 가짜가 아니라 '사기', '기만', '속임수'의 의미가 포함되어 있다는 것이다. 그래서 단순히 '가짜뉴스'라고 번역하게 되면 개념이 지나치게 확장되는 문제가 있다고 지적한다. 또한 해외에서 논의되는 가짜뉴스 현상은 대체로 기만성에 주안점을 두고 있지만, 국내에서는 번역상의 어려움으로 틀린 정보, 허위 정보, 잘못된 정보 등을 의미하는 '가짜'라는 광의의 개념을 사용하고 있다고 주장한다. 더 나아가 〈그림 1〉과 같이 제시하면서, 가짜뉴스의 범위를 협의의 범위에서 정의할 것을 제안한다.

또한, 가짜뉴스의 개념을 명확히 이해하기 위해서는 '잘못된 정보'와 '의도된 가짜 정보'의 개념을 구분할 것도 제안한다. 먼저 '잘못된 정보'는

어의 경쟁에서 영어가 우월적 지위를 가지게 되었다.

발화자의 의도성과 관계없이 부정확하고 잘못된 정보를 모두 지칭하는 것으로, '허위 정보' '오인정보' '오보' 등으로 불리기도 하는데, 사실과 전체 또는 부분적으로 다른 정보를 말하며, 가장 포괄적인 용어라는 것이다. 잘못된 정보의 대표적인 것을 오보라고 제시하며 보도 내용이 다루는 사실이 왜곡된 것으로 언론 보도의 포괄적인 실수로 본다. 이 잘못된 정보 행위의 주체는 언론사이며, 한국에서는 매체법에 등록된 언론사가 여기에 해당된다고 하였다.

다음으로 '의도된 가짜 정보'는 특정한 의도성을 갖고서 정교하게 고안된 가짜 정보(Antoniadis, S., Litou, I., & Kalogeraki, V., 2015), 의도된 가짜 정보는 거짓말(Lying)과 유사한 개념이다(Fetzer, 2004)이라는 앞선 연구 결과를 인용하면서 의도된 가짜 정보는 '역정보', '날조된 허위 정보' 등으로 불린다고 하였다. 그래서 가짜뉴스는 거짓 정보와 밀접하게 연관되어 있으며 잘못된 정보의 하위 개념에 속하거나 구분된다면서, 이때 중요한 기준점은 발화자 또는 창작자가 거짓임을 인식하고 있는지, 이를 특정한 목적에서 의도성을 가지고 전파하는지를 파악하는 것이 중요하다고 말한다. 그리고 최근 가짜뉴스의 사회적 관심은 언론의 진실됨(Truthiness)을 모방한 가짜뉴스 사이트와 언론보도를 인용하거나 보도처럼 보이게 만든 소셜미디어의 낚시성 게시물이 크게 영향을 미쳤다고 마무리한다.

결국 황용석 교수는 가짜뉴스의 개념을 다음과 같이 정리한다.[3]

---

3   황용석(2017), 「가짜 뉴스 개념 정의의 문제 -형식과 내용 의도적으로 속일 때 '가짜 뉴스」, 신문과 방송 2017년 4월호, 6쪽~11쪽, 한국언론재단.

(1) 언론의 외양적 진실스러움을 훔친 가짜뉴스의 개념 정의
　　ㄱ. 상업적 또는 정치적으로 정보를 매개로 타자를 속이려는 기만적 의
　　　　도성을 가진 행위
　　ㄴ. 수용자가 허구임을 오인하도록 언론보도의 양식을 띤 정보
　　ㄷ. 사실 검증이라는 저널리즘의 기능이 배제된 가운데 검증된 사실로
　　　　포장하는 행위

　　그런데 황용석 교수의 '가짜뉴스'의 개념 정의는 매우 잘 정리된 것
으로 보인다. 하지만, 지나치게 전통적인 미디어에 대한 긍정적인 시각을
바탕으로 개념화되어 있음을 알 수 있다. 곧, 유튜브나 SNS와 같은 새로운
미디어에서 생산하는 뉴스는 가짜이고, 전통적인 미디어인 신문이나 방송
과 같은 대중매체의 뉴스는 오보로 규정하는 인상을 지울 수 없다.
　　실제로 대중매체의 뉴스를 생산하는 언론종사자와 이른바 뉴미디어
에서 콘텐츠를 생산하는 사람들의 차이는 언론 종사자의 윤리 의식뿐이
다. 그런데 윤리 의식은 구체적으로 지적하기가 어렵다. 독자의 관점에서
는 황용석 교수가 말한 '잘못된 정보'와 '의도된 가짜 정보'의 구분을 전적
으로 언론종사자의 윤리 의식에 의존해야 한다는 것이다. 예컨대, 다음과
같은 뉴스를 보자.

(2) 박양우 장관, 설 맞아 관광현장 점검
　　**'우한 폐렴'이라 불리며 전 세계적으로 확산 중인 신종 코로나바이러스
와 관련해 관광 주무부처를 이끄는 박양우 문화체육관광부 장관이 현장
점검에 나선다.**
　　문체부는 박 장관이 오는 27일 오후 2시부터 종로구 경복궁과 동대문
웰컴센터 등 주요 관광지 현장을 방문할 예정이라고 25일 밝혔다. 장관이

직접 관광 접점 현장을 방문해 종사자들을 격려하고 애로사항을 점검할 계획이다.

박 장관은 우선 한국을 찾는 외국인 관광객들이 가장 많이 방문하는 광화문을 시작으로 근정전 현장 등지를 시찰한다. 이어 코리아그랜드세일 현장을 찾아 종사자들을 격려할 예정이다. 이어 동대문 상업시설인 두타몰 등 현장을 찾아가 애로사항을 들어볼 계획이다.

정부는 지난해 1,725만명 이상의 역대 최대 외국인 관광객을 맞이한 후 올해 그 목표를 2,000만명으로 높여 잡은 까닭에 갑작스런 '우한 폐렴' 확산으로 인한 관광업계의 위축을 우려하고 있다.

중국 우한 지역에서 처음 환자가 발생해 '우한 폐렴'으로 불리는 신종 코로나바이러스는 전 세계로 빠르게 퍼지고 있다. 중국 당국은 확진 환자를 860명 이상, 사망자를 26명으로 밝히고 있다. 중국 본토를 넘어 홍콩·마카오·대만·일본을 비롯해 우리나라에까지 번져 국내에서 2명의 확진 환자가 나왔다. 네팔에서도 5명의 확진자가 보고됐고, 말레이시아에서도 감염자가 나왔다. 미국에까지 퍼졌으며 유럽 대륙 중 처음으로 프랑스에서도 감염자가 확인됐다.

북한의 경우 피해 차단을 위해 베이징과 평양을 오가던 '에어차이나'의 운항을 당분간 중단했고 북한 내·외국인의 중국 여행도 잠정 금지한 것으로 알려졌다.

질병관리본부는 25일 '우한 폐렴'의 감시 대상 오염지역을 '우한' 지역에 국한하지 않고 '중국 전체'로 변경할 예정이라고 밝혔다.

(서울경제 20200125)

(2)는 서울경제 2020년 1월 25일 뉴스 기사의 본문이다. 그런데 이 기사의 헤드라인이 〈그림 2〉에서 〈그림 3〉으로 바뀌게 되었다. 〈그림 4〉는 뉴스의 헤드라인 바로 아래에 게재되어 있는 사진이다.

서울경제

"'우한폐렴' 걱정말고 한국관광 즐기세요"

기사입력 2020.01.25. 오후 4:15 기사원문 스크랩   본문듣기 · 설정

〈그림 2〉 처음 포털에 게재된 뉴스 헤드라인 캡처 화면

서울경제

박양우 장관, 설 맞아 관광현장 점검

기사입력 2020.01.25. 오후 4:15 최종수정 2020.01.25. 오후 9:26 기사원문 스크랩

〈그림 3〉 수정되어 포털에 게재된 뉴스 헤드라인 캡처 화면

　문제는 (2)의 기사 본문 어디에도 "우한폐렴 걱정 말고 한국관광 즐기세요"라는 박양우 장관의 발언이 없다는 것이다. 헤드라인에는 직접 따옴표(" ")를 사용하고 있는데 본문에는 없는 내용이다.

박양우 문화체육관광부 장관. /서울경제DB

〈그림 4〉 신문사 홈페이지 뉴스 사진 캡처 화면

　심지어 헤드라인 바로 아래 박양우 장관의 사진을 〈그림 4〉와 같이

편집하고 있다. 그래서 헤드라인이 〈그림 2〉처럼 된 기사에서 〈그림 4〉의 사진이 있으면 독자는 당연히 박양우 문화체육부 장관이 "우한폐렴 걱정 말고 한국관광 즐기세요"라고 말했다고 받아들일 것이다. 그런데 실제 기사의 본문을 자세히 살펴보면, 오히려 기사의 리드는 "'우한 폐렴'이라 불리며 전 세계적으로 확산 중인 신종 코로나바이러스와 관련해 관광 주무 부처를 이끄는 박양우 문화체육관광부 장관이 현장 점검에 나선다."라고 되어 있다.

결국 이 기사는 박양우 문화체육부 장관이 '신종 코로나 바이러스'와 관련해 주무 장관으로서 '관광 관련 현장 점검'에 나선 단순한 보도 기사일 뿐이다. 그런데도 이처럼 처음 기사에서 헤드라인을 교묘하게 편집하여 전달한 것은, 독자가 기사를 오해하여 문화체육관광부 장관을 비판하도록 유도하는 '의도된 가짜 정보'라고 생각하기에 충분하다.

실제로 기사가 처음 보도된 이후 댓글을 보면, 〈그림 5〉가 최다 추천 댓글로 올라와 있다.

2020.01.25. 16:20 · 신고
미쳤다 진짜⋯⋯ 이 나라가 진짜⋯
답글 35

〈그림 5〉 포털의 최다 추천 댓글

하지만, 〈그림 3〉에서 보는 것처럼 기사가 수정된 1월 25일 오후 9시 26분 이후 올라온 댓글 가운데 최다 추천 댓글은 〈그림 6〉과 같이 달라진다. 이는 헤드라인에 따라서 얼마든지 독자들이 기사를 오해할 수 있음을 보여주는 것이다. 따라서 본문에도 없는 문화체육관광부 장관의 말을 인용한 것 같은 "우한폐렴 걱정 말고 한국관광 즐기세요"라는 헤드라인은 독자에게는 '잘못된 정보'인 오보라기보다는 '의도된 가짜 정보'인 가짜뉴스로 보일 수도 있는 것이다.

2020.01.26. 00:37 · 신고
제목 싹 바꾼 기레기나 제목만 보고 내용 안보고 댓글쓴 빡대가리들이나 ㅋㅋㅋㅋㅋ
답글 1

〈그림 6〉 헤드라인 수정 후 포털의 최다 추천 댓글

(2)와 같은 기사를 간단히 오보라고 하면서 이를 '잘못된 정보'라고 말할 수 있는가. 이들을 '의도된 가짜 정보'라고 볼 수 없는가. 결국 언론인의 윤리 의식에 따라 (2)는 '잘못된 정보'인 오보일 수도, '의도된 가짜 정보'인 가짜뉴스일 수도 있는 것이다.

곧, 지금까지 기성 언론이 사용한 표현은 상황에 따라 적절한 경우도 있었지만, 언론사가 의도하는 바를 표현하기 위하여 무리하게 사용하는 경우도 많이 있었다. 그러한 언론 언어의 사용법이 일반 뉴스 생산자에게는 자신이 표현하고 싶은 대로 표현해도 무방하다는 비윤리적인 의식을 갖도록 할 수 있다. 그리고 누구나 뉴스를 생산할 수 있는 현재의 미디어 플랫폼이 '헛소문'과 같은 가짜뉴스를 양산하게 되었다고 보는 것은 결코 무리한 시각이 아니다.

그래서 단순히 (3)처럼 '뉴스'와 '가짜뉴스'의 이분법적인 구분으로 볼 것이 아니라 (4)처럼 '뉴스'가 될 수 없는 여러 가지 표현들이 존재함을 인식하고 이를 일련의 과정으로 이해할 필요가 있다.

(3) 뉴스 ↔ 가짜뉴스

(4) ㄱ. 뉴스 ↔ 풍자적 가짜뉴스[4]
　　ㄴ. 뉴스 ↔ 소문 또는 루머
　　ㄷ. 뉴스 ↔ 오보
　　ㄹ. 뉴스 ↔ 헛소문

지금까지 가짜뉴스는 언론학에서 뉴스 생산자의 관점에서, 법률학에서는 가짜뉴스를 어떻게 규제할 것인가에 대하여 다루었으며, 교육학에서는 미디어 교육의 시각으로 다루었다. 그런데 실제로 독자에게는 언어학의 시각으로 뉴스 표현에서 '가짜뉴스(헛소문)'가 지니는 특성을 이해하는 것이 더욱 중요하다.

1.2. 가짜뉴스의 언어 특성

비주체 표현

언어는 우리가 객관적 사실을 인지할 때 매우 중요한 가치를 지닌다. 언어가 전달하고자 하는 개념으로 현실을 파악하기 때문이다. 더욱이 그것이 객관적이고 정확한 사실을 전달하려는 언론의 언어라면 그 정확성과 사실성, 객관성을 담보하고 있다고 믿는 언론 수용자는 매우 많을 수밖에 없다.

그런데 신문 기사 문장에서 독자가 쉽게 서술의 주체를 파악하지 못

4　황용석·권오성(2017:61~66)에서는 가짜뉴스와 유사한 개념으로 정치적 표현영역으로 보호 받는 풍자적 가짜뉴스와 사실여부가 확인되지 않은 정보인 소문 또는 루머, 그리고 오보로 하위분류하여 제시한 바가 있다.

하는 경우가 종종 나타난다. 대표적인 것이 인용 보도를 하는 경우와 피동 표현을 사용한 경우이다. 여기서는 이러한 문장의 표현을 비주체 표현이라고 명명한다. 곧, 이 글에서 말하는 비주체 표현이란 주체를 확인할 수 없는 인용 보도의 표현 형태나 서술어를 피동사로 사용하여 주체가 명확하지 않은 표현 형태를 아울러 지칭하는 용어로 사용한다.

(5) 이제껏 무슨 虛像에 홀려 열심히 쫓아다녔나

통과 안 되면 정의가 죽는 것처럼 '박용진 유치원 3법'이 대중적 환호를 받고 있을 때였다. 한 여당 의원이 전화를 걸어왔다.

"사립유치원의 설립과 운영은 모두 개인 돈으로 해왔다. 정부 지원금은 수업료 부담을 덜어주기 위해 학부모에게 지급되는 것이다. 행정 편의상 유치원으로 직접 입금한 것이다. 유치원이 그 돈을 다른 용도에 썼다고 비리 문제로만 보는 것은 잘못됐다. 법원에서 이미 무죄로 판결 난 사안이다. 이제 정부가 사립유치원 회계를 다 관리·감독하겠다는 것은 헌법의 핵심 가치인 사유재산권 침해가 된다. 국민 세금이라고 공무원 봉급의 사용 내역을 다 제출하라는 것과 같다. 왜 우리 언론은 이런 점을 안 따져보는지 모르겠다."

야당 의원의 입에서나 나올 법한 소리였다. 그는 "지방 행정을 해봐서 이런 실상을 잘 알고 있다. 당내(黨內)에서 사립유치원 문제를 한쪽으로만 봐서 안 된다는 얘기를 했지만 못 들은 체한다. 더 나서는 것은 부담스럽다"고 덧붙였다.

몇 가지 기본적인 사실만 확인해도 균형 있게 볼 수 있다는 그의 말은 통하지 않았다. 그 뒤 문재인 대통령까지 나서서 "최근 사립유치원 비리 파동 등에 대한 국민 분노가 매우 크다, 차제에 단호한 조치를 취해야 한다"고 발언했다. 사립유치원장은 기득권 세력이니 이들을 공격하는 것은 정의이고, 이들의 사유재산은 공익을 위해 어떻게 해도 된다는 생각이 깔려 있는 것 같다.

현 정권은 유독 사실을 따져보고 확인하는 절차를 무시한다. 그 첫 줄에 문 대통령이 있다. 어디서 한 가지를 얻어들으면 그게 답이 돼버린다. 살아온 세월이 있고 최고의 자리에 있는데도 그런 단순 사고를 갖고 있는 대통령에 대해 놀랄 때가 잦다.

만화 같은 재난 영화 '판도라'에 크게 감동하고 국민 안전을 위해 탈원전 결심을 했다는 게 대표적 사례일 것이다. 본인에게는 그냥 결심일 수 있겠지만 국내 원전 업계를 무너뜨리고 산업 생태계를 뿌리째 흔들어놓았다. 체코에 가서는 "한국에서는 지난 40년간 원전을 운영하면서 단 한 건의 사고도 없었다"는 식의 오락가락 상황도 만들었다.

지난여름 전군 주요지휘관을 불러놓고 "기무사의 세월호 유족 사찰과 계엄령 검토는 그 자체만으로도 있을 수 없는 구시대적이고 불법적 일탈 행위"라며 심판자인 양 말한 것도 그렇다. 어떤 사실을 근거로 이렇게 단정할 수 있었나. 대통령만큼은 사실 확인 없이 그냥 공포할 수 있는 권한을 갖고 있는지 모르겠다. 그 뒤 기세 좋게 벌이던 하명(下命) 수사는 무기력하게 끝났다. 계엄령 검토는 실체가 없는 것으로 나왔고, 세월호 사찰 수사는 명예를 중시하던 한 장군을 죽음으로 몰았다.

자신감에 넘친 문 대통령 말대로라면 북한의 비핵화도 지금쯤 끝나가고 있어야 했다. 북한이 말하는 '조선반도 비핵화'가 과연 무엇을 의미하는지 사실 확인 작업이 없었다. 청와대의 기대와 희망으로 "김정은이 비핵화 의지를 밝혔다"고만 발표했고, 문 대통령은 "김정은은 약속을 지키는 지도자"라고 보탰다. '북한 정권의 수석대변인'이라는 말을 들으면서 말이다. 하지만 북한 조선중앙통신이 "미국 핵 위협을 제거해야 한반도 비핵화"라고 보도하면서 현 정권은 이제껏 무슨 허상에 홀려 열심히 쫓아다닌 꼴이 됐다.

사실 확인 없이 쏟아내는 발언은 시원하게 들린다. 하지만 시간이 지나고 반복되면 허무한 어록(語錄)으로 쌓이게 된다. 지면 사정으로 다 언급할 수도 없다. 이런 지경에 빠진 것이 본인의 타고난 스타일 때문인지, 공부를 덜 한 탓인지, 아니면 청와대 참모들에게서 한쪽 이념으로 오염된 자료만

신문 언어 어떻게 이해할 것인가?

보고받아 그런지는 알 수 없다. 그렇다 해도 요즘 널린 게 정보다. 신문만 읽어도 어떤 사안에 대해 사실과 동떨어진 발언을 쉽게 하진 않을 것이다.

얼마 전 문 대통령은 여성가족부 업무보고에서 "극단적인 대립이나 혐오 양상으로 표출되는 것은 바람직하지 않다. 이분법적인 접근은 불필요한 사회적 갈등을 야기할 수 있다"고 말했다. 사실 이는 문 대통령이 자신에게 향했어야 할 말이다. 현 정권이 들어선 뒤로 사실에 기반을 두지 않고 어떤 이념의 유령을 좇아 원한과 적개심을 '정의'로 포장한 채 선동해왔기 때문이다. 그 결과가 내 기억으로는 거의 본 적이 없는 가장 극단적인 대립과 혐오, 사회 갈등으로 표출되고 있는 것이다.

논어에 '사이불학즉태(思而不學則殆·생각만 있고 배우지 않으면 위험하다)'라는 구절이 있다. 이념만 있고 사실을 알려고 하지 않을 때 문 대통령도 위험한 지경에 빠지게 된다는 것이다. 이미 깊이 빠져 있는지 모른다.

(조선일보 20181228)

(5)는 신문의 칼럼이다. 이 기사의 시작은 제보자의 증언으로 시작하고 있다. 그런데 일반 뉴스 소비자가 (5)에서 사실을 확인할 방법은 없다. 이처럼 인용 보도는 기사 자체만으로는 사실성 여부를 확인하기가 매우 어려운 것이다.

황용석·권오성(2017:80)에서는 가짜뉴스의 사실성 판단의 기준을 제시하였는데, 가짜뉴스의 사실성 여부는 ▷명백히 객관적으로 그리고 누구나 확인 가능한 검증자료가 존재하는지 여부, ▷신뢰할 수 있는 복수의 제3의 기관으로부터 교차 검증된(팩트체크) 정보에 기반해서 판단되어야 한다고 말한다.

그런데 (5)의 칼럼에서는 이러한 조건을 충족하는지 독자의 관점에서는 의심스러울 수밖에 없다. 그저 언론사의 공신력을 믿거나 칼럼 필자의 진정성을 받아들여야만 칼럼의 사실성이 담보되는 것이다. 이처럼 언론의 언어에서 제보자에 대한 신뢰도는 기사의 신뢰성과 맥을 같이 한다. 그런데 대체로 기사에서는 제보자를 보호한다는 명분으로 그것을 밝히지 않는 경우가 많다.

실제로 대중매체의 언어에서 제보자를 감추는 경우는 불확실한 속보나 뉴스 생산자의 개인적 관계에 의한 제보일 경우가 많다. 대체로 뉴스 소비자에게 긍정적인 뉴스이거나 정확하고 분명한 사실을 보도하는 경우는 구체적인 실명을 밝혀서 기사를 작성한다. 따라서 뉴스 소비자의 입장에서 보면, 굳이 실명을 밝히기도 어려운 제보를 바탕으로 뉴스를 작성해야 하는가라는 의문이 들기도 한다.

피동 표현

더욱이 인용 보도는 신문 기사에서 피동 표현으로 기사화되는 경우가 많다. 예컨대, '해석된다'와 같은 표현은 '해석'이란 단어에서 이미 주관성을 갖고 있다. 그런데 이조차도 주체적인 '해석한다'와 같은 표현이 아닌 피동 표현인 '해석된다'라는 어휘를 사용한다. 그만큼 해석의 주체에 대한 책임을 흐리면서 신문 기사를 작성하고 있는 것이다. 피동 표현은 주체적 표현이 아니라 말 그대로 '주체가 다른 힘에 의하여 움직이는 것'으로 표현하고 있기 때문에 책임 소재가 불분명하다.

김지영(2011:50~55)에서도 저널리즘의 제1원칙은 '진실의 추구'라면서, 언론의 진실 추구에서 필수 조건은 바로 객관보도이고, 기자가 객관보도를 하지 못하고 비객관보도를 할 때, 오늘날 한국 언론의 객관보도를 해치는 '주범'인 무주체 피동형 표현을 사용한다고 했다.

그런데 신문 기사에서 더욱 문제가 되는 것은 '해석된다'를 넘어 '해석되어진다'와 같은 이중 피동표현을 사용하는 경우도 있다. 대표적인 것이 '보다'의 피동 표현인 '보이다'를 넘어 '보여진다'라고 표현하는 사례가 신문 기사에서 자주 발견되는 것이다. 다음은 하나의 기사에서 피동 표현된 동일한 어휘가 반복해서 나타나고 있다.

(6) 美 "한국, 남북경협 리스트·시간표 달라 제재 1건만 어겨도 사업 전면 중단해야"

[1단락] 한국 정부가 남북 철도 연결 등 남북 경협 사업을 지속적으로 추진하자, 미국 정부는 최근 한국 정부에 대북 경협 사업 목록과 구체적인 시간표를 제시하고, 해당 사업들이 유엔 대북 제재에 저촉되지 않음을 한국이 직접 보증할 것을 요청한 것으로 17일(현지 시각) ①**알려졌다**.

[2단락] 미국은 또 한국이 제재 위반이 아니라고 보증한 사업에서 추후 제재 위반 문제가 한 건이라도 드러날 경우 리스트에 포함된 모든 남북 경협 프로젝트를 중단해야 한다는 입장도 통보한 것으로 ②**전해졌다**.

[3단락] 이는 미국이 동맹인 한국의 체면은 살려주는 대신 남북 경협을 위한 실질적인 자본과 물자 이동을 막아 대북 제재의 틀을 유지하겠다는 것으로 ③**보인다**. 또 문재인 정부의 과속 가능성에 견제 장치를 마련한 것으로 ④**해석된다**.

[4단락] 트럼프 행정부의 한 고위관리는 이날 본지와 전화 통화에서 "미국은 철도와 도로 연결 등 한국이 (지난 4월 남북 정상의) 판문점 선언에 따라 남북 관계 개선을 위해 경협을 하는 것을 반대하지 않는다"면서도 "한국이 어떤 사업을 언제 할 것인지 그 목록과 구체적인 시간표를 사전에 제시하고, 제재 위반 가능성이 없다는 것을 확인해달라고 요청했다"고 말했다.

[5단락] 그는 또 "(한국이 추진하는) 관련 사업 중 유엔 제재 위반 가능성이 있는 경우가 많은데 다 (제재를) 면제해줄 수는 없을 것"이라며 "한국이 제출하는 목록과 시간표를 놓고 한·미가 투명하게 사전에 협의하고 소통하자는 것"이라고 했다. 그러면서 "만일 한국 측에서 제재 위반이 없다고 판단해 추진한 사업에서 제재 위반 사례가 나올 경우 남북 경협 전반에 대해

반대를 할 수 있다는 뜻도 밝혔다"고 했다.

[6단락] 미국은 한국 정부에 지난 15일까지 남북 경협 사업 목록을 전달해줄 것을 요청했지만, 한국은 17일까지 구체적인 경협 사업 목록을 전달하지 않은 것으로 ⑤**전해졌다**. 15일은 남북 고위급 회담이 열린 날이었다.

[7단락] 이 회담에서 남북은 철도·도로 연결을 위한 착공식을 11월 말~12월 초에 열기로 합의했다. 미국이 남북 고위급 회담일에 맞춰 경협 목록 제출을 요구한 것은 한국이 북측과 무리한 합의를 하지 못하도록 ⓐ**무언의 압력을 넣은 것으로 볼 수도 있다.**

[8단락] 트럼프 행정부 고위 관리의 말대로 남북 경협이 추진된다면, 남북 철도·도로 연결의 착공식은 예정대로 할 수 있을 것으로 ⑥**보인다.** 착공식 자체는 북한과 물자가 교류되는 것이 없어서 대북 제재 위반이 아니기 때문이다.

[9단락] 그러나 본격적으로 철도·도로 연결을 위해 자재가 남북을 오가야 하는 상황이 오면 ⓑ**제재 위반 소지가 높다.** 조태열 주(駐)유엔 대사도 지난 16일 뉴욕 유엔 대표부 국정감사에서 남북 철도·도로 연결 사업과 관련해 "지금은 착공하겠다는 것"이라면서 "본격적으로 진행되면 위반 소지가 있는 요소들이 있을 것"이라고 말했다.

[10단락] 문재인 정부가 미국이 내건 까다로운 조건 속에서도 철도와 도로 연결을 추진하는 것은 지난 8월 남북 공동연락사무소 개설 당시처럼 어떻게든 교두보를 마련해 두겠다는 것으로 ⑦**보인다.** 문재인 정부는 당시 연락사무소 개설을 의욕적으로 추진했지만 발전기용 경유 공급 등이 대북 제재 위반 ⓒ**논란에 휘말렸고,** 결국 남측에서 전기를 직접 끌어다 쓰는 방향으로 제재를 ⓓ**우회했다.**

[11단락] 김의겸 청와대 대변인은 18일 남북 철도 문제와 관련해 "지금 미국 쪽과 긴밀히 협조하고 있고 좋은 결과가 나올 것"이라고 했고, 노규덕 외교부 대변인도 이날 "한·미 간에 공조가 원활하게 진행되고 있다"고 했다. 이는 일단 사업을 추진해놓고 추후 제재 위반 가능성이 제기되면 지난 8월 연락사무소 개설 당시처럼 우회로를 찾아 제한적인 범위 안에서

라도 미국을 설득해 나가겠다는 전략으로 ⑧**파악된다.**

(조선일보 20181019)

(6)은 모두 11단락 19문장으로 이루어진 보도 기사이다. 그런데 기사를 시작하는 처음 세 단락의 네 문장의 서술어가 모두 '알려졌다, 전해졌다, 보인다, 해석된다'의 피동 표현으로 되어 있다. 이와 같은 피동 표현은 누가, 어디서 알려주었는지는 밝히지 않고 알려졌다라고 표현하여 알림의 주체나 대상이 불분명하게 표현하는 신문 언어의 표현 형식이다.

일반적으로 보도 기사가 역피라미드 형으로 작성되는 것을 고려하면 이 기사는 피동 표현이 매우 적극적으로 사용된 기사로 볼 수 있다. 특히 기사의 리드(전문)부터 피동 표현을 사용하여 명확한 주체를 드러내지 않고 기사를 작성하고 있는 것이다. (8)에는 ①~④ 이외에도 ⑤~⑧에도 '전해졌다, 보인다(2회), 파악된다'와 같은 피동 표현을 문장의 서술어로 사용하고 있다.

특히, 〈미국 정부는~직접 보증할 것을 요청한〉 사실을 〈미국 정부는~직접 보증할 것을 요청한〉다고 ㅇㅇㅇ이 말했다(밝혔다)라고 표현하지 않고, 〈미국 정부는~직접 보증할 것을 요청한 것〉으로 '알려졌다'라고 표현한 것은 제시한 사실에 대한 명확한 표현보다는 사실에 대한 책임을 유보하는 표현으로 이해된다.

또한 [7단락]의 ⓐ〈무언의 압력을 넣은 것으로 볼 수도 있다〉, [9단락]의 ⓑ〈제재 위반 소지가 높다〉, [10단락]의 ⓒ〈논란에 휘말렸고, ⓓ우회했다〉 등도 피동 표현을 사용한 것은 아니지만, 추측, 논란 등의 간접적인 표현을 사용하여 명확한 책임의 추체를 드러내려하지 않는다.

이 기사에서 명시적인 인용을 하면서 사실적인 언어 표현을 한 서술

어의 문장은 [4단락]의 〈트럼프 행정부의 한 고위관리는~말했다〉, [5단락]
의 〈그는(트럼프 행정부의 한 고위관리는)~이라고 했다〉, [5단락]의 〈(그는=트럼프
행정부의 한 고위관리는) "만일~뜻도 밝혔다"고 했다〉, [9단락]의 〈조태열 주
(駐)유엔 대사도~이라고 말했다〉, [11단락]의 〈김의겸 청와대 대변인은~고
했다〉 등 5개이다.

그런데 〈(그는=트럼프 행정부의 한 고위관리는) "만일~뜻도 밝혔다"고 했
다〉는 〈(그는=트럼프 행정부의 한 고위관리는) "만일~뜻도 밝혔다"〉라고 표현하
면 되는 것을 〈"할 수 있다는 뜻도 밝혔다"고 했다〉고 표현하여 오히려 '뜻
을 밝힌' 주체을 불분명하게 표현한다. 이러한 표현은 신문 언어가 보도 기
사에조차도 지나치게 유보하는 표현을 즐겨하는 것으로 이해할 수 있다.

이상에서 본 것처럼 피동 표현은 기사 내용에서 주체를 명확히 드러
내지 않기 때문에 가짜뉴스를 만드는 데 매우 유용하게 사용하는 언어 표
현 방법이다.

선택제약(selectional restriction) 위반

기존 신문 언어에서 신문사의 의도적인 이데올로기를 기사의 문장에
주관적으로 표현할 때 주로 사용하는 언어적 방법이 선택제약을 위반하는
것이었다. 촘스키가 1965년 발표한 『통사이론의 제양상(Aspects of the Theory
of Syntax)』에서 설명한 내용 등을 참조하면, 선택제약이란 하나의 문장성분
에 사용된 어휘가 다른 문장성분과 통합할 때 어떠한 의미 자질을 가진 어
휘만을 선택하는 현상을 말한다. 특히 서술어로 사용되는 동사나 형용사
같은 어휘의 경우 선택제약의 특질이 있어서 그것을 지키지 못하면 그 문
장은 올바른 문장이 될 수 없다. 이 같은 어휘의 특성을 선택 특성(selectional
feature)이라고 하고 이를 위반할 경우 선택제약 위반이라고 한다. 따라서 주

어는 아무 어휘나 서술어로 사용할 수 없고 특정한 의미 자질을 가진 어휘 가운데 선택하여 서술어로 사용하는 것이다.

(7) 또 타버린 '안전'

또 타버린 '안전'

29명이 사망한 충북 제천시 노블휘트니스앤스파 화재 사고 현장이 22일 처참한 외형을 드러내고 있다. 이번 사고는 2008년 사망자 40명이 발생한 경기 이천시 냉동창고 화재 이후 최악의 참사로 기록됐다.

인구 13만 소도시의 랜드마크이자 주민들의 휴식 공간이었던 충북 제천시 노블휘트니스앤스파 건물이 하루 새 흉물로 변해 폭탄처럼 박혀 있다. '안전불감' 대한민국의 자화상이다.

지난 21일 발생한 화재로 이곳에서 총 29명이 목숨을 잃고 35명이 부상을 입었다. 생존자와 목격자들에 따르면 불이 났지만 화재경보기는 울리지 않았고 스프링클러는 물을 뿌리지 못했다. 불법 주차된 차량은 소방차의 진입을 방해했고 사다리차는 중요한 순간에 펴지지 않았다. 수능 시험을 마치고 꿈에 부풀어 있던 여고생은 숨이 막혔다. 화마에서 벗어나기 위해 지문이 닳도록 밀고 두드렸지만 유리문은 열리지 않았다. 40대 남성은 "살려 달라"는 장모의 전화를 받고도 속수무책이던 자신을 자책했다.

22일 사고 현장을 찾은 문재인 대통령에게 희생자 유족은 물었다. "세월호 이후 좀 나아지는가 했는데 나아진 게 무엇인가."

불은 1층 주차장 천장의 배관 열선 설치 작업을 하다 불똥이 1㎝ 두께의 스티로폼에 옮겨붙어 아래로 떨어지면서 시작된 것으로 소방당국은 추정했다. 불길은 차량 16대를 태우고 가연성 외장재와 건물 내부로 확산되면서 순식간에 꼭대기까지 번져 나갔다. 20명이 숨진 2층 여성 사우나에서는 출입문이 작동하지 않고 비상계단으로 통하는 길목은 막혀 있었다. 당국은 만 하루가 지나서야 이 건물이 8층이 아닌 9층이라고 정정했다.

(경향신문 20171223)

(7)은 2017년 12월 23일 경향신문 1면 톱기사 인데, 〈또 타버린 '안전'〉이라는 헤드라인 아래에 '화재 사고 현장의 처참한 외형'을 보여주는 사진이 함께 제시되어 있다. 그런데 '타다+버리다'로 구성된 동사가 '안전'이라는 명사를 수식하는 것이 적합한 것인가를 생각해 볼 필요가 있다. 이 어휘들의 표준국어대사전의 뜻풀이인 (8)을 보자.

(8) 표준국어대사전 뜻풀이

ㄱ. 타다: 「1」 불씨나 높은 열로 불이 붙어 번지거나 불꽃이 일어나다.

ㄴ. [Ⅱ] 「보조 동사」 (동사 뒤에서 '-어 버리다' 구성으로 쓰여) 앞말이 나타내는 행동이 이미 끝났음을 나타내는 말. 그 행동이 이루어진 결과, 말하는 이가 아쉬운 감정을 갖게 되었거나 또는 반대로 부담을 덜게 되었음을 나타낼 때 쓴다.

ㄷ. 안전: 위험이 생기거나 사고가 날 염려가 없음. 또는 그런 상태.

(8)을 보면, '안전' 앞에서 '타 버리다'는 의미상으로 수식하기에 적합한 어휘로 보기가 어렵다. '안전'은 (8ㄷ)에서처럼 '위험이 생기거나 사고

가 날 염려가 없음'의 뜻을 갖고 있는데, 그것은 불로 태울 수 있는 것으로 보기 어렵다는 것이다. 이는 국어 문법에서 말하는 선택제약을 위반하는 것으로 볼 수도 있기 때문이다. 곧, 명사를 수식하는 형용사나 동사의 경우에 명사의 의미와 논리적으로 적합하지 않을 때에는 어휘 선택에서 제약을 받을 수 있다. 물론 이러한 표현이 어휘의 의미 확장이나 비유적인 표현에서는 성립할 수도 있다. 하지만 정확성과 공정성을 추구하는 신문의 보도 기사 표현에서 사용하는 것이 바람직한가에 대하여는 부정적 시각을 가질 수밖에 없다.

(9) '레인지로버 판사' 실형…무관용 지속돼야

법원이 어제 정운호 전 네이처리퍼블릭 대표로부터 ①**재판과 관련한 청탁과 함께 억대의 뇌물을 받은 혐의**로 기소된 김수천 부장판사에게 징역 7년을 선고했다. 원심이 확정될 때까지 두고 봐야겠지만 현직 판사에게 7년의 실형은 결코 가볍지 않다. 현직 법관으로 근무하면서 뇌물을 받은 점을 '사법 신뢰 추락'이라는 가중처벌의 요소로 판단한 법원의 고민이 엿보인다. "김 부장판사의 범행으로 사법부와 법관은 존립 근거인 국민의 신뢰를 잃었고, 법과 양심에 따라 성실하게 직무를 수행한 동료 법관과 법원도 깊은 상처를 입었다"는 선고 이유가 이를 말해준다. 법에 대한 복종과 신뢰를 요구하려면 사법부가 자신의 조직에 더 엄격하겠다는 각오로 받아들이고 싶다.

이날 징역 5년이 선고된 정 전 대표를 중심으로 한 '정운호 게이트'에서 드러난 추악한 거래는 국민의 법 감정과 법조인 인식에 큰 상처를 남겼다. 1심 재판에서 비교적 중형으로 마무리된 점은 다행이다. 정 전 대표의 ②**원정도박 혐의 수사 무마를 대가로 3억원을 받은 혐의가 포착된 검사장 출신 홍만표 변호사**는 징역 3년형에, 법원의 처벌을 가볍게 해 주겠다며 100억원의 수임료를 받은 혐의로 기소된 최유정 변호사는 징역 6년형에 처해졌다. 2006년 조관행 당시 서울고법 부장판사의 구속사건 이후 10년 만에 양승태 대법원장이 나서 대국민 사과를 해야 했던 김 부장판사 사건은 그 처리에 관심이 쏠렸던 게 사실이다. 법원은 앞으로 법조인의 범죄에 대해서는 무관용과 중형의 원칙을 철저히 적용함으로써 실추된 명예를 회복해야 한다.

지난해 법조계는 국민에게 큰 실망감을 안겼다. ③**법을 교묘하게 무시하거나 악용해 비리와 탈법을 저지르는 모습을 보며 '법 기술자'**라고 비아냥받는 현실은 상징적이다. ④**'레인지로버 판사'** 김수천 부장판사, '주식 대박' 진경준 전 검사장, ⑤**'스타 검사'** 홍만표 전 검사장, ⑥**'스폰서 검사'** 김형준 전 부장검사, ⑦**'법 꾸라지'** 우병우 전 청와대 민정수석 등에 붙인 ⑧**각종 수식어를 참담하게** 받아들여야 한다.

비록 일부일지라도 법조인의 범법과 일탈은 사법권의 존립 근거인 국민의 신뢰 붕괴로 이어진다. "언제부터인가 저도 모르게 조금씩 흐트러지게 됐다"는 김 부장판사의 최후진술을 법조인 모두가 반면교사로 새겨들어야 한다.

(중앙일보 사설 20170114)

(9)는 2017년 1월 14일 중앙일보의 사설이다. 제목에서부터 '레인지로버 판사'라는 표현이 등장하고, '스타 검사', '스폰서 검사', '법 꾸라지' 등 여러 표현이 나온다. 사설의 본문에서 각 표현 다음에 실명이 제시되어 있어서 마치 당사자를 위한 특별 수식어처럼 보이기도 한다. 그런데 이 사설에서 제시된 표현이 선택제약을 적절히 지키고 있는 것인가? 이를 분석하기 위해 각 표현의 의미를 먼저 파악해 보자.

'레인지로버 판사'라는 표현은 당시의 언론 보도[5]를 참고하면, 〈김 판

---

5   http://www.hani.co.kr/arti/society/society_general/759519.html 「'레인지로버 판사' 구속영장 청구」(한겨레. 2016. 9. 1.) 참조.

신문 언어 어떻게 이해할 것인가?

사가 2014년 정 전 대표 소유의 스포츠유틸리티차량(SUV) '레인지로버' 중고차를 시세보다 훨씬 낮은 가격에 산 뒤 부인 명의로 등록하고, 정 전 대표로부터 차량 대금 일부를 돌려받은 혐의〉때문에 만들어진 것으로 이해된다.

또한 '스타 검사'는 2016년 5월 31일 조선일보의 〈'스타 검사 홍만표' 추락, 검찰 생태계 그만큼 부패했다는 뜻〉이라는 사설을 참고하면, 〈홍 변호사는 서울중앙지검 특수부장, 대검 수사기획관을 지냈다. 노태우 전 대통령 비자금 사건 수사에 참여했고, 노무현 전 대통령을 검찰 수사 라인에 서게 했던 스타 검사〉의 뜻이 있는 것으로 볼 수 있다.

그리고 '스폰서 검사'는 검사가 자신의 지인이나 그 밖의 사람에게 금품이나 향응을 제공 받고 그들의 이익을 위해 법망을 교묘히 유린하는 경우를 일컫는 것으로 생각된다.

마지막으로 '법 꾸라지'는 국립국어원에서 2016년 10월 5일부터 운영 중인 우리말샘의 풀이를 참고하면, 〈자신이 알고 있는 법률 지식을 악용해 미꾸라지처럼 요리조리 처벌을 피하거나 불리한 상황을 모면하는 사람을 비유적으로 이르는 말〉로 규정하고 있다. 그런데 '법 꾸라지'의 경우에는 굳이 사용하려면, 띄어쓰기에 유의해야 한다. '법(法)'과 '미꾸라지'의 합성어이기 때문에 '법꾸라지'로 붙여 쓰는 것이 바람직하다.

여기서 '스타 검사' 나머지 표현과는 달리 그 자체로는 매우 긍정적인 의미를 지닌 것으로 보아야 한다. 특히 '스폰서 검사'와는 대척점에 있는 표현으로 이해하는 것이 보편적이다. 우리 사회에서 '검사'는 그 어휘 자체만으로도 사실 '스타'이다. 따라서 '스타 검사'는 선택제약을 어긴 것으로 보기는 어렵다. 그런데 위에서 제시한 '스타 검사 홍ㅇㅇ'은 엄격히 말하면 '스타 검사 출신 홍ㅇㅇ'으로 표현해야 한다.

그리고 '레인지로버 판사', '스폰서 검사', '법꾸라지' 등과 같은 표현은 선택제약을 지키고 있다고 보기 어렵다. '레인지로버'가 '판사'를 수식하려면 그에 상당한 의미를 가져야 하는데, 판사의 의미 영역 안에 '레인지로버'가 있다고 볼 수 없기 때문이다.

예컨대, '레인지로버' 외의 다른 승용차를 타는 '판사'를 차량 명칭을 붙여 부르지는 않는다. 그런 점에서 '스폰서 검사'나 '법꾸라지' 역시 '부패한 법조인'을 비아냥거리는 표현으로밖에 볼 수 없다.

곧, '레인지로버 판사', '스타 검사', '스폰서 검사', '법꾸라지' 등은 선택제약을 어긴 언어 구조화에 바탕을 둔 언론의 비아냥대는 주관적 표현으로 파악해야 할 것이다. 이처럼 선택제약을 어긴 언어 표현은 전통적인 매체에서 언론사의 의도를 전달하는 수단, 또는 진실을 왜곡하려는 수단으로 사용하는 매우 보편적인 방법이다. 이렇게 선택제약을 어긴 언어 형식이 단어를 넘어 문장으로까지 확대되고 그것이 개인이 자유롭게 뉴스를 생산하는 뉴미디어의 영역으로 확산되면 뉴스 생산자의 주관적인 판단에 따라 가짜뉴스를 생산하는 언어 기제로 자리 잡게 될 수도 있다.

이름 짓기

프레임(frame)이란 대중들이 정치적, 사회적 의제나 이미지 등을 인식하고 파악할 때, 일정한 사건의 본질과 의미, 사건과 사실 사이의 관계를 결정하는 직관적 틀을 의미한다. 곧, 사람들은 프레임-세계가 어떻게 작용하는가에 대해 깊숙이 자리 잡은 심적 구조-을 사용하여 사실을 이해한다. 프레임 이론(frame theory)은 조지 레이코프(George P. Lakoff)가 『코끼리는 생각하지 마』(부제 : 미국의 진보세력은 왜 선거에서 패배하는가)에서 제안된 이론이다. 레이코프는 미디어가 제공하는 '헤드라인'의 틀 안에서만 문제가 인식되는 현상에 주목하며 '프레임(frame)'이라는 인지 구조적 용어를 제시했다.

또한 찰스 필모어(Charles Fillmore)는 언어 표현의 의미를 설명하고 기술하기 위해 프레임(frame)이란 용어를 도입하였는데, 문화적 관례나 세상에 대한 믿음, 일을 처리하는 익숙한 방식, 사물을 바라보는 방식 등에 대해 특정하게 구조화된 심적 체계[6]라고 설명한다.

그런데 신문 언어에서 프레임은 '이름 짓기'로 표현된다. "일은 반드시 이름을 바르게 한 다음 이루어진다." 삼봉 정도전이 〈삼봉집〉에서 남긴 말이다. 이러한 프레임으로 이름 짓기는 레이코프가 말한 '세금 구제'와 같은 것으로 이해할 수 있다. 레이코프는 '세금 인하'를 '세금 구제'로 프레임화 하여 세금 인하를 정당화하고, 보수주의자들은 '상속세'를 '사망세' 프레임으로 재구성하여 '세금은 모든 납세자에게 고통을 주는 해로운 무기와 같은 것'이므로 반드시 없애야 할 대상으로 정당화한다고 주장하였다.

(10) 이름 짓기 사례

ㄱ. 1차 산업혁명/4차 산업혁명

ㄴ. 대학/노인대학/인문대학

ㄷ. 명예박사[7]/명예교수

(11) 미디어의 이름 짓기

ㄱ. 약자 위한다는 정책이 서민 **고용 참사** 부르는 역설 (중앙일보 20181115)

ㄴ. '**고용세습**' 비리 국정조사 합의 (조선일보 20181122)

---

6   레이코프, 『프레임 전쟁』, 2007년, 22쪽 참조.

7   이외수 『감성사전』(2006, 동숭동)의 풀이: 자신이 진짜박사가 아니라는 사실을 대학이나 학술단체로부터 공식적으로 인정받은 사람.

ㄷ. "제재 지키며 **남북 협력 과속 방지턱** 만든 미국 (중앙일보 20181101)

ㄹ. 금감원, **삼바 분식 몸통**으로 '삼성물산' 지목 (한겨레신문 20181116)

(10ㄱ)에서 제시한 최근 유행하고 있는 4차 산업혁명이라는 용어 역시 클라우스 슈밥(Klaus Schwab)이 "3차 산업혁명을 기반으로 한 디지털과 바이오산업, 물리학 등 3개 분야의 융합된 기술들이 경제체제와 사회구조를 급격히 변화시키는 기술혁명"으로 정의한 것[8]으로 1, 2, 3차 산업혁명에 비하여 그 정당성이 떨어지는 명칭으로 볼 수도 있다.[9]

'대학'이 대학 밖으로 처음 나온 용어가 아마도 '노인대학'으로 기억된다. 최근에는 지역명과 함께 쓰이는 '○○인문대학'이 미디어에서 자주 발견된다. 철저히 대학에 있어야할 '인문대학'마저 사회 속으로 나온 것은 반갑기도 하지만, 달리 보면 이것이 가능한 명칭인가라는 생각이 들 수도 있다.

표준국어대사전의 '명예(名譽)' 뜻풀이에서는 '어떤 사람의 공로나 권위를 높이 기리어 특별히 수여하는 칭호'라고 되어 있어서 '명예박사', '명예교수'는 정당한 용어로 이해되기도 한다. 그런데 이외수의 감성사전을 참조하여 생각하면 적절한 용어인가 다시 생각하게 된다.

(10)의 용어들을 살펴보면, (11)과 같은 용어로 이름 짓는 신문의 언어 표현이 적정한 것인가를 생각할 필요가 있다. 이러한 이름 짓기가 윤리적 고려를 하지 않은 뉴스 생산자에게 하나의 언어적 기제로 작용하게 되

---

8 다음 백과사전 참조. (https://100.daum.net/encyclopedia/view/47XXXXXXX185)

9 4차 산업혁명은 어떻게 오는가?(정재승 칼럼, 중앙일보 2018년 12월 29일 35면), '편지 공화국'과 '단언적 삶'(김정운의 麗水漫漫, 조선일보 2018년 11월 7일 35면)와 같은 칼럼은 이른바 4차 산업혁명에 대한 다른 시각을 보여주는 것으로 이해된다.

면 헛소문은 쉽게 만들어질 수 있기 때문이다.

특별히 신문의 언어 표현에서 이와 같은 이름 짓기를 즐겨 사용하는 것을 볼 수 있는데, 과연 '고용'과 '참사', '세습'이 개념적으로 어울려 하나의 용어로 자리매김할 수 있는지 확인해 보아야 한다.

(12) 표준국어대사전 뜻풀이

ㄱ. 고용(雇用): 삯을 주고 사람을 부림

ㄴ. 참사(慘事): 비참하고 끔찍한 일

ㄷ. 세습(世襲): 한 집안의 재산이나 신분, 직업 따위를 대대로 물려주고 물려받음

(13) 사설의 핵심 내용

'일자리 정부'를 표방한 문재인 정부의 고용 상황이 달마다 최악 기록을 경신하고 있다. 어제 발표된 통계청의 10월 고용 동향 성적표도 예외가 아니었다. 10월 실업자는 97만3000명으로 1년 전보다 8만 명 가까이 증가했다. 10월 기준으로는 외환위기 여파가 가시지 않던 1999년 이후 가장 많은 수치다. 실업률(3.5%)도 10월 기준으로 13년 만에 최고를 기록했다. 정부가 그나마 내세우던 고용률도 아홉 달 연속 하락했다. 금융 위기 후 최장 기록이다.

(중앙일보 20181115)

(11ㄱ)은 2018년 11월 15일 중앙일보 사설인데, 핵심 내용을 보면 (13)이다. 실제 본문 전체에도 '참사'라는 표현이 등장하지 않는다. "고용에도 악영향을 미친다"라는 표현이 가장 가까운 표현으로 이해된다. 결국 "서민과 약자를 위한다는 소득주도성장 정책이 오히려 이들에게 고통을

초래하는 역설이 계속되고 있다."라는 말을 좀 더 강하게 표현하기 위하여 제목에서 '고용 참사'라는 표현을 쓴 것으로 이해할 수 있다.

(11ㄴ)은 2018년 11월 22일 조선일보의 1면 톱뉴스의 헤드라인인데, 기사 내용을 보면, "여야가 '공공기관 채용 비리 의혹'과 관련한 국정조사를 실시키로 합의한" 것에 대한 보도이다. 본문에서 "국정조사는 서울교통공사의 '고용 세습' 및 강원랜드의 '친·인척 채용' 의혹 등 2015년 1월 이후 공공 부문(공기업·공공기관·지방 공기업) 전반에서 발생한 채용 비리를 대상으로 한다."라는 표현이 있어서 제목과 일치하는 내용이 있기는 하다. 그런데 왜 '강원랜드'는 '친·인척 채용'은 '의혹'이고, 서울교통공사의 무기계약직 직원의 정규직 전환 과정에서 발생한 공사 직원의 친인척 포함된 것은 '고용 세습'이라고 이름 짓기하는지 확인할 필요가 있는 것이다.

결국 이러한 이름 짓기는 신문사의 의도가 포함된 것으로 이해할 필요가 있다. 이러한 이름 짓기가 실제 2018년 11월의 1면 톱기사의 헤드라인, 사설 제목, 칼럼 제목 등에서 사용된 사례 몇 개를 제시한 것이 (11)이다. 이처럼 개념적으로는 이름 짓기가 불가능하지만 실제 언어 표현에서 가능한 이유는 '의미'가 다양하게 정의[10]되기 때문이다.

비유 표현

언론의 언어에서 또 문제가 되는 것이 새로운 언어 표현 만들기이다. 다양한 표현을 위하여 미디어 언어에서도 비유 표현을 사용하게 되는데, 때로는 이 비유 표현이 지나치게 확산되어 순수한 개념의 범주를 벗어나는 경우가 많다. 또한 미디어 언어에서는 비유 표현(metaphor)을 뉴스 생산

---

10   제4장 1절의 리치(G. Leech)가 의미의 종류를 7가지로 나눈 것 참조.

자가 의도하는 이데올로기를 강요하기 위하여 사용하기도 한다. 처음에는 창의적인 표현을 위하여 비유 표현을 사용하지만, 그 행위가 반복되면서 확산되어 당초의 의미를 벗어나게 되고 그것이 뉴스 생산자의 의도를 반영하는 수단이 된다는 것이다.

조지 레이코프(1980)에서는 개념적 은유의 본질에 대하여 '은유는 일상 언어에 널리 퍼져 있고, 일상 언어의 은유는 높은 정도의 일관성과 체계성을 보여주며, 은유는 말하는 방식일 뿐만 아니라 사고의 방식이기도 하다'고 제시한 바 있다. 그런데 배승호(2001:264)를 참조하면, 촘스키(1965:148~149)는 선택 제약규칙을 어긴 문장을 정상적인 문장이 아닌 일탈문이라 하고 이것을 은유문으로 파악했다고 한다.

이렇게 본다면 보도 기사에서 비유 표현, 특히 은유 표현을 사용하는 것은 바람직하지 못한 것으로 이해할 수 있다. 곧, 일상에서 흔히 사용할 수도 있고 체계적이고 일관성 있는 말하기 또는 사고의 방식인데 그것은 문장으로 보면 정상적인 문장이 아니기 때문이다. 다음 (14)는 보도 기사에서 은유 표현이 논란이 된 사례를 제시한 기사의 제목이다.

(14) 은유 표현의 논란 사례

ㄱ. 黃, 경고에도 또⋯한선교, 기자 향해 **"걸레질 한다"** (문화일보 20190603)

ㄴ. 한선교 "'걸레질' 비하 아닌 선의⋯**웃고 지나간 일, 문제 돼 억울"** (동아일보 20190603)

ㄷ. 한선교 '걸레질 발언'에 **국회기자단 분노**⋯'사과 및 재발방지' 촉구 (투데이코리아 20190604)

ㄹ. 여야4당, 한선교 **'걸레질' 발언 맹비난⋯자성·사퇴 촉구** (연합뉴스 20190603)

(15) 黃, 경고에도 또… 한선교, 기자 향해 "걸레질 한다"의 주요 내용

황교안 자유한국당 대표가 3일 오전 최고위원회의에서 당내 의원들의 막말이 잇따른 데 대해 "심사일언(深思一言·신중히 생각해 말한다는 뜻)해 달라"며 비공개로 경고성 메시지를 던진 것으로 알려졌다. 하지만 한선교 사무총장이 회의 직후 회의실 앞 바닥에 앉아 대기 중이던 기자들에게 "아주 걸레질을 하고 있다"고 말해 황 대표의 경고가 무색해졌다. 한 사무총장은 회의를 마치고 나오면서 '백그라운드 브리핑'을 듣기 위해 회의실 앞 바닥에 앉아 있던 출입 기자에게 **"아주 걸레질을 하는구먼. 걸레질을 해"**라고 말하며 지나갔다.

(문화일보 20190603)

(15)는 (14ㄱ)의 기사 주요 내용을 발췌한 것이다. 그런데 (15)의 〈한 사무총장은 회의를 마치고 나오면서 '백그라운드 브리핑'을 듣기 위해 회의실 앞 바닥에 앉아 있던 출입 기자에게 "아주 걸레질을 하는구먼. 걸레질을 해"라고 말하며 지나갔다.〉 기사 내용은 (14ㄴ~ㄹ)로 확산되었다.

먼저 논란이 된 발언 당사자는 (14ㄴ)과 같은 해명을 해야만 했다. 이를 발췌하여 제시하면 (16)과 같다.

(16) 한선교 "'걸레질' 비하 아닌 선의…웃고 지나간 일, 문제 돼 억울"

한선교 자유한국당 사무총장은 국회 회의장 밖 바닥에 앉아 있던 기자들을 향해 "걸레질을 한다"고 말한 것이 논란이 되자 **"기자들의 취재 환경이 열악해 고생한다는 생각에 한 말"**이라고 해명했다. **기자들이 바닥에 앉은 채로 자리를 이동한 것을 '걸레질'에 비유해 표현한 것**이다. 한 사무총장은 '친정'인 MBC를 통해 **"평소에도 기자들이 복도에 앉아 있는 모습을 보며 '그렇게 찬 바닥에 앉아있으면 안 된다'고 했었다. 오늘도 그런 선의에서 친분이 있는 기자에게 한 말이었다"**며 **"당사자도 웃고 지나간 일**

인데 문제가 돼서 억울하다"고 말했다.

(동아일보 20190603)

(16)의 밑줄 친 부분을 보면 '한선교 사무총장'의 뜻은 정말 '기자들이 열악한 취재환경에서 고생하는 것'을 두고 '선의'에서 한 발언으로 이해할 수도 있겠다. 하지만 다른 정당들과 기자들의 생각은 (14ㄷ, ㄹ)처럼 다르게 이해한 것으로 파악된다.

(14ㄷ)은 〈투데이코리아 2019.6.4.〉의 기사로 발췌 요약하면, 〈국회기자단은 공식 성명을 발표하고 한 의원과 자유한국당에 진정성 있는 사과와 재발방지를 촉구하고, 규탄했다. "기자들이 바닥에 앉아있다가 황교안 대표의 브리핑을 더 가까이 듣기 위해 잠깐 앞으로 이동했는데 그것을 바라본 한선교 사무총장이 기자들에게 들릴 정도로 걸레질을 한다며 막말을 했다"고 분노했다. "정치인들의 말 한마디 한마디를 국민에게 정확히 전달하려는 취재기자들의 처절한 몸부림을 한낱 '걸레질'이란 말로 치부해버린 행태에 국회 출입기자 일동은 심한 모멸감과 분노를 느낀다"라며 "정확한 보도를 위해 노력하는 기자들의 정당한 취재활동을 '걸레질'로 취급했다는 것 자체가 평소 기자들을 어떤 식으로 대했는지 알 수 있는 대목이다"라며 한 의원을 비판했다.〉는 것이다. 또 다른 기사(매일일보 이번엔 한국당 사무총장 막말…바닥에 앉은 기자들에 "아주 걸레질 하네" 2019. 6. 3.)에서는 〈바닥에는 여성 기자들도 포함되어 있었고, 해당 발언에 대해 여자 기자들이 "우리보고 걸레질 한대"라고 놀라는 발언이 담긴 녹취록이 전해지면서 논란은 증폭됐다.〉라는 내용이 있어서 발언자의 의도와 상관없이 청취자의 해석이 달라질 수 있는 것이다.

나아가 정치적인 입장을 달리하는 정당에서는 (14ㄹ)과 같은 평가를

(17)과 같이 내놓았다.

(17) 다른 정당의 반응 뉴스

　ㄱ. 제목: 여야4당, 한선교 '걸레질' 발언 맹비난…자성·사퇴 촉구

　ㄴ. 부제목: 민주 "묵언수행해야"·바른미래 "막말배설당"

　　　　　평화·정의 "입에 걸레 물었나"

　ㄷ. 리드(전문): 더불어민주당을 비롯한 여야 4당은 3일 자유한국당 한

　　　　　선교 사무총장의 '걸레질' 발언을 놓고 일제히 비난하

　　　　　며 거취 정리를 포함한 자성을 촉구했다.

(연합뉴스 20190603)

(14)~(17)을 보면, 비유 표현 특히 은유 표현이 얼마나 많은 논란이 되는가를 확인할 수 있다. 결국 〈'고생하는 기자들에게 선의로 한 비유 표현'〉이 기자들과 다른 정당들의 해석 등으로 확산되고, 〈'한선교 사무총장 사퇴'〉[11]로 이어진 것으로 이해한다.

이러한 논란은 결국 의미론에서 말하는 화자 의미, 청자 의미, 기호 의미가 일치하지 않은 데서 오는 문제이다. 그래서 보도 기사와 같은 공식적인 의사소통 과정에서는 가능하면 비유 표현을 사용하지 않는 것이 좋다.

그런데 정치인이나 미디어가 은유 표현을 사실 표현보다 즐겨 사용하는 이유[12]는 의사전달 과정에서 (14)에서처럼 논란이 발생했을 때 해명을 할 수 있는 언어적 장치를 마련하는 것 때문으로 분석할 수 있다. 실제

11　'막말 논란' 한선교 사무총장 사퇴… "건강상 이유"(세계일보 2019.06.17.) 기사를 보면 '걸레질 발언'(2019. 6. 3.) 이후 2주 가량 이후에 사퇴하였다.

12　비유 표현에서 직유보다 은유를 많이 사용하는 이유는 비유임을 알지 못하도록 하려는 의도와 문제가 됐을 때 피해 갈 길을 열어두는 의도가 은유 표현 안에 있기 때문이다.

로 정치가나 언론에서 가장 즐겨 사용하지만 불분명한 대상으로 표현하는 경우가 바로 '국민'이라는 단어의 사용이다. 그래서 '국민의 뜻'은 실제로는 존재하지만 그 실체는 언제나 불분명한 것이다.

　나아가 신문 기사에서 은유 표현을 즐겨 사용하는 것은 뛰어난 설득력을 발휘하기 때문이다. 은유는 사물과 사물이 지닌 속성의 유사성을 연결해 나타내는 비유로, 'A는 B이다'와 같은 형태를 취한다. 은유의 효율성은 A를 설명하기 위해 어떤 B를 선택하느냐에 따라 달라진다. 따라서 B에 내재된 가치가 사회적으로 관습화된 경우 은유는 그 효과가 매우 크다. 하지만 은유 표현은 뉴스 생산자의 의도에 따라 얼마든지 가짜뉴스를 만들수 있는 언어 기제로 작용할 수가 있는 것이다.

2. 비판적 담화분석

　비판적 담화분석(CDA: Critical Discourse Analysis)이 초기에 비판적 언어학(CL: Critical Linguistics)과 동의어처럼 여겨진 이유는 전자의 출발이 할리데이(M.A.K. Halliday,1978)의 비판적 언어학에 뿌리를 두고 있기 때문이다. 비판적 담화분석이 본격적으로 논의되기 시작한 것은 1991년 1월 암스테르담 대학(University of Amsterdam)이 주최한 한 작은 언어학 심포지엄에서이다. 이틀 동안의 이 모임에 참석한 학자들은 반다이크(Teun van Dijk), 페어클러프(Norman Fairclough), 크레스(Gunther Kress), 류웬(Theoo van Leeuwen), 보닥(Ruth Wodak) 등이었으며 이들은 할리데이의 연장선에서 새 연구 영역으로서의 비판적 담화분석의 개념정의, 이론과 방법론에 대해 의견을 교환했다. 이들이 현재 이 분야의 대표적 연구자들이 되었다. CDA는 사회적 이슈들에 대해 학문적 중립을 표방하지 않는다. 반다이크(Dijk, 2001:96)에 의하면 CDA는 명확한 "태도"를 갖는 담화 분석 방법이다. CDA는 사회적 억압과 권력의 남용, 지배문화의 생산/재생산에 대응하여 피 지배문화그룹의 이익에 공헌하려는 목적을 갖는다. 다학문적 성격의 분야로 부상한 CDA는 억압받는 자들의 견해를 존중하며 이들의 사회적 불평등에 대한 투쟁을 지원한다. 관련 학자들은 그 동안 다양한 유형의 텍스트들에 담긴 권력의 문제, 역사의 문제, 이데올로기의 문제들을 다루어 왔다(Wodak, 2001, 조종혁, 2011:157~173에서 재인용).

페어클러프(Fairclough, 1995)는 비판적 담화분석을 '텍스트 자체의 분석, 텍스트의 생산, 소비, 그리고 분배 과정의 분석, 담화 사례의 사회·문화적 분석을 통합하는 것'으로 정의한다. 곧, 비판적 담화분석은 언어나 언어 사용 그 자체뿐만 아니라, 사회·문화 과정 및 그 구조가 어떤 언어적 특징으로 구현되는 지에도 관심을 갖고, 그것을 분석하기 위해 텍스트가 생성되는 사회·역사적 배경의 관점에서 언어 구조의 세밀한 부분에 대해 주의를 기울인다. 이러한 관점에서 대중매체의 비판적 담화분석은 담화와 사회·문화적 실천과의 관계, 이념, 사회 변화 등 여러 가지 측면들이 대중매체 담화라는 텍스트에서 어떻게 실현 내지 추구되는지를 보여주는 데 그 목적이 있는 것이다. 그래서 페어클러프는 의사소통 사례에 대한 비판적 담화분석을 위한 이론틀을 텍스트 실천, 담화적 실천, 사회·문화적 실천의 세 차원 사이에 존재하는

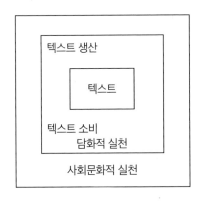

〈그림 7〉 Fairclough(1995:86)

관계를 시각적으로 표현하여 〈그림 7〉과 같이 제시하였다.

페어클러프(1992)는 담화 분석을 위해 텍스트, 담화적 실천(discourse practice), 사회·문화적 실천(social practice)의 세 가지 차원을 다룰 것을 제안한다. 텍스트에 대한 분석은 텍스트의 언어적 차원 즉 어휘, 문법, 응집성(cohesion), 텍스트 구조 등에 대한 분석을 의미하는 것이며, 담화적 실천에 대한 분석은 텍스트 생산(production), 유통(distribution), 소비(consumption)에 대한 분석을 의미하는 것으로서 구체적으로는 발화의 힘(the force of utterance), 결속 구조(coherence), 상호텍스트성(intertextuality)에 대한 분석을 의미한다. 마지막으로 사회·문화적 실천에 대한 분석은 담론 사건(discursive event)이 사회 제도나 환경 등과 어떻게 교류하여 담화적 실천의 속성을 형성하고 담론적 구성 효과(constructive effect)를 갖는지를 분석하는 것을 말한다.

페어클러프의 '커뮤니케이션 사례 분석'은 텍스트적 실천, 담화적 실천, 사회·문화적 실천으로 구성되며, 텍스트 분석은 텍스트의 형태와 의미 모두와 관련된다. 먼저 텍스트적 실천은 언어학 혹은 사회언어학에서 주로 행해온 미시적 분석으로서 어휘, 문법, 결합, 텍스트 구조라는 네 가지 범주로 구성된다. 어휘 분석은 특정 현상을 지시하는 데에 어떤 단어를 쓰느냐에, 문법 분석은 각 어휘들을 어떤 형태로 그리고 어떤 동사로 결합하느냐에, 결합 분석은 접속사를 통하여 문장을 어떻게 구조화하는가에, 텍스트 구조 분석은 다른 유형의 텍스트들을 한 텍스트 내에 어떻게 결합하는가를 분석하는 데에 초점을 둔다(Fairclough, 1992, 73~78쪽).

텍스트적 실천이 주로 한 텍스트 내의 분석에 초점을 맞춘다면, 담화적 실천(discourse practice)은 텍스트의 상호작용적 측면, 즉 그러한 개별 텍스트들이 생산, 분배 그리고 소비될 때 그 과정의 본질이 무엇인가를 분석하는 데에 초점이 있다. 이런 것들 가운데 어떤 것은 좁은 의미에서의 담론

과정인 데 반해, 어떤 것들은 편집 절차와 같은 제도적인 성격을 띤다. 특히 페어클로는 그 과정이 '사회인지적(sociocognitive)' 차원에서 이루어지며, 바흐친(Bakhtin, 1986)의 '상호텍스트성(intertextuality)'의 개념으로 그 본질을 이해할 수 있다고 보았다.(서덕희, 2003, 62쪽)

상호텍스트성이란 용어는 크리스테바에 의해 1966년 처음으로 소개 된 것으로 텍스트 비평의 주류에 놓여 있던 작가주의 분석에 치중한 역사주의에 대한 대안 모색에서 비롯되었다. 바흐친의 논의를 바탕으로 크리스테바는 엄밀하게 말하면, 모든 텍스트는 인용의 모자이크로 구성되어 있으며, 다른 텍스트의 흡수이자 변형임을 강조한다. 텍스트의 구성은 글을 쓰는 주체, 글을 읽는 객체, 외부적 텍스트의 상호 관련성을 통해 완결되기 때문에 텍스트의 지위는 이러한 주체-객체-맥락의 3차원 속에서 대화적 요소로 가능하게 된다. 따라서 텍스트의 의미는 그 누군가에 의해 고정된 것으로 주어질 수 없게 된다(박승현, 2003). 따라서 텍스트가 실지로 생산되고 분배되고 소비될 때 생산자와 소비자는 이미 사회구성원들이 내면화하고 있는 사회구조, 규범, 그리고 인습(convention), 즉 사회 구성원들의 자원(resource)에 제약을 받게 된다는 것이다. 이러한 규범, 인습 등을 통하여 텍스트라는 미시적 차원을 사회적 실천이라는 거시적 차원과 연결한다.(서덕희, 2003, 62쪽)

마지막으로 사회적 실천(social practice)의 차원은 거시적 차원의 분석으로서, 미시적 차원에서 이루어진 텍스트적 실천이 담화적 실천을 통하여 현존하는 헤게모니를 어떻게 재구성하고 재구조화 하는지를 분석하는 것이다. 페어클러프에 따르면, 담화적 실천이 각종 이데올로기들의 서로 다른 요소들을 접합(articulation), 탈접합(disarticulation), 혹은 재접합(rearticulation)함으로써 '상식'을 구성 하고자 할 때에 헤게모니 투쟁이라는 표현을 사용하

신문 언어 어떻게 이해할 것인가?

게 된다.(페어클러프, 1992: 86~95)

따라서 매체 담화 분석을 위해서는 텍스트 분석에서 드러나는 표현, 정체성, 관계를 중심으로 그것의 생산, 소비 그리고 텍스트가 위치해 있는 사회적 맥락까지 이론적 틀로 사용해야 한다.

이러한 내용을 바탕으로 백선기(2007:164)에서는 〈그림 8〉과 같은 페어클러프의 비판적 담화분석의 틀을 제시한 바 있다.

또한 김홍규(2006:20~21)에서는 페어클러프, 반다이크, 이원표의 담화

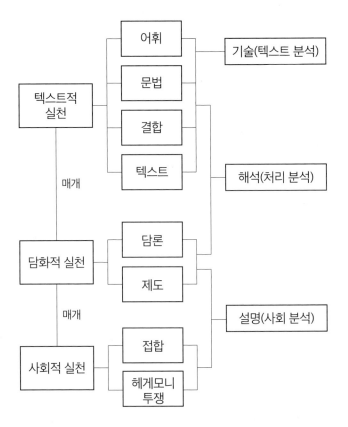

〈그림 8〉 페어클러프의 비판적 담화분석의 틀

	Fairclough	van Dijk	이원표
미시적 차원	텍스트 언어분석 (어휘, 은유, 문법, 결합, 텍스트 구조) 담론실천 분석 (담론유형, 장르, 문체)	부분적 구조분석 (문법적 분석, 문장 흐름의 일관성, 문체와 수사학)	부분적 구조분석 (문법적 분석, 문장흐름의 일관성, 문체와 수사학)
거시적 차원	사회적 실천 분석	상황적 맥락	전제적 구조분석 - 의미론적 구조분석(화제, 주제 분석)과 상층구조 분석	거시적 측면 (화제, 핵심가치와 틀)
		사회구조적 맥락		사회 정치적 배경

〈표 1〉 비판적 담론분석을 활용한 분석방법 (김홍규, 2006:20)

분석의 틀을 비교하여 〈표 1〉과 같이 제시한다.

김홍규(2006:20~21)는 〈표 1〉에서 페어클러프(Fairclough)의 담화 분석 틀의 경우, 미시적 분석은 논리적 체계가 분명하며 사회적 맥락에 대한 분석에 시사점을 가지고 있으나, 텍스트 언어분석 절차에 있어서 반다이크(van Dijk)보다 덜 구체적이며, 사회적 맥락보다는 다소 작은 범위이지만 거시적 측면에 해당한다고 할 수 있는 화제나 핵심가치에 대한 분석은 빠져있다고 한다. 또한 반다이크는 페어클러프에 비해 보다 구체적인 분석틀을 제시하고 있지만, 주로 뉴스보도 기사에 한정되어 있으며, 다양한 장르를 어떻게 활용할 것인가 하는 점과 가장 넓은 범위의 사회적 맥락에 해당하는 분석은 페어클러프보다 상대적으로 미흡하다고 한다. 그리고 이원표의 분석틀이 구체적으로 적용하기에 적당하지만, 페어클러프가 말한 장르분석이 빠져 있으며, 사회구조적 배경에 대한 분석을 부분적으로 사회정치적 배경이라는 이름으로 시도하기는 했지만, 구체적인 상황적 맥락에 한정하

신문 언어 어떻게 이해할 것인가?

였다. 보다 거시적인 사회적 맥락에 대한 분석은 빠져 있다고 지적하였다.

그런데 CDA는 대중매체의 언어학적 담화 분석에서 유용한 방법이기는 하지만, 대중이 뉴스 텍스트를 분석하여 자신의 삶에서 활용하기에는 원활하지 않은 면이 있다. 그것은 뉴스를 통해 언어 사용 그 자체를 넘어 권력 관계, 지배, 피지배 관계, 사회문화적 가치 등을 파악하기가 쉽지 않기 때문이다. 그래서 제9장에서는 언어의 사용 면에 중심을 두고 기사를 사실성, 명시성, 완결성, 균형성 등을 기준으로 분석하여 비판적 읽기를 시도할 것이다.

제9장
신문 기사의 언어 기제

미디어 언어를 이야기할 때, 미디어와 언어, 미디어 언어와 사회, 미디어와 사회의 관계에 대한 관심을 갖는 것은 너무나 당연한 일이다. 특히 미디어 언어가 사회를 반영하는지, 사회를 조작(또는 조종)하는지에 대한 문제는 매우 중요하다. 예컨대, 많은 사람들이 오피니언 기사로 사회의 여론을 형성한다고 알고 있다. 하지만 이제는 보도 기사조차도 여론을 조장하는 데 적지 않은 기여를 하고 있는 것이 언론의 현실이다. 따라서 언어를 중심으로 이루어진 신문 텍스트에 대하여 철저하게 언어적 평가를 한 후에 미디어 이용자는 사회 현실을 수용해야 한다. 이를 위해 신문 기사를 분석할 수 있는 언어적 기준을 제시한다.

1. 사실성 갖추기

1.1. 사실성 분석 방법과 기준

우리는 종종 [단독]이라고 표시된 기사를 확인한다. 언론 보도에서

[단독]이라는 뜻은 다른 언론사에서는 없다는 의미이다. 뉴스가 실시간으로 뉴스 소비자에게 전달할 수 있는 미디어 플랫폼이 구축되어 있지 않았을 때는 [단독]이라는 의미는 매우 컸을 것이다. 하지만 실시간으로 뉴스가 독자에게 전달되는 현재의 미디어 플랫폼에서는 비록 [단독]이라는 이름을 달고 기사를 올리더라도 수많은 언론사들이 그 기사를 인용하여 비슷한 기사를 생산한다. 따라서 이제는 더 이상 다른 언론사에서 베껴 쓸 수 없는 기사만 올리는 것이 당연한 시대가 되어야 한다.

그런데 이 시대의 독자의 관점으로는 [단독]이 중요한 것인가 생각해 보면 썩 긍정적인 대답을 기대하기 어렵다. 하지만 [단독] 기사가 그것을 보도한 언론사에서만 특별한 취재를 통하여 이루어진 '사실성'을 보증하는 것이라면 다르다. 곧, 대부분의 언론사가 특정한 취재원이 제공하는 내용을 '받아쓰기'한 기사와는 다르게 취재한 '특별한 사실'을 독자에게 전달하는 것이라면 [단독]은 의미가 크다고 하겠다. 따라서 이제 각 언론사는 자신들만의 기사를 작성하여 독자에게 제공하고 그것은 취재를 통해 이루어진 '사실성'을 기반으로 해야 한다.

우리가 기사의 '사실성'에 대하여 이야기할 때 어떤 사람들은 '진실성'을 말하기도 한다. 그런데 '사실성'과 '진실성'은 각 개인마다 받아들이는 데서 차이가 있다. 곧, '사실성'은 표준국어대사전의 의미 그대로 '사물을 있는 그대로 그려 내려고 하는 경향을 띤 특성'을 말해서 누구에게나 비슷한 기준으로 이해되지만, '진실성'은 '참되고 바른 성질이나 품성'이라는 의미가 있어서 주관적 판단이 개입할 가능성이 있다. 물론 '있는 그대로 그려 내'는 것도 '참되고 바른'의 의미처럼 주관성이 완전히 배제되기는 어렵다. 하지만 언론 보도에서는 '있는 그대로 표현'하는 것이 '참되고 바르게' 표현하는 것보다는 주관적 판단이 개입할 가능성이 낮을 수밖에 없다.

예컨대, 현실에서 일어난 교통사고나 정치적 이슈와 같은 사건을 전달할 때 '있는 그대로 표현'하는 것이 '참되고 바르게' 표현하는 것보다는 훨씬 더 기자의 판단을 적게 개입시킬 수 있다. 왜냐하면 '있는 그대로 표현'할 경우에 전달자의 주관적 가치를 포함하여 사건을 그려내면 독자가 언어적으로 사건의 '사실성'을 파악하기가 쉽다. 그런데 '참되고 바르게 표현'할 경우에 비록 전달자가 주관적 가치를 포함하더라도 독자는 그 언어적 표현의 '진실성'을 파악하기가 어렵기 때문이다. 곧, '있는 그대로 표현'하는 것은 그 사건이 실제로 존재한 것인지 아닌지만 확인해 보면 되지만, '참되고 바른 표현'은 독자가 사건의 표현에 대한 가치로 판단하기 때문에 실체를 확인하기 어렵다는 것이다.

따라서 보도 기사는 사실성에 기초하여 작성되어야 한다. 그런데 신문 기사에서 가끔 사실을 바탕으로 하지 않은 보도가 있다. 이 경우 신문사는 그것을 단순히 '오보'라고 하면서 정정 기사를 싣기도 한다. 그런데 독자가 오보와 왜곡된 보도를 구분할 수 있는가를 생각해 보면, 그것은 오롯이 기사를 작성한 기자의 직업윤리에 의존할 수밖에 없다는 결론이 나온다. 앞서 황용석 교수가 지적한 '의도성'에 따라 구분될 뿐이다. 그런데 뉴스 수용자는 기자의 '의도성'을 정확히 분석하기 어렵고 독자 개인의 인식 수준에 따라 '의도성'을 추정할 뿐이다.

더욱이 언론 보도에서 기사가 전하려는 '의도성'은 보도된 기사에서 찾기가 쉽지 않다. 따라서 일반 대중은 '사실성'을 확인할 수 있는 언어 표현을 기사 내용에서 찾을 수밖에 없다. 우리나라 신문은 사실 오보에 너그럽다. 아무리 큰 오보 기사라 할지라도 그것을 바로잡을 때는 매우 조그만 기사로 보도한다. 그러니 언론소비자는 기사를 처음 대할 때, 사실성에 초점을 맞추어 확인하는 태도가 필요하다.

실제로 '의도성'을 가진 오보(왜곡된 보도)는 유튜브와 같은 뉴미디어보다 보도 윤리 규정이 명확한 기성 언론에서 더욱 성행한다. 다만 그들에게는 오보라는 해방구가 있기 때문에 크게 책임지지 않는다. 오보나 가짜뉴스는 그 범위가 넓기 때문에 좀 더 대중의 언어로 그것을 명명할 필요가 있다. 그래서 '가짜뉴스'라는 용어보다 '헛소문'과 같은 표현을 사용할 필요가 있다. '헛소문'은 '오보'나 '가짜뉴스' 보다 훨씬 대중의 머릿속에서 '잘못된 기사'라는 인식을 주기 때문이다. 그러면 대중은 기사를 막연하게 신뢰하기보다는 엄격한 태도로 분석할 것이다.

신문 기사에서 사실성을 파악할 수 있는 가장 중요한 기준은 정보의 정확성이다. 정확한 정보를 파악하기 위해서는 언어 표현을 살펴보아야 한다. 문장의 주체와 서술어의 정확성, 정보의 구체성이 기사의 사실성을 담보하는 가장 중요한 요소라 할 수 있다. 특히 한국어는 서술어에 많은 문법적 정보가 담겨 있다. 따라서 의미가 명확한 서술어의 사용과 문법적 정확성은 기사의 사실성 판단에 중요한 정보를 제공한다.

신문의 기사는 언어 표현으로 구성된 텍스트로 독자가 판단한다. 그러므로 판단의 근거는 언어일 수밖에 없다. 따라서 언어적 판단 기준이 필요하다. 그것을 바탕으로 기사의 문제점을 제시하고 분석해야 한다. 사실성 분석의 제1원칙이 언어 표현의 정확성, 특히 서술어의 정확성에 중심을 두어야 하는 이유다.

1.2. 신문 보도 기사의 사실성 분석

다음 (18) 보도 기사의 문장을 분석하여 사실성이 어떻게 언어적으로 전달되고 있는지 살펴보도록 한다.

(18) 10석 늘어난 수도권, 여 4 야 6곳 우세

4·13 총선을 45일 남겨놓고 선거구 획정안이 **확정됐다.** 중앙선거관리위원회 산하 선거구획정위원회는 선거 6개월 전(지난해 10월 13일)까지인 법정 시한을 139일 넘긴 28일 선거구 획정안을 국회에 **제출했다.**

20대 총선 선거구는 지역구가 7석 늘어난 253석, 비례대표는 **47석이다.** 253석에 맞추기 위해 기존 선거구 중 16곳을 분구했고 9곳을 **통합했다.**

수도권(서울·경기·인천)에서만 12개 지역의 선거구 25곳이 35곳으로 증가하는 등 모두 **10개의 선거구가 늘어난다.** 기존 25개 선거구는 2012년 19대 총선에서 새누리당이 13곳, 더불어민주당의 전신인 민주통합당 등 야권이 12곳에서 승리한 **지역이다.**

중앙일보가 지난 19대 총선 읍·면·동별 여야의 득표수를 조정된 지역구 10곳(모두 수도권)에 대입해 본 결과 새누리당이 득표를 많이 얻었던 지역은 4곳, 더민주가 표를 더 얻은 지역은 **6곳이었다.**

서울의 경우 강서구는 지난 총선 때 여야가 갑·을 선거구에서 1곳씩 **승리했다.** 하지만 갑·을·병으로 나뉜 선거구를 **지난 총선 득표로 환산할 경우** 새누리당은 한 곳(을)에서, 더민주는 두 곳(갑·병)에서 각각 ①**우위에 있었다.**

이런 식으로 늘어난 10곳을 모두 계산할 경우 35곳에선 더민주가 18곳, 새누리당이 17곳에서 ②**우세해진다(19대 총선 득표 기준).**

선거구 획정으로 야당이 1곳 불리했던 지형이 1곳 우세(13대 12→17대 18)로 바뀌게 된 것이다.

획정위는 이날 서울 강남구를 갑·을 선거구 2곳에서 갑·을·병 3곳으로 늘리고, 강서구도 2곳에서 3곳으로 나누되 중구와 성동구 갑·을은 3곳에서 2곳(중-성동갑, 중-성동을)으로 **조정했다.** 서울의 경우 전체적으론 지역구가 1곳 **늘어나게 됐다.**

경기도에선 수원·남양주·화성·군포·용인·김포·광주가 1곳씩 늘고, 경기 북부의 3개 선거구가 양주, 동두천-연천, 포천-가평, 여주-양평 등 4개로 재편돼 8곳이 **증가한다.**

충청은 2곳이 늘어났고, 영남과 호남은 각각 2곳씩 줄어들면서 충청의 지역구(27곳)는 호남(28곳)과 **비슷해졌다**.

강원도에선 9곳이던 선거구가 **8곳이 됐다**. 이 과정에서 최초로 5개 시·군·구에 걸친 ③**'공룡 선거구'**가 **2개 생겼다**.

홍천-횡성이 둘로 쪼개져 태백-횡성-영월-평창-정선이 됐고, 홍천은 철원-화천-양구-인제와 **합쳐졌다**. 두 선거구는 각각 ④**강원도 면적의 30%인 5112㎢와 35%인 6634㎢에 이른다**. ⑤**홍천-철원-화천-양구-인제는 서울 전체 면적**(602㎢)**의 11배다**.

박영수 선거구획정위원장은 기자회견에서 "법정 제출 기한을 훌쩍 넘겨 국민께 송구하다는 말씀을 드린다"며 "선거를 불과 40여 일 앞둔 절박감 등으로 일부 불합리한 선거구를 조정하지 못한 아쉬움이 있다"**고 말했다**.

선거구 획정안은 국회 안전행정위원회 전체회의를 이날 **통과했다**. 이르면 29일 국회 본회의에 상정될 ⑥**예정이다**.

(중앙일보 20160229)

(18)은 중앙일보의 2016년 2월 29일 1면 톱기사이다. 결론부터 말하면 (18)은 사실성이 매우 높은 기사로 이해할 수 있다. 그것은 기사 각 문장의 서술어가 사실적이기 때문이다. 곧, "확정됐다, 제출했다, 47석이다, 통합했다, 늘어난다, 지역이다, 6곳이었다"와 같이 기사의 첫 시작 8문장에서 사용된 모든 서술어가 사실성을 확인할 수 있는 어휘이다. 이를 구체적으로 분석해 보면 먼저 ①〈우위에 있었다〉의 경우에는 "지난 총선 득표로 환산할 경우 새누리당은 한 곳(을)에서, 더민주는 두 곳(갑·병)에서" 우위에 있는 것으로 볼 수 있다는 의미이다.

②〈우세해진다〉라는 어휘는 피동 표현이지만, 괄호 안에 '19대 총선 득표 기준'이라는 표현을 추가하여 지난 선거의 자료를 명확하게 제시함으로써 사실성을 높이고 있다.

③〈공룡 선거구〉라는 어휘는 기사 작성자의 가치가 포함된 표현으로 볼 수 있다. 그것은 지역이 넓은 선거구라는 의미일 수도 있고, 거물급 출마자들이 많은 선거구로 이해할 수도 있기 때문이다. 이 기사에서 '공룡 선거구'는 지역의 면적이 넓은 선거구를 비유적으로 표현한 어휘이다. 그런데 '공룡'과 '선거구'는 의미 자질 면에서 서로 통합이 되어 표현될 수 있는 것인가 하는 선택제약을 지키는가를 따져 볼 필요가 있는 표현이다. '공룡 선거구'라는 선택제약 위반 표현이 이름짓기 됐지만, '생겼다'는 서술어에서 과거시제를 사용하여 사실성을 더하고 있다.

나아가 ④〈강원도 면적의 30%인 5112㎢와 35%인 6634㎢에 이른다〉와 ⑤〈홍천-철원-화천-양구-인제는 서울 전체 면적(602㎢)의 11배다〉라는 표현에서 구체적인 지역명과 면적의 수치를 제시함으로써 이 부분은 누가 보더라도 사실로 인정할 수밖에 없는 표현이다.

끝으로 ⑥〈예정이다〉는 주관적인 추정의 의미를 지닌 서술어이지만, 〈29일 국회 본회의에 상정〉이라는 구체적인 날짜를 제시하여 사실성을 높이고 있다. 결국 이 기사의 서술어는 추정 표현인 ⑥〈예정이다〉를 제외하면 대부분의 서술어가 과거형으로 표현되었다. 과거형으로 기사를 작성하는 것은 이미 일어난 사건이기 때문에 사실일 수밖에 없다. 따라서 이러한 과거형 표현과 사실 표현의 서술어를 사용하여 기사의 사실성을 높이고 있다.

다음의 (19)의 기사는 (18)과는 달리 주관적 판단을 할 수 있는 기사로 이해할 수 있다. 우선 기사의 헤드라인에 '사격', '화염', '분노', '최고조'와 같이 자극적인 어휘가 표현되어 있다. 기사의 내용에 어떻게 사실성이 표현되어 있는가를 분석한다.

(19) "괌 포위사격" "화염과 분노"…북-미 '말의 전쟁' 최고조

북 핵·미사일 문제로 한반도 주변 긴장이 높아지는 가운데 9일 북한과 미국이 서로 ①**무력공격을 할 수도 있다는 식의 거센 '말폭탄'을 주고받았다.** 가뜩이나 ②**'8월 한반도 위기설'**이 나오는 상황에서, 도널드 트럼프 미국 대통령이 직접 "북한이 화염과 분노에 직면하게 될 것"이라고 **경고하고,** 북한은 ⓐ**"괌에 대한 미사일 공격"**을 공언하는 등 ③**'강 대 강'대치가 심화하면서** 한반도 정세의 ④**불확실성**은 **한층 높아지고 있다.**

북한군 전략군은 이날 대변인 성명을 통해 "앤더슨공군기지를 포함한 괌도의 주요 군사기지들을 제압·견제하고 미국에 엄중한 경고 신호를 보내기 위하여 중장거리전략탄도로케트 '화성-12'형으로 괌도 주변에 대한 포위사격을 단행하기 위한 작전 방안을 심중히 검토하고 있다"고 **주장했다.** 전략군은 "괌도 포위사격 방안은 곧 최고사령부에 보고되며, 김정은 동지께서 결단을 내리시면 임의의 시각에 동시다발적으로 실행될 것"이라고 **위협했다.** 전략군은 북한의 탄도미사일 운용부대다. 미국은 '죽음의 백조'로 불리는 장거리전략폭격기 B-1B '랜서'2대를 전날인 8일에도 한반도 상공에 **전개했다.**

북한 인민군 총참모부 대변인도 성명을 내어 미국에 맞서 '전면전'도 불사하겠다고 **위협하고 나섰다.** 성명은 "미국의 무모한 선제타격 기도가 드러나는 그 즉시 서울을 포함한 1, 3 야전군 지역의 모든 대상들을 불바다로 만들고 태평양 작전전구의 미제 침략군 발진기지들을 제압하는 전면적인 타격으로 이어지게 될 것"이라고 **밝혔다.**

북한의 이런 위협은 트럼프 대통령이 8일(현지시각) 뉴저지주 베드민스터의 트럼프 내셔널 골프클럽에서 기자들과 만나 "북한이 더이상 미국을 위협하지 않는 게 좋을 것"이라며 "(그러지 않으면) 세계가 보지 못했던 ⓑ**'화염과 분노'**(fire and fury)에 직면할 것"이라고 말한 뒤 몇시간 만에 나왔다. 트럼프 대통령은 "(김정은 위원장은) 정상 상태를 넘어 매우 위협적"이라며 "금방 말했듯이 세계가 보지 못했던 화염과 분노, 솔직히 말해 힘에 직면할 것"이라는 말을 반복했다. 트럼프 대통령의 이 발언은 〈워싱턴 포스트〉가 미 국방부에 딸린 국방정보국(DIA)의 평가를 인용해 북한이 미 본토 타격이 가능한 대륙간탄도미사일(ICBM·아이시비엠)에 탑재할 수 있는 소형 핵탄두 개발에 성공했다는 보도에 대한 반응으로 **추정된다**. 그는 북한의 괌 폭격 위협 뒤인 9일에는 트위터를 통해 "바라건대 우리가 핵무기를 사용해야 할 필요가 없어야만 하나 우리가 세계에서 가장 강력한 나라가 아닌 때는 없을 것이다"라며 북한에 대한 **경고 수위를 더 높였다**. 그의 발언은 취임 이후 ⑤**수위가 가장 높은 대북 경고다**. 지금까지는 "모든 선택지가 테이블 위에 있다"는 식으로 ⑥'**군사행동**'**가능성**도 열려 있다고 암시하는 수준이었지만, 이번엔 북한에 대한 핵 공격까지 **언급한 셈이다**.

⑦'**트럼프식 불바다**'**발언**이 조만간 혹은 실제로 북한을 타격하겠다는 **뜻으로 보긴 이르다**. 렉스 틸러슨 미 국무장관은 "상황이 지난 24시간 동안 극적으로 바뀌었음을 보여주는 것을 내가 알지 못한다"며 "미국인들은 밤에 잠을 잘 자야 한다"는 말로 트럼프 대통령 발언의 **파장을 진화하고 나섰다**. 북한도 이날 무기노동교화형을 선고받고 억류 중인 한국계 캐나다인 임현수 목사를 병보석으로 **석방했다**. 전날 평양을 방문한 쥐스탱 트뤼도 캐나다 총리의 특사단을 맞아 임 목사를 석방함으로써 미국을 향해 상황이 극단적으로 악화되는 것을 피하자는 **메시지를 던진 것으로 풀이된다**. 청와대 핵심 관계자도 "한반도 위기설에는 동의하지 않는다"고 **말했다**.

하지만 북한의 위협 평가에 대한 미 정부 보고서들이 잇따라 유출되고, 미국 내에서도 긴장감이 높아지는 것은 **좋지 않은 신호로 해석할 수 있다**. 을지프리덤가디언 한·미 연합훈련(21~23일)이 다가오는 상황에서 트럼프의 거친 발언이 북한의 ⑧**위협 인식**을 **고조시키고**, 양쪽의 ⑨**오판에 따른 우발적 충돌을 촉발**할 수 있기 때문이다.

조성렬 국가안보전략연구원 책임연구위원은 "북한이 미국을 선제타격할 수도 없고, 미국도 북한에 대한 군사적 대응을 할 수 없다는 현실을 고려할 때, 양쪽의 거친 말싸움은 각각 국내 여론을 의식한 측면도 있을 것"이라며 "과도한 말 대 말의 대결이 '행동'의 불씨가 되지 않도록 중·러 등 주변국과 함께 상황 관리를 위한 사려 깊은 외교적 노력이 필요한 시점"**이 라고 지적했다**.

(한겨레신문 20170810)

(19)는 한겨레신문의 2017년 8월 10일 1면 톱기사이다. 결론부터 말하면 (19)는 주관적 판단이 많이 포함된 기사로 분석할 수 있다. 그것은 (19)에서 굵은 글자로 기울어져 밑줄 친 부분인 "경고하고, 높아지고 있다, 주장했다, 위협했다, (위협하고) 나섰다, 추정된다, (경고 수위를 더) 높였다, 경고다, 언급한 셈이다, 보긴 이르다, (파장을 진화하고) 나섰다, (메시지를 던진 것으로) 풀이된다, 해석할 수 있다, (위협 인식을) 고조시키고" 등이 주관적 가치가 포함된 서술 표현으로 볼 수 있기 때문이다.

특히 '추정된다, 풀이된다'와 같은 '되다' 피동 표현이나, '뜻으로 보긴 이르다'와 같은 표현은 보도 기사에서 피해야 할 추측성 표현이기 때문에 이 기사를 주관적 판단이 많이 포함된 기사로 분석하는 것이다.

더욱이 기사 본문에서 ①~⑨는 대단히 선정적이고 자극적인 표현을 사용하고 있다. 구체적인 내용을 보면, ①에서는 '말폭탄'이라는 어휘를 만들어 사용하지만, 실제로 존재하지 않은 것이기 때문에 "~다는 식"이라는 표현을 먼저 사용한 것이다. 자극적인 표현 이후에 해석의 유보를 하는 표현 방식이다. 이러한 표현은 ⑦의 〈'트럼프식 불바다' 발언〉에서도 등장한다. 원래 '불바다' 발언은 1994년 남북실무회담 자리에서 북한 측 어느 참가자가 발언한 '서울불바다'에서 기원한 것으로 볼 수 있는데, 이를 원용하여 〈'트럼프식 불바다' 발언〉이라는 표현을 사용한 것으로 이해된다.

②에서는 '위기설'을 제시하면서 구체적인 날짜를 '8월'로 명시하지만, 결국 ②는 '~설', 곧 누군가의 견해에 불과한 것이다. 이러한 추정형 용

어 사용은 ⑥에서도 나타난다. ⑥의 〈'군사행동' 가능성〉에서 '가능성'은 사전적 의미로 보면, '앞으로 실현될 수도 있는 성질이나 정도'일 뿐이다. 그래서 ⑥이 사용된 전체 문장 〈지금까지는 "모든 선택지가 테이블 위에 **있다"는 식으로** ⑥**'군사행동'가능성**도 열려 있다고 **암시하는 수준**이었지만, 이번엔 북한에 대한 핵 공격까지 **언급한 셈이다.**〉에서도 '~는 식으로', '암시하는 수준', '언급한 셈이다'와 같은 주관적인 표현을 사용하고 있다. 곧, '암시'는 '넌지시 알리는 정도의 내용'일 뿐이고, '언급한 셈'은 단지 말한 것에 불과하다는 의미로 이해할 수 있다.

③의 〈'강 대 강' 대치가 심화하면서〉, ⑤의 〈수위가 가장 높은 대북 경고〉, ⑨의 〈오판에 따른 우발적 충돌을 촉발〉 등도 주관적이고 자극적인 표현으로 분석할 수 있다. ③의 〈'강 대 강' 대치가 심화하면서〉에서는 '강 대 강'에다 더하여 '심화하다'라는 표현을 사용하여 독자에게 매우 강하게 ⑧의 〈위협 인식〉을 느끼도록 유도한다. ⑤에서도 수위가 가장 높다면 '경고'라는 표현을 사용하지 않고 '메시지'라고 표현할 수도 있다. 그런데 '경고'라는 단어를 사용하고 있다. 물론 그 앞의 문장이 〈경고 수위를 더 높였다.〉라는 자극적이고 주관적인 표현으로 끝났기 때문에 ⑤처럼 표현한 것으로 볼 수 있지만, '경고'라는 단어를 반복하여 독자에게 '위기'를 전달하려는 의도를 파악할 수도 있다. ⑨의 〈오판에 따른 우발적 충돌을 촉발〉은 ④의 〈불확실성〉과 더불어 독자에게 불안감을 높이려는 의도로 사용된 표현이지만, 실제로는 '오판'도 미국과 북한 모두가 일으켜야 하는 것이고, '충돌' 역시 '우발적'이라는 표현을 하고 있어서 이 기사에서도 언급한 이른바 ⑥의 〈'군사행동' 가능성〉이 '열려 있는' 정도에 불과하다.

또한 다음의 표현은 직접 인용하여 제시하는 내용이라 사실적으로 표현됐지만, 원 발화자의 주관적인 표현이 포함된 내용이다. 다음 ⓐ와 ⓑ

는 실제 발화자가 있어서 사실성이 있는 표현이지만, 그 발화의 진의는 주관적인 의미가 포함되어 있다. 그리고 제목에도 이와 같은 자극적 표현을 그대로 노출하고 있다.

곧, ⓐ의 〈"괌에 대한 미사일 공격"〉이라는 표현은 북한군 전략군의 대변인 성명에서 〈"앤더슨공군기지를 포함한 괌도의 주요 군사기지들을 제압·견제하고 미국에 엄중한 경고 신호를 보내기 위하여 중장거리전략탄도로케트 '화성-12'형으로 괌도 주변에 대한 포위사격을 단행하기 위한 **작전 방안을 심중히 검토**하고 있다"〉는 인용문을 정리하여 표현한 것이다. 그런데 실제 인용문은 "작전 방안을 신중히 검토하"는 단계일 뿐이다. 그것도 기사의 서술어는 '주장하다'로 표현한다. 그런데 기사를 읽는 독자의 관점에서는 ⓐ처럼 '미사일 공격'으로 이해할 수도 있다. 더욱이 기사의 제목에서는 "괌 포위사격"으로 바뀌기 때문에 독자에 따라서는 실제 상황으로 이해할 수도 있는 것이다.

ⓑ의 〈'화염과 분노'(fire and fury)〉는 트럼프 대통령의 발언에서 직접 따온 제목이기 때문에 사실성이 높다고 판단할 수 있다. 하지만 수식어 "세계가 보지 못했던"과 같은 표현을 보면, 이는 트럼프 대통령의 발언 자체가 매우 주관적인 것이기 때문에 북한과 미국의 '강 대 강 대치'를 자극적으로 보도하려는 기사의 관점에서는 매우 적절한 선택을 한 것으로 이해된다.

이 기사에서는 사실적이고 객관적인 서술 표현이 〈주고 받았다, 전개했다, 라고 밝혔다, 석방했다, 고 말했다, 이라고 지적했다〉 등과 같이 사용되고 있어서 위의 주관적이고 자극적인 표현보다는 기사에서 부각되지 못한다.

2. 명시성 표현하기

2.1. 명시성 분석 방법과 기준

신문 기사의 명시성이란 기사에 제시된 내용을 독자가 확인할 수 있는 내용으로 작성하였는가에 대한 것이다. 곧, 구체적인 내용을 제시하여 독자로 하여금 기사의 내용을 신뢰할 수 있도록 판단할 근거가 되는 부분이 기사에 얼마나, 어떻게 포함되어 있는가를 말하는 것이다.

명시성은 기사에서 제시한 내용을 독자가 스스로 찾아볼 수 있도록 취재원을 명확히 제시하는 것, 인용된 자료의 정확성을 확인할 수 있도록 출처를 밝히는 것, 문장에서 주체가 명확한 표현을 사용하는 것, 서술어에는 표현이 정확한 어휘를 사용하는 것 등으로 확인할 수 있다.

명시성은 독자가 사실을 확인하는 데에도 매우 중요한 가치를 가진다. 그것은 기사를 작성하는 사람은 언제나 내용을 취사선택해야 하는 과정을 거치기 때문이다. 현실에서 일어난 사건 모두를 독자에게 그대로 전달할 수 없다. 그래서 기사 작성자의 주관적인 판단이 포함되어 있다고 생각하는 기사에 대하여 독자 스스로가 확인할 수 있도록 명시적으로 기사를 써야만 사건의 실체를 확인할 수 있다.

그런데 신문 기사에서는 가끔 명시적으로 제시해야 할 내용을 취재원을 보호한다는 명분 아래 익명 보도를 하는 경우가 있다. 신문 기사에서 익명 보도를 하는 것은 텔레비전 뉴스에서 사건 당사자의 인터뷰를 진행하면서 화면 모자이크 처리와 음성 변조를 하는 것과 비슷한 것이다. 따라서 신문 기사에서 명시성을 판단하는 기준 가운데 가장 중요한 것은 실명 보도라고 할 수 있다.

신문 기사는 대체로 기자가 실제로 취재를 하거나 아니면 취재원을 이용하여 작성한다. 어떤 경우이든 우리가 신문 기사를 신뢰하는 이유 가운데 하나는 어느 언론사든지 취재 윤리 규정이 있기 때문이다. 다음 (20)은 취재원에 대한 조선일보의 윤리규범 가이드라인[1] 가운데 일부를 다시 정리하여 제시한 것이다.

(20) 제3장 제2조 취재원 명시

ㄱ. 모든 기사는 원칙적으로 출처와 취재원을 밝힌다.
ㄴ. 다만 다음의 경우에는 취재원을 익명으로 표기할 수 있다.

(21) 제3장 제2조 제2항 취재원 익명 허용 경우

ㄱ. 의견이나 추측이 아닌 정보로서 뉴스 보도에 필수적인 경우
ㄴ. 익명을 요구한 출처를 제외하고는 해당 정보를 입수할 수 없을 경우
ㄷ. 출처를 신뢰할 수 있고 취재원이 정확한 정보를 얻을 수 있는 위치에 있을 경우
ㄹ. 실명이 드러나면 각종 위해나 신분상 불이익에 노출될 위험이 있을 경우
ㅁ. 국가 안보 등 공익을 위해 부득이한 경우

이렇게 명시적으로 밝히고 있는 윤리 규정을 대하는 독자들은 적어도 자기가 읽는 기사를 보면서 기자 스스로가 언론사의 윤리 규정을 어길 것이라고 생각하지 않는다. 그런데 우리는 많은 보도 기사에서 '관계자, 핵심 관계자, 고위 관계자'의 발언을 인용한 경우를 발견할 수 있다. 최근에는 '~일각, ~계, ~주변, ~권'이라는 표현까지 등장하는 경우도 있다. 예컨대

---

1   https://www.chosun.com/site/data/html_dir/2017/12/26/2017122601251.html
     참조.

검찰 관련 뉴스일 경우, '검찰 관계자는'이라는 표현 대신, '법조계 일각에서는, 법조계 주변에서는, 법조계에서는'이라는 표현을 사용하는 경우가 있었다. 이러한 익명의 인용 보도를 대하는 독자는 그 기사를 신뢰할 수가 있을까. 다음 (22)를 보자.

(22) 정치개혁연합, 민주당에 유감···"비례정당 주도 모양새 우려"[2]

진보진영의 비례연합정당을 표방하며 창당한 **정치개혁연합은** 16일 더불어민주당이 비례정당을 주도하는 모양새를 취하는 데 대해 **우려를 표했다.**

정치개혁연합 관계자는 뉴시스와의 통화에서 "민주당이 어제 기자간담회 등을 통해 주도하는 것처럼 비춰지는 데 대해 내부에서 우려가 있다"며 "다른 참여 정당들과의 협의 등도 없이 일정을 일방적으로 통보했다"**고 말했다.**

앞서 윤호중 민주당 사무총장은 15일 기자간담회에서 "수요일(18일)에는 비례연합정당에 참여할 정당이 확정돼야 한다"고 밝혔다. 비례정당 플랫폼인 '정치개혁연합'과 '시민을위하여'를 향해서도 "최대한 18일까지 하나가 돼 달라"고 주문했다.

이 관계자는 "물론 민주당과 최대한 빨리 비례연합정당 틀이 완성돼야 한다는 이야기는 했지만 구체적인 일정 같은 것은 참여하는 정당들과 협의를 통해 확정해야 한다"**고 말했다.**

민주당이 통합진보당의 후신인 민중당 등에 대해서는 "4년간 정책을 실현하는 데 합의할 수 있는 정당들과 함께할 수 있다"며 사실상 선을 그은 데 대해서도 **정치개혁연합은 우려를 표했다.**

이 관계자는 "민주당이 아무리 집권여당이고 1당이지만 일방적으로 선거연합을 주도한다고 생각하고 행동해선 안 된다"며 "비례연합정당에는

---

2   https://news.v.daum.net/v/20200316100108193 참조.

신문 언어 어떻게 이해할 것인가?

정치개혁연합, 민주당에 유감."비례정당 주도 모양새 우려"

與 "18일까지 비례연합정당 참여 정당 확정돼야"
"민주당, 시민사회와 촛불시민 앞에 겸허해야"

[서울=뉴시스]박미소 기자 = 15일 오후 서울 종로구 운현하늘빌딩에서 열린 정치개혁연합 중앙당 창당대회에서 류종열 공동 당대표가 발언하고 있다. 2020.03.15. misocamera@newsis.com

상호 신뢰가 중요하다"고 말했다.

　정치개혁연합은 15일 논평을 통해서도 "민주당의 인식에 매우 우려를 표명한다"며 "민주당은 온갖 어려움 속에 선거연합정당을 추진하고 있는 시민사회와 촛불시민들의 염원 앞에 겸허한 태도를 보여야 한다"고 **지적했다.**

　아울러 "비례대표 후순위를 자처한 대승적 결단이 무색해지지 않도록 해야 할 것"이라며 "선거연합정당에서는 정당들끼리 동등한 협의가 보장 돼야 하며 선거제도 개혁 등 정치개혁의 과제들을 어떻게 합의하고 추진 할 것인지부터 논의돼야 한다"고 **강조했다.**

(뉴시스 2020.3.16)

　(22)를 보면, '정치개혁연합 관계자'라는 취재원이 등장하고 그는 기사에서 자연스레 익명으로 표현된다. 그런데 과연 이 기사에서 '정치개혁 연합 관계자'는 정말 익명으로 보도되어야 할 필요가 있는지 의문이다.

　(22)에서 '정치개혁연합 관계자'는 기사의 내용을 보아도 매우 중요한 취재원이다. 이 기사의 내용에서 '윤호중 민주당 사무총장'을 제외하면,

모든 문장의 주어가 '정치개혁연합 관계자'이거나 '정치개혁연합'이다. 곧, '정치개혁연합' 쪽의 상황을 전달하는 것이 주요 기사의 내용이기 때문에 굳이 익명으로 기사를 쓸 필요가 있는가 싶다.

더구나 '정치개혁연합 관계자'와 관련한 서술어는 모두가 '~고 말했다'이다. 이는 인용한 발언의 사실성을 독자에게 전달하는 표현이다. 실제 발언 내용도 정치개혁연합의 입장을 충분히 전달할 만큼의 표현이라 볼 수 있다. 그런데 굳이 이 발언을 한 사람을 익명 보도함으로써 오히려 기사의 신뢰도를 낮춘 것으로 파악한다.

더 큰 문제는 기사의 헤드라인과 부제목 아래 정치개혁연합의 공동 당대표가 마이크를 들고 있는 사진을 배치함으로써 마치 '정치개혁연합 관계자'가 사진 속의 인물일 수 있다는 생각을 독자가 하도록 유도했다는 의심마저 들게 하는 기사라는 것이다.

이처럼 익명 보도는 실제로 큰 장점이 없는데도 우리가 매일 대하는 기사에서 쉽게 발견할 수가 있다. 비록 언론사는 다르지만, 조선일보의 경우 앞서 본 (21)처럼 익명 보도를 인정하는 경우를 다만 이라는 단서까지 달고 5가지 경우로 제시하였다. (22)의 익명 보도가 (21ㄱ~ㅁ)의 경우 가운데 어느 경우에 해당하는지 독자로서 쉽게 판단할 수 없다.

이처럼 우리나라 신문 기사의 잘못된 기사 작성 형태가 익명 보도를 너무나 쉽게 하고 있다는 것이다. 앞서 보았던 (22)에서처럼 명확히 취재원의 발언을 인용하여 '고 말했다'라는 표현을 사용하지만 취재원의 실명을 밝히지 못한다. 이러한 보도 태도는 사실 기사 작성자의 의도라기보다는 이제는 관행이 된 것 같다. 익명 보도가 취재원을 보호하기보다는 기사 내용의 신뢰도를 낮춘다는 사실을 깨닫고 불가피한 경우가 아니라면 명시적으로 기사를 작성해야 한다. 독자들은 이제 비실명 보도일 경우에는 일단 사건의 실체를 의심하는 태도로 기사를 바라보아야 한다. 그것이 이른바 가짜뉴스에 속지 않는 길이다.

2.2. 신문 기사의 명시성 분석

신문 기사에서 명시성을 왜곡하는 대표적인 방법은 취재원을 숨기는 것이다. 앞서도 언급하였듯이 우리나라의 신문 기사에는 익명의 취재원이 매우 빈번히 등장한다. 2018년 6월 17일 KBS1에서 방영한 저널리즘 토크쇼 J의 제1회 방송에서는 한국 저널리즘의 고질병 가운데 하나인 익명의 취재원 문제를 제기한 적이 있다. 방송에서 익명의 취재원도 기사에서 표현을 할 때는 등급이 있다면서, 고위 관계자는 차관급 이상인 수석 비서관을, 핵심 관계자는 1급인 대변인이나 비서관을, 관계자는 행정관을 가리키는 것이라고 한다. 이는 기자들에게 조사한 연구 결과를 인용한 말이기 때문에 익명 보도를 하더라도 기자들끼리는 취재원이 누구인지 사실을 파악할 수 있다고 한다. 이는 결국 취재원을 감추어야 할 명확한 이유가 앞의 (21)에서 제시한 조선일보의 윤리규범에서처럼 중대한 이유가 있다기보다는 기사 내용에 대한 책임 문제 때문에 취재원과 기자 사이에서 암묵적으로 일어나는 관행으로 보는 것이 더 정확한 것으로 볼 수 있다.

다음 기사의 문장을 분석하여 명시성이 어떻게 언어적으로 전달되고 있는지 살펴보도록 한다.

(23) 1시간 남기고 탈당한 유승민

①**새누리당은** 23일 박근혜 대통령이 '배신의 정치'로 지목한 유승민 의원 지역구(대구 동을)의 공천을 계속 늦추면서 유 의원을 **사실상 당 밖으로 내몰았다.** 후보 등록 개시일(24일)부터는 당적(黨籍)을 바꿔서 무소속으로

출마할 수 없기 때문에 ②유 의원이 출마하려면 23일 밤 12시까지는 탈당을 선택할 수밖에 없었다. ③새누리당 지도부는 유 의원을 적극적으로 잘라낼 경우 '보복 정치' 비판이 일 것을 우려해 '부작위(不作爲)에 따른 컷오프'를 택한 것으로 보인다.

결국 ④유 의원은 이날 밤 11시쯤 자신의 대구 선거사무소에서 탈당 및 무소속 출마를 선언했다. ⑤유 의원은 "저의 오랜 정든 집을 잠시 떠나려 한다"면서 "정의를 위해 출마하겠다"고 밝혔다. ⑥그는 "당의 모습은 부끄럽고 시대착오적인 정치 보복"이라며 "어떤 권력도 국민을 이길 수는 없다"고 했다.

⑦새누리당 지도부는 이날도 종일 유 의원 공천 문제를 회피하며 아무 결론도 내지 않았다. ⑧당 공천관리위원회는 회의 시간을 일과 시간 이후인 저녁 7시로 늦추면서 유 의원의 자진 탈당을 압박했다. ⑨새누리당 공천위도 이날 유 의원에 대한 공천 여부를 결론 내지 않았다. 대신 "(총선 후보 등록 첫날인) 24일 ⑩다시 논의하기로 했다"고 발표했다. 24일로 넘어가면 ⑪유 의원은 무소속 출마 기회가 없어지게 되는 상황이었다. ⑫당내에선 "후과(後果)가 두려워 서로 책임을 회피하고 있다"는 얘기가 종일 나왔다. 공천위는 24일 이재만 전 대구 동구청장을 유 의원 지역구의 공천자로 ⑬결정할 가능성이 높은 것으로 알려졌다.

이 같은 새누리당 지도부의 행태와 관련, 집권 여당이 대통령과 각을 세운 의원을 '꼼수'로 쳐냈다는 점에서 선거에 악재(惡材)가 될 거란 ⑭전망이 나온다. ⑮청와대 관계자들도 "당에서 왜 이런 선택을 했는지 이해가 안 된다"며 "대통령에게도 좋을 게 하나도 없다"고 했다. 이정희 한국외국어대 교수는 "정당의 가장 중요한 기능이 공천인데 집권 여당이 직무 유기를 한 것"이라며 "공당(公黨)으로서 국민에 대한 의무를 저버린 만큼 총선에도 그 영향이 미칠 수밖에 없다"고 말했다.

(조선일보 2016.3.24)

(23)은 조선일보의 2016년 3월 24일 1면 톱기사이다. 기사 내용의 총

16문장 가운데 구체적인 실명을 확인할 수 있는 문장은 6문장으로, 유의원이 4문장, 그(=유의원)가 1문장, 이정희 한국외국어대 교수가 1문장이다. 그리고 실체는 확인할 수 있지만, 새누리당, 새누리당 지도부, 새누리당 공천위, 당 공천관리위원회, 공천위, 당내, 청와대 관계자처럼 명확히 실체를 특정할 수 없는 경구가 8문장, 주어가 없는 경우가 2문장이다. 구제척인 기사의 문장을 분석한다.

취재원 또는 발언을 한 사람이 명확한 내용으로 문장을 제시할 경우에는 서술어도 그에 걸맞게 매우 명확한 어휘를 사용한다. ②〈유 의원이~선택할 수밖에 없었다.〉, ④〈유(승민)의원은~선언했다.〉, ⑤〈유의원은~밝혔다.〉, ⑥〈그는~고 했다.〉, ⑪〈유의원은~상황이었다.〉, 16〈이정희 한국외국어대 교수는 "~ 없다"고 말했다.〉에서처럼 분명한 서술을 하고 있다.

그런데 실체는 확인할 수 있지만, 실명은 없는 문장 8문장에는 서술 표현이 매우 주관적인 어휘를 사용하고 있다는 것이 확인된다. ①에서는 〈새누리당은〉이 주체로 등장하는데, 서술 표현이 〈사실상 당 밖으로 내몰았다.〉라고 되어 있다. '사실상'(부사)은 사전의 뜻풀이로는 〈실지에 있어서〉라는 의미로 돼 있으나, 사용된 용례에서 쉽게 찾을 수 있는 의미[3]로는 〈실제로는 아니지만, 그에 준하는 정도〉의 의미로 이해할 수 있다.[4]

---

3 국립국어원의 우리말샘(https://opendict.korean.go.kr/main)을 참조하면, 〈사실상승인『법률』법률상 승인을 받을 만한 요건을 구비하지 못하였거나 기타의 정치적 이유로 인하여 법률상 승인을 앞두고 있는 경우에 과도적으로 행하는 승인 방법.〉, 〈사실상의이혼『법률』형식적으로는 법률혼 상태가 유지되고 있으나, 부부가 이혼에 합의하고 별거하여 부부 공동생활의 실체가 존재하지 않는 상태.〉, 〈사실상전쟁『군사』전쟁 금지에 관한 여러 조약의 위반을 피하기 위해서, 국가 간에 무력 투쟁이 존재함에도 불구하고 당사국이 이를 전쟁으로 인정하지 않는 전쟁.〉 등으로 제시하고 있다.

4 표준국어대사전의 '사실상의정부(事實上의政府)'가 하나의 단어로 등록돼 있고, 그 뜻풀이가 '「1」『정치』쿠데타 따위에 의하여 국내법상 비합법적으로 성립된 정부. 국제법상의 승인

③에서는 〈새누리당 지도부〉라는 주체가 명확하다. 그런데 서술어는 '보인다'라는 피동 표현을 사용하고 있다. 주체와 서술어가 맞지 않다. 그것은 기사가 주체는 〈새누리당 지도부는〉으로 밝히고 있지만, 문장의 내용이 〈유 의원을 적극적으로 잘라낼 경우 '보복 정치' 비판이 일 것을 우려해 '부작위(不作爲)에 따른 컷오프'를 택한 것〉으로 해석을 하고 있기 때문이다. 결국 이 문장은 마치 〈새누리당 지도부〉가 '어떤 행위'를 한 것으로 기술하는 것 같지만, 실제로는 기자가 〈새누리당 지도부〉의 행위를 추측한 것에 불과하다. 이는 ⑬에서도 나타난다. 주체가 〈공천위는〉으로 제시되지만, 〈~ 가능성이 높은 것으로 알려졌다.〉고 서술하며, '가능성', 피동 표현 등을 사용한다.

⑦과 ⑨는 주체를 명시적으로 드러내지만, 서술 표현은 '결론'이 없다는 것이었다. 곧, ⑦은 〈새리당 지도부〉를 주체로 내세우고 〈~ 아무 결론도 내지 않았다.〉라고 서술하고, ⑨는 〈새누리당 공천위〉를 주체로 제시하며 〈~ 결론 내지 않았다.〉고 서술한다.

그런데 ⑧에서는 또 〈당 공천관리위원회〉를 주체로 하여 〈~ 자진 탈당을 압박했다.〉고 표현한다. 기사를 읽는 독자로서는 헷갈릴 수가 있다. 〈새누리당 지도부〉와 〈새누리당 공천위〉는 〈결론을 내지 않았〉는데, 〈당 고언관리위원회〉는 〈탈당을 압박〉하고 있기 때문이다.

그래서 ⑩〈"(새누리당 공천위)~다시 논의하기로 했다"고 발표했다.〉과 ⑫〈당내에선 "~책임을 회피하고 있다" 는 얘기가 종일 나왔다.〉의 내용이

이 아직 이루어지지 않아 국제법상의 주체적 지위를 가지지 못하고 사실상의 존재에 머물러 있는 상태를 이른다. 「2」『정치』 사실상의 승인을 받은 정부. 법률상 정식으로 승인을 받은 정부와는 다르지만, 제한적으로 국제법상의 지위를 인정받은 정부를 이른다.'로 돼 있어서 추정이 가능한 의미이다.

신문 언어 어떻게 이해할 것인가?

나오는 것이다. ⑩은 주체가 표현되지 않은 문장이지만, 앞 문장의 주체와 동일하기 때문에 이해하는 데는 문제가 없다.

명시성의 관점에서 가장 주목할 부분은 ⑭와 ⑮이다. ⑭는 〈전망이 나온다.〉고 하는데, '누가', '어디에서' 나오는 '전망'인지 애매하다. 기사의 다음 내용을 보면, '전망이 나온 곳'이 '청와대'와 '전문가인 교수'의 의견으로 이해할 수는 있다. 그런데 ⑭를 〈~청와대와 전문가의 의견이 있다.〉고 표현하고, 〈청와대 관계자〉의 실명을 밝히고, 〈한국외국어대 이정희 교수〉의 의견이라고 기술했으면 훨씬 더 명시성이 뚜렷한 기사가 되었을 것이다.

특히 굳이 '청와대 관계자'라고 표현해야 했나 싶다. 물론 〈청와대 관계자들〉의 의견이 〈"당에서 왜 이런 선택을 했는지 이해가 안 된다"〉는 것과 〈"대통령에게도 좋을 게 하나도 없다"〉는 것으로 두 개이기 때문에 익명 보도를 할 수도 있다. 하지만 이 정도의 의견은 얼마든지 실명으로 적어도 문제될 내용이 아니라고 생각한다. 결국 이 보도 기사는 이상의 분석에서 보인 것처럼 실명과 실제 직위, 직책명 등을 많이 제시하여 명시적으로 쓴 기사처럼 보이지만, 실제로는 비명시적인 표현들이 많은 기사로 이해된다. 다음 (24)를 보자.

(24) "미 통상압박, 결연히 대응하라"

①**문재인 대통령이** 19일 미국의 잇따른 무역압박 조치에 대해 "불합리한 보호무역 조치에는 세계무역기구(WTO) 제소와 한·미 자유무역협정(FTA) 위반 여부 검토 등 당당하고 결연히 대응하라"**고 지시했다.**

②**문 대통령은** 이날 청와대에서 주재한 수석·보좌관 회의에서 "철강, 전자, 태양광, 세탁기 등 우리 수출 품목에 대한 미국의 수입규제 확대로

해당 산업의 국제 경쟁력에도 불구하고 수출 전선에 이상이 우려된다"며 이렇게 **밝혔다**. ③**미국 상무부는** 지난 16일(현지시각) 한국을 포함한 12개 국가에서 수입하는 철강에 53%의 관세를 부과하는 방안을 도널드 트럼프 미국 대통령에게 **제시했다**. 지난달에는 한국산 세탁기와 태양광 패널에 최고 50%의 관세를 부과하는 ④**'세이프가드'(긴급수입제한)를 발동했다**.

⑤**문 대통령은** "지난해 우리나라는 수출 규모가 15.8% 증가해 10대 수출국 가운데 가장 높은 증가율을 기록함과 동시에 수출 순위에 있어서도 2016년보다 두 단계 상승한 세계 6위를 달성했고 수출의 증가는 지난해 경제성장 회복에 큰 기여를 했다"**고 평가했다**. 이어 "하지만 최근 환율 및 유가 불안에 더해 보호무역주의가 강화되고 있다"며 "(잇따른 압박 조치가) 수출에 미칠 영향을 면밀히 검토하고 종합적인 대책을 강구하라"고 ⑥**정부에 지시했다**. ⑦**청와대 관계자는** "문 대통령은 이번 사안은 수출 주도의 우리 산업에 미치는 영향이 중요하다고 여긴다"며 "지금 북핵 관련 북-미 대화 문제가 걸려 있지만 안보와 통상의 논리를 분리시켜 가야 한다는 **생각을 갖고 있다**"고 설명했다.

⑧**문 대통령은** 또 한국지엠(GM)의 군산공장 폐쇄에 관해서는 범정부 차원의 군산 경제 활성화 태스크포스(TF)를 구성해 '특단의 대책'을 마련하라고 **지시했다**. ⑨**그는** "한국지엠 군산공장 폐쇄 결정으로 군산지역 경제에 큰 타격이 예상된다. 특히 협력업체들까지 이어질 고용 감소는 군산시와 전북도 차원에서는 감당하기 어려울 것"이라며 "범정부 차원에서 기획재정부, 산업통상자원부, 고용노동부, 중소벤처기업부 등이 함께 군산 경제 활성화 태스크포스를 구성하고, 군산지역 경제를 살리기 위한 특단의 대책을 마련해주길 바란다"고 **지시했다**. ⑩**그는** "산업위기 대응 특별지역과 고용위기지역 지정 등 제도적으로 가능한 대책이 있다면 적극적으로 검토하고, 실직자 대책을 위해서는 응급대책까지 함께 강구하기 바란다"고 **말했다**.

(한겨레신문 20180220)

(24)는 한겨레신문 2018년 2월 20일의 1면 톱기사이다. 결론부터 말하면 이 기사는 매우 명시성이 뚜렷한 기사이다. 전체 10문장 가운데 7문장이 ①, ②, ③, ⑤, ⑧, ⑨, ⑩에서처럼 주체가 문재인 대통령, 문 대통령, 그=문 대통령, 미국 상무부로 뚜렷하다. 서술어 또한 '지시했다, 밝혔다, 고 말했다'로 명확하다. '평가하다'는 주관적일 수 있으나 주체가 뚜렷이 제시되어 있으므로 문제되지 않는다.

④〈~'세이프가드'(긴급수입제한)를 발동했다.〉나 ⑥〈~"강구하라"고 정부에 지시했다.〉에서는 주체가 문장에 표현돼 있지 않지만, 앞 문장과 연결이 되고, 직접 인용 부호가 있어서 ④의 주체가 '미국 상무부'이고, ⑥의 주체가 '문 대통령'이라는 것을 쉽게 알 수가 있다.

문제는 ⑦이다. ⑦에서는 왜 '청와대 관계자'라고 표현한 것인지 알 수가 없다. 다만 ⑦이 '대통령이 그런 생각을 갖고 있다'는 의미에서 추측한 내용이기 때문에 '청와대 관계자'라고 표현했다고 이해할 수 있다. 하지만, 서술어가 '설명했다'라는 것을 보면, 취재원을 익명 처리한 것은 적절하지 않다. 그것은 인용된 발언의 내용〈"문 대통령은 이번 사안은 수출 주도의 우리 산업에 미치는 영향이 중요하다고 여긴다"〉을 보아도 그렇다. 이 내용은 실명으로 보도하더라도 전혀 문제되지 않을 발언으로 볼 수 있다. 더욱이 '설명했다'와 같은 어휘는 보도 기사에서 매우 주체가 뚜렷할 경우에 주로 사용하는 어휘이기 때문이다. 그런데도 이 기사에서 실명을 밝히지 않고 '청와대 관계자'라고 쓴 것은 부적절한 관행으로 볼 수밖에 없다.

많은 기사에서 우리가 흔히 확인할 수 있는 내용이 '핵심 관계자', '주요 당직자', '관계자'의 말을 인용한 보도이다. 이렇게 인용된 사람들은 대체로 익명 처리된다. 신문 기사에서 취재원 관련 보도의 명시성 표현 방법은 직접인용부호 표시, 취재원 밝히기 등이다. 가끔 취재원이 누구인지 독자가 확인할 수 없는 상태로 인용부호를 사용하는 경우가 있는데 이런 기사는 명시성이 낮다고 할 것이다. 따라서 이와 같은 기사는 신뢰도가 낮을 수밖에 없다. 그것은 관계자라고 일컫는 사람을 확인할 수가 없기 때문이다. 독자에 따라서는 취재원 보호라는 미명 아래 기자가 자신이 하고 싶은 말을 기사로 쓰거나, 추측해서 쓴 것이 아닌가 하는 의심을 할 수도 있다. 아니 그렇게 의심해야만 기사 작성의 나쁜 관행이 바뀔 것으로 판단한다.

3. 완결성 높이기

3.1. 완결성 분석 방법과 기준

좋은 글의 요건을 따질 때 고려하는 요소 가운데 하나가 완결성이다. 하나의 텍스트는 중심 주제를 담은 부분과 그것을 뒷받침하는 내용으로 이루어진다. 글쓰기에서 필자가 전달하고자 하는 어떤 중심 주제에 대하여 뒷받침하는 내용이 충분히 갖추어져 있을 경우, 글의 완결성은 높다고 하고, 제공하는 정보의 양이 부족하면 완결성이 낮다고 한다. 이러한 글쓰기 형식을 신문 기사에 적용을 한다면, 기사의 헤드라인이나 제목은 독자에게 전달하려는 핵심 내용이라 할 수 있다. 그리고 기사의 본문은 헤드라인이나 제목에서 제시한 내용을 뒷받침하는 사실을 제시하거나 논증을 하는 형태로 구성된다고 할 것이다.

신문 기사 역시 한편의 글이기 때문에 완결성을 살펴보는 것이 필요하다. 그렇다면 신문 기사에서 완결성이 높다는 것은 어떤 의미인가. 아마도 기사에서 충분히 정보가 제공되고 있다는 의미일 것이다. 특히 보도 기

신문 언어 어떻게 이해할 것인가?

사라면 기사의 헤드라인에서 제시된 내용이 충분히 제공되고 있는가를 살펴보는 것이 중요하다. 신문 기사는 대체로 육하원칙을 기준으로 구체적으로 작성되기 때문에 제공하는 정보의 양이 충분한가를 따지는 것이다.

따라서 완결성은 제목(헤드라인)의 내용이 기사 본문에서 육하원칙의 요소로 얼마나 충족되었는가를 판단하면 된다. 실체적 진실에 가까워지려면 제목이 제공하는 내용을 기사 본문에서 육하원칙으로 표현되는지를 확인할 수 있어야만 완결성에 대한 판단을 할 수 있기 때문이다. 언론은 그 속성상 독자의 관심을 끄는 것이 중요하기 때문에 시작(헤드라인)은 거창하지만 마무리(본문)가 제대로 되지 않는 경우가 많기 때문에 특히 완결성이 중요하다. 곧, 기사의 제목에서 독자의 시선을 끌도록 한 내용이 기사의 본문에 얼마나 충족되고 있는가를 기준으로 완결성을 분석해 볼 필요가 있다.

그런데 신문 기사의 경우, 선택적으로 내용을 편집하는 경우가 많기 때문에, 언론사의 의도에 따라 필요한 부분만 가져다 쓰는 기사는 결국 완결성이 떨어질 가능성이 높다. 완결성은 부분적으로 균형성과 밀접한 관계를 맺는다. 그것은 선택적 편집이 균형을 해칠 목적으로 작용하기 때문이다.

특히 사설이나 칼럼의 경우에는 오피니언 기사이기 때문에 글의 완성도가 매주 중요하다. 오피니언 기사 역시 독자들은 제목에서 정보의 양과 범위를 판단하고 기사를 읽기 때문이다. 그런데 제목에서 제시하는 내용이 본문에 없을 경우 이른바 '낚였다'고 생각한다. 그것은 기사의 완결성이 부족한데서 오는 것으로 판단할 수 있다. 다음 (25)를 보자.

(25) '코로나쇼크' 韓 올해 '-1%' 역성장…美보다 낮아 최악 시나리오[5]

英 캐피털 이코노믹스 전망…한 달 만에 2.0%p 하향

세계 경기침체 '직격탄', ①이탈리아 -9.0% 전세계 최저…"글로벌 확장기 끝났다"

신종 코로나바이러스 감염증(코로나19) 사태가 미국과 유럽을 포함한 전세계를 강타하면서 올해 한국 경제가 '역성장'할 것이라는 해외 경제분석기관 전망까지 나왔다.

이는 우리보다 경제규모가 큰 ②미국보다 낮은 성장률 전망치다. 국제 경기침체와 무역 감소 여파가 올해 우리나라에 먹구름을 드리울 것으로 예상된다.

22일 영국 경제분석기관인 '캐피털 이코노믹스'가 지난 19일(현지시간) 수정한 세계 주요국 경제전망에 따르면, ③우리나라의 2020년 실질 국내 총생산(GDP) 성장률은 -1.0%로 전망됐다. 2월말 전망치 1.0%와 비교하면 한 달 만에 2.0%포인트(p)나 낮춘 것이다.

캐피털 이코노믹스는 지난달 말까지만해도 한국의 경제성장률을 1.0%로 예상하고 있었다. 당초 전망치인 2.5%에서 2월초 1.5%p 낮추긴 했지만, 역성장 전망까지는 아니었다.

그런데 한국 경제성장률을 한 달 만에 2.0%p 큰 폭으로 하향 조정한 것은 이달 초부터 코로나19가 미국과 유럽 등지에서 급속 확산 중인 상황을 반영한 조치로 보인다.

실제로 캐피털 이코노믹스는 2.0%였던 세계 경제성장률 전망치도 이번 수정본에서 -1.0%로 크게 낮췄다.

세계 각국의 전망치도 줄지어 하향됐다. ④미국의 전망치는 이달 초까지 쭉 1%대를 유지해 왔으나 이번에 0%로 떨어졌다.

유로존(유로화 사용 19개국)의 경우, 올해 경제성장률 -8.5%의 심각한 침체에 빠질 것으로 예측됐다. 이탈리아는 -9.0%로 전 세계 최저치를 기록했다.

---

5   https://www.news1.kr/articles/?3881456 참조.

이 외에도 ④중국 -3.0%, 일본 -4.0%, 독일 -8.5%, 프랑스 -8.5%, 영국 -7.0%, 캐나다 -2.0%, 호주 -1.0% 등 줄줄이 마이너스 수치를 나타냈다.

⑤선진국만 따로 봤을 때 올해 경제성장률 전망치는 -3.5%, 개도국은 0.4%다.

해외 경제분석기관들은 세계 경기침체가 이미 현실화했다고 판단 중이다.

영국 로이터의 최신 조사 결과에 따르면, 미주와 유럽에 본사를 둔 경제분석기관 41곳 가운데 31곳은 이미 세계 경제의 확장기가 끝났다고 응답한 것으로 나타났다.

JP모건은 코로나19 확산에 따른 글로벌 경기침체를 이미 지난주에 결론지었다고 밝히기도 했다.

JP모건의 세계경제분석 부문 책임자인 브루스 캐스먼은 "이번 분기에 세계 경제의 확장기가 끝날 것이라는 데 의심의 여지가 없다"며 "이제부터는 2020년 경기침체의 강도와 그 기간을 예측하는 것이 문제"라고 말했다.

(뉴스1코리아 20200322)

(25)는 2020년 3월 22일 한 언론사가 보도한 기사이다. 기사의 제목이 〈'코로나쇼크' 韓 올해 '-1%' 역성장…美보다 낮아 최악 시나리오〉라고 되어 있어서 육하원칙으로 분석하면 〈누가: 韓(우리나라)〉, 〈언제: 올해〉, 〈왜/이유: '코로나쇼크'〉, 〈어떻게: 美보다 낮은 '-1%' 역성장으로 최악 시나리오〉이다. 제목에서 〈무엇을: 경제성장률〉과 〈어디서: 영국의 '캐피털 이코노믹스'〉는 표현되지 않았지만, 기사의 본문을 보면 확인할 수 있어서 완결성이 높은 것으로 보인다. 하지만 기사의 제목만 보면, 우리나라의 경제가 세계 여러 나라 가운데 미국보다도 낮아서 최악의 상황이 올 것이라는 것을 예측할 수도 있다. 그런데 이 기사의 본문에서는 제목과 조금은 동떨어진 내용을 확인할 수 있다.

이 기사는 해외 경제분석기관인 영국의 '캐피털 이코노믹스'의 전망을 바탕으로 작성된 기사이다. ①~⑤가 전망한 수치인데, ⓐ와 ④를 보면 0%를 예상한 미국을 제외하면, 세계 주요 국가의 수치가 마이너스로 나타난다. 달리 말하면, 우리나라의 경제 전망 수치가 미국을 제외한 모든 나라보다 좋다는 의미이다. 그런데 기사의 제목에서는 우리나라의 경제 전망을 '최악 시나리오'라고 제시하고 있다.

더욱이 내용을 좀 더 면밀히 분석하면, 외국의 어느 한 기관이 분석한 경제전망치를 바탕으로 '최악의 시나리오'라고 제목에서 내세우는 것은 적절하지 않다. 왜냐하면 전망이라는 것은 현재까지의 자료를 바탕으로 미래를 추정하는 것일 뿐이기 때문이다. 그러므로 이 기사는 선별적 편집으로 인한 제목의 구성 때문에 낚시성 기사 또는 왜곡성 보도로 보는 것이 더 정확하다. 이처럼 보도 기사는 제목과 내용을 함께 다 분석해야만 완결성을 명확히 판단할 수 있다.

또한 사설이나 칼럼이라면 당연히 논증이 충분히 이루어져서 논거가 갖추어져 있는가나, 논증의 범위를 얼마나 분명히 하고 있는가도 중요한 판단의 기준이 될 것이다. 오피니언 기사는 필자의 주장 부분과 그것을 뒷받침하는 논거 부분을 바탕으로 구성되기 때문이다. 이 때 논거는 자연법칙에 기초한 사실 논거, 자료적 실험적 사실에 기초한 사실 논거, 객관적 보편적 현상에 기초한 사실 논거, 역사적 사건에 기초한 사실 논거, 전문가나 권위자의 견해에 기초한 소견 논거, 경험자나 목격자의 견해에 기초한 소견 논거 등이 있겠다.

3.2. 신문 기사의 완결성 분석

완결성은 기사 전체가 하나의 텍스트로서 얼마나 완전한가에 대한 문제이다. 비록 내용이 좋은 오피니언 기사라고 할지라도 완성도가 높지 않으면 좋은 글로 평가 받기 어렵다. 특히 신문의 사설이나 칼럼의 경우 모범적인 글쓰기 텍스트로 인식하는 독자들이 꽤 있어서 여론의 흐름에 영향을 미치기도 한다. 따라서 글의 제목과 내용에서 주장하는 바와 논증이 충분히 이루어져서 훌륭한 기사로 마무리해야 한다. 그래야 미디어 수용자에게 사회적으로 주요한 사건이나 이슈에 대한 충분한 정보를 제공할 수 있기 때문이다. 다음 (26)을 보자.

(26) 2017 한국 경제 '부흥의 길'

[1단락] ①〈올해를 특징짓는 글로벌 경제 뉴스 1·2위를 꼽는다면 미국의 부활과 도널드 트럼프의 미국 대통령직 당선이다.〉 ②〈지난 15일 ⓐ **미국 중앙은행(Fed)은 1년 만의 기준금리 인상** 이유와 관련, "미국 경제에 대한 자신감(vote of confidence)"이라고 밝혔다. 인공지능(AI), 무인(無人)차 같은 4차 산업혁명 주도와 셰일가스발(發) 에너지 혁명이 견인하는 실물경제 회복세가 경쟁국을 압도할 만큼 견조하다는 이유에서다.〉 ③〈트럼프 당선인은 그 바탕에서 1조달러 규모의 인프라 투자와 소득세 최고세율 및 법인세율 인하를 통해 향후 10년간 2500만개 일자리 창출을 약속했다.〉

[2단락] ④〈언제부터인가 "내년은 올해보다 더 어렵다"며 연말마다 '집단 주눅'을 앓는 우리나라는 올해로 6년째 세계 경제 평균 성장률을 밑돌았다.〉 ⑤〈민간 연구소와 정부 모두 내년 성장률 전망치를 1999년 이후 처음 2%대로 잡고 있다.〉 ⑥〈이렇게 되면 20년 만에 한국 경제 성장률이 미국보다 낮아지는 현상이 내년부터 시작돼 굳어질 가능성이 높다.〉 ⓑ 〈**미국 증시**는 감세와 재정 확대, 친(親)시장 같은 '3종 병기'로 무장한 트럼프의 대선 승리 후 이미 **한 달 넘게 강한 상승세를 보이고 있다.**〉

[3단락] ⑦〈'미국 우선주의'를 내건 트럼프가 '부흥의 길'에 본격 뛰어든 것은 세계 경제에 활력소인 동시에 우리에게도 기회가 될 수 있다.〉 ⑧ 〈하지만 잠재 성장률이 15년여 만에 반 토막 나고 제조업 평균 가동률이

외환 위기 직후 수준으로 떨어져 경제 체력이 허약해진 상태에서는 '백약 (百藥)이 무효(無效)'다.〉 ⑨〈오히려 발호하는 중국과 일본의 공세에 밀려 구한말(舊韓末) 못지않은 복합 위기 발생 우려가 커지고 있다.〉

[4단락] ㉠〈이를 타개할 핵심 열쇠는 내년 대선에서 '경제를 살릴 수 있는 대통령'을 뽑는 일이다.〉 ㉡〈특권과 기득권에 사로잡힌 국회·이익집단에 맞서 개혁을 추진하고 경제 무력증 해소에 가장 근접한 리더를 지도자로 선출해야 진정한 민생 개선이 가능하다.〉 ㉢〈표를 얻기 위해 대중영합적 공약을 내놓는 '말꾼'은 냉엄하게 솎아내야 한다.〉

[5단락] ㉣〈'혁신과 도전 정신' 복원도 중요하다.〉 철밥통 공공 부문에 부동산·임대업만 호황을 누리다 보니, "장래 희망 1순위가 '공무원' 아니면 '건물주'"라는 청년이 즐비하다. 이래선 희망이 없다. ㉤〈제조·서비스업에서 치열한 혁신을 장려하고 긍정적 실패를 용인해 도전적 기풍이 넘쳐나도록 해야 한다.〉 ㉥〈4차 산업혁명 추진 차원에서 창조경제 생태계와 스타트업(신생 창업 기업) 육성은 다음 정권에서도 계승해 활성화할 필요가 있다.〉

[6단락] ㉦〈기업인을 대하는 문화도 달라져야 한다.〉 21세기 국가 경쟁력은 그 나라가 얼마나 많은 글로벌 대기업과 유능한 CEO를 갖느냐에 달려 있다. ㉧〈툭하면 대기업 본사를 압수 수색하고 오너·전문경영인을 국회에 불러내 창피와 모욕을 주는 반(反)기업적 행태는 경제 의지에 찬물을 끼얹는 해국(害國) 행위다.〉 ㉨**트럼프 당선인은** 현장에서 쌓은 문제 해결 경험과 능력을 국정에 활용하기 위해 렉스 틸러슨 엑손모빌 CEO를 포함한 전·현직 기업인 8명을 장관으로 지명했다.〉 ㉩〈국부 창출의 주역인 공상인(工商人)을 폄하하고 괴롭히는 걸 업(業)으로 삼는 일부 한국 정치인·지식인의 시대착오적 행태야말로 혁파 대상이다.〉

(조선일보 칼럼 20161228)

(26)은 〈2017 한국 경제 '부흥의 길'〉을 제목으로 2016년 12월 28일 조선일보에 실린 칼럼이다. 본문 내용은 모두 6단락으로 이루어져 있는데 이를 구체적으로 분석한다. (26)에서 제시하는 〈2017 한국 경제 '부흥의

길'〉이 무엇인지를 칼럼의 내용을 통해 제시하면, [4단락 ㉠, ㉡, ㉢]과 [5단락 ㉣, ㉤, ㉥], [6단락 ㉦, ㉧, ㉨]의 세 가지라 할 것이다.

[4단락 ㉠]은 〈내년 대선에서 '경제를 살릴 수 있는 대통령'을 뽑는 일〉로 ㉡과 ㉢으로 구체화 하여 방법을 제시한다. [5단락 ㉣]은 〈'혁신과 도전 정신' 복원〉인데, ㉤과 ㉥으로 구체화 한다. [6단락 ㉦]은 〈기업인을 대하는 문화도 달라져야 한다.〉는 것인데, ㉧과 ㉨으로 개선의 방향성을 제시하고 있다.

그리고 이 칼럼에서 [1, 2, 3단락]은 우리나라 경제를 위한 여러 상황에 대한 내용인데 구체적으로 분석하면 다음과 같다.

[1단락]은 경제 환경의 국제적 배경, 특히 미국의 상황을 제시한다. ①은 중심 생각을 드러낸 문장으로 필자의 주관적인 생각이다. 이를 뒷받침하는 논거로 ②와 ③을 제시한다. 그런데 논거로 제시된 ③은 트럼프의 향후 10년의 약속이다. 이른바 정치인의 공약인 셈이다.

[2단락]은 우리나라의 경제 환경이 나쁜 상황을 말하고 있다. ④는 우리나라 경제의 어려움을 나타내는 중심 문장이고, ⑤와 ⑥은 뒷받침 문장이다. 그런데 ⑥은 필자의 추측이다.

[3단락]은 ⑦에서처럼 희망적인 메시지를 중심 문장으로 내세운다. 하지만 뒷받침하는 문장은 ⑧과 ⑨처럼 우리나라 경제의 어려움을 서술하고 있다. 그런데 이 어려움을 서술한 부분은 〈백약이 무효다〉나 〈우려가 커지고 있다.〉처럼 필자의 주관적인 추측이다.

이 칼럼은 〈미국은 도널드 트럼프와 같은 사람을 대통령으로 뽑아 앞으로 경제 상황이 좋아진다는 것을 전제로 한다. 우리나라도 내년 대통령 선거에서 '경제를 살릴 수 있는 대통령'을 뽑아야 하고, 트럼프가 '전·현직 기업인 8명을 장관으로 지명'한 것처럼, 우리나라에서도 '기업인을 대하는 문화가 달라져야 함'을 주장한다. 아울러 우리나라의 경제 부흥을 위하여 '혁신과 도전 정신' 복원하자.〉는 글로 이해할 수 있다.

그런데 이 글을 쓰기 위해서 미국을 성공 사례로 삼은 객관적이고 구체적인 논거는 ⓐ〈미국 중앙은행의 기준금리 인상〉, ⓑ〈미국 증시의 한 달 넘는 상승세〉, ⓒ〈트럼프 당선인의 전·현직 기업인 8명 장관으로 지명〉 세 개가 전부이다. 이 세 논거 가운데서도 실제로 일어난 성공적인 일이라 할 수 있는 것은 그나마 ⓑ〈미국 증시의 한 달 넘는 상승세〉가 유일하다. ⓐ 〈미국 중앙은행의 기준금리 인상〉과 ⓒ〈트럼프 당선인의 전·현직 기업인 8명 장관으로 지명〉은 성공적인 결과를 가져올 것인지 아닌지를 알 수 없는 상황이다. 또한 우리나라의 경제 상황을 부정적으로 서술한 [2단락]과 [3단락]에서는 주관적인 추측을 논거로 제시하고 있다.

따라서 이 칼럼은 논증의 형식에서는 완결성을 충족하고 있지만, 구체적인 내용을 보면 충분한 정보를 제공하며 중심 생각을 뒷받침하는 이유나 사례를 제시하지 못한다는 점에서 완결성이 부족한 글로 분석할 수 있다.

그래서 추정 표현, 주관적인 이름짓기, 단정적 표현이 자주 등장한다. 예컨대, ⑥에서 〈내년부터 시작돼 굳어질 가능성이 높다.〉, ⑦의 〈우리에게도 기회가 될 수 있다.〉, ⑨의 〈구한말(舊韓末) 못지않은 복합 위기 발생 우려가 커지고 있다.〉와 같은 표현은 필자의 추측에서 기반한 것으로 이해할 수 있다. ⑧의 〈'백약(百藥)이 무효(無效)'다〉는 단정적인 표현이며, ⓑ의 〈감세와 재정 확대, 친(親)시장 같은 '3종 병기'〉로 지칭한 것은 필자의 주관적 이름짓기로 볼 수 있다.

또한 제조업 평균 가동률 저하로 경제 체력이 허약해졌다면서 부흥의 길로는 4차 산업혁명 추진을 권장하고 있다. 곧, 4차 산업혁명을 추진하

신문 언어 어떻게 이해할 것인가?

다 보면, 제조업은 쇠락할 수도 있기 때문에 단순히 제조업이냐 4차 산업혁명이냐의 이분법적 차원으로 볼 문제가 아닐 수도 있다. 무엇보다도 한국 경제 부흥의 길은 너무나도 범위가 넓은 주제이다. 경제와 부흥의 범위를 한정시키지 않는다면 근본적으로 완결성이 부족한 글이 될 수밖에 없다.

4. 균형성 유지하기

4.1. 균형성 분석 방법과 기준

언론 보도에서 균형성을 유지하지 못할 경우 어떤 일이 발생하는가에 대해서는 다음과 같은 기사에서 쉽게 확인할 수 있을 것이다.

(27) 인체에 치명적인 포르말린 검출된 번데기[6]

앵커: 술안주로 인기 있는 번데기와 골뱅이 등 일부 통조림 식품에 **인체에 치명적인 포르말린을 넣어서** 시중에 대량 유통시킨 식품업체들이 **검찰에 적발됐습니다.** 이미 소비된 것만해도 110만캔이나 되는 것으로

---

6   http://mn.kbs.co.kr/news/view.do?ncd=3788843 참조.

조사됐습니다. ○ ○ ○ 기자가 취재했습니다.

기자: 젊은이와 직장인들로 붐비는 맥주집 술안주로는 골뱅이와 번데기가 인기입니다.

인터뷰(맥주집 주인): 비교적 간단하니까 골뱅이나 번데기 요새는 많이 시키시는 것 같애요.

기자: 시중에 유통되고 있는 번데기는 모두 9종류입니다. 그 가운데 제 앞에 있는 이 세 회사 제품에서는 **인체에 치명적인 포르말린이 검출**됐습니다. 이번에 통조림에서 검출된 포르말인은 **사람이 먹을 경우 사망할 수도 있어** 식품에는 절대 첨가할 수 없도록 금지돼있는 **공업용 방부제**입니다. 이같은 포르말린이 검출된 통조림은 우리농산의 한샘, 대림산업의 물개표, 남일종합산업의 효성번데기라는 상표가 부착돼 있으며 이들 통조림에서는 포르말린이 kg당 0.02㎎에서 많게는 0.19㎎까지 검출됐습니다. 이렇게 포르말린을 넣어 만든 통조림은 번데기 뿐 아니라 우리농산의 골뱅이와 마늘장아찌 호박죽 단팥죽도 마찬가지입니다. **인체에 치명적인 해를 끼칠 수 있는** 이런 통조림은 이미 소비된 것만도 110만캔이 넘는 것으로 조사됐습니다. 이번에 적발된 3개 식품회사는 중국 등지에서 **포르말린을 넣어** 1차 가공한 번데기 원료를 수입해 통조림을 가공했으며 특히 우리농산은 변질을 막기 위해 **다시 포르말린을 더 첨가한 것으로** 드러났습니다. 수입식품의 검역에도 구멍이 난 증거입니다. 이런 유해식품을 제조한 회사들은 지난 95년부터 생산자가 품질검사를 하도록 한 제도를 악용했다고 **검찰은 밝히고 있습니다.**

인터뷰(서울지검 형사2부 부장 검사): 식품제조업체들은 자유로운 영업활동이 보장되는 만큼 그에 상응하는 책임도 함께 부담하고 있다는 사실을 확실히 주지시켜 나가겠습니다.

(KBS 9시뉴스 19980708)

신문 언어 어떻게 이해할 것인가?

(28) '포르말린 통조림'/유통기한 늘리려 번데기 등에 살포[7]

수십억대 캔 제조·판매 3개社 적발국내에 유통중인 번데기 통조림 가운데 3개사 제품에서 실험용 **사체의 부패를 방지**하기 위해 사용되는 **유독물질「포르말린」이 함유된 것**으로 밝혀져 충격을 주고 있다.

서울지검 형사2부(고영주·高永宙 부장검사)는 8일 (주)우리농산 대표 이종순(李宗純·50)씨와 공장장 서기복(徐基福·43)씨를 보건범죄단속에 관한 특별조치법 위반 혐의로 구속하고, 대진산업 대표 노권호(盧權鎬·43)씨와 남일종합식품 대표 이길성(李吉星·53)씨를 식품위생법 위반 혐의로 불구속 입건했다.

검찰에 따르면 이씨 등은 지난해 8월부터 전북 완주군 공장에서 **부패방지용 포르말린을 섞어** 한샘번데기가미, 한샘골뱅이가미, 한샘마늘장아찌, 호박죽, 단팥죽 등의 통조림 134만캔 시가 10억원어치를 **제조, 판매한 혐의다**. 노씨 등은 물개표번데기가미와 고단백영양간식번데기 41만캔, 효성번데기가미통조림 37만캔 등의 **포르말린 함유 통조림을 제조한 혐의다**. 이들 통조림에선 1kg당 0.02~0.19㎎의 포르말린이 검출됐다.

검찰조사결과 이씨 등은 이미 **포르말린이 함유된 수입 번데기**에 유통기한을 늘리기 위해 물에 희석한 **포르말린을 다시 뿌려 통조림을 제조한 것으로 밝혀졌다**. 이씨 등은 특히 국산 호박과 팥 원료에도 **포르말린을 사용했다**.

포르말린은 **방부제**의 일종으로 곤충의 형상을 유지시키고 실험용 사체의 부패를 막기 위해 사용되며 다량 **복용하면 사망**에 이를 정도로 **독성이 강해 식품에는 사용할 수 없다**.

(한국일보 19980709)

(27)은 1998년 7월 8일 KBS 9시 뉴스에서 방영된 텔레비전 보도 기사

---

7   https://www.hankookilbo.com/News/Read/199807090020661483 참조.

이고, (28)은 1998년 7월 9일 신문 기사이다. 이 사건은 1998년 7월 8일 서울지검이 중국과 태국에서 수입한 골뱅이·번데기 등의 식품원료를 포르말린으로 방부 처리해 시가 10억여원의 통조림을 제조, 시판한 혐의로 회사 대표들을 구속한 사건이다. 이후 신문과 방송을 비롯한 여러 언론에서 이 사건을 확대 재생산하여 보도하였다. 그런데 사건 발생 2주 후 식약청은 자연 상태의 번데기나 골뱅이에서도 상당량의 포르말린이 검출될 수 있다는 의견을 발표한 바 있다. 결국 이 사건은 검찰의 오류와 식품업자의 무죄로 대법원에서 최종 판결을 받았다.[8] 하지만 대부분이 영세했던 통조림 제조업체 20~30개는 부도를 맞았다.

(27)과 (28)을 보면 대단히 자극적인 표현도 많이 등장한다. (27)에서는 '인체에 치명적인'이라는 표현이 4회('사람이 먹을 경우 사망할 수도 있어' 포함)나 등장하고, '공업용 방부제'라는 표현도 사용한다. 그리고 포르말린을 '넣은 것(첨가한 것 포함 3회)'과 포르말린이 '검출된 것'은 범죄의 측면에서는 매우 다르게 판단할 수 있는 내용인데도 두 표현을 혼용하고 있다.

(28)에서도 자극적인 표현인 '사체의 부패를 방지(3회, 방부제 포함)', '유독물질'(2회, 독성 포함) 등을 많이 사용하고 있으며, 포르말린이 '함유'되었다는 표현과 포르말린 통조림을 '제조'하거나 포르말린을 '사용'한 표현을 혼용한다.

그런데 이 두 기사 (27)과 (28)에서 정말로 중요한 것은 분명히 이 사건은 '검찰'과 '통조림 제조업체' 사이의 다툼이 있는 것인데도 검찰 쪽 주장만 보도하고 있다는 것이다. (27)에서는 〈검찰에 적발됐습니다.〉, 〈검찰은 밝히고 있습니다.〉라는 표현과 심지어 서울지검 형사2부 부장 검사의

---

8   https://news.joins.com/article/3989204 참조.

인터뷰까지 제시하고 있다.

또한 (28)에서도 〈서울지검 형사2부(고영주·高永宙 부장검사)는〉, 〈검찰에 따르면〉, 〈검찰조사결과〉 등의 표현이 있다. 특히 서술어를 보면, '입건했다, 혐의다, 밝혀졌다, 사용했다'라고 하여 매우 사실적인 것으로 보인다. 그런데 '혐의'와 '밝혀지다'의 경우는 그 의미가 〈혐의: 범죄를 저질렀을 가능성이 있다고 봄. 또는 그 가능성. 수사를 개시하게 되는 동기가 된다.〉이기 때문에 사실로 단정할 수 없다. '밝혀지다' 역시 검찰의 주장이기 때문에 완전한 사실로 규정할 수는 없다.

하지만, (27)이나 (28)의 기사를 접한 시청자나 독자의 경우 검찰의 주장을 사실이 아니라고 받아들이기 어렵다. 더욱이 (27)은 텔레비전 화면과 앵커와 기자의 멘트로 뉴스를 전달하기 때문에 우리는 그것을 사실로 인식할 수밖에 없다.

그런데 이 기사들에서 통조림 제조업체의 이야기를 인터뷰하거나 언어로 작성하여 제시하였다면 시청자나 독자가 기사를 받아들이는 방향이 달라질 수 있다. 이것이 언론 보도에서 균형성이 필요한 이유이다. 더욱이 이 기사의 최종 판결이 무죄였기 때문에 더욱 균형성을 갖춘 보도가 필요한 사건이었다.

기사에서 균형성은 분량의 균형, 내용의 공정, 어휘의 형평성, 관점의 중립 등으로 파악할 수 있다. 기사에서 균형성은 절대적 균형이 아니라 상대적, 비례적 균형을 유지할 수도 있다. 하지만, 적어도 반론권을 인정한다든지 하는 문제를 충족해야 한다. 기사에서 우리가 흔히 발견할 수 있는 "○○신문은 ○○○의 입장을 듣기 위해 연락을 시도했으나 답변을 받지 못했다."라는 표현 정도는 반드시 표현해 주어야 한다. 언론의 선택적 편집(게이트키핑) 기능을 자유롭게 인정하더라도 그것이 균형성을 해쳐서는 안 된다. 언론의 공정보도와 밀접한 관계가 있기 때문이다.

균형성은 기사의 독립성, 공정성의 문제이기도 하다. 기사가 주는 이익이 공정하게 배분되고 있는지를 언어 표현에서 확인할 수 있어야 하는 것이다. 균형성은 언론 보도에서는 주로 공정성으로 표현된다. 균형성이라는 말이 사고의 유연성이나 논지의 균형성 등에서 보듯이 글쓰기의 용어이기 때문이다.

그런데 실제로 공정한 기사는 존재하기 어렵다. 사건을 취사선택하는 게이트키핑이라는 언론의 특성이 있기 때문이다. 하지만, 최소한의 균형을 유지하기 위해 노력하는 것이 필요하다. 신문 기사는 적어도 전문지식인의 지적 활동의 한 부분이기 때문이다.

글쓰기에서도 많은 부분에서 필자에게 유리한 증거를 제시하고 있어서 기사를 작성할 때도 이러한 기제가 작동할 수 있지만, 결코 무리하게 한쪽으로 편향되거나 불충분한 논거를 제시하면서 메시지를 전달해서는 안 된다. 특히 사회적 약자를 외면하거나 소수 의견을 무시하는 행위를 저질러서는 안 될 것이다.

4.2. 신문 기사의 균형성 분석

신문 기사가 균형성을 유지하고 있는가를 파악하려면 자신이 궁금해 하는 핵심어를 검색해 보면 알 수 있다. 예컨대, 선거가 활발히 진행될 때 '중도층 이탈'이나 '민심 이반', '비난 여론'과 같은 어휘를 표제어로 검색해 보라. 반드시 기사 보도량이 정파적 진영 사이에 차이가 있을 것이다. 이는 특정한 표현이 균형적으로 보도되지 않는다는 의미로 이해할 수 있다. 우리나라의 언론이 어떤 쪽으로 기울어져 기사를 쓰고 있는지 확인할 수 있을 것이다.

또 다른 한편으로 가능한 해석은 그렇게 기울어져 있는 방향의 기사가 많은 진영에는 원래 '중도층'이나 '민심'이 자리 잡고 있었던 것으로도 해석이 가능하다. 곧, 원래 '이탈'이나 '이반'이 가능한 진영에 '중도층'이나 '민심'이 있었다고 해석할 수 있다는 의미이다. 하지만, 언론에서는 원래 그 쪽에 있었던 것보다는 '이탈'이나 '이반'에 주목하여 기사를 쓰기 때문에 여론의 흐름을 바꾼다고 판단한다.

다음 (29)는 대중의 관심이 많은 '일자리'에 대하여 쓴 사설이다. 어떻게 균형성을 유지 또는 어기고 있는가를 분석한다.

(29) '좋은 일자리 대기업' 시대 끝날 수밖에 없다

주요 대기업들이 하반기 공채 일정을 확정했다. 잡코리아가 146개 대기업을 조사했더니 하반기 채용 인원은 작년에 비해 10% 가까이 줄었다고 한다. 안 그래도 청년 실업률이 10%를 넘나들며 매달 사상(史上) 최고치를 기록 중인데 대기업 일자리는 더 줄어들고 있다. 대기업이 취업문을 닫아거는 게 야속하지만 ①불황인 데다 조선·중공업에서 인력 구조조정이 한창이라 뭐라 하기도 어렵다. ②경제구조가 성숙하고 산업 자동화로 경기가 나아져도 대기업이 일자리를 쑥쑥 늘리긴 힘들다.

ⓐ아직도 우리 사회는 대기업에 들어가야 취업에 성공했다고 여기는 풍토다. ⓑ청년들이 초임 3000만~4000만원에 달하고 상대적으로 안정적인 대기업 공채에 매달리는 것은 어쩌면 ⓒ당연한 일일 것이다. 그러나 세상에는 분명히 다른 대안들도 존재하고 있다. 이제 ⓓ창업이나 해외 취업 등은 과거와 같이 ⓔ대기업 취업 실패자들이 가는 길이 아니다. 그런데 ⓕ많은 사람이 이런 대안들이 아예 없는 것처럼 여기고 있다.

③선진국에선 명문대 나온 청년 중 20~30%는 창업을 택한다. ④미국 매사추세츠 공대(MIT) 출신이 창업으로 일군 부(富)가 우리 경제 규모에 육박하고, 스탠퍼드대 출신자들이 창업한 기업들의 총매출은 3000조원이

넘어 프랑스와 맞먹는다. ⑤중국에선 매일 1만 개가 넘는 창업 행진이 이어지고 있다. ⑥영국과 일본도 일자리를 만드는 돌파구와 경제 활력을 불어넣기 위해 창업 육성 방안을 밀어붙이고 있다. 우리 정부도 "창업이 취업보다 쉽게 만들겠다"며 전국에 17개 창조혁신센터를 열고 청년 창업을 지원하고 있지만 아직 선진국이나 중국에 비하면 너무나 미미하다. 청년이나 부모가 ⑦"사업에 잘못 손대면 패가망신한다"는 고정관념에서 못 벗어나는 건 ⑧은행이 창업자에게 담보부터 요구하고, ⑨대기업이 젊은 창업자의 아이디어를 가로채는 행태 때문이다. 이런 구태(舊態)부터 시급히 청산돼야 한다.

⑧해외에서 일자리를 찾는 시도도 더 늘어야 한다. ⓗ우리나라의 29세 이하 해외 청년 취업자는 작년 2352명으로 3년 새 두 배 가까이 늘었지만 기회에 비해선 터무니없이 적다. 호텔이나 IT 전문 회사, 항공기 승무원 등 ⓘ다양한 해외 취업이 활성화되면 청년들의 일자리 선택지가 한층 넓어질 것이다. ⓙ'일자리=대기업' 시대는 끝나가고 있고 끝날 수밖에 없다.

(조선일보 사설 20160901)

(29)는 2016년 9월 1일 조선일보의 사설이다. 모두 21문장 4개의 단락으로 구성되어 있다. 제목은 〈'좋은 일자리 대기업' 시대 끝날 수밖에 없다〉로 매우 단정적으로 제시되어 있다. 일자리와 관련해서 쓴 글에서는 기업과 구직자 가운데 누구의 입장을 대변하고 있는가를 기준으로 균형성을 찾아볼 수 있다.

그런데 이 글은 제목에서도 추론할 수 있는 내용이 '좋은 일자리=대기업'이고, 이제 그런 시대적인 상황이 끝났다고 구직자에게 메시지를 전하고 있는 것으로 볼 수 있다. 제목에서 밝힌 내용이 적어도 '구직자'의 관점에서 썼다고 생각하기는 어렵다. 곧, 제목 자체가 균형성이 부족한 것으로 파악한다. 아울러 사설의 내용은 왜 '좋은 일자리 대기업 시대'가 끝나야 하는지, 그렇다면 '구직자'는 어떻게 해야 하는지를 제시하는 내용일 것으로 추정할 수 있을 것이다.

사설은 첫 단락 세 문장에서 구직자들의 취업 상황이 어려워진 현실을 서술하면서 시작한다. 그리고 '대기업'이 이렇게 선택할 수밖에 없는 상황을 논거 ①〈불황인 데다 조선·중공업에서 인력 구조조정이 한창〉과 ② 〈경제구조가 성숙하고 산업 자동화로 경기가 나아져도 대기업이 일자리를 쑥쑥 늘리긴 힘들다.〉로 제시한다. 그런데 취업이 어려운 현실을 서술한 바로 다음 대기업의 어렵고 힘든 이유를 곧바로 제시하고 있어서, 비록 "대기업이 취업문을 닫아거는 게 야속"하다는 표현을 하고 있지만 균형성을 의심 받을 수 있다.

둘째 단락은 우리사회 구직자들의 인식을 ⓐ〈아직도 우리 사회는 대기업에 들어가야 취업에 성공했다고 여기는 풍토〉로 보면서 출발한다. 특히 '구직자'들의 자세를 ⓑ〈청년들이 초임 3000만~4000만원에 달하고 상대적으로 안정적인 대기업 공채에 매달리는 것〉과 같은 인식이 절대적인 것처럼 ⓒ〈당연한 일일 것이다.〉라고 표현한다. 이는 첫째 단락에서 '대기업은 어렵고 힘들어 일자리를 줄인다'고 표현한 것과 대비되어 구직자는 '고임금과 안정성만 당연히 추구'하는 집단으로 비칠 수 있어서 균형성을 잃은 것으로 분석할 수 있다.

더욱이 '다른 대안들도 존재'한다면서, ⓓ〈창업이나 해외 취업〉를 제시하는데, 이는 구직자의 태도를 ⓔ〈대기업 취업 실패자들이 가는 길〉, ⓕ 〈많은 사람이 이런 대안들이 아예 없는 것처럼 여기고 있다.〉로 표현하는 것과 견주어 보면, 결국 구직자의 인식 전환이 필요함을 지적한 것이다. 곧, '구직자=고임금, 안정성이 당연한 일'로 규정하면서 구직자들이 '창업과 해외 취업'으로 인식을 바꿀 것을 권장한다. 그런데 이는 현실과 매우 동떨어진 상황이다.

2016년 경영자총연합회(경총)의 신입사원 채용 실태 조사에 따르면, 대졸 신입사원의 1년 내 퇴사율은 27.7%로 나타났다. 그리고 회사를 떠난 가장 큰 이유는 바로 '연봉이 낮아서'(38.5%)였다. 이는 고임금에 대한 구직자들의 요구가 절실하다는 것을 확인할 수 있다.[9] 이런 상황에서 임금과 안정성, 장래성 등 어느 것도 보장하기 어려운 '창업과 해외 취업'을 대안으로 볼 수 있는지 의문이다.

이는 사설의 셋째 단락에서도 확인할 수가 있다. 셋째 단락의 ③~⑥은 선진국(미국, 중국, 영국, 일본)의 사례를 제시하면서 '창업'을 대안으로 제시하고 있다. 그런데 논거로 제시된 ③~⑥은 논거의 결이 조금씩 다르다. ③〈선진국에선 명문대 나온 청년 중 20~30%는 창업을 택한다.〉은 '창업'을 정당화하는 대전제로 이해할 수 있다. 그리고 ④〈미국 매사추세츠 공대(MIT) 출신이 창업으로 일군 부(富)가 우리 경제 규모에 육박하고, 스탠퍼드대 출신자들이 창업한 기업들의 총매출은 3000조원이 넘어 프랑스와 맞먹는다.〉는 충분히 성공한 사례로 논거의 자격이 충분하다. 하지만, ⑤〈중국에선 매일 1만 개가 넘는 창업 행진이 이어지고 있다.〉와 ⑥〈영국과 일본도 일자리를 만드는 돌파구와 경제 활력을 불어넣기 위해 창업 육성 방안을 밀어붙이고 있다.〉은 대안으로서의 '창업'에 대한 충분한 논거가 될 수 있는지 의문이다. 중국에서 매일 1만개 이상 창업한다고 해서 우리도 그래야 하는가, 나아가 영국과 일본은 창업 육성 방안을 밀어붙이는 정도인데 왜 우리도 그렇게 해야 하는가에 대한 정당성을 찾기가 어렵다.

또한 우리나라의 사례를 제시하면서 정부의 지원보다 구직자의 창업

---

9   http://www.etoday.co.kr/news/view/1848001 참조.

이 미미하다고 서술한다. 그런데 우리나라 구직자의 창업이 미미한 이유가 어디에 있는가. 사설에서도 청년이 창업을 하지 않는 이유는 ⑧〈은행이 창업자에게 담보부터 요구〉와 ⑨〈대기업이 젊은 창업자의 아이디어를 가로채는 행태〉 때문이라고 밝히고 있다. 하지만 사설은 ⑦〈"사업에 잘못 손대면 패가망신한다"〉는 고정관념이 문제라면서 구직자나 사회의 인식 변화만 요구한다. 왜 대기업과 은행이 '창업'을 가로막고 있다고 밝히지 못하는가. 대기업이 어렵고 힘들어서 '좋은 일자리'를 줄이는 상황을 구직자들이 받아들이라는 것인가. 글의 균형성을 잃은 것은 아닌지 의문이 제기되는 이유이다.

마지막 단락에서는 '해외 취업'에 대하여 주장한다. ⑧〈해외에서 일자리를 찾는 시도도 더 늘어야 한다.〉와 같이 당위성을 내세운다. 그런데 ⓗ〈우리나라의 29세 이하 해외 청년 취업자는 작년 2352명으로 3년 새 두 배 가까이 늘었〉다고 구체적으로 적시하면서도, 명확한 근거를 제시하지 않으면서 〈기회에 비해선 터무니없이 적다〉고 표현한다. 그리고 ①〈다양한 해외 취업이 활성화되면〉이라는 전제를 두고, '일자리 선택가 한층 넓어질 것'이라는 장밋빛 청사진을 추측한다. 그러면서 결론을 ②〈'일자리=대기업' 시대는 끝나가고 있고 끝날 수밖에 없다.〉고 내린다. 단순한 예측만으로 구직자에게 대기업 일자리를 포기하라고 요구할 수 있는지, '일자리=대기업 시대'가 끝나간다는 정당한 이유를 ①과 ② 이외에 무엇을 제시하였는지, 이 사설의 주장이 정당한지 의문이 들 수밖에 없다.

제10장
비판적 신문 읽기

　신문 기사를 비판적으로 읽는 방법은 기사 작성의 언어 기제인 사실성 갖추기, 명시성 표현하기, 완결성 높이기, 균형성 유지하기 등을 파악하는 일과 비판적 담화분석(CDA)의 방법인 텍스트 분석, 담화적 실천 분석, 사회적 실천 분석을 활용하여 해석하는 일이 함께 진행되어야 할 것이다. 그런데 비판적 담화분석의 경우, 이것이 명확히 단계적으로 이루어지는 분석의 체계가 아니다. 텍스트 분석은 텍스트의 언어적 특성을 분석을 중심으로 하는 것이고, 담화적 실천은 텍스트의 발생, 전달, 수용의 과정을 중심으로 분석하는 것이며, 사회적 실천은 텍스트가 사회적으로 어떤 제도나 상황과 연결되어 그것이 영향을 미치는가를 분석하는 것으로 설명하고 있어서 이것이 마치 세 단계의 차원에서 분석이 이루어지는 것으로 볼 수 있다.

　앞서 우리는 제9장에서 신문 기사의 언어를 분석할 때 언어 기제를 중심으로 분석한 바 있는데, 이때 제시한 기준이 실제로 비판적 담화분석에서 말하는 텍스트 분석과 담화적 실천을 분석하는 것과 매우 밀접하다. 또한 사회적 실천에 대한 분석과 관련해서는 부분적으로 포함된 것으로 볼 수 있다.

아무튼 우리는 신문 기사의 언어적 특성에 주목하여 그것을 어떻게 비판적으로 수용할 것인가에 관심을 두고 있기 때문에 기사 작성의 언어 기제를 중심으로 비판적 읽기를 시도한다. 그것은 비판적 담화분석이라고 해서 실제로 텍스트를 분석할 때 먼저 텍스트를 분석하고 담화적 실천이나 사회적 실천을 분석하는 방식을 사용하는 것이 아니기 때문이다. 여기서는 '정부'와 '청와대', '박근혜', '문재인' 등을 표제어로 삼은 보도 기사와 사설, 칼럼의 제목과 보도 기사와 사설 본문의 내용을 중심으로 비판적 읽기를 시도한다. 칼럼 본문의 비판적 읽기는 신문사의 편집 방향과도 관계가 깊지만 개인의 글쓰기이기 때문에 특정한 칼럼니스트의 글을 대상으로 내용을 분석하여 제시할 것이다.

1. 보도 기사

1.1. 헤드라인 읽기

보도 기사에서 헤드라인은 매우 중요한 의미를 가진다는 것을 이미 확인한 바 있다. 실제로 독자들이 신문을 처음 볼 때, 가장 먼저 보는 것은 사진이나 기사의 헤드라인이다. 특히 그것이 1면 톱기사의 헤드라인이라면 더욱 크게 독자들에게 영향을 미친다. 신문의 톱기사 헤드라인은 기사에 비해서 그래픽적인 요소가 강력하기 때문에 독자들의 흥미를 유발할수 있다. 신문 톱기사의 헤드라인은 그것만으로도 벌써 신문 기사의 성격과 의도에 대해 많은 것을 알려 주기 때문이다.

기사의 헤드라인은 기사의 내용을 모두 읽지 않더라도 내용을 추측할 수 있기 때문에 기사의 헤드라인을 어떻게 작성하는가는 기사에 대한 느낌을 좌우할 수 있다. 이처럼 기사의 헤드라인은 전체 기사에서 중요한 위치를 차지하고 있기 때문에, 신문을 만드는 사람들은 기사 헤드라인에 매우 큰 비중을 둘 수밖에 없다. 기사의 헤드라인에 따라서 신문의 열독률이 결정되는 것이다.

같은 현상을 취재한 기사라고 할지라도 서로 다른 제목이 붙여진 경우, 신문의 편집자가 현실에서 일어난 사건에 대한 가치 개념이 '긍정적'이거나 '부정적'으로, 또는 '중립적'으로 서로 다르게 평가할 수 있다. 기본적으로 그날의 가장 중요한 사건을 1면 톱기사로 정하는 것이지만, 각 신문의 1면 톱기사가 매일매일 같지 않은 경우를 보면 언론사의 관점에서 1면 톱기사를 얼마든지 선정할 수 있다. 곧, 언론사의 입장에서 보면, 1면 톱기사가 여론의 지형을 얼마든지 바꿀 수 있다는 믿음을 가지고 있기 때문에 자신들이 가장 내세우고 싶은 기사를 1면 톱기사로 배치할 수밖에 없다.

따라서 편집자가 제시한 헤드라인에 따라서 뉴스 소비자는 특정한 의도에 따라 현실을 해석할 수 있다. 곧, 신문사의 관점에 따라서 현상을 다르게 독자에게 설득하여 여론을 형성할 수 있다는 것이다. 헤드라인은 하나의 기사를 대표하는 것으로, 독자의 주목을 끌어, 독자들에게 그 기사를 읽게끔 만들어야 하고, 기사의 내용을 글자에 담고 있어야 하며, 무엇보다 독자를 설득할 수 있어야 한다. 헤드라인은 단순히 정보 제공 기능을 넘어서 여론을 형성하고 시민들이 특정한 사건에 대한 사고의 가치를 변화시킬 수 있기 때문이다. 이것이 신문 톱기사의 헤드라인을 면밀히 살펴보아야 하는 이유이다.

다음 (30)~(32)는 '정부'를 맨 앞의 단어로 제시한 1면 톱기사의 헤드라인이다. 2016년부터 2018년까지 3년간 4개 신문사 1면 톱기사의 헤드라인은 모두 3,689개인데, 이 가운데 '정부'를 첫 번째 단어로 하여 작성된 헤드라인은 28개였다. 2017년 5월 9일이 제19대 대통령 선거일이었기 때문에, 2016년부터 2018년까지 3년간 박근혜 정부의 집권 기간이 16개월이고, 문재인 정부의 집권 기간은 20개월가량으로 볼 수 있다. 두 정부의 집권 기간 동안 4개 신문사의 1면 톱기사 헤드라인 가운데 박근혜 정부에서는 모두 13개(경향신문 3개, 조선일보 3개, 중앙일보 1개, 한겨레신문 6개)이고, 문재인 정부에서는 15개(경향신문 2개, 조선일보 4개, 중앙일보 7개, 한겨레신문 1개)인 것을 확인할 수 있었다. 이들 헤드라인을 분석하여 (30)의 긍정적인 것, (31) 중립적인 것, (32) 부정적인 것으로 나누어 제시한다.

(30) 정부 관련 긍정적인 헤드라인

ㄱ. 박근혜 정부

정부 주도 **노동개혁** 25일 **시동** (중앙일보 20160123)

ㄴ. 문재인 정부

정부, 북에 군사·적십자 **'1+1 회담'** 제안 (경향신문 20170718)

(30ㄱ)은 '노동개혁'과 '시동'을 중심으로 '정부'에 대한 긍정적인 의미를 생각할 수 있고, (30ㄴ)에서는 '1+1'이 없다면, 중립적인 의미로 해석할 수 있으나, '1+1'은 대중에게 긍정적 가치를 인식시킬 수 있기 때문에 '1+1 회담'이라는 이름짓기를 통하여 긍정적인 의미를 더한 것으로 분석한다. 중앙일보와 경향신문이 각각 1개의 긍정적 헤드라인을 작성한 것으로 파악되었다.

(31) 정부 관련 중립적인 헤드라인

ㄱ. 박근혜 정부

정부 "대북 확성기 방송 오늘 재개" (경향신문 20190108)

정부인사 스마트폰 / 北韓이 해킹했다[1] (조선일보 20160308)

ㄴ. 문재인 정부

정부, 주휴시간 '최저임금 포함' 명문화 (경향신문 20181225)

정부 '위안부 합의' 재협상·파기 안 한다 (중앙일보 20180109)

정부 고위직 **"북, 평창올림픽 참가의사 전해온 걸로 안다"** (한겨레신문 20171014)

(31)은 모두 중립적으로 분석한 헤드라인이다. 경향신문에서 2개, 조선일보, 중앙일보, 한겨레신문이 각각 1개씩 작성하고 있다. (31ㄴ)의 한겨레신문의 헤드라인은 큰따옴표 안의 발언을 보면 긍정적으로 볼 수도 있다. 특히 기사가 보도된 시점(2017년 10월 14일)을 비판적 담화분석의 사회적 실천 차원에서 분석하면 긍정적으로 볼 수 있다. 그것은 이 기사의 보도 당시의 평창올림픽에 북한의 참가 여부는 대회의 성공과 직결되기 때문이다. 하지만, 우리가 신문의 헤드라인을 보면서 언제나 일정하게 이해할 수 있는 것은 텍스트의 언어 자체가 제시하는 내용이다. 텍스트의 담화적 실천이나 사회적 실천은 텍스트가 실천된 그 순간에는 충분한 담화적, 사회적 정보를 통해 해석할 수 있지만 시간이 지나면 그것을 적용하기가 쉽지 않다. 따라서 텍스트 차원과 담화적 실천이나 사회적 실천에서 충돌이 일어나는 경우에는 텍스트의 내용에 기반하여 분석하는 것이 필요하다.

---

1   / 표시는 헤드라인의 줄을 달리했다는 표시이다. / 표시가 하나이면 2줄 헤드라인, 둘이면 3줄 헤드라인임을 뜻한다.

(32) 정부 관련 부정적인 헤드라인

    ㄱ. 박근혜 정부

    정부 "누리예산 미편성 땐 검찰고발" **최후통첩** (경향신문 20160106)

    정부, 3년 전 장하나 의원 발의 / '가습기 살균제 특별법' **막으면서** / "제조업체와 개인 간 문제다" (경향신문 20160511)

    정부·巨野 '누리예산'서 **첫 충돌** (조선일보 20160423)

    정부가 **멈춰섰다** (조선일보 20161102)

    정부 '양대지침' **강행**…저성과자 **해고**·임금피크 **'밀어붙이기'** (한겨레신문 20160123)

    정부 **'보육대란'** 해결커녕 갈등만 **키운다** (한겨레신문 20160129)

    정부 "기업 피해규모 몰라"…개성공단 사전 **대책 없었다** (한겨레신문 20160213)

    정부의 **"특혜 시정"** 묵살하는 '조달청 **마피아'** (한겨레신문 20160829)

    정부, 국민의례 **통제 강화** / '세월호-5·18 **묵념' 못할판** (한겨레신문 20170105)

    정부·여당·재계 카르텔에…**첫발도 못뗀 '재벌개혁'** (한겨레신문 20170224)

    ㄴ. 문재인 정부

    정부, 다주택자 겨냥 **'투기와 전쟁'** (조선일보 20170624)

    정부가 **더 키운** / '비트코인 **난리'** (조선일보 20180112)

    정부 '北석탄 대책회의' **한번 안했다** (조선일보 20180808)

    정부의 **독선**이 빚은 '일자리 **파국'** (조선일보 20180818)

    정부·소상공인, 세밑 '주휴수당 **충돌'** (조선일보 20181229)

    정부가 통신비도 정하는 **'신관치** 시대' (중앙일보 20170623)

    정부·공론화위 '신고리' **책임 떠넘기기** (중앙일보 20170728)

    정부 끝없는 **'청구서'** / **기업들은 숨 막힌다** (중앙일보 20170926)

    정부 암호화폐 **대책** 단톡방 타고 **샜다** (중앙일보 20171216)

    정부 이어 금융권도 / 암호화폐 **꽁꽁 친다** (중앙일보 20180113)

    정부 증시대책 나온 날, 2000선 **무너졌다** (중앙일보 20181030)

(32)는 두 정부의 집권 기간에 보도된 1면 톱기사 가운데 부정적인 의미를 전달하는 것으로 분석한 헤드라인이다. '정부'를 첫 단어로 하는 헤드라인 전체 28개 가운데 21개가 해당한다. 굵게 밑줄 친 부분을 보면 부정적 가치를 인식하도록 유도하는 헤드라인이라는 것을 알 수 있다. 그런데 앞서 제시한 긍정적인 헤드라인과 중립적인 헤드라인에서는 신문사의 정파적인 성향[2]을 파악하기가 쉽지 않다. 분석한 헤드라인의 숫자가 적어서 평가하기도 어렵지만 각 신문사가 두루 두 정부에 편향되지 않게 섞여 있었기 때문이다. 그런데 부정적 헤드라인인 (32)에서는 확연하게 정파성이 드러난다고 할 수 있다.

곧, 박근혜 정부의 집권 기간에서 부정적 헤드라인을 보도한 10회 가운데 한겨레신문(6회)과 경향신문(2회)이 8회를 차지하고 조선일보가 2회 한 것으로 나타났다. 그런데 문재인 정부의 집권 기간에 부정적 헤드라인 11회는 중앙일보(6회)와 조선일보(5회)의 보도가 전부인 것으로 나타났다. 이는 2016년부터 2018년까지 3년간 각 신문사의 '정부' 관련 헤드라인 전체에서 차지하는 비중을 보면 더욱 명확하다. 경향신문은 전체 5개 가운데 2개를, 한겨레신문은 전체 7개 가운데 6개를 박근혜 정부 시절에 부정적인 헤드라인을 보도하였다. 조선일보는 전체 7개 가운데 5개를, 중앙일보는 8개 가운데 6개를 문재인 정부 시절에 부정적인 헤드라인으로 보도한 것으로 분석되었다.

---

2   일반적으로 우리나라 신문의 정파성은 경향신문과 한겨레신문은 진보적 성향이 강하고, 조선일보와 중앙일보는 보수적 성향이 강한 것으로 알려져 있으므로, 여기서는 굳이 그 성향에 대한 설명은 제시하지 않는다.

1.2. 본문 읽기

다음 (33)과 (34)는 '정부'나 '청와대'를 첫 단어로 시작하는 헤드라인으로 작성된 보도 기사이다. 기사의 본문을 분석하여 비판적 기사 읽기를 시도한다.

(33) 정부 "대북 확성기 방송 오늘 재개"

[1단락] 정부는 7일 북한의 4차 핵실험 대응 조치로 8일 낮 12시를 기해 대북 확성기 방송을 전면 재개하기로 **결정했다.** 8·25남북합의에 따라 중단했던 확성기 방송이 136일 만에 재개됨에 따라 남북관계도 **일촉즉발의 긴장 속으로 들어가게 됐다.**

[2단락] 청와대 조태용 국가안보실 1차장은 이날 춘추관 브리핑을 통해 "북한의 4차 핵실험은 유엔 안전보장이사회 등 국제사회에 대한 약속과 의무를 정면위배한 것이고, '비정상적 사태'(조항)를 규정한 8·25남북합의에 대한 중대한 위반"이라며 "정부는 1월8일 정오를 기해 대북 확성기 방송을 전면 재개하기로 **결정했다**"고 **밝혔다.** 대북 확성기는 전방 11군데에 설치돼 있다.

[3단락] 정부는 이날 청와대에서 김관진 국가안보실장 주재로 국가안전보장회의 상임위원회를 열어 이같이 **결정했다.** 8·25합의도 **사실상 백지화됐다.**

[4단락] 북한군은 지난해 8월 우리 군이 대북 확성기 방송을 재개했을 때 포격도발을 감행하고 준전시상태를 선포한 바 있다. 확성기 방송이 재개되면 포격전 등 남북 간 무력 충돌도 **우려되는 상황이다.** 군은 이날 확성기가 설치된 전방지역에 최고수준 경계태세(A급)를 발령한 것으로 **알려졌다.** 조 1차장은 "만일 북한이 도발할 경우 단호하게 응징할 것"**이라고 밝혔다.**

[5단락] 유엔 안보리는 6일(현지시간) 긴급회의를 소집해 '의미 있는 추가 제재'를 가하겠다고 **밝혔다.** 안보리는 새로운 제재 결의 작성에 바로 착수

했다.

　[6단락] 문제는 북한 핵 개발을 저지할 '의미 있는'것이 나올 수 있느냐이다. 2006년 1차 핵실험 이후 대북 안보리 결의는 4차례나 나왔고 그때마다 핵 개발을 억제할 효과적 수단을 도출했다고 **설명해왔다**. 이란에 했던 '세컨더리 보이콧'을 가해야 한다는 **주장도 나온다**. 북한과 거래하는 각국 기업이나 금융기관까지 달러화 결제 시스템에서 퇴출시키는 강한 제재다. 하지만 북한 교역파트너 상당수가 중국 기업이어서 미·중관계 **악화가 불가피하다**.

(경향신문 20190108)

　(33)은 앞서 헤드라인이 '중립적'으로 분석한 2016년 1월 8일자 경향신문의 1면 톱기사이다. 사실 중립적 헤드라인으로 작성된 보도 기사의 경우 그 본문에서 크게 비판적 읽기의 대상이 되기 어려울 것이라는 생각을 할 수 있다. 하지만, 사실성, 명시성, 완결성, 균형성 등의 언어 기제가 어떻게 작용하여 텍스트 실천, 담화적 실천, 사회적 실천이 발생하는가에 따라 기사를 비판적으로 분석할 수 있다.

　이 기사에서 사용된 서술어를 보면 사실성이 매우 높다. 예컨대, '결정했다'는 3회 등장하는데, 주체가 모두 '정부'이다. 또한 보도 기사에서 사실성 서술어로 매우 높은 빈도를 보이는 '~고 밝혔다' 역시 3회 사용되었는데, 그 주체가 실명과 직책을 밝힌 '조태용 국가안보실 1차장'이 2회, 유엔 안보리가 1회로 나타난다. '설명해왔다.'를 서술어로 사용한 경우에도 '안보리'가 주체로 등장하여 독자에게 이 기사는 매우 명백한 사실을 보도하는 것으로 이해된다.

　이 기사에서도 주관적 표현은 발견할 수 있다. 예컨대, 〈주장도 나온다.〉라는 표현을 포함하여 6회나 등장한다. 그런데 주관적 표현이라고 할

　　　　　　　　　　신문 언어 어떻게 이해할 것인가?

지라도 〈주장도 나온다.〉가 사용된 1회를 제외하고는 모두 주체가 명확하다. 〈남북관계도/ 일촉즉발의 긴장 속으로 들어가게 됐다.〉, 〈8·25합의도/ 사실상 백지화됐다.〉, 〈무력 충돌도/ 우려되는 상황이다.〉, 〈최고수준 경계태세(A급)를 발령한 것으로/ 알려졌다.〉, 〈미·중관계/ 악화가 불가피하다.〉 등이 그것이다. 사실 주관적 표현은 주체가 명백하더라도 보도 기사에서는 사용을 자제해야 하는 표현이다.

그것은 기사의 후반부에 사용한 〈주장도 나온다.〉와 같은 표현 때문이다. 기사를 마무리하는 마지막 문장에서 〈북한 교역파트너 상당수가 중국 기업〉이라는 악화의 원인을 서술하고 있지만, '미·중관계의 악화'를 결론으로 제시하기 위해서 〈주장도 나온다.〉와 같은 주관적 표현을 사용한 것으로 이해할 수 있기 때문이다.

그런데 여기서는 앞서 제시한 사실성 서술 표현의 빈도가 7회이고, 주관적 서술 표현의 빈도가 6회이기 때문에 분석의 결과만 놓고 보면 사실성이 높은 것으로 이해될 수도 있다. 이는 명시성을 표현하는 데서도 나타난다.

이 기사에서는 명시성을 표현하기 위해 숫자를 많이 사용한다. 숫자는 모두 13종류로 17회에 걸쳐 사용되었다. 〈8·25 남북합의〉가 3회, 〈북한의 4차 핵실험〉이 2회, 〈국가안보실 1차장, 조 1차장〉이 2회로 중복 사용되었다. '이날'이나 '세컨더리 보이콧'은 숫자로 표시되지 않았지만 구체적이고 명확한 실체(날짜)를 알 수 있는 정보이거나 숫자를 떠올릴 수 있는 정보로 이해할 수 있다.

나아가 날짜, 장소 숫자 등 명확한 정보를 표현하기 위해 구체적은 자료를 제시하고 있다. 예컨대 〈1월 8일 정오〉와 같은 경우에는 〈오늘 정오〉라고 표현해도 되는데 굳이 숫자를 제시한 것은 기사의 명시성을 높이려는 의미로 분석할 수 있다.

　이 기사는 완결성이 매우 높은 기사로 판단할 수 있는데, 그것은 헤드라인에서 제시하는 정보에 대한 육하원칙의 내용이 기사의 리드에 모두 포함되어 있기 때문이다. 리드의 문장에서 〈정부(누가)〉는 〈7일 북한의 4차 핵실험 대응 조치(왜)〉로 〈8일 낮 12시(언제)〉를 기해 〈대북 확성기 방송(무엇을)〉을 〈전면 재개하기로 결정(어떻게)〉했다는 내용을 쉽게 찾을 수 있다. 그리고 '어디서'에 해당하는 내용은 〈전방 11군데(어디서)〉라고 [2단락]의 두 번째 문장에 표현되어 있다.

　이러한 기사에서 균형성을 유지하는 것은 쉽지 않다. 우리나라의 안보 상황이 북한의 관점을 반영하여 기사화하기는 어렵기 때문이다. 그러나 왜 대북방송을 재개하게 됐는지에 대한 정보가 분명한 보도 기사이기 때문에 균형성을 유지하고 있는 것으로 분석한다.

　이러한 보도 기사는 남북관계가 경색국면으로 접어든다는 사설, 칼럼과 더불어 그 해결 방안이나 정부의 조치를 비판하는 기사를 양산하게 되어 담화적 실천 차원에서 분석할 수 있고, 사회적 실천에서는 북한에 대한 적개심의 확산으로 대북 민간교류나 여러 가지 제도적인 보완을 요구하는 목소리가 여기저기서 흘러나와 그것이 새로운 정치적 이데올로기를 형성하여 특정 정당이 남북문제의 헤게모니 다툼에서 유리한 위치를 차지할 수도 있다.

(34) 정부 끝없는 '청구서' / 기업들은 숨 막힌다

　[1단락] 문재인 ⓐ**정부의 전방위 압박**에 기업들이 ⓑ'**트릴레마**(trilemma·삼중고)'에 빠졌다. 정부가 요구하는 ①'고용 증대', 내년부터 본격화하는 ②'임금 인상', 글로벌 경쟁력 확보를 위한 ③'투자 확대'등 ④세 가지 변수가

ⓒ서로 얽혀 한쪽을 풀려면 다른 한쪽이 꼬여버린다. ⓓ동시에 모든 것을 달성해야 하지만 ⓔ그럴 수 없는 현실이 ⓕ기업들의 경영 딜레마다.

[2단락] 정부는 25일 저성과자의 해고를 가능케 하고, 각종 근로조건의 변경을 쉽게 하는 내용의 ⑤'양대 지침'까지 폐기한다고 발표했다. 양대 지침은 박근혜 정부 노동개혁의 상징과도 같은 정책이었다. 이번 양대 지침 폐기로 정부가 친(親)노동 정책을 더욱 ⑧**가속화할 것이라는 우려**가 커지고 있다.

[3단락] 문제는 경제성장 동력의 핵심인 ⑥기업의 부담이 커지고 있다는 것이다. ⑦주요 경제단체 및 연구원의 분석 결과 ⑧중국 사드 보복 경제 손실(최대 22조4000억원), 통상임금 소송을 진행 중인 115개 기업이 추가로 부담해야 할 금액(최대 38조5509억원), 미국의 통상압력(최대 6조원) 등 ⑨일곱 가지 경제 충격에 따른 피해 금액이 최소 64조원에서 최대 106조원에 이른다.

[4단락] 상황이 이런데도 ⓗ**정부의 정책 결정 과정에서 기업을 배려하기는커녕 개혁의 대상으로만 취급한다는 지적**이 재계의 불만이다. 새 정부는 출범 초기부터 ⑩대규모 정규직 전환, 대기업 비정규직 상한제 등을 추진해왔다. 최근엔 파리바게뜨·만도헬라 등에는 ⑪파견법을 위반했다고 판단하고 직접 고용 지시를 내리기도 했다.

[5단락] 이런 노동정책은 ⑫주요 경쟁국들이 ⓘ**4차 산업혁명에서 앞서가기 위해** 노동시장 유연성 확보에 주력하는 행보와는 거꾸로다.

[6단락] 윤창현 서울시립대 경영학부 교수는 "⑬각종 노동 관련 정책은 ⑭기업의 한정된 예산으로는 달성할 수 없는, ⓙ**서로 상충하는 딜레마**"라고 말했다.

[7단락] 기업이 ⑮연구개발(R&D)이나 시설투자를 늘리는 것도 ⓚ**여의치 않다**. ⑯비정규직의 정규직 전환, 최저임금 인상 등에 쓰일 재원이 ⑪**줄어드는 탓**이다. 유환익 한국경제연구원 정책본부장은 "⑰**투자 예산을 다른 곳으로 돌리면** ⑰제품 경쟁력을 떨어뜨려 해외 업체와의 경쟁에서 도태된다"고 말했다.

[8단락] 그럼에도 ⓝ**정부는 끊임없이 대기업에 청구서를 내밀고 있다.**

◎**복지 실현을 위한** ⑱법인세율 인상, 통신요금 인하, 복합쇼핑몰 휴일 영
업 제한 등은 ⑫**대기업의 일방적인 희생**을 요구한 정책이다. 반면에 ⑲기
업들을 지원하는 정책은 찾아보기 힘들다. 기업이 필요로 하는 ⑳규제완
화 등에도 ⑭**귀를 막고 있다.** ⓡ**정부 지원을 등에 업고 한국을 추격하는
중국 기업**과 대비된다.

[9단락] 김광두 국민경제자문회의 부의장은 "기업의 경쟁력을 올리는
정책 뒷받침이 ⓢ**없다면 향후 상황이 정부 예상과 반대로 흐를 수 있다**"며
"ⓣ**노동생산성을 높이지 않고 노조에 치우친 정책을 밀어붙이는 것**은 지
속할 수 없다"고 말했다.

(중앙일보 20170926)

[1단락]에서 지적하는 〈정부의 요구〉는 기업의 〈ⓑ트릴레마(trilemma·
삼중고)〉이고, 〈④세 가지 변수〉이며 그 실체는 〈①고용 증대〉, 〈②임금 인
상〉, 〈③투자 확대〉로 파악할 수 있다. 그런데 기사에서는 〈정부의 요구〉
를 〈ⓐ**정부의 전방위 압박**〉으로, 〈ⓑ**트릴레마(trilemma·삼중고)**〉로, 〈ⓕ**기업
들의 경영 딜레마**〉로 동일시한다. 물론 〈④세 가지 변수〉는 관점에 따라서
기사의 표현처럼 이해될 수도 있다. 예컨대, 〈①고용을 증대〉하면 〈②임금
이 인상〉될 것이고, 〈③투자도 확대〉하게 될 것이다. 하지만, 이 순서를 달
리하여 기업이 〈③투자를 확대〉하여 〈①고용을 증대〉하고, 〈②임금도 함
께 인상〉하면 〈ⓒ**서로 얽혀 한쪽을 풀려면 다른 한쪽이 꼬여버리**〉는 일은
없다. 또한 '세 가지 변수'를 '동시에 모든 것을 달성해야'하는 것도 아닐
수 있고, 〈④세 가지 변수〉가 어떻게 〈ⓒ**서로 얽혀 한쪽을 풀려면 다른 한
쪽이 꼬여버리**〉는지에 대한 사례가 없어서 기사의 완결성이 부족하다.

사실 기업은 언제나 〈①고용 증대〉, 〈②임금 인상〉, 〈③투자 확대〉를
지향하는 것이 바람직하다. 그런데 (34)에서는 이것을 〈④세 가지 변수〉로

표현하면서 〈ⓓ**동시에 모든 것을 달성해야**〉 할 것으로 단정하고, 기업의 상황이 〈ⓔ**그럴 수 없는 현실**〉이라며 그것이 〈ⓕ**기업들의 경영 딜레마**〉라고 보도한 것은 철저히 기업의 관점이라는 것이다.

　게다가 기사에서도 밝히고 있듯이 〈②임금 인상〉은 〈내년부터 본격화하는〉 일이고, 〈③투자 확대〉 역시 기업의 〈글로벌 경쟁력 확보를 위한〉 것이다. 그런데 이를 달성하기에 ⓔ〈**그럴 수 없는 현실**〉이라고 하면서 그것을 〈ⓕ**기업들의 경영 딜레마**〉라고 표현하게 되면 이 기사는 [1단락]부터 균형성을 상실한 보도가 될 수밖에 없다.

　[2단락]은 〈⑤'양대 지침'〉에 대한 평가가 주요 내용이다. 곧, 〈저성과자 해고 가능〉과 〈각종 근로조건의 용이한 변경〉을 담고 있는 〈⑤'양대 지침'〉은 〈박근혜 정부 노동개혁의 상징〉인데, 이를 〈폐기〉하는 것은 〈친(親)노동 정책의 가속화〉라고 단정한다. 다만 〈친(親)노동 정책〉에 대한 방향은 〈⑧**가속화할 것이라는 우려**〉라며 '누가', '어디에서'〈커지고 있〉는지에 대한 명시적 표현을 하지 않고 추측을 할 뿐이다.

　[3단락]에서는 〈⑥기업의 부담〉에 대하여 〈⑦주요 경제단체 및 연구원〉에서 분석한 구체적인 액수를 〈⑧중국 사드 보복 경제 손실(최대 22조4000억원), 통상임금 소송을 진행 중인 115개 기업이 추가로 부담해야 할 금액(최대 38조5509억원), 미국의 통상압력(최대 6조원)〉과 〈⑨일곱 가지 경제 충격에 따른 피해 금액이 최소 64조원에서 최대 106조원〉로 제시하고 있다. 기업이 부담할 구체적인 액수와 분석한 단체와 연구원도 기사에 포함돼 있어서 사실성이 높아 보인다. 하지만, 분석한 단체나 연구원의 실명이 없고, 〈⑨일곱 가지 경제 충격에 따른 피해 금액이 최소 64조원에서 최대 106조원〉은 ⑧에서 제시한 3개를 더하면 최대치가 약 67조인데, 나머지 4개 39조는 무엇인가를 이 기사로만 알 수가 없다.

더욱이 단락의 구조나 내용상 흐름으로 보면, [3단락]에서 제시한 〈⑥ 기업의 부담〉으로 제시된 구체적인 금액은 기사의 제목에서 말한 〈청구서〉에 기록된 것이거나, 〈문재인 정부가 요구〉하는 것처럼 이해될 수 있다.

하지만, 사드 배치는 〈노동개혁의 상징〉인 〈⑤'양대 지침'〉을 마련한 박근혜 정부의 정책이었고, 통상임금 소송(정기상여금 통상임금으로 인정하는 것 등)은 대법원의 판단이 결정돼야 가능한 미래의 일이며, 미국의 통상압력 역시 2017년 5월에 출범한 문재인 정부가 책임져야 할 일인지 기사의 시점과 견주어 보면 적절하지 않은 것으로 판단될 수 있는 문제이다. 곧, [3단락]에서 제시된 구체적인 금액이 '문재인 정부'가 보낸 〈청구서〉인지 '박근혜 정부'가 보낸 〈청구서〉인지 확실히 밝히기 어렵다는 것이다.

[4단락]의 내용을 보면, [3단락]에서 청구한 금액은 〈문재인 정부〉가 직접 요구한 것이 아니라는 해석이 가능하다. 〈재계의 불만〉은 〈ⓗ**정부의 정책 결정 과정에서 기업을 배려하기는커녕 개혁의 대상으로만 취급한다는 지적**〉이기 때문이다. 그런데 〈재계의 불만〉을 지적한 구체적인 실체는 없어서 사실성을 어기고 있다. 다만 〈재계의 불만〉인 〈⑩대규모 정규직 전환, 대기업 비정규직 상한제〉의 구체적인 사례는 〈⑪파견법을 위반했다고 판단하고 직접 고용 지시〉로 제시한다.

[4단락]에서도 ⑩을 〈재계의 불만〉 사례로 제시함으로써 [1단락]에서처럼 노동자의 관점을 배제하고 있다. [4단락]에서 보도한 기사의 내용에 따르면, 〈새 정부 출범 초기부터〉 ⑩을 추진했기 때문에 〈재계의 불만〉을 야기하였다는 것이다. 그렇다면, 박근혜 정부가 〈⑤'양대 지침'〉을 마련하여 노동개혁을 이룩한 것은 '기업에 대한 배려'였던 것으로 이해해도 된다는 것인지 의문이 든다.

[5단락]은 [4단락]에 이어 문재인 정부의 노동정책에 대한 평가를 한

신문 언어 어떻게 이해할 것인가?

것으로 볼 수 있다. [2단락]에서 말한 〈⑤'양대 지침'(저성과자 해고, 근로조건 변경)〉이 노동시장 유연성이라면, 〈⑫주요 경쟁국들〉이라면, 그리고 이것이 〈①4차 산업혁명에서 앞서가기 위해〉 펼치는 노동정책이라면, 〈거꾸로〉임을 인정할 수 있다.

하지만, 〈노동시장 유연성 확보〉가 곧, 노동자를 쉽게 해고하는 것, 근로조건을 쉽게 변경하는 것이 어떻게 〈①4차 산업혁명에서 앞서가기 위해〉 펼치는 노동정책인지는 기사의 내용만으로 받아들이기가 어렵다.

또한 주요 경쟁국으로 이 기사에서 언급되는 국가는 [8단락]에서 제시하는 중국의 사례가 유일한데, 중국은 우리나라와는 다른 국가가 주도하는 통치 체제를 갖고 있는 나라여서 적절한 비교인지도 의문스럽다. 결국 새 정부의 노동정책이 친기업적이지 않고 친노동적이기 때문에 그것이 주요 경쟁국들과의 4차 산업혁명의 경쟁에서 뒤떨어진다고 말하고 싶은 것으로 분석이 되는 기사이다.

[6단락]은 [9단락]과 더불어 명시적인 제보자를 제시하면서 전문가의 생각을 직접 인용한 부분이다. 그런데 [6단락]의 경우 특정한 부분만 제시되어 있어서 충분하지 못한 정보인 것으로 이해된다. 곧, 〈⑭기업의 한정된 예산〉으로는 〈⑬각종 노동 관련 정책〉으로 볼 수 있는 〈⑩대규모 정규직 전환, 대기업 비정규직 상한제〉뿐만 아니라 〈①고용 증대〉, 〈②임금 인상〉, 〈③투자 확대〉 등도 달성할 수 없는 〈서로 상충하는 딜레마〉가 될 수 있다. 따라서 ⑭로는 모든 문제에서 〈①서로 상충하는 딜레마〉가 될 수 있기 때문에 전문가인 〈윤창현 교수〉의 의견은 [6단락]만으로는 충분한 정보로 받아들이기가 어렵다.

[7단락]은 문재인 정부가 요구하는 〈⑯비정규직의 정규직 전환, 최저임금 인상〉 등에 사용될 재원이 〈①줄어드는 탓〉을 막기 위해 〈⑮연구개

발(R&D)이나 시설투자〉를 늘리는 것이 〈ⓚ**여의치 않다**〉고 주장하며, 전문가의 의견을 제시한 것으로 이해된다. [6단락]에서 〈윤창중 교수〉가 말한 〈⑭기업의 한정된 예산〉으로 〈⑯비정규직의 정규직 전환, 최저임금 인상〉과 같은 〈⑬각종 노동 관련 정책〉에 사용하면, 〈⑮연구개발(R&D)이나 시설투자〉에 써야 할 기업의 재원이 〈ⓚ**여의치 않다**〉고 말하면서, 전문가의 의견을 제시한 것으로 이해된다.

그런데 〈유환익 한국경제연구원 정책본부장〉은 〈ⓜ**투자 예산을 다른 곳으로 돌리면**〉처럼 가정을 하며 결론을 〈⑰제품 경쟁력을 떨어뜨려 해외 업체와의 경쟁에서 도태된다〉라고 한다. 곧, 〈⑮연구개발(R&D)이나 시설투자〉에 늘려야 할 기업의 예산을 〈⑯비정규직의 정규직 전환, 최저임금 인상〉에 써야 하기 때문에 국제적인 경쟁력이 떨어진다는 전문가의 의견을 제시한 것이다.

만약 이 전문가의 말에서 ⓜ의 〈투자 예산〉 대신 〈⑬각종 노동 관련 정책, ⑯비정규직의 정규직 전환, 최저임금 인상〉에 사용되는 예산으로 바꿔 말을 하면, ⑰이 성립할 수 없는지 묻고 싶다. 기업의 예산 가운데 그 어떤 예산이라도 〈다른 곳으로 돌리면〉 〈제품 경쟁력〉은 떨어질 것이고, 국내외 〈업체와의 경쟁에서 도태〉할 것은 자명한 일이다. 게다가 [6단락]에서는 ⑮의 비용 확대가 〈ⓚ**여의치 않다**〉거나, ⑯의 재원이 〈①**줄어드는 탓**〉이 〈⑬각종 노동 관련 정책〉 때문이 아니라 〈윤창중 교수〉가 말한 〈⑭기업의 한정된 예산〉때문이라고 또 다른 전문가의 인터뷰를 제시한 바 있어 기사 내용에서 전문가 의견의 일관성이 없다.

[8단락]에서는 문재인 정부가 기업 지원 정책 없이 대기업의 희생만 요구하며 복지 실현을 위한 청구서를 내밀고 있다는 점을 지적한다. 곧, 대기업에 희생을 요구하려면 기업을 위한 정책도 함께 내놓아야 한다는 것

이다. [8단락]에는 기사의 제목에서 사용한 〈청구서〉라는 핵심 어휘가 처음으로 등장하는 단락이기도 하여 주요 내용이 포함된 것으로 이해한다. 그런데 〈청구서〉는 표준국어대사전에 풀이된 의미가 "청구하는 내용의 문서"이고, '청구'는 "남에게 돈이나 물건 따위를 달라고 요구함"로 돼 있어서, "남에게 돈이나 물건 따위를 달라고 요구하는 내용의 문서"로 이해[3]할 수 있다.

하지만, [8단락]에서 〈ⓝ**정부는 끊임없이 대기업에 청구서를 내밀고 있다.**〉, 〈ⓞ**복지 실현을 위한**〉, 〈ⓠ**귀를 막고 있다.**〉, 〈ⓡ**정부 지원을 등에 업고 한국을 추격하는 중국 기업**〉라고 주관적으로 표현한 구체적인 사례는 기사에서 발견하기 어렵다. 특히 지금까지 〈대기업〉이 아닌 〈기업〉이라고 하던 표현을 갑자기 〈대기업〉으로 범주를 좁혀 ⓞ, ⓠ, ⓡ의 〈정부 지원〉 등을 언급하는 것은 명백히 의도를 가진 보도라고 판단할 수밖에 없다.

실제로 〈⑱법인세율 인상, 통신요금 인하, 복합쇼핑몰 휴일 영업 제한〉, 〈⑲기업들을 지원하는 정책〉, 〈⑳규제완화〉 등의 사실적인 표현을 제시하지만, ⑱이 ⓞ라는 근거가 없고, ⑲, ⑳이 대기업을 위한 정책일 것이지만, ⑳에 대한 구체적인 내용이나 범위조차도 언급하지 않는다.

결국 이 기사는 문재인 정부가 〈대기업〉에 〈중국〉에서도 하는 〈정부 지원〉 정책은 펼치지 않고, 〈복지 실현〉을 필요한 재원 확보를 위해 〈청구서〉만 내밀어 〈대기업〉은 〈숨이 막힌다〉라고 보도하려는 기사로 분석할 수 있다.

그런데 이 기사의 출발이 과연 적정한 것인가에 대한 의문을 제기한다. 곧, 정부가 기업 또는 대기업을 위한 정책을 마련할 때는 그것이 노동

---

3   실제 사용 예시어도 '예금 인출 청구서', '공과금 청구서' 등으로 돼 있어서 가능한 해석이다.

자와도 관련한 문제이기 때문에 양쪽에 모두 필요한 것이어야 한다. 하지만 이 기사에서는 기업 관련 정책을 정부와 기업의 구도, 특히 대기업과의 구도, 외국 기업과의 형평성을 구도로 제시함으로써 노동자를 배제하는 관점에서 기사가 작성된 것을 알 수 있다. 따라서 균형성의 관점에서 이 기사는 한 방향으로 치우친 기사로 분석할 수 있다.

[9단락]은 앞선 [6단락], [7단락]에서처럼 전문가 의견을 기사의 논거로 제시한 것인데, 역시 <기업의 경쟁력을 올리는 정책>을 <ⓢ**없다면 향후 상황이 정부 예상과 반대로 흐를 수 있다**">와 같이 가정법을 사용거나, <ⓣ **노동생산성을 높이지 않고 노조에 치우친 정책을 밀어붙이는 것**>과 같이 주관적 표현으로 발언의 내용을 제시하고 있다. 곧, <노동생산성을 높이>는 것과 <노조에 치우친 정책>이 어떻게 다른지에 대한 아무런 설명이 없다. [6단락], [7단락], [9단락]에서 3명의 전문가를 구체적인 실명과 직책을 밝혀 명시성을 높였지만, 제시하는 인터뷰 발언만으로는 구체적인 내용을 확인하기 어려워 기사의 완결성을 높이지 못한다.

2. 사설

2.1. 제목 읽기

사설은 신문사가 생각하는 방향으로 언론 소비자들의 생각을 이끌어가기 위해 작성하는 오피니언 기사이다. 따라서 사설을 비판적으로 읽지 못한다면 현실에서 일어나는 사건에 대한 자신의 판단 기준에서 혼란을 일으킬 수도 있다. 그래서 신문의 사설 제목을 분석하여 그들은 어떻게 대중의 생각을 유도하고 있는가를 제시한다.

여기서는 2016년부터 2018년까지 4개(경향신문, 조선일보, 중앙일보, 한겨레신문)의 신문사가 사설 제목을 대상으로 '정부'와 '청와대'을 어떻게 표현하고 있는지를 분석한다. '정부'나 '청와대'는 신문사의 사설에 자주 등장하는 주제이기 때문에 이 제목들에 대한 의미를 분석하면 신문사가 특정한 정권에 대해 어떻게 평가하고 있는가를 알 수 있다. '정부'나 '청와대'가 하나의 어휘로서 사설의 제목에 표현될 때 그 위치가 중요한데, 여기서는 맨 앞에 위치한 단어를 중심으로 분석한다. 그것은 첫 번째 위치한 단어가 화제성이 가장 높기 때문이다.

4개 신문사의 3년간 사설은 모두 10,837개인데, 이 가운데서 '정부'를 맨 앞의 단어로 제목을 쓴 것은 77개였다. 77개의 사설을 정부에 따라 분류하면, 박근혜 정부의 집권 기간의 사설이 30개(경향신문 7개, 조선일보9개, 중앙일보 8개, 한겨레신문 6개)이고 문재인 정부 집권 기간의 사설이 47개(경향신문 11개, 조선일보21개, 중앙일보 7개, 한겨레신문 8개)이다. 두 정부의 집권 기간이 얼추 비슷하기 때문에 큰 차이가 없을 것으로 생각할 수 있으나, 다른 신문사에 비하여 조선일보의 사설은 정부에 따라 사설 숫자의 차이가 크다고 할 수 있겠다.

(35) 정부 관련 긍정적인 사설 제목

ㄱ. 박근혜 정부 없음
ㄴ. 문재인 정부
정부, **중재력 발휘**해 '북-미 교착'장기화 막아야 (한겨레신문 20181112)
정부, **촉진자 역할 강화**로 '북-미 교착' 돌파구 찾아야 (한겨레신문 20181219)

사설에서 두 정부를 긍정적으로 평가한 제목은 한겨레신문사 한 곳에서 쓴 사설 2개에 불과해서 그 숫자가 매우 적은 것으로 파악한다. 박근혜 정부 시절의 긍정적인 사설 제목은 4신문사 모두 없었고, 문재인 정부 시절 신문사 1곳에서 쓴 2개의 사설이 있을 뿐이기 때문이다.

(35ㄴ)의 '중재력 발휘'는 북한과 미국의 회담이 교착 상황에서 우리 정부의 역할을 강조한 것으로 파악한다. 곧, 북한과 미국 두 국가 사이의 중재자 역할을 신문사가 사설에서 요구한 제목인 것이다. 비록 사설의 제목에서는 '장기화'나 '막아야'와 같은 부정적 표현이 있지만, 그것을 '정부'가 유발한 것도 아니고, '정부'에 대한 평가는 '중재력'을 '발휘'할 수 있는 능력이 있다고 보기 때문에 이 제목을 긍정적인 것으로 분석한다.

또한 '촉진자 역할 강화' 역시 북-미 회담이 교착된 상황에서 정부의 역할이 긍정적인 '촉진자'가 되어야 한다는 점을 제목에서 표현한 것으로 보아 긍정적인 제목으로 분석할 수 있다. 이 두 사설 제목은 같은 신문사가 2018년 11월과 12월 한 달여 차이를 두고 쓴 것으로, '북-미 회담'의 교착 상태를 해결하려는 의지를 정부가 적극적으로 갖고 나서라는 요구를 한 것으로 볼 수 있다.

(36) 정부 관련 중립적인 사설 제목

　ㄱ. 박근혜 정부
　정부 사업비 써서 정치에 학생 동원한 교수 (조선일보 20170330)
　정부청사 벽면 비밀번호 은폐 의혹 철저히 규명해야 (중앙일보 20160408)
　정부의 비상한 **대책** 요구되는 세계 경제위기 조짐 (한겨레신문 20160215)

　ㄴ. 문재인 정부
　정부 개헌일정 확정, 구경만 하는 국회 (경향신문 20180215)
　정부와 원자력학계, 탈원전 놓고 국민 앞에서 토론하라 (조선일보 20180711)

정부, '우리은행 경영 불개입' 약속 지켜야 (한겨레신문 20171109)

(36)은 두 정부 아래에서 4신문사가 쓴 사설 제목 가운데 중립적인 것으로 분석된 제목을 제시한 것이다. 전제 중립적인 제목 17개 가운데 박근혜 정부 6개, 문재인 정부 11개로 숫자에서 조금 차이가 있다. 이를 각 신문사별로 박근혜 정부와 문재인 정부의 숫자를 제시하면, 경향신문(없음과 5개), 조선일보(둘 다 4개), 중앙일보(둘 다 없음), 한겨레신문(1개와 2개)이다. 대체로 정부가 달라져도 숫자에서 큰 차이가 없다. 하지만 경향신문은 조금 차이가 있는 것으로 파악되었다.

중립적 표현의 제목은 그 내용에서 정부와 관련된 업무 등과 같은 객관적인 어휘들로 파악되었다. '정부 사업비', '정부와 원자력학계'처럼 정부에 대한 평가가 없는 경우가 있다. 또한 '정부청사 벽면 비밀번호'와 같은 표현에서는 제목만으로는 '은폐 의혹'의 주체가 누구인지 파악하기가 어렵고, '정부의 대책'과 같이 주체는 명확하지만 우리 정부의 잘못을 지적한 것이 아니라 다른 요인에 대한 경계를 요구하는 것은 긍정적이거나 부정적으로 보기 어렵기 때문에 중립적인 제목으로 분석한다. 〈정부, '우리은행 경영 불개입' 약속 지켜야〉 역시 '정부'의 '경영 불개입'이 긍정적인 약속인지 부정적인 약속인지 제목에서 파악하기 어렵다. 이처럼 제목에서 '정부'에 대한 가치 평가 자체를 하기가 어려워 긍정적으로도 부정적으로도 판단하기 힘든 경우는 중립적인 제목으로 분석하였다.

(37) 정부 관련 부정적인 사설 제목

ㄱ. 박근혜 정부
　정부는 **북핵 정보 실패**를 깊이 성찰해야 (경향신문 20160108)

정부 **스스로 선무당**이라면 **나라는 어찌 되나** (조선일보 20160922)

정부 **지진 대응 못 믿겠다**…재난 대비책 새로 짜라 (중앙일보 20160921)

정부 **무능이 키운** 조류인플루엔자 **피해** (한겨레신문 20161213)

ㄴ. 문재인 정부

정부의 **종부세 눈치보기**, 게도 구럭도 다 놓친다 (경향신문 20180626)

정부 **독선·무능이 부른 양극화** 10년 만 **최악** (조선일보 20180824)

정부 **존재 이유 의심케 하는** 면세점 선정 비리 (중앙일보 20170712)

정부가 **오락가락하면** '집값' **절대 못 잡는다** (한겨레신문 20180828)

두 정부에서 4개 신문사가 쓴 사설 제목 가운데 가장 많은 것은 '정부'에 대한 부정적인 평가를 한 것이었다. 부정적인 제목의 사설은 전체 사설 77개 가운데 무려 58개(박근혜 정부24개, 문재인 정부 34개)에 달한 것으로 분석되었다. 박근혜 정부와 문재인 정부의 부정적인 사설 제목의 숫자를 각 신문사에 따라 제시하면, 경향신문 13개(7개와 6개), 조선일보(5개와 17개), 중앙일보(둘 다 7개), 한겨레신문(5개와 4개)이다. 조선일보를 제외한 나머지 신문사들은 두 정부 아래에서 쓴 사설의 부정적인 제목의 숫자가 비슷하다. 앞서 중립적인 사설 제목에서 경향신문의 숫자 차이가 두드러진 것처럼, 부정적인 사설 제목에서는 조선일보의 숫자 차이가 크다.

(37)에서 제시한 사설 제목의 예시를 보면, 부정적인 제목은 모든 신문사에서 사용하고 있음을 확인할 수 있다. 또한 제목을 보면 누구나가 '정부'에 대한 평가가 부정적이라는 것을 알 수 있을 만큼 명확하게 제시하는 제목이다.

다음은 '청와대'를 맨 앞의 단어로 제시한 사설의 제목을 분석하려고 한다. '청와대' 첫 단어 사설은 모두 107개이다. 두 정부를 구분하여 제시하면, 박근혜 정부에서 47개, 문재인 정부에서 60개이다. 그런데 맨 앞의

신문 언어 어떻게 이해할 것인가?

사설 제목에서 '청와대'를 지칭할 때, '靑'이나 '청'은 사용하지만, '정부'를 '政'이나 '정'은 사용하지 않고 있는 것을 확인할 수 있었다.[4]

(38) 청와대 관련 긍정적인 사설 제목

ㄱ. 박근혜 정부 없음

ㄴ. 문재인 정부

청와대 **특수활동비 '셀프 삭감'**, 권력기관 전체로 이어져야 (경향신문 20170526)

靑 **특수활동비 축소**, 다음은 국회 · 檢 · 警이다 (조선일보 20170526)

(38ㄴ)은 '청와대'를 맨 앞의 단어로 한 경향신문과 조선일보의 사설 제목이다. 이 글은 제목에서도 알 수 있듯이 2017년 5월 26일 같은 날에 게재된 사설이다. 이날 중앙일보와 한겨레신문에서는 이러한 주제로 사설을 게재하지 않았다. '청와대'가 '특수활동비'를 스스로 줄였다는 의미의 제목으로 '청와대'를 긍정적으로 표현한 제목으로 볼 수 있다. 앞서 '정부'를 첫 단어로 시작하는 사설의 제목에서도 보듯이 4개의 신문사에서 제시된 긍정적인 의미의 사설 제목 역시 2곳의 신문사에서 각 1개만 분석되어서 많지 않은 것이 확인된다.

(39) 청와대 관련 중립적인 사설 제목

ㄱ. 박근혜 정부

청와대 회동, 성과 미흡하지만 의미있는 시작이다 (경향신문 20160514)

청와대 영수회담, 북핵 위기 초당적으로 대처하라 (중앙일보 20160912)

---

4   조선일보의 경우는 아직 한자를 사용하기 때문에 '청와대'를 '靑'으로 표현하는 경우가 모두 27회가 있었고, 나머지 3개의 신문사에서 '청와대'를 '청'으로 표현한 경우는 경향신문에서 1회 사용한 것이 전부였다.

ㄴ. 문재인 정부

청와대 회동 거부 홍준표, 제1야당 대표 맞나 (경향신문 20170718)

청와대 앞길 연다니 민노총 농성 천막부터 섰다 (조선일보 20170624)

청와대의 자리, 기업인의 자리 (중앙일보 20170729)

청와대 회동, 국민 안심시키는 '안보 협치' 출발점 되길 (한겨레신문 20170928)

(39)는 4개 신문사가 중립적인 제목으로 쓴 사설의 예시이다. 박근혜 정부(5개)와 문재인 정부 시절(17개)에 쓴 중립적인 제목의 사설은 모두 22개인데, 경향신문(3개와 3개), 조선일보(없음, 7개), 중앙일보(2개와 3개), 한겨레신문(없음, 4개)로 분석되었다. 경향신문과 중앙일보에서는 두 정부 사이에서 숫자가 별 차이가 없으나, 조선일보와 한겨레신문은 문재인 정부에서만 중립적 제목이 나타나고 있는 것을 확인할 수 있었다.

(39)에서 보듯이 두 정부와 관계없이 중립적인 제목은 '청와대'가 주체가 되기보다는 대상이 되는 경우가 많다. 곧, '청와대'에서 여야 대표의 회담에 대한 사설 제목이 주류를 이루고 있음이 확인된다. 다만, (39ㄴ)의 '청와대의 자리'의 경우 사설 제목만으로는 가치 판단을 할 수가 없다. 따라서 중립적인 제목으로 분석한다.

(40) 청와대 관련 부정적인 사설 제목

ㄱ. 박근혜 정부

청와대가 KBS **보도를 통제했다니**, 지금 유신시대인가 (경향신문 20160701)

청와대 **낙하산 이제 바깥 눈치도 안 본다** (조선일보 20160831)

청와대, '**보수집회 개입' 의혹** 낱낱이 밝혀야 (중앙일보 20160425)

청와대 **공작정치**, 총연출자는 우병우 수석 아닌가 (한겨레신문 20160901)

ㄴ. 문재인 정부

청와대 **기강 해이**에 대한 대통령의 **안이한 인식** (경향신문 20181206)

청와대 '**改憲 쇼**' **강행**이 바로 **제왕적 대통령** 모습 (조선일보 20180321)

청와대 월권에 흔들리는 사법 독립 (중앙일보 20181015)

청와대, '**UAE 논란**' 더욱 책임 있게 해명해야 (한겨레신문 20171227)

(40)은 청와대 관련 부정적인 사설 제목의 사례이다. 4개의 신문사에서 박근혜 정부 시절 (40ㄱ)처럼 부정적인 제목으로 쓴 사설은 경향신문 14개, 조선일보 10개, 중앙일보 5개, 한겨레신문 13개로 나타났다. 또한 문재인 정부 시절에는 (40ㄴ)과 같은 부정적인 제목으로 쓴 사설이 경향신문 2개, 조선일보 21개, 중앙일보 14개, 한겨레신문 4개로 나타났다.

이는 앞서 보았던 긍정적인 제목이나 중립적인 제목에 비하여 매우 뚜렷한 차이를 보이고 있다. 이른바 진보 언론이라고 일컬어지는 경향신문(14개와 2개)과 한겨레신문(13개와 4개)은 문재인 정부 시절보다는 박근혜 정부 시절에 쓴 부정적인 제목의 사설이 훨씬 더 많은 것을 확인할 수 있다. 보수 언론이라 불리는 조선일보(5개와 21개)와 중앙일보(5개와 14개) 역시 박근혜 정부 시절보다 문재인 정부 시절에 쓴 부정적인 제목의 사설이 확실히 많음을 확인할 수 있다. 이는 부정적인 제목의 사설 총 숫자는 두 정부에서 보인 숫자가 박근혜 정부(42개)와 문재인 정부(41개)로 비슷한데, 정파적 진영의 관점에서 보면 쏠림 현상이 분명함을 보여주는 것이다.

이상의 분석을 종합해 보면, '정부'와 '청와대'를 맨 첫 단어로 시작하는 부정적인 제목이 가장 많았다. 이는 언론의 본질이 권력에 대한 감시 감독에 있다고 생각하는 언론의 특성 때문에 부정적인 사설이 많은 것으로 판단한다. 그런데 언론의 역할이 반드시 비판적인 권력의 감시견인가에 대해서는 더 깊은 천착이 필요할 것으로 본다. 비록 언론이 객관적 중립적 관찰자로서 사실을 바탕으로 권력에 대한 견제 세력으로서 비판적 역할을 수행하지만, 사설에서 좀 더 다양한 미디어로서의 역할이 이제는 필요할 때도 되었다는 의미이다. 곧, 지나치게 정파적 진영에 갇혀 부정적인 제목의 사설을 많이 쓰는 것보다는 언론 소비자에게 '정부'와 '청와대'의 활동에 대하여 좀 더 사실을 바탕으로 긍정적 제목, 중립적 제목, 부정적 제목을 두루 사용하기를 바라는 희망을 걸어본다.

2.2. 본문 읽기

다음 (41)은 (37ㄱ)에서 제시한 '정부' 관련 부정적인 사설 제목의 오피니언 기사이다. 곧, 사설은 사실을 중심으로 독자에게 정보를 전달하는 보도 기사와 달리 신문사의 주장이나 논평을 독자에게 전달하는 오피니언 기사에 해당한다. 그래서 보도 기사처럼 공정하게 균형성을 맞추기는 어려운 글이다. 따라서 사설의 본문을 중심으로 사실성, 명시성, 완결성을 중심으로 분석한다.

(41) 정부 무능이 키운 조류인플루엔자 피해

[1단락] 조류인플루엔자(AI) 피해가 ⓐ**무섭게** 늘고 있다. ①발생 한 달도 안 돼 살처분되는 닭·오리 등 가금류 수가 1천만마리에 ⓑ**육박한다.** ⓒ**지금 추세라면** ②195일간 1396만마리가 살처분된 2014년 수치를 넘어 역대 최단 기간 최대 피해를 기록할 ⓓ**기세다.** ③정부가 12일에야 방역대책본부를 확대하는 등 긴급대책을 내놓았으나 너무 늦었다. ④2년 전 그렇게 심각한 피해를 보고도 다시 비슷한 잘못을 저지른 것은 정부의 책임이 크다.

[2단락] ⓐ〈**정부는 이날 황교안 대통령 권한대행 주재로 관계장관 회의**

를 열어 13일 0시부터 48시간 동안 전국의 가금류 관련 사람과 차량·물품의 이동중지 명령을 발령〉하기로 했다. ⑤지난달 16일 전남 해남과 충북 음성에서 에이아이 바이러스가 검출된 지 26일 만에야 범정부 차원의 컨트롤타워가 움직였으니 ⓔ늑장 행정의 전형이 아닐 수 없다.

[3단락] 이런 대응은 일본과도 비교된다. ⑥일본에서도 비슷한 시기에 에이아이 바이러스가 발생했으나 초기부터 경계 수준을 높이고 선제적 살처분으로 피해를 대폭 줄였다고 한다.

[4단락] ⑧〈이번에 확인된 조류인플루엔자 바이러스는 H5N6 고병원성으로, 중국에서는 사람이 7명이나 숨질 정도로 독성이 강한 것〉으로 ⓕ알려졌다. ⑦피해가 영남을 제외한 전국으로 빠르게 번진 것은 해남과 음성 등에서 바이러스가 검출된 뒤 초동대처에 실패한 ⑧탓이 크다. ⑧사료배급 차량 등의 이동을 제대로 통제하지 못한 것도 ⓗ피해를 키웠다.

[5단락] 주무 부서인 농림축산식품부가 가장 큰 책임을 져야 한다. ⓒ〈무능 대통령 밑에서 받아쓰기만 하다 업무역량조차 상실한 것이 아니라면 국정 공백을 틈타 게으름을 피웠다〉고 볼 수밖에 없다. 특히 ⑨도덕성 논란으로 국회로부터 해임건의까지 당한 김재수 장관이 업무능력마저 부족한 무능 장관임이 확인됐으니 더 무슨 말을 하겠는가. ⓓ〈이제라도 온몸을 던져 피해가 더 확산하지 않도록 조처하기 바란다.〉

(한겨레신문 사설 20161213)

이 사설은 제목이 〈정부 무능이 키운 조류인플루엔자 피해〉이다. 제목만 보더라도 사설의 내용이, '정부 무능'과 '조류인플루엔자 피해'를 사례로 제시하고 대책을 제안한 것으로 예상할 수 있다. 구체적인 분석 내용을 살펴본다.

[1단락]은 도입부로서 피해 사례를 명시적인 숫자로 ①과 ②에서 제시하고 있어서 사실성이 높다. 그런데 '정부 무능'의 논거를 ③과 ④로 제시하고 있지만, ⓐ〈무섭게〉, ⓑ〈육박한다〉, ⓒ〈지금 추세라면〉, ⓓ〈기세

다.〉와 같은 주관적인 표현을 사용하여 상황에 대한 인식을 부각시키고 있다. 특히 피해 사례 ②〈195일간 1396만마리가 살처분된 2014년 수치를 넘어 역대 최단 기간 최대 피해를 기록〉는 ⓒ〈지금 추세라면〉와 같이 조건을 제시하며 피해 사례를 제시하고 그것을 ⓓ〈기세다.〉라고 주관적으로 서술하는 것은 지나치게 주관적인 표현으로 볼 수 있다.

[2단락]은 정부의 대책을 Ⓐ로 제시하지만, 역시 ⑤를 논거로 '정부 무능'을 비판한다. '늑장행정의 전형=에이아이 바이러스가 검출된 지 26일만에 정부의 움직임'으로 언어 구조를 ⓔ처럼 재어휘화한 내용을 제시함으로써 독자의 공감을 얻으려 한다. 그리고 [3단락]에서는 '정부 무능'을 외국(일본)의 사례를 ⑥과 같이 제시하면서 비판하고 있다.

[4단락] 역시 '조류인플루엔자 바이러스'의 위험성을 Ⓑ와 같이 경고하면서 ⑦과 ⑧을 역시 '정부 무능'의 근거로 제시한다. 그런데 ③과 ⑤, ⑦은 실제로는 같은 내용을 다르게 표현한 것으로 분석된다. 그래서 [4단락]에서 3문장의 서술 표현을 Ⓑ와 같이 중요한 정보에서 ⓕ〈알려졌다.〉라는 피동 표현을 사용한 것이나 정부를 비판하면서 ⓖ〈탓이 크다.〉, ⓗ〈피해를 키웠다.〉처럼 명확한 정보를 명시하지 못하면서 서술한 것은 적절하지 않은 것으로 분석한다.

[5단락]은 마무리 부분으로 다시 한 번 '정부 무능'을 강조하기 위해 ⓒ에서 '무능 대통령', ⑨에서 '무능 장관'으로 표현하고 있음이 확인된다. 그런데 ⑨의 경우에는 '무능 장관'의 해임 건의 사유가 '도덕성 논란'인 것을 보면, 이 사설은 '장관'을 '무능'과 '도덕성' 두 기준으로 비판하여 글의 정당성을 확보하려는 것으로 분석할 수 있다. 그래서인지 전체 글의 결론을 매우 추상적으로 ⓓ〈이제라도 온몸을 던져 피해가 더 확산하지 않도록 조처하기 바란다.〉와 같이 표현하고 있다.

결론적으로 이 사설은 국민의 피해 사례를 ①과 ② 2개로 제시하면서, '정부 무능'의 논거는 ③(⑤, ⑦), ④, ⑥, ⑧, ⑨로 5개를 제시한 것이 주요 내용이다. ③과 ⑤, ⑦에서처럼 동일한 내용의 논거도 다르게 표현하면서 논거를 제시하기도 한다. 따라서 부정적인 제목으로 독자들이 '정부가 무능하다'라는 인식을 갖도록 유도하지만, 제목에서 전하는 '정부 무능'과 '피해' 사례는 제시되어 있어서 완결성은 높은 사설로 분석한다. 다만, 독자의 공감을 얻기 위해 주관적인 표현을 ⓐ〈무섭게〉, ⓑ〈육박한다〉, ⓒ〈지금 추세라면〉, ⓓ〈기세다.〉, ⓔ〈늑장 행정의 전형〉, ⓕ〈알려졌다.〉, ⓖ〈탓이 크다.〉, ⓗ〈피해를 키웠다.〉 등과 같이 8개나 사용한 것은 아쉽다.

(42) 청와대 '改憲 쇼' 강행이 바로 제왕적 대통령 모습

[1단락] 청와대는 20일 '대통령 개헌안' 내용 일부를 공개했다. 헌법 전문과 기본권 관련 개정안이다. 21일에는 지방 분권 관련 부분, 22일엔 대통령 권한 부분을 발표한다고 한다. 이미 다 마련돼 있는 ①개헌안을 이런 식으로 ⓐ쪼개서 발표하는 것은 ⓑ개헌안 공개의 진짜 의도를 보여준다. ⓒ정말 개헌하자는 것이 아니라 일대 '쇼 이벤트'라는 것이다.

[2단락] 청와대는 ②개헌안을 조문(條文) 형태가 아니라 '어떻게 바꾸겠다'는 식의 보도 자료 형태로 공개했다. ③헌법 조문은 글자, 수식어, 심지어 토씨 하나에도 의미와 파장이 달라진다. 청와대는 ④지금껏 개헌안 조문과 내용에 대해 공청회 한번 한 적도 없다. ⓓ정말 개헌이 되게 하려는 의지가 있다면 이럴 수 없다. ⓔ그래 놓고 야당이 거부하면 '반(反)개헌 세력'으로 비판하겠다는 것이다.

[3단락] 이날 공개한 내용 중에는 ⓕ1년 내내 토론해도 국민적 합의가 쉽지 않은 것들도 있다. ⑤'헌법 전문에 부마 항쟁과 5·18민주화 운동, 6·10항쟁의 민주 이념을 명시한다'고 한 것을 놓고는 이날 당장 좌파·우파 단체들이 충돌했다. ⑥공무원 파업권, ⑦검사만 영장을 청구할 수 있도

록 한 조항 삭제 등도 국민 생각이 제각각이다. ⑧대통령 개헌안 발의권은 행정부 수반이나 정파 대표가 아니라 국가원수 자격으로 헌법이 부여한 권한이다. 그에 맞게 ⑨국가와 국민을 통합하는 방향으로 행사해야 한다. 이렇게 ⑩**자기편과 개인 취향에 맞춰** 발의권을 행사하는 것이야말로 이번 개헌을 통해 바꾸고자 하는 Ⓐ**제왕적 대통령의 전형적 모습**이다.

[4단락] ⑪헌법은 그 유래 자체가 국회에 속하는 것이다. ⑫개헌도 입법기관인 국회가 하는 것이 마땅하다. ⑬대통령의 개헌 발의 강행은 국회의장이나 여당 중진 의원들조차 반대해왔다. ⑭자유한국당, 바른미래당은 물론이고 문 대통령과 코드가 맞는다는 정의당조차 반대하고 있다. 그런데도 청와대는 ⑧**밀어붙인다**. 그것도 ⓗ**진심으로 개헌하려는 것이 아니고 '하는 척'을 하겠다는 것**이다. 탄핵이란 국가적 비극과 위기를 통해 ⑮제왕적 대통령제를 고치자는 국민적 염원이 이런 식으로 변질되는 것을 ⓘ**개탄하지 않을 수 없다**.

[5단락] ⑯**가장 큰 책임은 국회에 있다**. 지금이라도 여야는 밤을 새워서라도 ⓒ**'제왕적 대통령제**를 바꾸고 지방자치를 확대하는' 개헌안에 합의해 6월 지방선거 이전에 국민 앞에 제출해야 한다. 개헌이 돼도 현 정권에는 적용되지 않는다. 민주당이 반대할 이유가 없다. ⓓ개헌을 위해선 '제왕적 대통령제' '지방자치' 외에 어떤 논란거리도 추가로 만들지 않는 것이 우선이다.

(조선일보 사설 20180321)

(42)는 청와대 '改憲 쇼' 강행이 바로 제왕적 대통령 모습이라는 제목을 쓴 사설이다. 사설의 제목을 보면 이 글은 청와대가 개헌 쇼를 어떻게 강행했는지를 서술하고, 그것이 왜 제왕적 대통령의 모습인지를 논증하는 내용으로 구성된 것으로 예상할 수 있다. 각 단락의 내용을 중심으로 분석을 시도한다.

[1단락]에서는 글의 도입 부분으로 앞으로 언급할 내용의 핵심을 제

시하고 있다. 그것은 '대통령 개헌안'의 내용을 일부만 공개하는 것은 '개헌안 공개의 의도'가 '정말 개헌하자는 것'이 아니라 '일대 쇼 이벤트'라고 재어휘화된 내용이다. 곧, 청와대가 개헌안의 내용을 한 번에 공개하지 않고, 20일 헌법 '전문과 기본권'에 대한 내용 공개, 21일 '지방 분권' 내용 공개, 22일 '대통령 권한' 내용 공개 등과 같이 순차적으로 진행하는 것은 '일대 쇼 이벤트'라는 논리이다. 그래서 개헌안 내용을 나날이 내용별로 공개하는 것을 일반적으로 사용하는 표현인 '나눠서'라고 쓰지 않고, ⓐ'쪼개서'라는 주관적인 표현을 쓰고 있다.[5] 그리고 ⓑ의 〈개헌안 공개의 진짜 의도〉를 ⓒ에서 〈'일대 쇼 이벤트'〉라는 언어 구조로 재어휘화한다.

[2단락]은 [1단락]에서 '일대 쇼 이벤트'인 ⓑ의 〈개헌안 공개의 진짜 의도〉를 강화하는 내용이다. 곧, 청와대의 행태를 '改憲 쇼' 강행을 ②〈개헌안을 조문(條文) 형태가 아니라 '어떻게 바꾸겠다'는 식의 보도 자료 형태로 공개〉로 제시하는데, ②를 문제로 삼는 근거는 ③〈헌법 조문은 글자, 수식어, 심지어 토씨 하나에도 의미와 파장이 달라진다.〉과 ④〈지금껏 개헌안 조문과 내용에 대해 공청회 한번 한 적도 없다.〉이다. 그런데 단락의 마무리는 주관적인 추측 표현인 ⓔ〈그래 놓고 야당이 거부하면 '반(反)개헌 세력'으로 비판하겠다는 것〉으로 표현하고 있다.

---

5 '쪼개다'와 '나누다'를 구분하여 '쪼개다'를 주관적인 어휘로 보는 것 자체가 주관적일 수 있다. 하지만, 표준국어대사전에서 제시하는 '쪼개다'와 '나누다'의 의미를 보면, 내용을 쪼개서 발표한다는 표현이 주관적인 표현이라는 분석에 어느 정도 동의할 수 있을 것이다. 표준국어대사전에서 풀이한 두 어휘의 의미는 "쪼개다: (사과를, 나무를) 둘 이상으로 나누다.", "나누다: (사과, 글) 하나를 둘 이상으로 가르다."로 정리할 수 있다. 이를 보면, '쪼개다'는 물리적으로 '칼'을 사용하여 가르는 것에 많이 사용되고, '나누다'는 두루 사용되는 것으로 볼 수 있다. 개헌안은 문서로 된 것이니 '글'로 볼 수 있어서 '나누다'가 훨씬 자연스럽다고 생각한다.

[3단락]에서도 청와대가 공개한 개헌안 내용의 문제점을 ⑥〈1년 내내 토론해도 국민적 합의가 쉽지 않은 것〉이라면서 그 내용을 ⑤〈'헌법 전문에 부마 항쟁과 5·18 민주화 운동, 6·10 항쟁의 민주 이념을 명시한다'고 한 것〉, ⑥〈공무원 파업권〉, ⑦〈검사만 영장을 청구할 수 있도록 한 조항 삭제〉로 구체화한다.

또한 ⑧에서 〈대통령 개헌안 발의권〉은 〈행정부 수반이나 정파 대표가 아니라 국가원수 자격으로〉라는 조건을 달기는 하지만, 〈헌법이 부여한 권한〉은 대통령의 권한임을 인정하면서도 그것을 행사하는 방법은 ⑨〈국가와 국민을 통합하는 방향〉이어야 한다고 주장한다.

나아가 사설은 '대통령의 개헌안 발의권'을 ⑨처럼 행사하지 않으면 개헌의 목적이 마치 ⑩〈자기편과 개인 취향에 맞춰 발의권을 행사하는 것〉이나, Ⓐ〈제왕적 대통령의 전형적 모습〉에 있다고 주장하는 것으로 분석이 가능하다.

그리고 여기서는 Ⓐ〈제왕적 대통령의 전형적 모습〉을 ⑩〈자기편과 개인 취향에 맞춰 발의권을 행사하는 것〉으로 제시하고 있는데, 이는 앞서 [1단락]과 제목에서 주장한 〈'改憲 쇼' 강행=①개헌안을 쪼개서 발표하는 것〉이라는 내용과 달라서 독자에게 혼란을 준다. 곧, '제왕적 대통령 모습'이 '개헌안을 쪼개서 발표하는 개헌 쇼 강행'인지, 아니면 '자기편과 개인 취향에 맞춰 발의권을 행사하는 것'인지 독자는 혼란스럽다.

사실 이러한 문제 때문에 이 사설은 [3단락]부터 논리적 모순에 빠진다. 이는 완결성을 낮추는 결과를 초래한다. 그래서인지 [3단락]에서는 〈1년 내내 토론해도 국민적 합의가 쉽지 않은 것〉, 〈자기편과 개인 취향에 맞춰〉, 〈제왕적 대통령의 전형적 모습〉과 같은 주관적인 표현이 많이 등장한다.

[4단락]에서는 헌법과 개헌에 대한 권한은 국회에 있다며 ⑪을 내용

으로 제시한 뒤, 대통령의 헌법 개정안을 두 가지 부정적인 논거 ⑬〈국회의장이나 여당 중진 의원들조차 반대〉, ⑭〈자유한국당, 바른미래당은 물론이고 문 대통령과 코드가 맞는다는 정의당조차 반대〉한다는 것을 제시한다. 그래서 대통령의 헌법 개정안은 다시 한 번 ⓗ〈진심으로 개헌하려는 것이 아니고 '하는 척'을 하겠다는 것〉이다. 나아가 ⑮〈제왕적 대통령제를 고치자는 국민적 염원〉이 '변질'되었으니 '개탄'한다는 것이다.

ⓗ는 앞서도 [1단락]의 ⓒ와 [2단락]의 ⓓ에서와 같이 두 번이나 제시된 바가 있다. 이러한 반복된 주장은 독자에게 ⓗ가 사실처럼 인식하도록 유도하는 언어적 장치로 분석된다. 또한 ⑮는 제왕적 대통령제 고치기를 국민적 염원으로 재어휘화로 Ⓐ가 매우 부정적인 모습임을 각인시킨다. 곧, 독자가 〈제왕적 대통령 모습=개헌안을 쪼개서 발표하는 '改憲 쇼'=탄핵을 통한 국민의 염원 변질〉로 구조화하여 인식하도록 유도한다. 이를 위해 ⑧〈밀어붙인다.〉, ⓗ, ⓘ〈개탄하지 않을 수 없다.〉와 같은 주관적인 표현을 사용한 것으로 분석한다.

더욱이 '탄핵'으로 표출된 '국민적 염원'이 '제왕적 대통령제를 고치자'는 것임을 주지시키면서 대통령의 헌법 개정안 내용뿐만 아니라 '발의' 자체까지 '개탄'할 일로 문제 삼고 있다. 그런데 ⑬에서 〈대통령의 개헌 발의 강행〉이라는 표현은 ⑧에서 〈대통령 개헌안 발의권은 헌법이 부여한 권한〉이라는 표현과 상충된다. 이러한 부분은 완결성을 해치는 논리이다.

이 사설에는 '강행'이라는 어휘가 2회 등장한다. 제목에서 '개헌 쇼 강행'과 [4단락]에서 '대통령의 개언 발의 강행'이다. 이는 사설을 쓰게 된 계기인 '개헌안 내용 발표'를 통하여 '대통령의 개헌 발의' 자체를 Ⓐ〈제왕적 대통령의 전형적 모습〉으로 인식시키려는 의도로 보인다.

[5단락]은 글의 마무리 부분으로, [4단락]에서 제시한 국회의 권한을

국회의 책임으로 전환하며 정리한다. ⓒ에서 다시 한 번 '제왕적 대통령제'를 언급하면서 국회는 사설이 구체적으로 명시한 기한 안에 개헌안을 제출할 것을 요구한다. 그래야만 하는 이유를 16〈개헌이 돼도 현 정권에는 적용되지 않는다.〉와 17〈민주당이 반대할 이유가 없다.〉로 내세우면서, 어색한 결론 ⑰〈개헌을 위해선 '제왕적 대통령제', '지방자치' 외에 어떤 논란거리도 추가로 만들지 않는 것이 우선이다.〉를 제시하여 글을 마무리한다.

그런데 [5단락]에서 느닷없이 '지방자치'가 사설의 관점으로 등장한다. 그리고 이것은 '제왕적 대통령제'를 바꾸는 것과 더불어 ⑰의 결론에 포함되었다. 사실 '지방자치=지방 분권'은 사설의 [1단락]에서 〈'일대 쇼 이벤트'〉라며 비판적으로 표현했던 21일에 청와대가 발표한 '대통령 개헌안' 내용 일부이다. 이같이 어긋난 논리는 이 사설의 [3단락] 이후부터 반복해서 나타나는데, 글의 완결성을 떨어뜨리게 된다.

곧, 16과 17을 보면, Ⓐ나 ⓒ에서의 〈제왕적 대통령(제)〉는 필요가 없고, 굳이 ⓒ〈정말 개헌하자는 것이 아니라 '일대 쇼 이벤트'〉, ⓓ〈정말 개헌이 되게 하려는 의지〉, ⓗ〈진심으로 개헌하려는 것이 아니고 '하는 척'〉역시 할 이유가 없다고 독자는 생각할 것이다.

결국 이 사설은 〈청와대 '改憲 쇼' 강행이 바로 제왕적 대통령 모습〉이라는 제목으로, ⑮〈제왕적 대통령제를 고치자는 국민적 염원〉을 청와대가 개헌안 내용 발표를 하면서, Ⓐ〈제왕적 대통령의 전형적 모습〉으로 ⑩〈자기편과 개인 취향에 맞춰 발의권을 행사〉하려는데, 그것은 ⓒ〈정말 개헌하자는 것이 아니라 '일대 쇼 이벤트'〉라고 주장한다. 곧 내용을 풀어서 사설을 요약하면, '탄핵에서 나타난 제왕적 대통령제를 고치자는 국민적 염원'을 거부하고 '제왕적 대통령의 모습'으로 '자기편과 개인 취향에 맞춰 발의권을 행사'는 비록 그것이 '헌법이 부여한 대통령의 개헌안 발의'

권한이라고 할지라도 '국회가 가진 헌법과 개헌의 권한'을 빼앗길 수 없으므로, 여야는 '제왕적 대통령제를 바꾸고 지방자치를 확대하는' 개헌안에 합의해 6월 지방선거 이전에 국민 앞에 제출하라는 것으로 이해할 수 있다. 따라서 청와대의 개헌안 발표 자체를 부정적으로 독자가 인식하도록 쓴 사설로 분석할 수 있다. 그런데 논리의 전개나 논거 등을 종합해 보면 자기모순에 빠진 논리가 많아서 독자의 공감을 얻기는 어려운 사설로 판단한다.

3. 칼럼

3.1. 제목 읽기

칼럼은 사설처럼 어떤 사안에 대하여 주장을 목적으로 쓰는 글이다. 칼럼은 신문사 내부 필진이 쓰기도 하고 외부 필진이 쓰기도 한다. 외부 필진이 쓰는 칼럼이라고 할지라도 신문사의 편집 방향에서 크게 벗어나지 않기 때문에 신문사의 의향을 충분히 반영한 글로 볼 수 있다. 하지만 칼럼은 아무래도 사설보다는 필자가 자신의 이름으로 쓰기 때문에 사설보다는 훨씬 자유로운 글쓰기를 하는 공간이다. 따라서 칼럼은 편집의 큰 방향을 제외하면 개인의 글쓰기 방식과 무관하지 않은 것으로 보아야 한다. 그래서 칼럼 제목의 비판적 읽기는 청와대나 정부를 향한 것보다는 개성이 얼마나 발휘되었는지를 보는 것이 훨씬 의미 있는 일이다.

보도 기사와 사설에서는 대통령을 대상으로 하여 기사를 작성할 때 대체로 직책을 붙여서 제목으로 사용하는 경우가 많다. 예컨대, 'ㅇㅇㅇ대통령', 'ㅇㅇㅇ정부', 'ㅇㅇㅇ정권' 등이다. 그런데 칼럼은 실명으로 쓰는 개인의 글쓰기이기 때문에 대통령을 대상으로 하는 경우라고 할지라도 실명을 거론하는 경우가 더러 있다. 그래서 칼럼 제목에서 지칭하는 대통령은 어떻게 표현되고 있는가를 살펴보려 한다. 곧, 두 정부 아래에서 쓴 칼럼 중에서 제목이 〈박근혜 또는 박〉, 〈문재인 또는 문〉으로만 지칭되어 대통령을 자연인으로 지칭하며 쓴 글로 볼 수 있는 칼럼을 대상으로 분석할 것이다.

이렇게 제목에서 대통령을 이름이나 성씨만으로 지칭한 글만을 대상으로 분석하는 이유는 1면 톱기사나 사설과는 좀 다른 통계가 확인되었기 때문이다. 칼럼 제목에서 두 정부의 재임 중 제목에서 꽤 차이가 있었다. 곧, 칼럼 제목에서 맨 첫 단어로 '박' 또는 '박근혜'로 표현된 경우는 67% 인데 반해, '문' 또는 '문재인'으로 표현된 경우는 27%에 불과했다.

반대로 직책(대통령, 정부, 정권 등)을 포함한 제목의 경우에는 박근혜 정부에서 33%이고, 문재인 정부에서는 73%가 나타났다. 이는 같은 오피니언 기사인 사설의 제목이나 톱기사의 헤드라인에서 두 정부의 재임 중이든 아니든 분포가 비슷한 것으로 확인되는 〈표 2〉를 보면, 확연히 차이가 난다.

		재임 중			탄핵이후/집권이전		
		칼럼	사설	톱기사	칼럼	사설	톱기사
박근혜 정부	이름	29 (67%)	12 (9%)	6 (11%)	14 (93%)	41 (80%)	18 (62%)
	직책	14 (33%)	125 (91%)	50 (89%)	1 (7%)	10 (20%)	11 (38%)
	계	43	137	56	15	51	29
문재인 정부	이름	20 (27%)	16 (11%)	7 (6%)	12 (86%)	43 (78%)	22 (76%)
	직책	55 (73%)	127 (89%)	107 (94%)	2 (14%)	12 (22%)	7 (24%)
	계	75	143	114	14	55	29

〈표 2〉 두 정부의 기사 제목 숫자와 비율

신문 언어 어떻게 이해할 것인가?

〈표 2〉를 보면 사설과 톱기사의 제목은 박근혜 정부나 문재인 정부 모두에서 재임 중이거나 집권하지 않은 기간에서 이름, 성씨를 사용하는 경우와 직책과 관련한 표현을 하는 경우가 비슷한 비율로 나타나는 것이 확인된다.

예컨대, 박근혜 정부 시절에 이름(9%)과 직책(91%)을 사용한 비율은 문재인 정부 시절에 이름(11%)과 직책(89%)을 사용한 비율과 큰 차이가 없다. 이는 재임 중 톱기사, 비집권 기간의 칼럼, 사설, 톱기사 모두 유사한 비율로 나타난다. 〈표 2〉에서는 재임 충 칼럼만이 분포 비율이 명백히 다르게 나타난다는 것이 확인된다.

(43) 긍정적인 제목[6]

ㄱ. 박근혜 정부
　박근혜 vs 알파고 (경향신문 20160314)
　박근혜와 유승민의 악수 (조선일보 20160711)

ㄴ. 문재인 정부
　文비어천가 (조선일보 20170915)
　문재인 지지율 80%의 비밀 (중앙일보 20170819)
　문재인식 '대연정'을 생각한다 (한겨레신문 20181207)

6　앞서 1면 톱기사의 헤드라인이나 사설의 제목을 제시할 때는 신문사를 보기에 포함하였으나, 칼럼은 개인 글쓰기의 성격이 강하기 때문에 신문사를 제시하지는 않는다. 다만 글의 본문에서 제목에 대한 풀이를 할 때는 신문사를 제시할 것이다. 그것은 보기에 제목과 더불어 신문사를 공개할 경우, 신문사의 성향에 따라 제목을 볼 수 있기 때문이다. 본문에서 신문사를 제시하는 것은 독자들에게 적어도 칼럼의 기본적인 정보를 제공해야 할 필요가 있다고 생각한다.

ㄷ. 탄핵이후/집권이전

　　문재인을 위한 변명 (경향신문 20160422)

　　박근혜의 환한 미소 (중앙일보 20170313)

　　(43)은 두 정부의 재임 중에 이름을 맨 앞의 어휘로 사용한 칼럼 제목 가운데 긍정적인 의미를 갖는 예이다. (43ㄱ)의 경향신문에서는 '박근혜'와 '알파고'가 맞서는 것으로 대비시켜 놓았기 때문에 제목만으로도 긍정적인 의미를 떠올릴 수 있다.[7] 조선일보 칼럼의 제목에서도 중립적일 수 있는 두 사람의 이름이 '악수'라는 단어로 연결되어 긍정적인 의미를 추출할 수 있다.

　　(43ㄴ)의 중앙일보 칼럼 제목은 '문재인'과 '지지율 80%'로 연결되기 때문에 긍정적으로 분석한다. 비밀이라는 어휘에는 무엇인가가 숨어 있을 것 같은 상상도 가능하지만, '지지율 80%'라는 표현이 매우 긍정적으로 해석되기 때문에 이 제목은 긍정적인 제목으로 분석한다. 한겨레신문의 '문재인식 대연정'도 정치권에서는 협치의 한 현상으로 보기 때문에 긍정적인 의미로 분석한다.

　　(43ㄴ)의 조선일보 칼럼 '文비어천가'는 아마도 '용비어천가'를 패러디한 제목으로 이해된다. 표준국어대사전의 사전적 의미가 "조선 세종 27

7　인터넷 오픈 백과사전을 참고하면, 알파고(AlphaGo)는 구글 딥마인드(DeepMind)가 개발한 인공지능 바둑 프로그램으로 딥러닝(Deep Learning) 방식을 사용해 바둑을 익혔다. 딥러닝은 컴퓨터가 스스로 패턴을 찾고 학습해 판단하는 알고리즘을 가지고 있어서 인간이 별도의 기준을 정해주지 않으며 대신 방대한 데이터를 기반으로 컴퓨터가 스스로 분석하며 학습하게 되는 것이 특징이기 때문에 알파고와 맞서는 인간은 매우 긍정적으로 해석할 수밖에 없다. 실제로 2016년 우리나라의 이세돌 9단은 알파고와 5번의 대국에서 1승 4패의 결과를 보였다.

년(1445)에 정인지, 안지, 권제 등이 지어 세종 29년(1447)에 간행한 악장의 하나. 훈민정음으로 쓴 최초의 작품으로, 조선을 세우기까지 목조·익조·도조·환조·태조·태종의 사적(事跡)을 중국 고사(古事)에 비유하여 그 공덕을 기리어 지은 노래"로 되어 있어서 어떤 관점에서 '文비어천가'를 보는가에 따라 분석이 달라질 수도 있다.[8] 하지만 '文비어천가'라는 칼럼의 제목만으로는 긍정적인 제목으로 분류하는 것이 적절한 것으로 판단한다. '文비어천가'와 같은 신조어는 칼럼의 제목이니까 가능한 것으로 본다. 곧, 특정한 상황을 비유해서 표현하는 것은 언론이 추구할 일은 아니지만, 개인 글쓰기로 이해되는 칼럼에서는 이러한 자유를 누릴 수 있는 공간으로 허용 가능하다는 것이다.

(43ㄷ)은 박근혜 정부의 탄핵(2017년 3월 10일) 이후와 문재인 정부의 집권(2017년 5월 9일) 이전의 칼럼 제목을 분류한 것이다. 칼럼에서 대통령이 현직에 있을 때와 그렇지 않을 때 다르게 인식할 것이라는 생각에서이다. 그것은 앞의 〈표 2〉에서도 나타난 것처럼 1면 톱기사의 헤드라인이나 사설의 제목에서 두 정부의 대통령을 대하는 태도와 칼럼에서 표현된 분포가 다르다. '박근혜의 환한 미소'는 중앙일보에서 2017년 3월 13일 실린 칼럼 제목이다. 탄핵이 인용된 직후라 제목이 다소 어색하지만, 제목 자체는 매우 긍정적인 것으로 분석한다.[9] '문재인을 위한 변명'은 경향신문의 칼럼인

---

8   용비어천가를 권력에 대한 아부로 만들어진 작품으로 볼 수도 있고, 훈민정음이 제대로 된 문자인지를 확인하는 의미로 노래를 만들었다고 볼 수도 있기 때문이다. 실제로 칼럼 '文비어천가'의 본문 내용은 높은 지지율을 경계하라는 의미가 크다. 여기서는 제목 읽기이기 때문에 제목 자체의 단어를 중심으로 분석하여 긍정적인 것으로 분류했다.

9   실제 칼럼 내용에서는 '삼성동 사저에 도착하면서 환한 미소'라는 표현이 본문에 나오기는 한다. 다만 그 이유를 칼럼의 필자 나름대로 분석한 것이기 때문에 여기서는 제목만으로 분석한다.

데, '누구'를 위한 변명에서 '누구'에 해당하는 사람을 긍정적으로 보는 것
은 당연하다.

(44) 중립적인 제목

　ㄱ. 박근혜 정부
　　박근혜 이후가 더 중요하다 (경향신문 20161124)
　　박근혜의 위기관리 실력은 (중앙일보 20160429)
　　박근혜의 이라크 (한겨레신문 20160217)

　ㄴ. 문재인 정부
　　문재인케어위원회 만들자 (경향신문 20180103)
　　문재인의 '6·10 항쟁'과 전두환의 '6·29 선언' (조선일보 20170630)
　　'문재인표 국민개헌'의 성공 조건 (한겨레신문 20180112)

　ㄷ. 탄핵이후/집권이전
　　박근혜보다 국정원이 걱정된다 (중앙일보 20171106)
　　박근혜식 계산법 (한겨레신문 20170321)
　　문재인의 경제, 반기문의 경제 (조선일보 20170125)
　　'문재인표 대북정책' 보고 싶다 (중앙일보 20170424)
　　문재인이든 안희정이든·· (한겨레신문 20170206)

　　(44)는 대통령의 이름이나 성씨를 첫 단어로 한 칼럼 제목 가운데 그
성격을 중립적이라고 분석한 자료이다. (44ㄱ)에서 '박근혜 이후가 더 중
요하다'는 경향신문에서 2016년 11월에 쓴 칼럼의 제목인데, '박근혜'라는
이름이 이 언어의 구성에서는 가치를 판단하기가 쉽지 않다. 곧, '박근혜'
정부가 이 글을 쓰는 순간까지는 어떻게 했는지 평가하기 어렵지만, 그 다
음이 중요하다는 의미를 제목에서 판단할 수 있기 때문에 중립적으로 분

석한다. 이는 '박근혜의 이라크'(한겨레신문 2016년 2월)나, '박근혜의 위기관리 실력은'(중앙일보 2016년 4월) 역시 같은 관점에서 분석할 수가 있다.

　(44ㄴ)에서 '문재인케어위원회 만들자'는 경향신문의 칼럼인데, '오바마케어'에 견주어 제목을 붙인 것으로 이해된다. 제목 자체만으로는 긍정과 부정 어느 쪽도 판단하기 어렵기 때문에 중립적인 것으로 분석한다. 그것은 미국에서는 '오바마케어'가 긍정적일 수 있으나, 우리나라에서 '문재인케어'는 20180년 10월에 어떤 결과를 가져올지 판단할 수가 없다. 또한 '~위원회'는 그것이 활동의 결과에 따라 긍정적이거나 부정적인 것이 평가되기 때문에 '문재인케어위원회 만들자'라는 제목으로는 긍정과 부정의 의미를 파악하기가 어렵다. 이는 〈'문재인표 국민개헌'(한겨레신문 2018년 1월)〉이나 〈문재인의 '6·10 항쟁'(조선일보 2017년 6월)〉이 포함된 칼럼 역시 마찬가지로 분석할 수 있는 것이다.

　(44ㄷ)은 집권 기간이 아닌 상황에서 대통령의 이름을 사용한 칼럼의 제목인데, '박근혜보다 국정원이 걱정된다'(중앙일보 2017년 11월)에서는 '보다'라는 조사가 사용되어 부정적일 것으로 분석하기 쉬우나 다음의 내용이 '국정원이 걱정된다'이므로 중립적으로 분석할 수밖에 없다. 또한 '박근혜식 계산법'은 (44ㄴ)의 '문재인표 국민개헌'이나, '문재인표 대북정책'과 같은 관점에서 분석이 가능하다.

　그리고 (43ㄴ)의 '문재인식 '대연정'을 생각한다'에서 '문재인식'과 (44ㄷ)의 '박근혜식'은 언어 형식에서는 동일하다. 하지만 긍정적인 경우와 중립적인 경우로 차이가 나는 분석을 한 이유는 연결되는 '대연정'과 '계산법'에서 오는 어휘적인 의미가 다르기 때문이다. 곧, '대연정'은 정치권에서 긍정적인 의미를 주지만, '계산법'은 부정적이거나 중립적인 의미를 준다. 여기서 부정적으로 해석하지 않은 것은 '계산법' 자체로는 긍정과 부정의 의미를 판단하기 어렵기 때문이다. '문재인의 경제, 반기문의 경제'(조선일보 2017년 1월), '문재인이든 안희정이든…'(한겨레신문 2017년 2월)의 칼럼 제목은 누가 보더라도 가치 판단을 할 수 없는 중립적인 제목으로 분석할 수밖에 없는 것이다.

(45) 부정적인 제목

ㄱ. 박근혜 정부

　　박근혜 퇴진 2000만 서명운동을 제안하며 (경향신문 20161118)

　　박근혜 대 유승민 (한겨레신문 20160311)

　　'박근혜 청와대'를 떠난 이들이 느꼈을 절망 (조선일보 20161122)

　　박근혜 죽어도 창조경제는 살려야 (중앙일보 20161212)

ㄴ. 문재인 정부

　　문재인식 연금개혁에 대한 불편한 상상 (한겨레신문 20181204)

　　문재인의 '김정은', 태영호의 '김정은' (조선일보 20180518)

　　문, '물재인' 비아냥 두려워 말라 (중앙일보 20170529)

ㄷ. 탄핵이후/집권이전

　　박근혜의 '죽어서 사는 길' (조선일보 20170926)

　　박근혜 탄핵은 여성 탄핵이 아니다 (중앙일보 20170315)

　　문재인 잡는 김종인 (중앙일보 20160219)

　　문재인, 뻔한 꼼수론 안철수에 진다 (중앙일보 20170407)

(45)에서는 모든 칼럼 제목들이 부정적인 어휘와 연결되어 나타나는 것을 확인할 수가 있다. 〈박근혜 퇴진 2000만 서명운동을 제안하며(경향신문 2016년 11월)〉, 〈'박근혜 청와대'를 떠난 이들이 느꼈을 절망(조선일보 2016년 11월)〉. 〈박근혜 죽어도 창조경제는 살려야(중앙일보 2016년 12월)〉, 〈문재인식

　　　　　　　　　　　　　신문 언어 어떻게 이해할 것인가?

연금개혁에 대한 불편한 상상(한겨레신문 2018년 12월)〉, 〈문재인의 '김정은', 태영호의 '김정은'(조선일보 2018년 5월)〉, 〈문, '물재인' 비아냥 두려워 말라(중앙일보 2017년 5월)〉 등은 '박근혜 정부'나 '문재인 정부' 관계없이 부정적인 어휘들과 연결되고 있어서 분석하기가 어렵지 않다.

다만, (43ㄱ)의 〈박근혜 vs 알파고〉와 (45ㄱ)의 〈박근혜 대 유승민(한겨레신문 2016년 3월)〉은 동일한 언어 구조인데 분석의 결과가 다르다. 그것은 '알파고'는 초인간적인 능력을 가진 사람이기 때문에 '알파고'와 '박근혜'를 같은 등급에서 견주는 것은 긍정적인 제목이다. 하지만, 대통령 '박근혜'와 정치인 '유승민'을 같은 등급으로 견주는 것은 대통령 '박근혜'의 관점에서는 부정적인 제목으로 분석하는 것이 적절하다.

이처럼 부정적인 제목이 많은 이유는 언론의 비판적 기능과 무관하지 않은 것으로 분석한다. 특히 사설이나 칼럼과 같은 오피니언 기사의 경우는 객관적인 사실보다는 신문사나 칼럼니스트의 의견이 충분히 반영될 수 있는 지면이기 때문에 정권에 대한 비판적인 기사를 실을 수가 있다. 더욱이 '박근혜 정부'는 우리나라 역사상 처음으로 탄핵으로 정권을 상실한 정부이기 때문에 집권 이후에 신문에 보도된 오피니언 기사, 특히 칼럼에서는 부정적으로 보도될 수밖에 없었을 것으로 추론한다.

이것은 '박근혜 정부'의 경우 집권 중이나 탄핵 이후 모두 신문사의 칼럼에서 부정적인 제목의 비율이 높은 것으로 확인된다. 곧, 보수와 진보 언론을 구분하지 않고 '박근혜 정부'는 재임 중에 '박근혜' 또는 '박(성씨)'를 첫 번째 어휘로 사용한 칼럼의 제목 29개 가운데 19개(66%)가 부정적인 비율로 나타났고, 탄핵 이후에도 전체 14개 가운데 10개(71%)의 비율을 보여 매우 높은 비중을 차지한다. 이는 '문재인 정부'의 재임 중 20개 가운데 9개(45%), 집권 이전 전체 13개 가운데 7개(54%) 비율을 보면, 차이가 다소 크게 나타나는 것을 알 수 있었다.

3.2. 본문 읽기

언론이나 저널리스트들이 정말로 추구해야 할 일은 무엇인가. 권력의 감시견(watchdog)으로서의 역할인가, 사실에 근거한 보도를 바탕으로 하는 중립적이고 객관적인 관찰자인가, 아니면 현상으로 보이는 사실 뒤에 감추어진 진실을 추구하고 탐사 보도를 하는 것인가. 실제로 이 가운데 그 어느 것을 희망한들 사실을 바탕으로 진실을 추구하는 것만큼 중요한 것은 없을 것이다.

우리가 인정하든 아니든 미디어는 집단의 사고방식이나 행동에 영향을 주는 의견을 선도해 가면서 오피니언 리더(leader)로서 대중의 행동에 영향을 주려고 끝없이 노력한다. 특히 칼럼은 사설과 더불어 그러한 역할에 충실하려고 의도적인 노력을 하고 있다는 것을 대중은 이미 지각하고 있다. 그것이 우리가 살아가는 이 현실에서 공동체의 이상을 대변하면서 꿈과 정의를 실현하며 사회의 발전을 이룩하고 더불어 사는 삶을 추구한다면 더 없이 긍정적일 것이다.

그런데 다음 (45)와 같은 칼럼을 보는 독자들은 어떤 생각을 할까 궁금하다.[10]

---

10 사실 포털사이트에 링크된 이 기사의 댓글을 참조하면, 독자들이 이 칼럼에 대해서 어떻게 생각하는지 충분히 확인할 수 있었다.
https://news.v.daum.net/v/20170413030537475 참조.

신문 언어 어떻게 이해할 것인가?

(45) 한 달 후 대한민국

[1단락] **이건 그냥 상상이다.** 현실에선 결코 일어나지 않을 일이다.

[2단락] 2017년 5월 15일. 아침부터 시장은 형편없이 망가지고 있었다. 주가(KOSPI)는 1000 밑으로 주저앉았고 원화 값은 달러당 2000원을 훌쩍 넘겼다. 사람들은 생수를 사 재고, 라면을 박스째 챙기느라 마트로 몰려들었다. '대북 폭격설, 오늘 미국이 북한을 때린다.' 전쟁의 공포가 이날 한반도를 지배하기 시작했다.

[3단락] 문재인 대통령은 급히 김관진 청와대 국가안보실장을 찾았다. 김관진은 박근혜 정부 사람이지만 아직 문재인은 국가안보실장을 교체할 시간이 없었다. 내각도 마찬가지, 새 정부 내각이 출범하려면 두세 달은 더 걸릴 터였다. 광화문 집무실도 완공되지 않아 문재인은 청와대를 임시 집무실로 사용 중이었다.

[4단락] "미국이 북한을 폭격하기 전에 반드시 우리에게 통보하겠지요?" 김관진은 딱 잘랐다. "한 달 전부터 이런 말이 돌았습니다. 트럼프는 어떤 식으로든 북한을 때린다. '문재인이 되면 통보 없이 때리고, 안철수가 되면 통보하고 때리고, 홍준표가 되면 상의하고 때린다'라고."

[5단락] 에둘러 말했지만, **문재인이 그 말뜻을 못 알아들을 리 없다.** ① **한 달 전 시리아 폭격** 때는 미국이 한국에 알려줬다. 김관진은 ②**허버트 맥매스터 백악관 국가안보보좌관**과 20여 분 통화를 했다고 한다. 그러나 이번엔 안 할 수도 있다는 얘기다.

[6단락] "다 나 때문이란 말이지, 좌파 대통령이라서." 간신히 38%의 득표로 대통령이 됐다. 미국의 북폭설로 홍준표에게 20%의 표가 몰리지 않았다면 지금 이 자리에서 웃고 있을 사람은 안철수였을지 모른다. 도널드 트럼프가 그에겐 일등공신인 셈이다. 하지만 취임 일주일이 다 되도록 트럼프의 축하 전화도 받지 못한 터다. 애초 며칠 전 취임사에 '남북 대화, 북한 방문, 개성공단 재개'란 문구를 집어넣은 것이 화근이었다. 이런 말들이 트럼프를 자극했을 수 있다. "나는 빼고 싶었는데, 참모들이 우기는 통에…. 휴~. 나는 왜 그들의 말을 거절하지 못할까." 혼잣말을 되

뇌며 문재인은 절로 쓴웃음을 지었다. 그렇다고 정말 북폭을? 가능성은 0.00001%지만 완전히 무시할 순 없었다.

[7단락] 문재인은 즉시 국가안보회의를 소집했다. 북폭이 이뤄지면 즉시 북한의 장사정포가 남한을 향해 불을 뿜을 것이었다. 어떻게 해야 하나. 김관진은 단호했다. '즉각 대응 사격, 지휘부까지 처절하게 응징해야 합니다. 그게 연평도 사태 이후 군의 지침입니다.' 문재인은 "그럴 순 없다. 대응 사격은 자제해야 한다"고 지시했다. 김관진은 즉시 사표를 던졌다. "군은 만에 하나를 준비하는 집단, 그 만에 하나의 순간에 침묵하라고 하면 존재 의의가 없다." 한민구 국방장관과 군 수뇌부도 동조했다. 나라는 절체절명으로 빠져들고 있는데, 문재인의 청와대는 어쩔 줄 모르고 그저 분노를 터뜨릴 뿐이었다. 누군지도 모를 상대를 향해.

[8단락] **다시 말하지만 이건 그저 상상이다.** 하필 왜 문재인이냐고? ③ **그가 가장 유력한 대통령 후보**라서다. 4월 전쟁설이 돌 만큼 한반도 상황이 위급하다. 문재인도 위급함을 안다. 요즘 들어 평소 소신을 조금 굽히고 안보로 한 발짝 우클릭했다. 하지만 그 우클릭이라는 게 ④**"북한이 핵도발을 계속하면 사드 배치를 강행하겠다"**는 정도다. 최악의 상황을 가정한다면 한가한 대책일 뿐이다. 안철수라고 크게 다르지 않다. '햇볕정책의 신도' 박지원을 대입하면 답이 안 나온다. 하필 절체절명의 한반도에 문재인과 안철수, 안보 신뢰 자산이 가장 부족한 두 사람이 차기 대통령이 될 판이다.

[9단락] 남은 한 달, 이들이 어떤 해법을 내놓느냐에 따라 나라의 운명이 갈릴 것이다. 두루뭉실한 말 뒤에 숨어선 안 된다. 아예 두 사람이 끝장 토론을 벌여보라. 그래서 안보 이슈를 국가적 담론으로 끌어올려 보라. 그걸 보고 국민이 선택하도록 해야 한다. 한 달 후, 석 달 후, 일 년 후 무슨 일이 일어날 것이며 그때 내가 뽑을 그가 어떻게 행동할지 국민은 묻고 알아야 한다. 이번 투표야말로 정말 국가 존망이 내 손에 달린 것일 수 있다.

(중앙일보 20170413)

신문 언어 어떻게 이해할 것인가?

(45)에 대한 생각(칼럼 분석이 아니다.)을 다소 격한 언어로 써 볼 생각이다. 그것은 비록 예측을 주된 내용으로 하는 오피니언 기사라고 할지라도 충분한 자료를 바탕으로 이루어져야 하는데, 오로지 자신의 주관적인 생각으로 추측을 하게 되면, 그것은 기사로 볼 수 없다는 생각 때문이다. 그래서 이 내용은 본문으로 처리하지 않고, 예시로 처리한다.

그래도 (46)은 만약, 어디까지나 만약이다. 칼럼 (45)를 (46)과 같이 해석한다면, 독자들은 어떻게 생각할까 궁금하다. 다만 다음과 같이 해석한 사람으로서 누구도 과잉 반응하지 않으면 좋겠다는 희망은 걸어본다.

(46) '한 달 후 대한민국'을 읽은 필자의 주관적 해석

[1단락] 사실 이 칼럼은 여기서 더 읽어야 할 필요성이 있나 싶다. 하지만 이 칼럼이 2017년 4월 13일에 쓴 것이기 때문에 2017년 5월 13일인 '한 달 후 대한민국'에 대한 판타지가 있는 독자라면 유혹적인 문장으로 볼 수도 있다.

[2단락]에 대한 근거는 도대체 무엇인가. 아무리 막연한 상상이라고 하더라도 실마리는 있어야 하는 것 아닌가. 좀 더 살펴보자.

[3단락] 그저 대통령은 '문재인'이 될 것 같고, 그렇다고 쉽게 동의하기는 어렵고 하니 쓰린 마음을 칼럼이라는 글쓰기 형식을 빌려 자신이 칼럼니스트라는 지위를 이용하여 배설한 글에 지나지 않는다. 국가안보실장이나 내각도 바꾸지 말란 말인가. 그렇다면 집권은 왜 하나. 겨우 칼럼니스트 주제에 펜 하나로 자신이 대통령이라도 해먹겠다는 소리인가. 내 분석이 귀에 거슬릴 것이다. 그래야만 한다, 적어도 글쟁이라면. 당신의 글은 더도 덜도 아닌 선생이라는 이름으로 저술활동에서 맘껏 주관적인 비판을 해대는 이 글과 도대체 뭐가 다르단 말인가. 적어도 이 책은 강매하지는 않는다. 신문은 강매하지 않지만 포털에 링크된 당신의 글은 얼마나 많은 이들을 괴롭힐 것인지 반성하시라.

[4단락]의 말은 언제, 어디서, 어떻게, 누가 돌았다고 주장하는 것인가. 김관진이 정말로 저렇게 말한 것인가. 국민을 불안케 하려고 시중에 누군가가 만들어 놓짓거리로 하는 말을 주류 신문사의 논설위원이 글에 옮기는 것 정말 부끄럽지 않은가.

[5단락] 보수 대통령이 탄핵되는 과정에서 시중에 무능한 대통령이라는 말이 떠돌아서 문맥에도 맞지 않은 저 표현을 집어넣은 것인가. 필자의 상상만으로 오로지 상상만으로 한미관계를 마음껏 한 달 만에 악화시켜도 되는 것인가. 국제관계가 그렇게 막무가내인 것을 제시하지도 않은 채. 시리아랑 우리가 같은 처지인가. 시리아의 화학무기 사건을 핑계로 미국이 지중해의 함대에서 토마호크 순항미사일을 발사한 사건을 여기에 가져오다니 정말 대단하시다.

[6단락] 대통령 선거의 결과를 이다지도 예측을 못하니 보수가 줄곧 패배하고 있는 것이다. 2017년이 한참 지난 뒤지만, 내게도 그당시에 예측할 기회가 주어진다면, 다음과 같이 말하겠다. "스스로 보수라 일컫는 수구 세력들은 앞으로 10년간 선거에서 패배할 것이오. 그 결정타는 21대 총선이 될 것이니 기대하지 마시라. 요즘 젊은이들 말을 빌리면, 아닥하고[11] 집에서 조용히 쉬시오."

[7단락]에서 당신의 감정은 드디어 자제력을 잃는군요. 국민이 직접 뽑는 대통령 선거에서는 도저히 이길 자신이 없으니, 그저 전직 대통령처럼 어떠한 명분을 달아서라도 탄핵을 하고 싶은 거군요. 그러면 '한 달 뒤 대한민국'이라는 상상력의 칼럼 뒤에 숨지 말고 차라리 광화문으로 가서 집회를 주도하는 것이 어떠한지요?

[8단락] 당신의 글에서 진실을 발견할 수도 있군요. '안보로 한 발짝 우클릭'이란 표현은 사실성에 기반한 표현으로 보입니다. 그러나 [6단락]에

---

11 '아닥하다'는 '아가리 닥치다' 정도로 풀이할 수 있는 인터넷에서 사용하는 신조어로 비속어이다. '아가리' 역시 '입을 속되게 이르는 말'로 '닥치다'와 더불어 격한 표현이기는 하지만 화용상 필요한 것으로 보고 사용한다.

서 '안철수'를 희망하더니 여기서는 또 그도 대안이 아닌가 봅니다. 당신에게는 남북이 자체적으로 평화를 이야기하는 직접회담에 대한 고려는 어디서도 발견하기 어렵네요. 전형적인 식민지 지식인의 모습입니다. 마치 일제강점기에 일본에게 나라를 바쳐야 백성을 살릴 수 있다는 그 논리처럼.

[9단락] 아니, 도대체 혼자 상상하고선 왜 대선 후보들에게 대책을 내놓으라는 것인가. 그리고 무슨 해법? 국가 보안 해법? 그저 한 신문사의 논설위원이 상상한 것에 대해 대선 후보들이 대안을 제시할 만큼 한가한가. 이런 글에 댓글에서 자주 하는 말이 있다. "기레기 일기는 일기장에 써야지." 이 말을 인용함으로써 해석을 대신한다.

[사족1] 칼럼 분석이란 명분으로 여과 없이 감정을 쏟아낸 해석자가 몇마디 덧붙인다. 제발 글 쓰는 것이 직업인 신문사 논설위원이 이 따위 칼럼을 1주일 뒤(2017년 4월 20일) 자기복제형 칼럼을 또 쓰는 것은 아니지 않나? 이러면서 다른 일, 사람을 비판한다고? 최소한의 얼굴은 갖고 살자. 누가 보면 어떻게 하려고 이렇게 글을 쓰나? 그리고 신문사 편집국은 이런 짓을 2주나 받아주는 이유가 뭔가?[12] 혹시 진보 대통령이 되면 앞으로

---

12 이러한 의문은 2018년 4월 23일 고발뉴스 민동기 미디어 전문기자의 기사 〈이정재 중앙 칼럼니스트가 '1년 후 대한민국'을 써야 하는 이유〉에서도 다음과 같이 제시되어 있다. "더불어민주당에서 이의제기 신청을 했고, 인터넷선거보도심의위원회와 선거기사심의위원회는 해당 칼럼을 비롯해 이정재 칼럼니스트의 또 다른 칼럼 〈3주 후 대한민국〉에 각각 경고 제재를 내렸습니다. 신문에 실린 칼럼에 '제재' 조치를 내리는 것이 온당하냐는 반론도 있을 수 있습니다. 하지만 저는 그전에 중앙일보에서 '이런 칼럼'이 그대로 실릴 수 있었던 내부 논의과정이 더 궁금합니다. 이 정도 글이라면 당연히(!) 논란이 된다는 점을 분명히 알고 있었을 거란 얘기입니다. 논란이 될 것을 예상하지 못했다면 그건 중앙일보 내부 시스템에 상당히 문제가 있다는 걸 보여주는 것 밖에 안 됩니다. 또 하나. 당시에도 논란이 됐고, 제재 조치까지 받았기 때문에 저는 중앙일보가 어떤 논의를 거쳐 '이런 칼럼'을 신게 됐는지 독자들에게 설명하는 게 책임 있는 태도라도 봅니다. 하지만 중앙일보는 아직 '그 부분'에 대해 책임 있는 설명이나 해명을 내놓지 않고 있습니다." [출처: 고발뉴스닷컴]
http://www.gobalnews.com/news/articleView.html?idxno=24891

살 길이 막막해서 쫄리시나?

[사족2] 결국 이 두 편의 글은(사실 글이라고 말하기조차 민망하지만) 칼럼 필자의 뇌피셜[13]일 뿐이다. 나아가 평범한 독자가 읽기에는 너무나도 칼럼 필자의 속내가 드러난 글, 혼자 쓰면서 얼마나 만족했을지는 모르지만 적어도 스스로가 가장 부끄러웠을 글이다. 아니다. 이 분의 안위를 걱정해야 한다. 2018년 4월 27일 판문점 남쪽 '평화의 집'에서 3차 남북정상회담이 개최된 이후 이 칼럼을 쓴 필자는 어떤 선택을 했을까? 또한 2019년 6월 30일 도널드 트럼프 미국 대통령과 김정은 북한 국무위원장의 판문점 회동은 어떻게 생각할까? 더 이상 칼럼의 필자를 자극하지 않겠다. 그도 다 이유가 있었으리라는 생각도 들기 때문이다.

[사족3] 지금까지의 칼럼에 대한 나의 글(문자로 그린 그림일지도)에 너무 흥분하지 마시라. 내가 이 글을 쓰는 날은 2020년 4월 16일 이후, 더불어민주당이 국회의원 180석을 얻은 이후이니. 난 상상하지 않았고, 그냥 이 글을 읽은 소회를 밝혔을 뿐. 분석하기에는 내 열정이 아까워서.

[사족4] 그런데 이 칼럼을 쓴 필자가 2020년 3월 25일 (사)한국바른언론인협회(이사장 최재영)가 선정한 제1회 바른언론인대상 칼럼상을 수상했다고 중앙일보(2020년 3월 26일 16면)가 전한다. 이제부터 나도 아닥한다. 유구무언.

칼럼 (45)에서 찾을 수 있는 일반 독자가 확인 가능한 사실성 논거는 ①~④정도로 볼 수 있다. 이 논거를 기반하여 (45)와 같이 말도 안 되는 상상으로 칼럼을 쓰고 희망하는 것이 "아예 두 사람이 끝장 토론을 벌여 보라. 그래서 안보 이슈를 국가적 담론으로 끌어올려 보라."라는 것인가.

13　국립국어원의 우리말샘을 참고하면, 뇌피셜은 한자 "뇌(腦)와 영어 official이 더해진 말로서, 주로 인터넷상에서 객관적인 근거가 없이 자신의 생각만을 근거로 한 추측이나 주장을 이르는 말"로 풀이 되어 있다. 결국 필자의 자기 생각이라는 것이다.

〈"이건 그냥 상상이다. 다시 말하지만 이건 그저 상상이다."〉라고 두 번씩이나 표현하고 있지만, 정말 기가 막히는 칼럼이 아닐 수 없다.

제11장
마무리

　신문 기사의 언어를 왜, 어떻게 읽을 것인가에 대한 해답을 구하고자 출발한 이 저술의 목표는 크게 두 가지 방향이었다. 하나는 언어 기호를 가장 중요한 매개 수단으로 사용하는 신문의 언어 전략을 일반 대중이 보다 쉽게 이해할 수 있는 기초 자료를 제공하는 것이다. 다른 하나는 정교하고 치밀하게 사용된 신문사의 언어 전략을 대중들이 의사소통 상황에서 적절하게 활용하는 방법을 제공하여 일반 대중의 인문사회과학적 소양 함양에 기여하는 것이다.

　이 저술은 문자언어가 주된 전달 수단인 신문 기사를 독자가 어떻게 이해하고 그것을 활용할 것인가를 모색하는 것을 목적으로 하는 교양서이다. 흔히 신문 기사는 어휘의 개념적 의미를 중심으로 독자에게 정보를 전달한다고 생각한다. 그런데 독자에 따라 동일한 기사를 긍정적 또는 부정적으로 해석하는 경우가 많다. 이처럼 독자에 따라 신문 기사의 수용이 달라질 수 있는 것은, 각 개인이 갖고 있는 어휘의 연상적 의미 차이 때문일 수도 있고, 신문사가 사용하는 언어 전략의 설득 기제나 이데올로기 때문일 수도 있다.

따라서 독자들이 신문 기사의 언어를 어떻게 수용하고 있는가는 신문 기사 텍스트 판단에서 매우 중요한 문제이다. 그래서 일반대중에게는 언어적인 관점에서 신문 기사를 이해할 수 있는 교양서가 필요하다. 이 연구는 그러한 필요성을 충족하고자 저술하였다.

이 저술의 제1부에서는 신문 기사의 구성 방식을 면밀히 살펴보고, 언어적 특성을 언어 전략과 이데올로기의 측면에서 분석하였다. 제2부에서는 신문의 언어가 활용 가능한 텍스트임을 신문 기사 제목의 유형을 계량화하고 그 유형화에 따라 내용을 분석하였다. 제3부에서는 비판적 읽기 텍스트로서의 신문 언어에 대하여 신문 기사의 작성에서 사용하는 언어 기제를 중심으로 비판적 담화분석을 활용하여 1면 톱기사와 사설, 칼럼의 제목과 본문을 분석하였다. 지금까지 저술한 구체적인 내용을 간략히 제시한다.

제1부에서는 신문 텍스트의 기사의 구성 방식과 언어 특성에 대하여 저술하였는데, 주요 내용은 보도 기사의 헤드라인, 리드, 본문 분석, 오피니언 기사의 제목, 첫 문장, 본문의 논증 구조 분석, 신문 기사의 어휘 특성, 문장 구조 특성 분석, 신문 기사의 언어 전략 분석, 신문 기사의 이데올로기 분석 등이다.

① 신문 기사를 이해하기 위하여 헤드라인, 리드, 본문의 구성 방식과 특성을 제시하였다.
② 신문 기사의 언어를 어휘 측면과 문장 구성의 측면에서 파악하였다.
③ 신문 기사의 언어 전략을 이해하기 위하여 설명전략과 설득전략으로 나누어서 분석하였다.

④ 신문에서 사용되는 이데올로기 표현 전략을 개념적, 연상적, 주제적 의미로 나누어 기술하였다.

제2부에서는 실용적, 효율적 언어 텍스트로서 신문 언어의 활용 방법을 제시하는 내용으로 저술하였는데, 편집자, 독자의 관점에서 신문 언어, 말하기에서 신문 언어 활용법, 글쓰기 자료로서 신문 언어 활용법, 신문 언어의 논리 구조를 분석하였다. 주요 내용은 의사소통 상황에서 신문 기사 활용 방법 분석, 신문 기사 언어의 논리 구조 분석, 신문 언어의 메시지 전략 분석, 신문 언어의 주장 방법 분석, 신문 언어의 논거 제시 방법 분석, 신문 언어의 글쓰기 방법 분석 등이다.

① 의사소통 과정에서 발신자로서 신문 언어의 가치와 수신자로서 신문 언어의 가치, 메시지 자체에 어떤 내용을 포함하는가에 대하여 분석하여 기술하였다.
② 말하기에서 신문 언어를 활용하기 위해서 주장과 논거를 어떻게 제시하는가를 분석하여 언어 전략의 사례로 제시하였다.
③ 글쓰기에서 신문 언어를 활용하기 위해서 육하원칙을 어떻게 사용하며 글을 쓰는지, 글의 주제문을 적을 때 보도 기사의 리드를 어떻게 활용할 것인지, 다른 자료를 어떻게 인용하여 글쓰기를 하는지를 분석하여 언어 전략을 제시하였다.
④ 신문 기사에서 설명형 논리구조와 논증형 논리구조를 분석하여 그 특성을 제시하였다.

제3부에서는 신문 읽기 전략의 이해에서는 구체적인 신문 읽기 방법을 신문 기사의 언어 기제, 비판적 신문 읽기의 구체적 분석 사례를 제시하였다. 비판적 읽기 텍스트로서 신문 기사를 분석한 내용은 먼저 올바른 신

문을 읽기 위하여 가짜뉴스 개념 정리하고, 가짜뉴스 생산에 작용하는 언어 기제를 제시한 것으로 시작한다. 다음으로 비판적 신문 읽기 전략을 위하여 신문 기사 작성에서 사실성 갖추기, 명시성 표현하기, 완결성 갖추기, 균형성 유지하기 등의 언어 기제를 확인하여 구제적인 기사의 분석 방법을 제시하였다. 마지막으로 보도 기사와 오피니언 기사의 제목과 본문을 분석한 사례를 제시하였다.

① 가짜뉴스와 신문 언어를 분석하는 방법을 제시하기 위해서 가짜뉴스의 언어 특성과 비판적 담화분석 이론을 제시하였다.
② 신문 기사에서 사용하는 언어 기제를 사실성 갖추기, 명시성 표현하기, 완결성 높이기, 균형성 유지하기로 나누어서 구체적인 사례를 분석하여 제시하였다.
③ 신문 기사를 비판적으로 읽기 위하여 신문 기사의 종류를 보도 기사, 사설, 칼럼으로 나누어 언어 기제의 특성을 분석하고 그 사례를 제시하였다.
④ 마무리로 이 저술의 전체 내용을 휘갑하고 앞으로의 연구 전망을 예상해 보았다.

이 저술은 독자가 어떻게 하면 신문 기사를 주체적으로 수용할 것인가에 대한 고민으로 시작한 것이었다. 그런데 실제 연구를 마감한 이 시점에 돌이켜 보면, 신문 기사의 분석 원리를 근원적으로는 제시하기 어렵다는 결론이 나온다. 다만 여러 가지 주제로 다양하게 보도된 신문 기사를 언어 기제와 비판적 담화분석을 기준으로 분석한 사례를 제공함으로써 이를 경험한 독자들이 스스로 신문 기사를 분석할 수 있는 능력을 키워주고 싶은 의도를 조금이나마 충족했으면 하는 바람이다.

미디어 텍스트의 경우 그것이 보도 기사든, 사설이든, 칼럼이든 비판적으로 수용할 필요가 있다. 비판적이란 용어가 거슬린다면 논리적 사고를 거쳐 주체적 수용이라는 말로 대신할 수도 있을 것이다. 우리는 누구나 주관적 판단으로 신문사나 개인의 주장을 펼칠 수 있음을 인정해야 한다. 다만 그 과정이 논리적 타당성을 최대한 확보하려는 노력이 윤리적 기준으로 작용해야 한다는 것이다. 더욱이 그것이 공공성을 유지하려는 대중매체 텍스트일 경우에는 윤리적 기준이 더욱 분명히 작용해야 한다. 학문적이든 대중적이든 어떤 기준으로 텍스트를 분석할 때 그것이 객관적으로 인정되기는 어렵다. 따라서 논리적인 검증을 통한 타당성 확보를 위해 최선의 노력을 아끼지 말아야 한다.

미디어 텍스트는 텍스트 특성상 언제나 담화적 실천과 사회적 실천이 동반될 수밖에 없다. 곧, 미디어 텍스트는 그 영향력이 크든 작든 언제나 다른 텍스트를 이끌어낸다는 점에서 담화적 실천이 동반된다. 또한 미디어 텍스트는 그 목적이 여론의 흐름에 영향을 끼치는 것이다. 그것은 우리 사회의 어떤 제도의 변화, 인식의 변화에 영향을 미치게 되고 결국 사회적 실천을 동반할 수밖에 없다. 그 과정에서 형성되는 이데올로기, 헤게모니 등은 언제나 논란이 되고 수용자의 관점에 따라 가치를 다르게 갖게 될 것이다. 또한 한 미디어 텍스트가 실현되어 그것으로 인하여 발생하는 담화적 실천과 사회적 실천이 어떻게 펼쳐지는가는 그것을 보는 사람의 관점에 따라 다를 수밖에 없다.

그런데 저술을 마무리하는 이 즈음에 비판적 담화분석에서 practice라는 용어를 우리말로 번역하여 사용할 때 '관행'이라는 용어로 사용하는 것과 '실천'이라는 용어로 사용하는 것에서 큰 차이가 있겠다는 생각이 든다. 곧, 비판적 담화분석에서 practice를 관행으로 번역하는 것과 실천으로 번역하는 데는 매우 큰 '사회적 의미'의 차이가 있다. 예컨대, 특정 기사에서 어떤 사실을 표현한 부분을 두고 기사의 텍스트 실천이라고 하는 것과 텍스트 관행이라고 하는 것에는 독자에게는 매우 큰 차이가 느껴지는 부분이다. 곧, 텍스트 실천이라고 하면 긍정적 의미에서 기사를 바라볼 가능성이 높고, 텍스트 관행이라고 하면 부정적으로 기사를 수용할 가능성이 높다. 그것은 관행이라는 어휘가 주는 사용적 의미 때문이라고 생각한다. 마찬가지로 담화적 실천을 담화적 관행으로, 사회적 관행을 사회적 실천으로 번역하여 사용했을 때 독자가 느끼는 의미 차이는 크다. 용어가 어떻게 자리 매김 되는가는 미디어 언어에서는 대단히 중요한 위치를 차지한다.

그래서 미디어 텍스트를 다루는 연구자들은 최대한 그것에 대한 분석을 할 때 논리적인 타당성을 중심으로 분석하는 것이 최선의 방법이다. 하지만 이 저술은 이러한 평가에 스스로 만족하기는 어렵다. 많은 부분 분석에서 기준에 따라 분석하려고 했지만, 내용을 보면 주관적으로 기준을 적용한 것을 부인하기 어렵기 때문이다. 더욱 더 보완할 필요성을 느끼는 이유이다. 그러나 인간은 언제나 2% 부족하다고 느끼는 것처럼 그 한계를 극복할 수 있다는 확신은 없다. 하지만, 지금 이 순간은 이것이 최대치라고 위안으로 삼는다.

이제 우리는 다양한 미디어플랫폼에 살면서 스스로 뉴스를 생산하기까지에 이르렀다. 그런데 이러한 시대에 수없이 생산되는 뉴스는 그 사실성을 담보하기가 매우 어렵다. 또한 그러한 미디어에서 뉴스를 수용하는 사람 역시 뉴스에 대한 신뢰성을 갖지 못하는 경우가 많다. 이러한 정보의 수용은 뉴스의 사실성 확인은 등한시하면서 자신의 가치 체계와 신념에 맞는 정보만 선택적으로 수용하는 경향을 띤다. 그래서 스스로의 의견을 재강화하고 심지어 그것을 아집으로까지 만들어 '확증편향(Confirmation Bias)'

이 더욱 강화되어 버리는 결과를 초래한다.

이 저술이 독자들에게 조금이라도 유용한 자료가 되어 다음과 같이 활용된다면 글쓴이로서 더 없는 행복을 느낄 수 있을 것이다.

먼저 이 저술이 신문 기사의 언어 표현을 체계적으로 파악함으로써 미디어가 점점 발달하여 대중의 판단을 현혹시키려는 이 시대에 대중의 정체성을 지킬 수 있는 교양서가 되기를 기대한다. 기존의 신문 언어에 대한 연구가 비판적인 관점이 중심인데, 이 저술은 대중의 신문 언어 활용 방법과 비판적 읽기를 아울러 제시하는 점에서 차이가 있다. 곧, 신문사가 이데올로기를 헤드라인, 보도 기사, 사설, 칼럼, 광고기사 등에 치밀하게 반영한 언어 전략을 파악하여 활용할 필요가 있다는 것이다. 따라서 다양한 의사소통 상황에서 적절한 텍스트로 활용할 수 있을 것이다.

다음으로 이 저술은 대중의 신문 언어에 대한 새로운 이해 방향을 제시함으로써 대중들이 신문사에 갖고 있는 부정적인 시각을 바로잡고 신문 기사를 효과적으로 활용하는 토대를 제공하여 새로운 지식을 축적할 수 있는 계기를 만들 수 있을 것으로 기대한다. 곧, 종이 신문의 필요성을 언어 전략의 차원에서 이해하게 된다면, 점점 축소되는 경향이 있는 종이 신문의 시장에 새로운 변화가 나타날 수도 있을 것이다.

나아가 이 저술은 대중매체 전반의 언어 기제 연구를 위한 기초 자료가 될 수 있다. 대중매체에 대한 관심은 그 영향력 때문에서라도 점점 확대되고 있다. 미디어 환경의 변화로 방송, 인터넷과 같은 미디어가 점점 다양하게 발전하고 있다. 그 모든 미디어의 매개체로 언어 기호는 여전히 중요한 기능을 담당하고 있어서 이에 대한 관심은 늘어갈 것이다. 따라서 신문 언어의 체계적인 분석과 이해는 다른 대중매체의 연구에 의미 있는 자료가 될 것으로 기대한다.

　　　　　　　　　　　　　　　　신문 언어 어떻게 이해할 것인가?

마지막으로 이 저술이 독자들의 신문 기사에 대한 명확한 이해를 바탕으로 이른바 가짜뉴스가 난무하는 이 시대에 잘못된 기사에 대한 정확한 판단을 할 수 있는 인문사회학적 소양을 기르는 데 도움이 되기를 희망한다.

　　덧붙여 한 마디만 더 한다. 처음 이 저술을 시작할 때의 기대는 신문의 보도 기사나 오피니언 기사를 면밀히 분석하면 그들이 기사 작성에 사용한 특별한 언어 기제가 있을 것으로 기대했다. 그래서 그 특별한 언어 기제를 대중이 신문 기사와 같은 명쾌한 언어 표현이 필요한 텍스트를 작성할 때 사용할 정보를 제공하는 것이 이 저술의 주요 목적이었다. 그런데 실제로 신문 기사의 언어를 분석한 결과 대부분은 자신의 생각을 다른 사람에게 전달할 때 정확하게 전달하는 것보다는 왜곡해서 전달하는 방식을 사용하고 있었고, 사실을 그대로 독자에게 전달하기보다는 기사 작성자의 의도를 최대한 포함하여 전달하기 위하여 사실을 선택적으로 수용하는 방식을 사용하고 있었다. 따라서 이 저술에서도 신문 기사의 작성의 언어 기제를 바탕으로 오히려 기사를 비판적 읽는 방법을 제공하는 방향으로 마무리되었다. 이러한 부분에 대하여는 독자들의 너그러운 이해와 현명한 수용을 바랄 뿐이다.

참고문헌

〈논문〉

강길호(2001), 「시사·보도 프로그램의 언어사용 실태 및 개선방안 연구」, 『방송프로그램언어분석연구』.

강길홍(2015), 「모바일뉴스 시대의 미디어 신뢰도에 관한 연구」, 중앙대석사학위논문.

강현직(2012), 「신문기사 제목의 결정요인에 관한 연구」, 『디지털정책연구』10-8, 한국디지털정책학회.

고영철(2012), 「한·미 지역일간지 1면 기사의 보도방식 비교」, 『언론과학연구』12-3, 한국지역언론학회.

권순희(2002b), 「하이퍼미디어시대의 표현방식」, 국어교육학회 제20회 학술발표대회, 국어교육학회.

권우진(2002), 「신문 표제어에 대한 사회언어학적 연구」, 『사회언어학』10-2, 한국사회언어학회.

권음미(1993), 「미디어 읽기 능력(media literacy)을 위한 텍스트 접근법에 관한 연구」, 서강대석사학위논문.

권익호 외(2011), 「신문광고 헤드라인에 대한 한,일 대조연구」, 『일본언어문화』18, 한국일본문화언어학회.

김경숙(2003), 「신문텍스트의 가변성에 관한 다중변인 분석」, 숭실대박사학위논문.

김관규(2013), 「인쇄신문과 인터넷신문의 동일 기사 제호 비교분석에 관한 연구」, 『언론과학연구』13-4, 한국지역언론학회.

김관규·김진원(2010), 「인쇄신문과 인터넷신문의 기사 표제 차이에 관한 연구」, 『언론과학연구』10-2, 한국지역언론학회.

김금주(2012), 「포털 뉴스 제목의 특성에 관한 연구: 포털, 신문사닷컴, 종이신문의 비교분석」, 성균관대석사학위논문.

김동환(2010), 「인지언어학의 연구방법론」, 『우리말연구』27, 우리말학회.

김두겸(1999), 「한·미·일 신문 면 지면 구성에 관한 비교연구」, 성균관대석사학위논문.

김민영(2007), 「TV 뉴스 헤드라인에 대한 텍스트언어학적 고찰」, 『텍스트언어학』23, 텍스트언어학회, 95~127.

김병홍(2012), 「대중매체 언어분석 방법론」, 『우리말연구』30, 우리말학회.

김봉순(1999), 「신문 기사에 반영된 필자의 주관성」, 『텍스트 언어학』7집, 한국텍스트언어학회.

김상욱(1992), 「담론, 이데올로기, 국어교육」, 『선청어문』20, 서울대 국어교육과.

김서중(2007), 「'헤드라인 저널리즘'의 역기능과 해결방안」, 『언론중재』봄, 언론중재위원회.

김선진(2010), 「낚시성 기사 제목의 활용 실태 연구」, 『디지털디자인학연구28』, 한국디지털디자인학회.

김성진(1998a), 「국어교육의 대중문화 수용을 위한 시론」, 『국어교육연구』5집, 서울대 국어교육연구소.

김수진(2011), 「신용카드 TV광고의 의미생성과정과 이데올로기에 관한 연구」, 『기초조형학연구』12-1, 한국기초조형학회.

김양은(1994), 「미디어 교육에 관한 연구」, 중앙대석사학위논문.

김영만(2005), 「매체를 활용한 읽기·쓰기 교육 방안 연구」, 고려대박사학위논문.

김영선(1999), 「설득적 텍스트의 비판적 읽기 방법 연구」, 서울대석사학위논문.

김영수(1987), 「미디어 리터러시 교육」, 『교육공학연구』제3권 제1호, 한국교육공학회.

김영준(2003), 「한국 신문의 이념 스펙트럼」, 중앙대석사학위논문.

김용재(1997), 「대중 매체문화의 국어교육적 함의」, 『한국초등국어교육』제13집, 한국초등국어교육학회.

김용진(2003), 「신문 사설 제목의 사회언어학적 분석」, 『사회언어학』11-1, 한국사회언어학회.

김위근(2018), 「언론 신뢰도에 대한 시민 인식 조사」, 『Media Issue』4권 3호, 한국언론진흥재단.

김인영 외(2008), 「사회적 약자로서 '비정규직' 보도에 나타난 쟁점주기와 발전단계 및 프레임 특성 분석」, 『커뮤니케이션학연구』16-1, 한국커뮤니케이션학회.

김지우(2004), 「방송언어에 나타난 오용 사례와 개선 방안」, 홍익대석사학위논문.

김정기·김학수(1999), 「한국 언론인의 취재 보도 행태에 관한 연구」, 김정기 외 지음, 『한국 언론의 병리』, 커뮤니케이션북스.

김정자(2001), 「텔레비전뉴스의 비판적 시청과 국어교육적 함의」, 『국어교육연구』8, 서울대국어교육연구소.

김태환(2000), 「국어과 텔레비전 리터러시 교육 방안 연구—텔레비전 뉴스를 중심으로」, 서울대석사학위논문.

김한규·서성북(2006), 「신문 표제어의 삭제구조 및 사회언어학적 의미」, 『현대영어교육』7-2, 현대영어교육학회.

김혜정(1997), 「신문 표제어의 텍스트 양상 연구」, 『선청어문』25, 서울대학교 국어교육과.

김혜정(2002), 「텍스트 이해와 과정과 전략에 관한 연구」, 서울대박사학위논문.

김홍규(2006), 『평준화 보도에 대한 비판적 담론분석』, 한국교원대석사학위논문.

김홍범·박동근(2001), 「신문 기사 제목에 쓰인 상징어의 분석」, 『배달말』29, 배달말학회.

김희진(2005), 「잘못된 단어, 사동법과 명령법 오용」, 『신문과방송』10, 한국언론진흥재단.

민병곤(2000), 「신문 사설의 논증 구조 분석」, 『국어국문학』127, 국어국문학회.

민병곤(2001), 「논증 이론의 현황과 국어 교육의 과제」, 『국어교육과학연구』12집, 국어교육학회.

민병곤(2004), 「논증적 텍스트의 생산 과정에서 논증 도식의 운용 양상에 대한 분석 및 교육적 시사」, 국어교육학연구18, 국어교육학회.

박거용(1995), 「신문담론분석을 위한 예비적 연구」, 『인문과학연구』4, 상명대인문과학연구소.

박광숙(2006), 「텔레비전 뉴스 텍스트의 국어교육적 접근」, 전주교대석사학위논문.

박금자(1999), 「일간신문제목에 나타나는 응집성, 패러디, 생략현상」, 『텍스트언어학』7, 텍스트언어학회.

박미영(2013), 「신문사의 이데올로기와 헤드라인 번역」, 『통번역학연구』17-3, 한국외대

신문 언어 어떻게 이해할 것인가?

통번역연구소.

박선이·김경모·고민경(2010), 「한국 신문 오피니언 칼럼의 젠더 특성 분석」, 『한국언론학보』54-1, 한국언론학회.

박선홍(2014), 「다매체시대 한국 신문 지면구성에 관한 연구」, 인하대박사학위논문.

박선희(2002), 「언론의 정치적 현실 구성에 대한 담론 분석」, 『정치·정보연구』5-1, 한국정치정보학회.

박영목(2001), 「쓰기 교육과 읽기 교육에 대한 텍스트언어학적 연구의 동향」, 텍스트언어학10, 텍스트언어학회.

박용익(2000), 「신문텍스트의 대화성과 행위유형」, 텍스트언어학8, 텍스트언어학회.

박정순(1999), 「미디어 내용에 대한 의문」, 『텍스트언어학』7, 텍스트언어학회.

박정준(1994), 「담론의 텍스트 언어학적 분석 연구」, 서울대석사학위논문.

박준호(2006), 「논증의 종류와 평가의 기준」, 『범한철학』 제42집, 범한철학회.

방영덕·박재영(2009), 「인터넷 뉴스의 기사선택과 제목 편집」, 『한국방송학보』23-3, 한국방송학회.

배승호(2001), 「정치와 관련된 은유 표현」, 『한국어의미학』8, 한국어의미학회.

서덕희(2003), 「교실붕괴 기사에 대한 비판적 담론 분석」, 『교육인류학연구』6-2, 한국교육인류학회.

서은아(2011), 「신문 광고 어휘의 품사별·어종별 분포 양상」, 한글294, 한글학회.

송용회(2005), 「한국종합일간지기사의 사실성 입증기제에 관한 연구」, 『한국언론학보』49-3, 한국언론학회.

신명선(2002), 「사회적 실천 행위로서의 읽기 방법의 설계에 대한 시고」, 『국어교육학연구』14, 국어교육학회.

안병길(2002), 「담화유형, 텍스트유형 및 장르」, 『현대영미어문학』20-2, 현대영미어문학회.

언론개혁시민연대(1999), 「10대 일간지 수용자참여실태 모니터결과」, 『월간언론개혁』11월호.

오인환 외(2003), 「상소의 설득구조에 관한 연구」, 『한국언론학보』47-3, 한국언론학회.

왕문용(1999), 「신문의 매체언어」, 『선청어문』27집, 서울대 국어교육과.

유재천(2003), 「칼럼, 칼럼니스트론」, 『저널리즘 평론 16호』, 한국언론재단.

윤강구(2010), 「글쓰기를 위한 '社說 읽는 법'」, 조선일보, 2010. 4. 21, A37면.

윤성옥(2018), 「가짜뉴스의 개념과 범위에 관한 논의」, 『언론과법』17⑴, 한국언론법학회.

이기형(2006), 「담론분석과 담론의 정치학」, 『언론과 사회』14-3, 언론과 사회.

이민웅(2002), 「좋은 뉴스의 으뜸가는 조건으로서의 진실보도」, 『언론과 사회』10-3, 성곡 언론문화재단.

이병규(2008), 「한국어의 특징」, 『국외한국어교사를 위한 한국어강의자료집』, 국립국어원.

이병주 외(2005), 「사설의 논증적 분석」, 『스피치와 커뮤니케이션』 제4호, 한국스피치커 뮤니케이션학회.

이상국(2007), 「'헤드라인 저널리즘'의 이상과 현실」, 『언론중재』봄, 언론중재위원회.

이선묵(1994), 「일간신문과 대중신문의 표제어에 나타난 생략현상」, 『텍스트언어학』1, 텍스트언어학회.

이성만(2001), 「논증이론과 논증분석」, 고영근 외, 『한국 텍스트 과학의 제과제』, 역락.

이성만(2002), 「신문언어의 텍스트언어학적 연구⑴」, 『텍스트언어학』13, 텍스트언어학회.

이성만(2005), 「페어클러프(Fairclough)의 비판적 담화분석」, 『독일어문학』28, 한국독일어문 학회.

이승선(2011), 「신문제목으로 인한 명예훼손의 법적 책임」, 『사회과학연구』22-2, 충남대 사회과학연구소.

이영옥(2002), 「한영간 신문 표제어 표현의 차이」, 『커뮤니케이션학연구』10-1, 한국커뮤 니케이션학회.

이원표(2005), 「신문 사설에서의 이념 표현에 대한 언어학적 분석」, 『사회언어학』13-1, 한국사회언어학회.

이재경(2000), 「오피니언면의 현황과 특성」, 삼성언론재단 오피니언면 세미나 자료집.

이재원(2008), 「신문기사 제목과 본문사이의 텍스트언어학적 전략들」, 『언어와언어학』 41, 한국외대언어연구소.

이주행(1990), 「기사의 문제점과 개선방안」, 『신문 기사의 문체』, 한국언론연구원.

이주행(1992), 「신문, 잡지 광고에 나타난 언어의 문제」, 『새국어생활』2-2, 국립국어연구원.

이주행(2003), 「신문의 언어 사용 실태와 개선 방안에 대한 연구」, 『국어교육학연구』16, 국어교육학회.

이준웅 외(2007), 「기사 제목에 포함된 직접인용부호 사용의 문제점과 원인」, 『한국언론학보』51-3, 한국언론학회.

이준웅(2017), 「가짜 뉴스와 사실확인 보도」, 『관훈저널』143, 33~40쪽, 관훈클럽.

이준웅·김경모(2008), 「'바람직한 뉴스'의 구성 조건」, 『방송연구』67호, 한국방송학회.

이준호(2007), 「저널리즘 측면에서 바라 본 '헤드라인 저널리즘'」, 『언론중재』봄, 언론중재위원회.

이준희(2003), 「신문 언어에 관한 일고찰」, 『우리어문연구』21, 우리어문학회.

이진희(2004), 「매체담화에서 나타나는 이데올로기 구현의 언어적 전략」, 연세대석사학위논문.

이홍식(2005), 「텔레비전 방송 보도문의 언어 표현」, 『텍스트언어학』19, 텍스트언어학회.

이희완(2006), 「제목 바꾸기로 뉴스의 진성성 하락」, 『신문과방송』2, 한국언론진흥재단.

임종섭(2017), 「언론의 위기와 가짜 뉴스 파동」, 『관훈저널』142, 관훈클럽.

임태섭(2000), 「미디어 언어 비평」, 『한국커뮤니케이션학』8-1, 한국커뮤니케이션학회.

장민정(2012), 「신문기사의 텍스트언어학적 대조분석-한국, 미국, 일본의 재난뉴스를 중심으로」, 한양대박사학위논문.

장소원(2003), 「TV 뉴스 보도문의 텍스트 언어학적 분석」, 『텍스트언어학』15, 텍스트언어학회.

장은경(2010), 「인터넷 신문 헤드라인(headline)의 표현 형식」, 『한민족문화연구』34, 한민족문화학회.

장재성(1998), 「사설 문장의 개선」, 『한국 신문 방송 말글 변천사: 독립신문 100돌 기념』, 한국교열기자협회.

전규찬(2003), 「한국의 신문 칼럼 내용 분석」, 『저널리즘 평론 16호』, 한국언론재단.

정여훈(2006), 「신문 제목의 유형 및 그 실현 양상」, 『사회언어학』14-1, 한국사회언어학회.

정연우(1993), 「상업성의 제물이 된 한국언론」, 『저널리즘 비평』제11권, 77~80쪽, 한국언론학회.

정태철(1995), 「제목소비자의 증가와 신문제목의 이해도」, 『한국언론학보』33, 한국언론학회.

조수선(2005), 「온라인 신문 기사의 제목과 개요 효과」, 『한국언론학보』49-2, 한국언론학회.

조영돈(2001), 「논증적인 글의 텍스트 언어학적 분석」, 경원대박사학위논문.

조영순(2011), 「말뭉치를 이용한 신문 표제어 연구」, 『언어』36-4, 한국언어학회.

조종혁(2011), 「비판적 담론분석(CDA) 방법의 탐구」, 『커뮤니케이션학연구』19-1, 한국커뮤니케이션학회.

조희정(2002), 「사회적 문해력으로서의 글쓰기 교육 연구」, 서울대박사학위논문.

주경희(1999), 「신문 표제어에 나타난 동음어의 사용 양상과 그 기능」, 『국어국문학』124, 국어국문학회.

최영·박창신(2009), 「온라인 뉴스이용에 관한 연구」, 『커뮤니케이션학연구』17-1, 한국커뮤니케이션학회.

최영·박창신·고민경(2010), 「온라인 뉴스의 제목달기 분석」, 『커뮤니케이션학 연구』18-1, 한국커뮤니케이션학회.

최영준(2018), 「국내외 가짜뉴스(Fake News)에 대한 뉴스 공정성 연구논의 탐색」, 『한국사회과학연구』40-1, 청주대학교사회과학연구소.

최종범(2013), 「한국 신문의 헤드라인 유형 및 표현 연구」, 한국외대석사학위논문.

최중홍(2015), 「낚시성 제목에 대한 언론인들의 인식」, 동국대석사학위논문.

한상기(2017), 「가짜뉴스의 현황과 원인, 그리고 대응 방안」, 『이슈&트렌드』 2017년 vol.02, 한국인터넷진흥원.

허웅(1999), 「우리 말글을 보아 온/보는 두 가지 눈」, 『한힌샘 주 시경 연구』12, 한글 학회.

홍창표(2003), 「조선일보와 한겨레신문의 보도성향 비교 연구-송두율 교수 관련 사설을 중심으로」, 고려대석사학위논문.

황용석(2017), 「가짜뉴스 개념 정의의 문제-형식과 내용 의도적으로 속일 때 '가짜뉴스」, 신문과 방송 2017년 4월호, 한국언론재단.

황용석·권오성(2017), 「가짜뉴스의 개념화와 규제수단에 관한 연구」, 『언론과법』16(1), 한국언론법학회.

황종인(1995), 「한국 신문 기사의 제목」, 『새국어생활』5-4, 국립국어원.

〈저서〉

강명구 · 김효명(1998), 『한국 신문 사설의 총체적 분석』, 한국언론연구원.

강상현 · 채백 엮음(2002), 『대중 매체의 이해와 활용(전개정 제3판)』, 한나래.

강승구 · 이은택 · 김진환(1998), 『미디어 비평과 미디어 윤리』, 한나래.

강원국(2014), 『대통령의 글쓰기』, 메디치미디어.

강준만(2001), 『대중매체 이론과 사상』, 개마고원.

강태완 · 김태용 · 이상철 · 허경호(2001), 『토론의 방법』, 커뮤니케이션북스.

고영근 외(2001), 『한국텍스트과학의 제과제』, 역락.

고영근(1999), 『텍스트 이론–언어문학 통합론의 이론과 실제』, 아르케.

국립국어원(1997), 『한국 신문의 문제』 -1990년대-, 국립국어원.

국립국어원 · MBC(2006), 『보도 가치를 높이는 TV 뉴스 문장쓰기』, 시대의 창.

김기태(2003), 「칼럼니스트 의식 조사」, 『칼럼, 칼럼니스트』, 저널리즘평론16, 한국언론
　　　재단.

김대행 외(2004), 『방송의 언어문화와 미디어 교육』, 서울대출판부.

김대행(2001), 「방송 언어문화의 변화 동향과 전망」, 『급변하는 사회의 방송 언어문화 향
　　　상 방안 연구』, 방송위원회.

김두식 편역(1993), 『신문 · 잡지 · 단행본 레이아웃 분석』, 도서출판 타래.

김병희(2000), 『광고와 대중문화』, 한나래.

김상준(1992), 『방송 언어 연구』, 홍원.

김세중(2003), 『신문 문장 분석』, 국립국어원.

김숙현(1994), 『기사 취재에서 작성까지』, 범우사.

김영석(1996), 『여론과 현대사회』, 서울: 나남출판.

김용도(1996), 『텍스트 결속이론』, 부산외국어대학교 출판부.

김위근·이홍천(2015), 『신문 인쇄의 현재와 미래』, 한국언론진흥재단.

김정탁(1998), 『미디어와 인간』, 커뮤니케이션북스.

김종찬(2001), 『신문칼럼-속지 않고 읽는 법』, 새로운 사람들.

김지영(2011), 『피동형 기자들』, 효형출판.

김지용(2008), 『제목 저널리즘』, 미디어포럼.

김진우(1994), 『언어와 의사소통-수사학과 화용론의 만남』, 한신문화사.

김진원(2010), 『알맹이가 안 보여요』, 탐구당.

김치수·김환희·김명숙·최은희(1998), 『기호와 해석』, 한국기호학회, 나남출판.

김태환 외(2000), 『세계 미디어 교육 모델』, 한국언론재단.

김택환·이상복(2006), 『신문의 파워』, 커뮤니케이션북스.

김희진(2000), 『신문 헤드라인 뽑는 법』, 커뮤니케이션북스.

동아일보·코리아리서치센터(2002), 『신문독자조사』, 동아일보.

동아일보사 논설위원실(2002), 『동아일보 칼럼 개선방안』, 동아일보.

동아일보사 심의연구실(2002), 『오피니언난의 외부칼럼 비교분석』, 동아일보.

민현식(2000), 『국어교육을 위한 응용국어학 연구』, 서울대출판부.

박갑수(1990), 『신문 기사의 문체』, 한국언론연구원.

박갑수(1998), 『신문광고의 문체와 표현』, 집문당.

박성창(2000), 『수사학』, 문학과 지성사.

박성희(2004), 『신문 사회면 비교 분석』, 미디어연구소.

박영준 외(2006), 『광고언어론』, 커뮤니케이션북스.

박용익(2001), 『대화분석론』[개정증보판], 역락.

박유봉(1987), 『신문학 이론』, 박영사.

박인기 외(2000), 『국어교육과 미디어 텍스트』, 삼지원.

박정순(1995), 『대중매체의 기호학』, 나남출판.

박종화(2003), 『미디어 문장과 취재방법론』, 한울 아카데미.

박창식(2017), 『언론의 언어 왜곡, 숨은 의도와 기법』, 커뮤니케이션북스.

박희석(2007), 『클릭을 부르는 인터넷 뉴스 헤드라인』, 커뮤니케이션북스.

방송위원회 편(1994), 『미디어 교육 연구』, 방송위원회.

백선기(2001), 『텔레비전 문화의 기호학』, 커뮤니케이션북스.

백선기(2007), 『미디어 그 기호학적 해석의 즐거움』, 커뮤니케이션북스.

서정섭(1999), 『언론과 언어』, 북스힐.

성곡언론문화재단 편(1995, 1997), 『언론과 사회』, 언론과사회사.

손석춘 (2003), 『신문 읽기의 혁명』, 개마고원.

손자희(1992), 「광고언어와 자본주의」, 『문화과학』통권2호, 문화과학사.

송경숙(2002), 『담화분석: 대화 및 토론 분석의 실제』, 한국문화사.

안정임 · 전경란(1999), 『미디어교육의 이해』, 한나래.

우한용 외(2003), 『신문의 언어문화와 미디어 교육』, 서울대학교출판부.

원용진(1996), 『대중문화의 패러다임』, 한나래.

원용진(2000), 『텔레비전 비평론』, 한울아카데미.

원진숙(1995), 『논술교육론』, 박이정.

유세경(1996), 『매스미디어와 현대정치』, 서울; 나남출판.

윤임술(1999), 『한국 신문 사설 총람(상, 하)』, 방일영 문화재단 총서 5, 방일영문화재단.

윤재홍(1998), 『TV뉴스 취재에서 보도까지』, 커뮤니케이션북스.

윤평현(2008), 『국어의미론』, 역락.

이상희 편(1988), 『커뮤니케이션과 이데올로기』, 한길사.

이석규 외(2001), 『텍스트 언어학의 이론과 실제』, 박이정.

이석규(2003), 『텍스트 분석의 실제』, 역락.

이성만(2012), 『미디어 언어의 텍스트화용론』, 경진.

이원표(2001), 『담화분석』, 한국문화사.

이재경(2004), 『기사작성의 기초』, 나무와 숲.

이재호(2000), 『대중매체와 사회』(개정판), 양지,

이충환(2000), 『디지털 시대의 텔레비전 보도문장론』, 나남출판.

이태영 외(2000), 『언어와 대중매체』, 신아출판사.

이현호 외(1997), 『한국현대희곡의 텍스트언어학적 연구』, 한국문화사.

임영호(2005), 『신문원론』, 한나래.

임종업(1998), 『신문기사 제목달기』, LG상남언론재단.

전병선(2004), 『헤드라이닝』, 커뮤니케이션북스.

전병용(2002), 『매스미디어와 언어』, 청동거울.

차배근(1997), 『설득커뮤니케이션 이론』, 서울대출판부.

최윤선(2014), 『비판적 담화분석』, 한국문화사.

한국교열기자회(1998), 『한국신문방송 말글백년사』, 한국프레스센터.

한국언론연구원(1990), 『신문 기사의 문체』, 한국언론연구원.

한국언론재단 편(2000), 『한국의 신문 칼럼』, 한국언론재단.

한국언론진흥재단(2017), 『2017 언론수용자 의식조사』, 한국언론진흥재단.

한국언론진흥재단(2018), 『2018 언론수용자 의식조사』, 한국언론진흥재단.

한국언론진흥재단(2019), 『2019 언론수용자 조사』, 한국언론진흥재단.

한국언론진흥재단(2020), 『2020 언론수용자 조사』, 한국언론진흥재단.

한국편집기자협회 편집연구회(2011), 『세상을 편집하라』, 한국편집기자협회.

한국편집기자협회편저(2001), 『신문 편집』, 한국편집기자협회.

허행량(2000), 『한국의 신문 칼럼』, 한국언론재단.

AC닐슨(2002), 『신문 구독률 조사』, 서울.

〈번역서〉

강주헌 역(2002)/Noam Chomsky(2001), 『촘스키, 누가 무엇으로 세상을 지배하는가』, 시
　　대의 창.

강주헌 역(2005)/Noam Chomsky(1996), 『지식인의 책무』, 황소걸음.

김동민 역(1990)/N.S. Biryukov, 『자본주의 TV의 이데올로기』, 이론과 실천.

김지홍 역(2011)/Norman Fairclough(2001), 『언어와 권력』, 경진.

김지홍 역(2012)/Norman Fairclough(2003), 『담화분석방법』, 경진.

김태옥·이현호 역(1991)/Beaugrande and Dreessler(1981), 『담화·텍스트언어학입문』, 양영각.

나익주 역(2007)/George Lakoff(2006), 『프레임 전쟁』, 창비.

노양진 역(2006)/George Lakoff·Mark Johnson(1980), 『삶으로서의 은유』, 박이정.

박용익 역(2002)/Arnulf Deppermann(2001), 『회화분석론』, 역락.

박육현 역(1999)/Allwin Fill(1993), 『생태언어학』, 한국문화사.

박정규 역(2002)/Marshall Mcluhan(1964), 『미디어의 이해』, 커뮤니케이션북스.

백선기 역(2002)/Ivor Yorke(2000), 『텔레비전 뉴스 제작론』, 커뮤니케이션북스.

백선기 역(2004)/Peter Garrett·Allan Bell(1998), 『미디어 담론』, 커뮤니케이션북스.

백설자 역(2001)/W, Heinemann·D, Viehweger(1991), 『텍스트언어학 입문』, 역락.

유나영 역(2006)/George Lakoff(2004), 『코끼리는 생각하지 마』, 삼인.

이기동 외 역(2000)/Peter Farb(1973), 『말의 모습과 쓰임』, 한국문화사.

이기숙 역(1994)/Rudi Keller(1990), 『언어 변화』, 서광학술자료사.

이기숙 역(2000)/Rudi Keller(1995), 『기호와 해석』, 인간사랑.

이기우·임명진 역(1995)/Walter J. Ong(1982), 구술문화와 문자문화(2판), 문예출판사.

이성만 역(1994)/Klaus Brinker(1992), 『텍스트언어학의 이해』, 한국문화사.

이원표 역(2004)/Norman Fairclough(1995), 『대중매체 담화 분석』, 한국문화사.

정시호 역(1995)/Teun A. Van Dijk(1980), 『텍스트학』, 민음사.

정영인 외 역(1998)/James Milroy(1991), 『언어변이와 변화』, 태학사.

조명원·나익주 역(1997)John R, Taylor(1995), 『인지언어학이란 무엇인가』, 한국문화사.

최현욱 외 역(1986)/R, A, Hudson(1980), 『사회언어학』, 한신문화사.

홍재성·권오룡 역(1994)/Olivier Reboul(1980), 『언어와 이데올로기』, 역사비평사.

황적륜 외 역(1994)/Fasold, R.(1990), 『사회언어학』, 한신문화사.

〈외국자료〉

David Lightfoot(1988), 「Syntactic change」, F J, 『Newmyer Edited, Linguistics』: The Cambridge Survey, vol.1. Cambridge University Press.

Ernest C, Hynds(1994), 「Editors At Most U,S, Dailies See Vital Roles For Editorial Page」, 『Journalism Quarterly』, Vol.71. No.3.

Ernest Hynds & Erika Archibald(1996), 「Improved editorial pages can help papers, communities」, 『Newspaper Research Journal』, Vol.17. No.1-2.

G, Cleveland Wilhoit and Dan G, Drew(1991), 「Editorial Writers on American Daily Newspapers」: a 20-Year Portrait," 『Journalism Monographs』, Vol.129.

Leo Bogart(1989), 「Press and Public: Who Reads What, When, Where and Why in American Newspapers, Hillsdale」, New Jersey: Lawrence Erlbaum Associate.

Norman Fairclough(1992), 『Discourse and Social Change』, London: Polity Press.

Smith & Fowler(1982), 「How comprehensible are newspaper headlines?」, 『Journalism Quarterly』, Vol.59(2).

Stephen R, Anderson(1988), 「Morphological change」, F J, Newmyer Edited, 『Linguistics』:The Cambridge Survey, vol.1. Cambridge University Press.

Tannenbaum, Percy H.(1953), 「The Effect of Headlines on the Interpretation of News Stories」, 『Journalism Quarterly』, Vol.30.

김병홍
_____

문학박사
신라대학교 국어교육과 교수
관심 연구 주제: 미디어 언어의 형식과 내용 분석
wetheroad@silla.ac.kr

신문 언어 어떻게 이해할 것인가?

초판1쇄 인쇄 2022년 3월 25일
초판1쇄 발행 2022년 4월 15일

지은이   김병홍
펴낸이   이대현

편집   이태곤 권분옥 문선희 임애정 강윤경
디자인   안혜진 최선주 이경진
마케팅   박태훈 안현진

펴낸곳   도서출판 역락
출판등록   1999년 4월 19일 제303-2002-000014호
주소   서울시 서초구 동광로 46길 6-6 문창빌딩 2층 (우06589)
전화   02-3409-2060   팩스   02-3409-2059
이메일   youkrack@hanmail.net
홈페이지   www.youkrackbooks.com

ISBN 979-11-6742-293-4 93710

* 정가는 뒤표지에 있습니다.
* 잘못된 책은 바꿔 드립니다.
* 이 책의 관권은 지은이와 도서출판 역락에 있습니다. 서면 동의 없는 무단 전재 및 무단 복제를
  금합니다.